高等学校经济管理类主干课程教材·会计与财务系列

个人理财

—— 第4版 ——

立体化数字教材版

宋蔚蔚　编著

PERSONAL FINANCIAL MANAGEMENT

中国人民大学出版社
·北京·

图书在版编目（CIP）数据

个人理财：立体化数字教材版 / 宋蔚蔚编著 . 4 版 . --北京：中国人民大学出版社，2025. 4.
（高等学校经济管理类主干课程教材）. -- ISBN 978-7-300-33417-2

Ⅰ. F830. 59

中国国家版本馆 CIP 数据核字第 2024AR0018 号

高等学校经济管理类主干课程教材·会计与财务系列

个人理财（第 4 版·立体化数字教材版）

宋蔚蔚　编著

Geren Licai

出版发行	中国人民大学出版社		
社　　址	北京中关村大街 31 号	**邮政编码**	100080
电　　话	010－62511242（总编室）		010－62511770（质管部）
	010－82501766（邮购部）		010－62514148（门市部）
	010－62511173（发行公司）		010－62515275（盗版举报）
网　　址	http://www.crup.com.cn		
经　　销	新华书店		
印　　刷	北京昌联印刷有限公司	**版　　次**	2017 年 1 月第 1 版
开　　本	787 mm×1092 mm　1/16		2025 年 4 月第 4 版
印　　张	20.25 插页 1	**印　　次**	2025 年 6 月第 2 次印刷
字　　数	441 000	**定　　价**	49.00 元

立体化数字资源使用说明

本书是纸质教材和数字资源一体化设计的新形态教材，配备了丰富的立体化数字资源，主要包括**题库（即测即评）**、**思维导图**、**知识拓展**等。针对不同用户、不同教学应用场景提供不同的使用入口。

1. 书中二维码资源免费获取和使用方式

（1）注册：微信扫描封面前折口上的贴片二维码→输入手机号（微信绑定）→点击“确定”。

（2）点击**“学习中心”**图片→点击“确定”。

（3）随时随地扫描教材中的二维码，即可免费学习。

2. 教师利用题库进行随堂测、期中期末组卷并导出

输入网址（tk. rdyc. cn）→登录（手机号＋验证码）→组卷（自动/手动）

题库使用教程

资源使用过程中如有问题，请咨询（工作日 9:00—17:00）：

电话：010－62519146

QQ：275374474

前　言

岁月如梭，时光荏苒，距本书上一版出版已过去四年。这四年里，也许你经历了不同的事、遇见了不同的人；你的工作、学习或事业也许又上了新台阶；你对理财也许有了新的感悟。我们的理财环境在这四年也发生了巨大的变化：比特币跌宕起伏、黄金价格不断上扬、银行理财产品不再承诺保本保息、人民币存款利率下调、存量住房贷款利率统一下调、个人所得税专项附加扣除的金额和项目增加、“双十一”交易额下降、股票和基金市场低迷、个人养老金制度出台……这些变化或多或少会对我们的理财生活及理财方式产生影响。

本书第 4 版的主要变化有：

1. 2022 年 3 月 28 日，国务院发布《关于设立 3 岁以下婴幼儿照护个人所得税专项附加扣除的通知》，明确自 2022 年 1 月 1 日起，纳税人照护 3 岁以下婴幼儿子女的相关支出，按照每个婴幼儿每月 1 000 元的标准定额扣除。个人所得税专项附加扣除从六项变成了七项。2023 年 8 月 28 日国务院印发《关于提高个人所得税有关专项附加扣除标准的通知》，提高了 3 岁以下婴幼儿照护、子女教育、赡养老人三项专项附加扣除标准。第 7 章更新了相关内容，适用性更强。

2. 2022 年 10 月 26 日，人力资源社会保障部、财政部、国家税务总局、银保监会、证监会联合发布《个人养老金实施办法》，2024 年 12 月 10 日，人力资源社会保障部、财政部、国家税务总局、金融监管总局、中国证监会发布《关于全面实施个人养老金制度的通知》，自 2024 年 12 月 15 日起，将个人养老金制度从 36 个先行城市（地区）推开至全国。至此，我国个人养老金制度正式落地。第 10 章增加了个人养老金的相关内容，对其参加对象、账户设置、投资方式、税收优惠、领取条件等进行了详细的讲解。

3. 将价值塑造、能力培养、知识传授充分结合，每一章提出素养提升要求，同时结合每一章节的知识点，将教学目标和德育目标相结合，在知识传授中融入价值引领。

4. 第 4 版保留了问题与讨论和阅读与思考两大章末板块，增加了**题库（即测即评）**——包括单选题、多选题和判断题，学习者可以扫码做题，自我检测相关知识点的掌握情况。

题库说明：为帮助师生更好地教学和学习，第 4 版特别增加了网页版题库（tk. rdyc. cn），支持无限次在线随堂测、期中期末组卷并导出，教师用手机号加验证码登录即可使用。具体使用详情请扫以下二维码。

题库使用教程

5. 更新了部分章的课程导入以及章末的阅读与思考，使之更具有时效性和趣味性。

6. 更新了时效性数据。

7. 增加了每章的思维导图，有利于学习者梳理信息，明确要点。

8. 每一章节还通过二维码的方式增加了知识拓展，进一步延伸课本的内容。

知晓环境，了解自己，比买什么理财产品、投资什么更重要。理财的根本是理自己，如果你满眼看到的都只是钱，那么你将不会收获太多财富。有人说过，投资理财的本质是：认知变现！你永远赚不到你认知之外的那部分钱。每个人看到的世界都是不一样的，每个人对同一投资机会的认知也不同，而财富的增长是知识和认知能力的一种体现形式。通过本书的学习和生活实践的积累，希望大家对财富的打理能有自己的感悟，提升认知，提高投资胜率，实现财富增长和人生幸福。

目　录

第1章

个人理财概述

素养提升

◆ 让价值引领财富，立德树人，培养学生正确的价值观和财富观，科学地对财富进行管理和规划

◆ 发扬马克思主义批判性思维，辨别理财的情绪陷阱和概念误区，抽丝剥茧，对问题进行分析，增强学生明辨是非的能力，帮助学生学会独立思考

◆ 通过个人理财规划思路和流程的分解，从整体到局部，培养学生一丝不苟、严谨求真的科学精神，精雕细琢、精益求精的工匠精神

学习要点

- 了解个人理财的必要性
- 理解个人理财与财务自由、通货膨胀的关系
- 了解理财的情绪陷阱
- 掌握理财的相关概念：机会成本、沉没成本、心理账户和比例偏见
- 熟悉个人理财规划的整体思路
- 理解财务目标的设立要点
- 熟练编制家庭资产负债表、家庭损益表
- 熟练运用财务体检的相关指标

思维导图

引导案例 中国古代理财思想与方法

《大学》不仅仅是一本论述个人怎么通过“修身、齐家、治国、平天下”等途径来实现远大理想的书，其中也不乏精彩的理财论述，包括用财与生财之道。比如，“生财有大道，生之者众，食之者寡，为之者疾，用之者舒，则财恒足矣”。意思是：生产财富离不开开源节流，生产的人多，消耗的人少；管理财富的人勤奋，动用财富的人节省，才能使国家的财富经常充足。“理财”一词最早见于《周易·系辞》：“理财正辞，禁民为非，曰义。”即管理财物，匡正言辞，禁止民众为非作歹。用今天的话说，就是对财物的管理和使用要正当，禁止民众不合理的开支和浪费，是理财最适宜的方法。管子提出“仓廪实而知礼节”的观念，王安石提出“聚天下之人，不可以无财；理天下之财，不可以无义”的重要思想，都体现了古人对理财的重视。“洪范五福先言富”，《尚书》中就论述了五福，先谈“寿”，然后重点谈“富”。纵观中国的历史长河，从原始社会晚期社会财富开始有剩余时起，就有了理财的问题。古人留下了不同风险导向的理财方法，值得我们思考和借鉴。

1. 风险偏好型理财——战国大富豪吕不韦“高风险、高回报”的理财方式

吕不韦喜欢发掘一些有潜力的物品，然后低买高卖，赚取差额利润，比如，吕不韦在邯郸见过在赵国做人质的秦国公子异人后，归而谓父曰：“耕田之利几倍?”曰：“十倍。”“珠玉之赢几倍?”曰：“百倍。”“立国家之主赢几倍?”曰：“无数。”（《战国策》）。“奇货可居”说的就是吕不韦的这个理财故事。

2. 风险中立型理财——战国人白圭的“收益覆盖成本与风险、选择最佳的投资机会”的理财方式

白圭是战国时期的人，《汉书》中说他是经营贸易发展的始祖，即“天下言治生者祖”。在投资过程中，白圭认为最重要的四点是：“智”——权衡利害；“勇”——当机立断；“仁”——拿捏取舍分寸；“强”——知进退取舍。战国时期的商人大多经营珠宝生意，因为珠玉之赢百倍。白圭却是一个不走寻常路的人，他偏偏看上了十倍的耕田之利。他曾说：“夫岁熟取谷，予之丝漆；茧出取帛絮，予之食。”在收获的季节适时买进谷物，再把丝绸、漆具等生活用品卖给比较宽裕的农民；而在青黄不接或者收成不好的时候，出售粮食，同时购进滞销的手工业品。这样一来，在某些商品积压的时候，白圭用比市价高的价格收购，粮食匮乏的时候，他又用比别家低廉的价格及时出售，既保证了自己的利益，又获得了良好的声誉。

3. 风险厌恶型理财——宋代大文豪苏轼的“低风险量入而出”的理财方式

苏轼被贬黄州团练副使后，俸禄大减，于是他“痛自节俭，日用不得过百五十。每月朔便取四千五百钱，断为三十块，挂屋梁上，平日用画叉挑取一块，即藏去叉，仍以大竹筒别贮用不尽者，以待宾客”。即控制每天的开销，每个月发工资之后，取出4 500文钱，分成30串挂在房梁上，每天要用的时候用叉子挑下来一串，取完就把叉子藏起来，然后在屋里放一个大竹筒，存放每天剩下来的钱，用来招待客人。这属于

节流，同时，苏轼还向当地衙门申请数十亩废弃的土地，开源种地。苏轼的这种低风险量入而出的理财方式也是古代最流行的一种理财方式。

资料来源：中国古代理财思想与八大最会赚钱高手案例 . https://www.docin.com/p-2122348719.html.

1.1　个人理财的必要性

随着社会的进步和经济的发展，人们的财富越来越多，日益增长的个人物质需求以及复杂多变的经济环境导致人们缺乏安全感，需要对手中的财富进行管理和规划，而不仅仅是将其压箱底、存银行。因而，个人理财这门学科在现代社会越来越受重视，包括对财富的认识和运用，这种运用不仅包括财富的积累，还包括财富的保障和安排，最终的目的是抵御风险，使财富保值增值。

1.1　即测即评

个人理财是指根据个人或家庭的财务状况，充分分析个人的风险承受能力，合理安排各种收入与支出，选择多样化的理财工具，实现收益和风险的平衡，实现可支配财富的最大化。

1.1.1　个人理财的对象

个人理财的对象是“财”，对“财”的解释如下：金钱和物资，财产或财富。个人理财主要打理的是金钱和金钱的各种价值表现形式——房产、股票、债券、基金、保险等。

首先认识一下我们在日常生活中需要用到的金钱。货币大多由金属制成，故称“金钱”，对金钱的解释是：金属铸成的钱，后泛指货币。《管子 · 轻重戊》中提道：“彼金钱，人之所重也。”那么这个“人之所重”的金钱到底经历了哪些演变？地球有 46 亿年的历史，人类有 600 万年的历史，而货币有 5 000 多年的历史。在短短的 5 000 多年历史中，货币的形式发生了非常大的变化。在中国古代，货币从最早的贝壳、刀币逐渐演化为外圆内方的铜钱，而北宋时期交子的出现则是货币形式最彻底的一次改变。交子是发行于北宋仁宗天圣元年（1023 年）的货币，作为官方法定的货币流通，称作“官交子”，在四川境内流通近 80 年。交子是中国古代劳动人民的重要发明，是中国最早由政府正式发行的纸币，也被认为是世界上最早使用的纸币，比美国（1692 年）、法国（1716 年）等西方国家发行纸币的时间要早六七百年。交子也被视为信用货币的开端。

货币起源于商品，作为商品交换过程发展的必然产物，货币在商品经济的矛盾运动中不断发展演变。纵观整个货币发展史，货币的形式由最初的牛、羊、猪以及石头、贝壳等可以用来交换的实物货币，金和银铸造而成的金属货币，转变为现今大多数国家都采纳的纸币（即信用货币）。从总的趋势来看，货币形式随着商品流通和经济的发展，不断从低级向高级演变，未来随着信息技术的发展，电子货币有可能是货币形式的再一次变革。

关于货币的职能，马克思在《政治经济学》中解释得很清楚：价值尺度、流通手段、贮藏手段、支付手段、世界货币。我们在使用金钱时，无须了解它的理论意义，就能真真切切地感受到它有用处，可以交换到需要的商品和服务：小到在路边小店买一瓶矿泉水、在商场里买一件衣服，大到登月探险、跨国公司收购，都离不开金钱。唐朝贤臣张说在《钱本草》中把钱说成一味药："钱，味甘，大热，有毒。偏能驻颜，采泽流润，善疗饥寒，解困厄之患立验。能利邦国，污贤达，畏清廉。贪者服之，以均平为良；如不均平，则冷热相激，令人霍乱。其药采无时，采之非礼则伤神。此既流行，能召神灵，通鬼气。如积而不散，则有水火盗贼之灾生；如散而不积，则有饥寒困厄之患至。一积一散谓之道，不以为珍谓之德，取与合宜谓之义，无求非分谓之礼，博施济众谓之仁，出不失期谓之信，入不妨己谓之智。以此七术精炼，方可久而服之，令人长寿。若服之非理，则弱志伤神，切须忌之。"

虽然有钱不是万能的，但在现实生活中没有钱将寸步难行。任何时代，任何人都有追求美好物质生活的权利，这无可厚非。100多年前，英国剑桥大学经济学教授阿尔弗雷德·马歇尔（Alfred Marshall）曾说过："语言表达我们的思想，货币表达我们的欲望和财产。"柏拉图也说过："大凡不亲手挣钱的人，往往不贪财；亲手赚钱的人，才有一文想两文。"普通人正是因为了解劳动致富的辛苦，所以格外珍惜。如果有足够多的钱，那么不仅可以满足自己的物质需求，还可以帮助需要帮助的人。

然而，如果对金钱欲望的追求没有了"度"，没有按照合理的方式获取和使用金钱，其"有毒""弱志伤神"的特性就会立刻显现。每个人对待金钱的态度是不一样的，有的人会像葛朗台一样有事没事把存折上的数字检查一遍，以获得满足感，有的人会把自己的财产捐给慈善事业以促进人类的发展，体现出一种责任感。无论是前者还是后者，都是基于自身财务状况、个性偏好、环境做出的选择。

"锄禾日当午，汗滴禾下土，谁知盘中餐，粒粒皆辛苦。"这首诗算得上我们幼年时期理财教育的启蒙了，可以看出，中国式的财富教育大多着眼于物，也可称为节俭教育。在现今社会，人们对美好物质生活的追求被视作正当的诉求。财富不再代表贪婪和自私，而是被看作勤劳和智慧的果实，节俭教育仅是理财教育中的一小部分，理财教育还包括投融资、保障、税收、退休等多方面的规划和安排，这需要我们以习近平新时代中国特色社会主义思想为指导，遵守投资理财有关的法律法规，树立正确的法治观、价值观和财富观，以价值引领财富，汲取各种与理财相关的知识，成为具有科学理财能力和素养的理财人。

参考阅读

比特币

化名为中本聪（Satoshi Nakamoto）的网络黑客曾发表论文《比特币：一种点对点的电子现金系统》，旨在设计一种网络货币——比特币。其设计比特币的初衷是对抗现有的货币体系。比特币完全去中心化，也没有中央银行干涉，每一个体都可以参与发行。2009年1月3日，中本聪在位于芬兰赫尔辛基的一个小型服务器上挖出了第一批比特币50个。它的产生过程是，接入网络的电脑只要下载Bitcoin程序，就会不停地运算特定的数学题。每道题的解都是一组64位数字，最先解出这道题就能获得系统提供的一定数目的比特币作为奖励。这就像网络游戏里通过“打怪”来获取分数或金币一样。由于算法本身的设计，系统每四年产生的比特币数值会减半，2013—2016年平均每10分钟产生25个比特币，2017年开始降到12.5个。到2030年2 000万个比特币被开采出来后，剩下的100万个比特币很可能需要几十年才能开采出来。

相对于传统货币，比特币具有以下四个显著特点：

(1) 去中心化。比特币使用对等网络技术（P2P），发行机制不依赖于特定的中央权威机构或银行，任何人都可以下载运行比特币客户端参与比特币的发行和买卖。

(2) 通缩倾向。比特币以一种递减的、可预测的速率产生，直到2140年达到2 100万的发行上限。由于上限固定，增速递减，以比特币定价的商品价格将会不断下跌。

(3) 匿名性。与传统的信用卡或借记卡需要依靠账户才能完成支付不同，用户只需要输入比特币钱包的地址和比特币金额即可完成资金的转移，没有任何有助于辨识个人身份的信息。

(4) 流通无界。互联网的无界性和比特币的开源性决定了比特币交易活动的无界性，任何人在任意一台接入互联网的电脑上都可以挖掘、购买、出售或收取比特币。

2009年10月，首个比特币汇率公布：1美元兑换1 309.03个比特币。2010年，佛罗里达州程序员拉兹洛·汉耶克完成首个比特币真实交易，他花费10 000个比特币买了两张比萨饼。2010年8月，比特币协议的一个缺陷暴露，比特币在纳入区块链之前，交易不需要认证，因此用户可以绕过比特币的经济限制，创造无限量的比特币。8月15日，缺陷扩大化，一次交易竟然产生了1 840亿个比特币，这一问题在几小时内被发现并从比特币日志中删除。2010年11月，比特币经济总值超过100万美元。

2013年10月29日，世界首台比特币自动提款机在加拿大温哥华启用，用来办理加拿大元与比特币的兑换。2013年11月美联储表示它无权监督虚拟货币并认为：如果这项创新能够给人类带来一个更安全、快速和高效的支付系统，那么它将拥有一个良好的发展前景。2013年11月，英国维珍银河公司宣布接受比特币订机票。

2011年1月，比特币交易价格为0.30美元，2012年1月为5.27美元，2013年1月为13.3美元。2013年3月28日，比特币总市值超过10亿美元，均价为92美元。2013年4月1日，比特币价格在所有交易市场超过100美元，2013年4月10日创下历史最高价——266美元。2013年5月3日，中央电视台《经济半小时》栏目向中国观众介绍了比特币这个新生事物，此时比特币价格为92美元。半年后，比特币在热门交易所Mt. Gox的交易价格创下1 242美元的历史新高，而同期黄金价格为一盎司1 241.98美元，比特币价格首次超过黄金。

不同的国家对待比特币的态度截然不同。2013年8月，德国正式承认比特币的合法“货币”地位，人们可以将比特币用于缴纳税金或者其他用途，德国成为全球首个认可比特币的国家。2013年7月，泰国成为首个封杀比特币的国家，但是谁也没有想到，2018年泰国对比特币的态度从封杀转变为欢迎，泰国数字资产交易所（又称“大公牛交易所”）正式揭牌，成为首家获颁政府牌照的数字资产交易所，数字货币至此在泰国获得了合法身份。

2013年12月，中国人民银行等五部委发布了《关于防范比特币风险的通知》，认为比特币不是由货币当局发行的，不具有法偿性与强制性等货币属性，并不是真正意义上的货币。但比特币交易是一种互联网上的商品买卖行为，普通民众在自担风险的前提下有权参与。

2017年9月，中国人民银行等七部委联合发布了《关于防范代币发行融资风险的公告》，正式定性首次代币发行（ICO）是未经批准的非法融资行为，任何组织和个人不得从事代币发行融资活动，禁止交易平台提供法定货币与代币、虚拟货币之间的兑换业务。

自2013年价格首超黄金以来，比特币的价格跌宕起伏，2013年1—12月，比特币的价格从13美元涨到了1 147美元，涨幅近88倍，与诞生价相比，涨幅超150万倍。2013年12月—2015年1月，比特币又从1 166美元跌到170美元，跌幅85%。2015—2017年，比特币出现上涨行情，特别是2017年，一年之内就从789美元涨到了19 878美元，涨幅24倍，与诞生价相比，涨幅超2 600万倍。2017年创新高后，比特币价格一直在震荡中前行，2018年年中最高价17 712.4美元，最低价3 191.3美元。2019年年中最高价13 796.49美元，最低价3 391.02美元。2020—2021年，比特币价格不断刷出新高，挑战人们的预期。2020年12年16日，比特币价格创历史新高，达到21 500美元。2021年1月3日再创新高，达到34 600美元，1月8日、2月17日、3月12日，比特币两个月内屡创新高，突破40 000美元、50 000美元、60 000美元关口。2021年5月18日，中国互联网金融协会、中国银行业协会、中国支付清算协会发布《关于防范虚拟货币交易炒作风险的公告》，提示虚拟货币相关风险，再次强调虚拟货币交易是非法金融活动。2021年5月19日，比特币价格暴跌40%，最低达30 000美元。2021年11月10日，比特币价格创历史新高，达到6 8790美元。比特币继续“上蹿下跳”的起伏行情，2022年6月比特币价格一路走低，最低达17 708美元。2023年，比特币价格又开始攀升，2024年12月5日，比特币价格首次突破10万美元，这意味着，比特币问世逾15年后，市值已逼近2万亿美元，接近3个摩根大通的市值。

比特币从一个实验品变成市值几千亿美元的金融商品，价格起起伏伏。虽然它的未来扑朔迷离，但可以肯定的是，它将继续挑战人们和政府思考金钱与货币的方式。

1.1.2 个人理财的必要性

1. 获取满足感和安全感

在经济学里，稀缺被用来描述资源的有限可获得性。人的欲望是无限的，但资源是有限的，相对于无限的欲望，有限的资源总是稀缺的。相对于人们无限多样、不断增加的需求来说，用以满足这些需求的有用资源总是相对不足的。个人理财就是解决用有限的金钱尽可能满足各种物质需求的问题。当拥有的比需要的少时，人们就会感到不幸福。人从出生、成人、衰老直至寿终，要购买不同的商品和服务，大到昂贵的学区房，小到给食物调味的盐和糖，而在财富有限的情况下，总是需要在各种商品之间进行权衡和取舍。哲学家叔本华曾说过：生命是一团欲望，欲望不能满足便痛苦，满足便无聊，人生就是在痛苦和无聊之间摇摆。

个人理财，是通过理财的方式使存量财富增加，以减少资源约束给人们造成的不快，增加人们的满足感和安全感。

满足感是一种愉悦、幸福的感受。它来源于欲望得到满足，即个体精神或物质层面的需求得到满足后所获得的终极美好感受。人的欲望实现后会产生一种满足感。这就如小时候你用卖废品积攒了许久的钢镚儿买来变形金刚的小高兴，或成年后通过炒股赚来豪车的大快乐。人的需求随着成长不断升级，所产生的满足感也会随之不同。人们都在本能地追求更高等级的满足感，而个人理财可以提升物质层面的满足感。

安全感就是渴望稳定、安全的心理需求。三孩时代教育经费储备、养老金储备、重大疾病经费储备激增，这都需要在财务上早做打算，以免在特定的人生阶段因无法满足基本物质需求而倍感窘迫无力。

假设你要出国旅行，当你刚收拾好行李但又想往里面放件东西时，如果是一只大行李箱，你完全可以直接打开箱子放进去，而不需要拿出来其他东西或重新整理行李箱，因为有足够的空间。但如果是只小行李箱，要想往里面放件东西就需要拿出来其他东西。如果有足够的空间，我们就无须艰难权衡。空间的不足实质上是一种资源的约束，就是一种稀缺。稀缺对于我们注意力的俘获，会改变我们的思维方式，影响我们所关注的事物，影响我们的选择，最终影响我们的决策和行为。个人理财实质上就是给箱子创造更大的空间，减少稀缺，提升人的满足感和安全感。

2. 抵御通货膨胀

“货币”一词最早出现在《后汉书》中，由“货”和“币”两个字组成，“货”代表货物，“币”代表钱，货和币犹如天平的两边，两边价值相等才会保持平衡，任何一方多与少都会导致整个天平的失衡。失衡的一种表现形式就是通货膨胀，用过多的钱追求过少的货物就会造成物价上涨、货币贬值。尽管学术上对通货膨胀有很多解释，比如需求推动、成本拉动，或$MV=PT$，但无论何种原因，其表现形式就如同字面上的意思一样——通货代表钱，膨胀代表多，通货膨胀就是市面上的钱多了。钱多的表现就是货币虽然面值越来越大，其购买力却在不断下降。匈牙利的旧货币帕戈（1927年1月21日至1946年7月31日流通）最高面值为1垓（10的20次方）帕戈，也是迄今为止面值最大的已发行货币。10的20次方即1万亿亿。那么1万亿亿的购买力有多大呢？1945年8月，在匈牙利，面包的价格为6帕戈/千克；而1946年6月，面包的价格则为58.5亿帕戈/千克。事实上，匈牙利当时还计划推出面值10垓（也就是10的21次方）帕戈的货币，最终印出却并未发行，它成为历史上最大面值的未发行货币。1946年8月，匈牙利开始启用新货币福林。津巴布韦曾发行面值100万亿津巴布韦元的货币；南斯拉夫发行过面值5 000亿第纳尔的货币。对那时的人们来说，拿到工资的第一件事恐怕就是去买东西，否则钱就会很快贬值。经济学鼻祖亚当·斯密说过：货币本身并非财富，一个国家的富裕不在于用以实现货物流通的货币数量，而在于生活必需品的丰富。

控制通货膨胀，保持价格稳定是一个国家的经济发展目标之一。通货膨胀带来投资和消费的不确定性，对于普通百姓而言，最明显的表现就是手中的钱不值钱了。通货膨胀会使财富在不知不觉中缩水，犹如乘坐一部下行的扶梯，只有以比扶梯下行的速度更快的速度向上走，你才能上行。也就是说，只有当财富的增值速度超过通货膨胀率时，财富才可以得到保值。20世纪80年代的万元户受人羡慕，若把当时1万元用红布裹得严严实实压在箱底保存到现在，你又能买到多少东西呢？1万元在不同通货膨胀率下缩水的幅度见表1-1。从表中可以看出，如果通货膨胀率为6%，则1万元10年后会变为5 584元，20年后变为3 118元，30年后变为1 741元。财富在时间的长河中会不断缩水，如果不采取措施，不知不觉中它的价值就会越变越小。

表1-1　1万元在不同通货膨胀率下缩水的幅度　　单位：元

通货膨胀率	10年后的购买力	20年后的购买力	30年后的购买力
4%	6 775	5 536	4 119
5%	6 139	3 768	2 313
6%	5 584	3 118	1 741
10%	3 855	1 486	573

随着我国经济的不断发展，百姓手中的资金不断增多，同时，多种经济因素导致货币呈现贬值的趋势。百姓只有以投资理财的方式进行资金的有效运作，才能抵御通货膨胀等问题导致的资金缩水风险。

参考阅读

20世纪80年代的1万元相当于现在的多少钱

20世纪80年代的“万元户”如同当今的“土豪”一般让人羡慕不已。很多人对那个一根冰棍2分钱、一斤猪肉2角钱的年代甚是怀念。也有人问，那个时代的1万元究竟相当于现在的多少钱？我们从不同的角度来思考这个问题。

1. 消费者物价指数——物价上涨的幅度

消费者物价指数（CPI）是反映居民家庭一般购买的消费商品和服务项目价格水平变动情况的宏观经济指标。简单点说，也就是“一篮子”商品和服务的价格，假如这个篮子里只有猪肉这一种东西，那么20世纪80年代一斤猪肉2角钱，现在12元，CPI就涨了12/0.2=60倍。但是只看一种商品显然太绝对了，于是需要往这个篮子里放更多的商品和服务，以体现价格变化的公允性。国家统计局的资料显示，若1978年

CPI 为 100，那么 1980 年为 109.5，2023 年为 708.0。

(708.0/109.5)×10 000＝6.47(万元)

也就是说，按 CPI 方式来计算，20 世纪 80 年代的 1 万元相当于 2023 年的 6.47 万元。

2. 货币发行量 M2——货币比例

根据货币流动性的差距分层次统计，我国的货币发行量按流动性由强到弱，分为 M0、M1、M2 三个层次：M0 是流通中的现金，即央行历年货币发行总额；M1＝M0＋活期存款，称为“狭义货币供应量”；M2＝M1＋准货币（定期存款＋其他存款），称为“广义货币供应量”。

按 M2 计算的思路如下：计算 1980 年你手头的 1 万元在中国整个货币发行量中的占比，考虑今天得有多少钱才能占到同样的比例。1980 年 M2 为 1 661.2 亿元，2023 年为 292.27 万亿元。

(2 922 700/1 661.2)×10 000＝1 759.39(万元)

因此，从货币发行量 M2 来看，20 世纪 80 年代的 1 万元相当于 2023 年的 1 759.39 万元。

3. 人均可支配收入占比——相对幸福度

前两个层次更多是从宏观的角度来考虑 1 万元价值的变化，还可以从相对幸福度即人均可支配收入或储蓄存款的角度来思考。

2023 年城镇居民人均可支配收入为 51 821 元，1980 年为 477.6 元。

(51 821/477.6)×10 000＝108.5(万元)

因此，从人均可支配收入角度看，20 世纪 80 年代的 1 万元相当于 2023 年的 108.5 万元。

当然，同一问题思考的角度不一样，得出的结果也不一样，以上方法仅供参考，并没有谁对谁错、谁精确谁模糊之分。40 多年来，1 万元早已今非昔比，在前进的时代浪潮中，货币的价值也在发生变化，只有不断学习理财方法，才能使当初的 1 万元保值增值。

---

3. 通往财务自由

“自由”在中国古文里的意思是“由于自己”，就是不由于外力，自己做主。在欧洲语言里，“自由”含有“解放”之意，即从外力制裁下解放出来，自己做主。抛开政治理解，自由实质上就是“自己做主，不受限制和约束”。财务自由则是指在财务上不受限制和约束，也就是无须为支付生活开销而努力工作赚钱的状态。简单地说，就是你的资产产生的被动收入要超过或等于你的日常开支。

财务自由＝(被动收入≥日常开支)

收入来源分为两种——主动收入和被动收入。主动收入必须花时间和精力才能获得。比如工作的收入，工作才有，不工作就没有，一旦因生病、受伤、退休或者被解雇而停止工作，收入也就没有了。被动收入不需要花多少时间和精力就可以自动获得。就如早年的游戏《红色警戒》中的油车，一旦生产出来，就可以分分秒秒为我们捡金子采矿。过去的地主就是依靠被动收入致富的典型例子，他们最初省吃俭用，买下很多土地，他们自己不需要耕种这些土地，可以将其租给没有地的农民，以后每年收租，这便是被动收入的一种。除了当地主，被动收入的另一来源就是有价证券（股票、基金、债券、保险、外汇、期货等）和银行存款，前者的收入来源于价差或分红，后者的收入则主要来源于利息。

主动收入主要指薪金所得，而被动收入主要是指财产性收入。在获得被动收入之前，往往需要长时间的劳动和积累。被动收入是获得财务自由、实现退休的必要前提。努力工作的目的是提高主动收入基数，而个人理财的目的是尽量增加被动收入的来源和数量。

拥有财产性收入最大的好处在于这类收入的获取成本远比主动收入低，而且还有可能获得复合增长。因此，应开辟不同的收入来源渠道。你最开始的启动资金往往来源于你的主要工作。除此之外，多多开发被动收入，当长期稳定的被动收入大于家庭预期总支出时，你的财务就达到自由状态了。

参考阅读

马斯洛需求层次与理财目标

马斯洛需求层次的金字塔跨越了五类需求（见图1-1），我们可以将其归结为三个

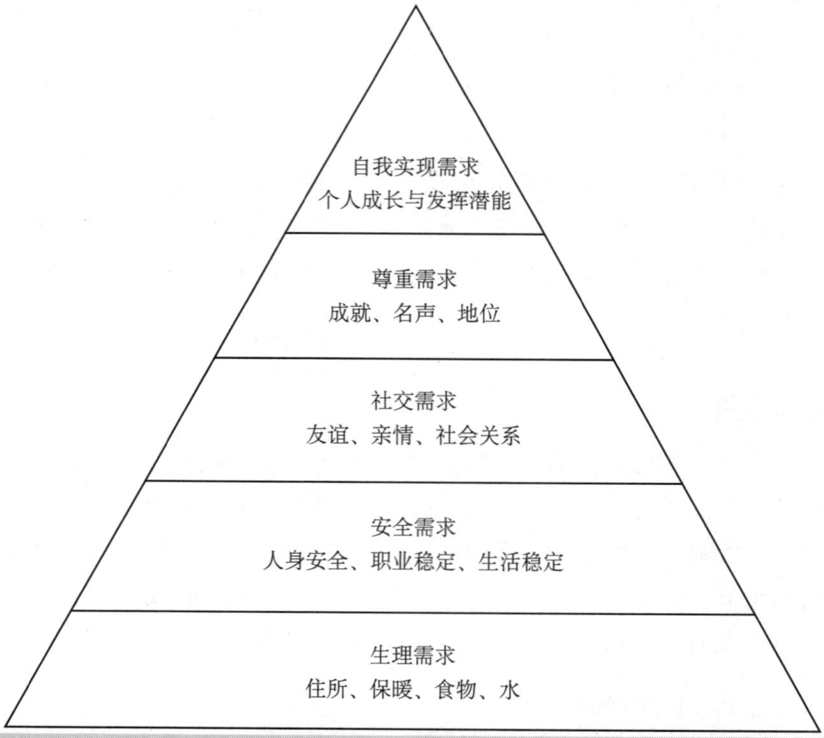

图1-1 马斯洛需求层次

类别：生理需求和安全需求是生存的基本需求；社交需求能够营造出一种归属、友爱和包容的氛围；尊重需求和自我实现需求，被定义为追寻兴趣的需求，这些兴趣包括慈善及为他人服务。马斯洛对这五类需求进行了简洁的表述：一个人能够成为什么样的人，他就必须成为那样的人。

乍看之下，马斯洛需求层次似乎与投资策略无关。但是，如果将风险定义为未能满足财务需求或财务目标，那么马斯洛需求层次理论便为我们提供了如何实现这些财务目标的方法，以及未能达成目标的应对策略。把马斯洛需求层次作为指引，投资者可以对自己的财务目标进行分类和优先排序。

基本目标

安全的住所：确保自己免于焦虑或贫困的袭扰。风险包括失业、健康问题、死亡（对其他家庭成员的一种风险）、事故等。

为了实现你的基本目标，你必须建立一个安全体系，以保护你免受包括极端市场波动在内的上述各种风险的影响。换句话说，你必须拥有一定程度的安全保障。

重要目标

从同龄人中脱颖而出：这使得支持你的家人、配偶等人的努力没有白费，而且能够形成一种正向激励。

为了实现你的重要目标，在维持当前生活水平方面，你必须抱有必胜的信心。换句话说，你必须稳扎稳打。

梦想目标

追求梦想和实现梦想的方式包括继续深造、开办企业或扩大企业规模、慈善捐赠与旅行。

为了实现你的梦想目标，你或许不得不将资金配置到一些非营利项目中，或者是在不利情况下有可能导致灾难性损失的投资组合中。因此，必须对梦想目标按规模适当地加以分类，清醒地认识到投资于此类特殊组合的资金有可能全部亏损。

驾驭财务目标的方法之一是列出一个清单，将它们分为基本目标、重要目标和梦想目标，并且将每个目标对标为一系列的现金流，从而实现成本的量化。

资料来源：阿什文·查布拉．通往财富自由之路．杭州：浙江教育出版社，2021.

1.2　理财的情绪陷阱和概念误区

1.2.1　避开理财的情绪陷阱

理财并不等于投资，它是一种根据自身财务状况对资产进行配置以达到财务目标的过程。因此，不要一说理财就想到股票。理财的真正目的是通过对现有和将来拥有的各种资源的整合管理，使个人一生的满足感最大化。理财可以使你的财富安全、稳健地增长，从而实现生活目标。要尽量避开理财过程中的情绪陷阱。

1.2　即测即评

1. 从众心理

从众是指个体在社会群体的无形压力下，不知不觉或不由自主地与多数人保持一致的社会心理现象，通俗地说，就是"随大流"。羊群效应是从众心理的一个具体体现，如果一只羊发现了一片肥沃的草地，在那里吃到了新鲜的青草，后来的羊群就会一哄而上，争抢那里的青草，全然不顾旁边虎视眈眈的狼，或者看不到其他更好的青草地。商务印书馆出版的《英汉证券投资词典》对羊群心理的解释是：herd instinct，herd behaviour，即群居本能，从众心态。这里是指投资者随波逐流、追涨杀跌的心理特征。羊群心理或群居本能是缺乏个性导致的思维或行为方式。在个人理财中，从众行为非常普遍，别人买股票赚钱了跟着买股票，别人买基金赚钱了又马上买基金，缺乏独立思考能力，一味地盲从，不去考虑此一时彼一时的实际情况。然而时机转瞬即逝，人们一窝蜂去买股票、买基金的时候，常常挣不到钱。

因此，一定要克服从众心理，每一个体和家庭的收入来源、偏好、所处的环境、风险承受能力是不同的，不加思考地照搬别人的成功经验，未必能够复制理财上的成功。适合自己的才是最好的，一定要定制个性化的理财方案。

参考阅读

从众心理

2005 年，神经科学家格雷戈里·伯恩斯（Gregory Berns）进行了一项研究，他使用核磁共振扫描仪研究大脑的活动情况，以确定人们是否明知答案不正确也要屈从于群体意见，或者人们的感知是否真的发生了变化。研究的思路是：如果在群体面前放弃己见是由社会压力造成的，那么控制冲突的前脑区域会发生变化；但是，如果在群体面前放弃己见是因为感知发生了变化，那么控制图像和空间感知的后脑区域会发生变化。该项研究发现，人们给出错误答案以与群体保持一致时，控制空间感知的大脑区域的活动增加了。换句话说，他人的意见改变了实验对象对自己所见事物的想法。由此看来，他人的意见的确会影响一个人对外部世界的感知。

在另一项研究中，社会心理学家安排一个人站在街角，叫他抬头朝天空张望 60 秒。心理学家观察到，街上只有很少人停下脚步看看这个人在看什么，大部分行人径直从他身旁走过。接下来，心理学家安排 5 个人站在街角朝天空张望，这次，有 4 倍于上一次的行人驻足凝望天空。当心理学家安排 15 个人站在街角看着天空时，几乎有一半的过路人停下了脚步。

资料来源：伯顿·马尔基尔．漫步华尔街．北京：机械工业出版社，2012.

2. 过度自信

自信是人们行为的内在动力，包括自觉性、果断性、坚韧性和自制力。自信的人能够以积极的姿态面对困难，能独立地做决定，果断处事，并且能进行积极的自我暗示、自我鼓励。萧伯纳曾说过：有信心的人可以化渺小为伟大，化平庸为神奇。然而这个自信超过一定程度就不好了，会让你生活在错觉中，认为自己比别人能干、聪明，认为自己对股市高低点的判断更精准。这种错觉会让你理财失误，蒙受损失。

格瓦里斯（Gervaris）、希顿（Heaton）和奥迪恩（Odean）将过度自信定义为，认为自己知识的准确性比实际程度更高。人们系统性地低估某类信息并高估其他信息，即赋予自己的信息的权重大于事实上的权重。在一项研究中，研究人员分别问丈夫和妻子各自在日常生活中承担多少家务，调查结果显示，丈夫和妻子认为自己做的家务之和竟是 130%。也就是说，至少一方，更可能是双方都高估了自己承担家务的比例。

财务学家布拉德·巴伯（Brad Barber）和特伦斯·奥迪恩（Terrance Odean）曾做过一项研究，分别对单身男性、单身女性、已婚男性和已婚女性四类账户拥有者的交易状况进行调查，用周转率来表示投资组合中股票的百分比在一年时间内发生的变化。其中单身男性交易的比率最高，为 85%，已婚男性为 73%。但周转率越高就意味着交易结果越好吗？巴伯和奥迪恩研究了周转率与投资组合收益率之间的关系，结果表明，周转率最低的小组年平均收益率为 18.5%，周转率最高的小组年平均收益率为 11.4%。更高的周转率并不意味着更高的收益。股票技术分析之父查尔斯·道（Charles Dow）曾经说过："过度自信在华尔街所造成的失败，多于其他错误观点所造成的失败的总和。"过度自信不仅不会使投资收益增加，反而会使其朝相反的方向发展。

3. 懊悔规避

诺贝尔经济学奖获得者丹尼尔·卡尼曼（Daniel Kahneman）曾说过：懊悔是一种情绪，也是一种自我惩罚。人们作出的许多决策都是出于懊悔规避这个动机。懊悔是一种消极的情感体验，同时会引发强烈的使后悔体验不再出现的愿望，这就是懊悔规避。懊悔规避是一种心理倾向，即对消极情绪体验的自我保护倾向，可使个体免受后悔的困扰，使后悔程度最小化。

赫什·舍夫林（Hersh Shefrin）和迈尔·斯塔特曼（Meir Statman）针对这种心理行为对投资者进行了分析。他们的分析表明正是这种规避懊悔以及寻求自豪的心理使投资者在过短的时间内出售盈利股票，过长时间持有亏损股票。行为学研究学者奚恺元曾设计了一个"持有者悖论"的实验：假设你是个业余股民，一个月前你的朋友推荐了一只股票，你毫不犹豫地买了 10 000 股，买入价为 10 元/股，但是现在这只股票价格为 5 元/股，你已账面亏损 5 万元，这时，你是选择卖掉这只股票还是继续持有？

根据懊悔规避理论，尽管你心里很不舒服，但很可能会选择继续持有，并且希望未来股价能够上涨，以减少账面损失。然而，正当你犹豫不决的时候，有只小黑猫爬上你的电脑桌，一不小心按下了卖出键，把你的股票全卖掉了，你原先的账面损失现在变成了实际损失，原来的 10 万元变成 5 万元转到了你的活期账户，现在你是会立即把这只股票买回来继续持有，还是用这 5 万元投资于其他的股票呢？你的回答肯定和大多数人一样，就是不买原来的那只股票。

其实这两个问题是等价的，继续持有还是立即卖出这只股票的决定都是在价格 5 元的情况下作出的。如果你不想卖掉你的股票是因为觉得它行情看涨，那么猫咪的出现并不影响它的行情，你应该在猫咪闯祸后再把它买回来；如果猫咪闯祸后你不愿意把它买回来，说明你不看好这只股票，那么你应该在猫咪闯祸之前就把股票卖掉。总之，你不能仅凭懊悔规避来决定是持有还是抛售。

参考阅读

忽视的懊悔 vs. 行动的懊悔

假设你是一位彩民，只能每天花2元买一张彩票。半年来，你每天只买同一组号码，可是你一直没有中奖（这太正常了）。这时，好友建议你买另一组号码，你会照做吗？

不用解释，你也知道原来那组号码与新的号码的中奖概率完全一样。

但你知道你可能会面临两种懊悔。

第一种懊悔：不听劝，继续买原来的号码，但是新号码中奖了，你的没中奖。

第二种懊悔：听人劝，改买新一组号码，但是原来那组号码偏偏中奖了。

这两种懊悔，哪一种带来的痛苦更强烈？

多数人会觉得第二种懊悔带来的痛苦更为强烈，因为你对原来那组号码倾注了太多感情。

第一种懊悔，因为没有行动，我们叫它“忽视的懊悔”。

第二种懊悔，因为采取了行动，我们叫它“行动的懊悔”。

资料来源：孙惟微．赌客信条：你不可不知的行为经济学．北京：电子工业出版社，2010.

4. 欲望无止

合理的欲望是人类前进的动力，对理财产品收益的渴求无可厚非，但是不能太贪心。很多时候，理财失败是过分贪心造成的。德国著名思想家歌德曾说过：如果追求过多，并且斤斤计较细枝末节，就易陷于糊涂。“欲无度者，其心无度；心无度者，则其所为不可知矣”（《吕氏春秋·观表》），意思是说，欲望没有限度的人，心也是没有限度的；一旦人的心没有限度，那么他的所作所为也就难以预料了。习近平总书记强调要慎独慎初慎微慎欲，培养和强化自我约束、自我控制的意识和能力，做到“心不动于微利之诱，目不眩于五色之惑”[①]。慎欲，就是要控制、节制自己的欲望，不要成为欲望的奴隶。“贪如火，不遏则燎原；欲如水，不遏则滔天。”[②] 欲望犹如无情的水火，一旦失去控制就会带来灾难、造成损失。在个人理财过程中，需控制一夜暴富的想法，理财讲求的是平衡与控制。投资理财是一件长久的事情，最主要的是保住本金，然后在合法合规前提下去赚取超额利润，而不是让自己的欲望无止境地膨胀。

1.2.2 走出理财的概念误区

在理财过程中，常常会有许多人们以为正确其实却是错误的方法，而人们毫不知情。看到别人的盲点很容易，察觉自己的错误却很难。因而，我们需要避开理财中的

① 习近平引用的从政箴言．人民日报海外版，2018-04-04.

② 习近平教你如何做“领导身边人”：牢记五个坚持．人民网，2014-07-02.

概念误区，尽早走上财务自由的康庄大道。

1. 机会成本

机会成本是由选择产生的——一种经济资源往往有多样用途，选择了一种用途，必然要放弃另一种用途，后者可能带来的最大收益就成了前者的机会成本。就如同你想去看电影，就放弃了学习；你选择在北京工作，就放弃了去上海工作。机会成本就是你作出一项选择而放弃另一项选择的成本，它不是显性成本，也不是实际产生的成本。

对于理财者来说，将 1 万元用来炒股，就不能用于买基金；用来买外汇，就不能用于炒黄金。你在配置理财产品时，由于资金问题可能不得不放弃原本想选择的理财产品，这个被放弃的理财产品的收益就是你理财的机会成本。机会成本的存在，让我们在不同理财工具和方式之间权衡收益和风险，力图作出最优选择。

投资中实际的亏损是显性的，不容易忘记，有一种损失则往往被忽略，也就是隐性的机会成本或损失。现在银行的利率很低，如果把钱放在储蓄账户，那么这些微不足道的利息扣除通货膨胀的影响，就不能起到保值增值的作用。如果不去做其他投资，就相当于闲置损失。因此，在个人理财的资产配置中，如果储蓄占太大比例，那么虽然从数字上看不会减少，但是因为有机会成本的存在，你的财富就会失去更大的增值空间。

2. 沉没成本

沉没成本，是指已经发生的成本。人们在决定是否做一件事情的时候，不仅要看这件事情对自己有没有好处，还要看过去在这件事情上是否有投入。我们把这些已经发生、不可收回的支出，如时间、金钱、精力等称为沉没成本。一个拥有完整、健全的逻辑的机器人在做选择时绝不会把沉没成本考虑在内，但作为一个有情感的人，你对损失的态度会让你掉进沉没成本的陷阱。

俄亥俄州立大学心理系教授哈尔·亚科斯（Hal Arkes）和利物浦大学的卡特琳·布卢默（Caterine Blumer）早在 1985 年就做过一个实验，证明人们在沉没成本面前会做多么愚蠢的事。他们让实验对象假设自己花 100 美元买了密歇根滑雪之旅的票，但之后又发现更好的威斯康星滑雪之旅——只要 50 美元，于是也买了票。然后，研究者告诉实验对象，这两个旅行的时间相互冲突，两张票都不能退或者转让。你认为他们会如何选择呢？是选 100 美元那个“不错”的旅行，还是选 50 美元那个“绝佳”的旅行？在实验中，有一半的人选择前者——那个更贵的旅行。虽然它可能不如后者有趣，但是不选它损失更大。然而花出去的钱都是收不回来的。这个因考虑沉没成本而做的决定让我们无法意识到，其实最好的选择是获得未来的更好体验，而不是弥补过去的损失。

假如你买了两只股票，A 股票买入价格 10 元，现价 5 元；B 股票买入价格 5 元，现价 10 元。你急需用钱，要把这两只股票卖掉一只，你选择卖哪一只股票？你作出这种选择的标准是什么？大多数人选择卖 B 股票，因为 A 股票现在是账面损失，一旦卖出就成为实际损失，他们更愿意等待，以期未来价格上涨，而 B 股票本身就有盈利，卖出心里没有多少负担。这种判断是以过去的沉没成本，即股票的买入价格为参考标准，实质上，决定持有还是售出一只股票，应看其未来的成长性而不是投入的成本。

一个完全理性的决策者在做成本收益分析时不应该把沉没成本考虑在内，过去的不能挽回，也就不会对现在产生影响，在决策时应忽略它。

3. 心理账户

知识拓展

说明白什么是心理账户：拿捏消费标准，让钱花得慢点！

心理账户（mental accounting）是芝加哥大学行为科学教授理查德·萨勒（Richard Thaler）提出的概念。1985 年，萨勒教授发表《心理账户与消费者行为选择》一文，正式提出“心理账户”理论，系统地分析了心理账户现象，以及心理账户如何导致个体违背简单的经济规律。萨勒认为：小到个体、家庭，大到企业集团，都有或明确或潜在的心理账户系统。在做经济决策时，这种心理账户系统常常遵循一种与经济运算规律相矛盾的心理运算规则，其心理记账方式与经济学和数学的记账方式都不同，因此经常以非预期的方式影响决策，使个体的决策违背简单的理性经济法则。

心理账户的基本道理是人们无法对口袋里的钱一视同仁。人们会下意识给钱贴上不同的标签：辛苦钱、零花钱、救命钱、意外之财等。对于不同的钱，人们会赋予不同的价值，持有不同的态度。

假设你到拉斯维加斯度假，晚上闲极无聊，准备外出转转并拿出 100 美元准备小赌一把，没想到你运气非常好，每次押的数字刚好正确，赢了 100 万美元，于是你换个地方准备再接再厉，怎料运气变了，一直输，最后连开始带来的 100 美元也输掉了。回到酒店，你认为是输了 100 美元还是 100 万美元？你是否觉得赌博赢来的钱来也匆匆去也匆匆，而辛苦赚来的钱则舍不得花？

要做一个理性的人，就要避免人为地设置心理账户，不要把不同用途或不同来源的钱割裂开来，而应当让财富在各个心理账户之间相互流通。钱是等价的，对不同来源和不同数额的收入应一视同仁，不应该给同样的钱打上不同的记号。不应该在获得意外之财时花钱大手大脚，也不必因花的是自己的辛苦钱而缩手缩脚。

参考阅读

人性本傻：心理账户

在做各种有关自己和家庭的财务决定时，很多人都习惯借助于“罐头式”思维。比如我们会把自己的钱分为几份，放在不同的罐头里：一份用来储蓄购房，一份用于日常开销，一份用来度假旅游，等等。借助这种方式来作出投资和理财决策的好处是：每一份钱都有明确的功能和用途。对一个自制力较差的人来说，这有助于为自己的消费需求确立一个“硬性边界”。假设我们给自己规定，每个月在淘宝上买衣服最多只能花 1 000 元。那么在这个月的额度用完以后，“剁手党”可以以这个规定强行命令自己不能再买了，要买也得等到下个月。

但是，“罐头式”思维也可能使我们作出一些不理性的决策。在行为心理学上，这种不理性偏见叫作心理账户。什么是心理账户呢？让我举一个简单有趣的例子来解释这个概念。

假设你是某歌手的歌迷，在苦等多年之后终于迎来了她的演唱会。你早早排队，花 5 000 元买了一张内场门票。

现在假设 A 情形发生：在演唱会开演前一天，你发现买好的门票找不到了。你是否会再花 5 000 元钱买一张同样的门票？

现在我们来考虑 B 情形：你路过体育场的时候，偶然发现过两天这里要开某歌手演唱会，目前正在出售门票。门票价格有高有低，你比较中意的门票大约 5 000 元。当你想掏钱买票时，发现钱包不见了，里边大约有 5 000 元现金。在这种情况下，你是否会使用其他支付方式（比如手机、银联卡或者向朋友借钱）去购买一张演唱会门票？

很多经济学和心理学学者都在他们的实验中问过受访对象上面这个问题，得到的回答大同小异。绝大部分人在 A 情形下不会再花钱去买门票，而在 B 情形下还是会选择花钱买门票。原因在于：大部分人不愿意花两倍的钱去购买同一张门票。在他们看来，自己已经花钱买了门票，如果这张门票丢了，那么只能自认倒霉。再花钱去买一张同样的门票，显得太铺张浪费了。但是在 B 情形下，门票需要花 5 000 元和钱包被盗是完全不相干的两件事情。事实上，如果钱包被盗，则可能更需要去看一场演唱会来慰藉受伤的心灵。

这就是一个典型的心理账户的例子。虽然都是 5 000 元，但人们会把不同的消费行为分门别类放到不同的账户中：演唱会支出属于享乐消费，钱包被盗属于紧急事故，两者有各自的功能和边界，互不干涉。

资料来源：伍治坚．人性本傻：心理账户．搜狐网，2017-05-05.

4. 比例偏见

我们在购买商品或服务时，首先会衡量该商品或服务带来的效用和它的价格，也就是性价比，然后再决定是否购买。你愿意支付的价格和实际价格的差额是交易效用的源泉，经济学上称为“消费者剩余”。实际支付价低于参考价越多，你觉得占的便宜越大。在绝对差额一样的情况下，不同的相对差额会影响你的决策，这就是一种比例偏见。

假设你要买个闹钟，它在 A 商场的价格是 50 元，在 B 商场的价格是 100 元，两个商场距离 500 米，如果你在 B 商场，你愿意为了买更便宜的闹钟走 500 米到 A 商场吗？

假设你要买套西装，它在 A 商场的价格是 23 000 元，在 B 商场的价格是 23 050 元，两个商场的距离也是 500 米，如果你在 B 商场，你愿意为了买更便宜的西装走 500 米到 A 商场吗？

上面两个例子同样都是为了节省 50 元钱，估计大多数人在第一种情况下更愿意走 500 米节省 50 元钱，而在第二种情况下则不愿意。为什么呢？

因为第一种情况下节省了 50%（50/100），而第二种情况下只是节省了约 0.2%（50/23 050）。很多人在消费时，关注的是优惠的比例而不是绝对值。但这种做法忽视了一个前提：无论是买闹钟还是买西装都是节省 50 元钱，这 50 元钱在效用上是相同的。因此，消费时不要过分地关注比例而忽视绝对收益。

2008年，我国学者李爱梅、凌文铨等通过情景实验研究进一步发现：人们对相对值优惠与绝对值优惠的心理感知不同。在绝对值优惠低时，相对值优惠效应明显；在绝对值优惠高时，相对值优惠效应不明显；而且相对值优惠效应与绝对值优惠效应受原始价格影响。当某种商品的购买价格较低时，相对值优惠效应更突出；随着购买价格的提高，绝对值优惠效应与相对值优惠效应之间的差距逐渐缩小直至相等；当购买价格超过某一点后，优惠体验就会出现相反的结果，此时，绝对值优惠效应更明显。

因此，消费时应考虑所能得到的优惠数额以及为获得优惠所付出的成本，不要过多地注重小处节约而对大处小比例的节约视而不见，要走出比例偏见的误区。

1.3 个人理财规划的整体思路

1.3 即测即评

传统教育中，更多将智商和情商定为成功概率的主要参考指标，似乎更聪明、更懂得人情世故的人成功的概率更高。的确，智商反映人作为自然人的生存能力，情商反映人作为社会人的社会生存能力。高智商的人能够更快地了解和学习新生事物，高情商的人能够更好地适应纷繁复杂的社会。理财能力（或称为财商）则是人作为经济人在经济社会中的生存能力，它不是孤立的，而是与人的其他智慧和能力密切相关的，它与智商、情商并列成为现代社会能力中三大不可或缺的素质。

财商指一个人认识和驾驭金钱活动的能力，包括观念、知识、行为三个层次。理财能力培养体系见图1-2，观念是对金钱、财富的认识、感知和理解，是理财能力体系的基础，只有树立正确的理财哲学，才有可能正确运用工具创造财富；知识是工具，是对具体理财方式和手段的掌握，包括对财务、会计、法律、金融等多方面知识的综合理解；行为是观念的表现和载体，是对知识的具体应用。整个理财能力培养体系的逻辑是：形成观念，掌握知识，指导行为，同时行为又进一步强化观念，如此不断地循环往复，最终形成正确认识和应用金钱及金钱规律的能力，以尽快实现财务自由的人生目标。

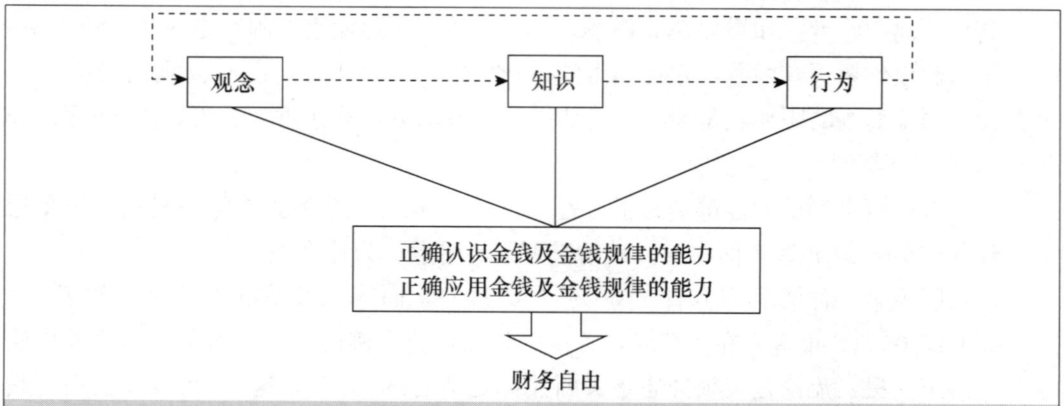

图1-2　理财能力培养体系

如图1-3所示，本书力图通过对理念、工具、方法的阐述，来提高学习者的个人理财能力。从内容上看，可以分为三个层次：第一层次，基本的理念——对风险价值和时间价值的基本认识——这是个人理财的基础，这些理念贯穿个人理财规划全过程，让学习者做好理财的知识和心理准备；第二层次，关注的是点——流动性规划、投资规划、融资规划、保险规划，即着眼于某个时间点或某个时间段具体理财工具的选择和应用，个人税收理财规划、婚姻家庭理财规划则关注具体法律法规和制度，有助于实现个人收入、资产和财富的优化安排；第三层次，关注的是面——教育规划和养老规划是个人理财过程中的长期规划，是对第二层次所学知识的综合运用。

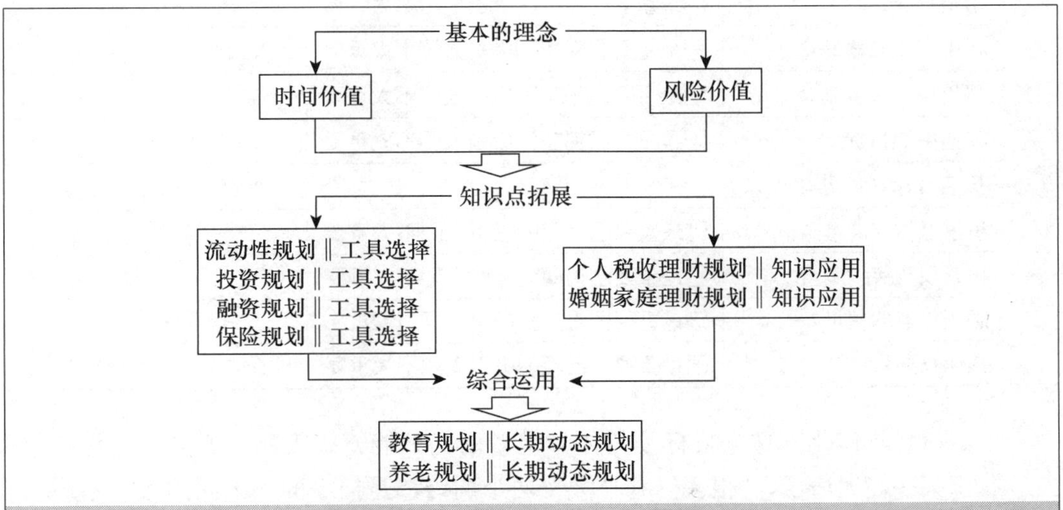

图1-3 个人理财规划学习知识体系

1.4 个人理财规划的流程设计

1.4.1 设立财务目标，选择财富路径

1.4 即测即评

个人理财首先要设立目标，然后实施、修正该目标，再设定新阶段的目标，这个过程是循环往复的。你今天的生活是由你以前的选择决定的，而你今天的选择将决定你未来的生活。因此，个人理财需要树立积极的生活目标，积极的生活目标将带来良好的生活状况。

个人财务目标的设立需要注意几个问题（理财目标示例见表1-2）：

表1-2 理财目标一览表

财务目标	优先等级	预计完成时间	预计所需资金
短期目标（1年以内）			
准备5个月的应急资金	□最重要□渴望□吸引人□不太重要		
付清信用卡账单	□最重要□渴望□吸引人□不太重要		

续表

财务目标	优先等级	预计完成时间	预计所需资金
短期目标（1年以内）			
购买电子设备	□最重要□渴望□吸引人□不太重要		
假期旅游	□最重要□渴望□吸引人□不太重要		
其他短期目标	□最重要□渴望□吸引人□不太重要		
中期目标（1～10年）			
购买第一套住房	□最重要□渴望□吸引人□不太重要		
结婚筹资	□最重要□渴望□吸引人□不太重要		
积累房子装修基金	□最重要□渴望□吸引人□不太重要		
积累孩子教育基金	□最重要□渴望□吸引人□不太重要		
其他中期目标	□最重要□渴望□吸引人□不太重要		
长期目标（10年以上）			
积累退休养老基金	□最重要□渴望□吸引人□不太重要		
积累预防疾病基金	□最重要□渴望□吸引人□不太重要		
照顾年老的父母	□最重要□渴望□吸引人□不太重要		
其他长期目标	□最重要□渴望□吸引人□不太重要		

（1）具体化。财务目标是具体且定量的，不能笼统模糊。比如，我想有很多钱，我想买一幢大房子，“很多”和“大”两个词语都是抽象的，不同的人有不同的理解，因此缺乏指导意义。具体的目标更容易细分，想要有100万元，首先是存够1万元，然后投资成10万元、20万元……直至达到100万元。具体的目标通过分解细化可以分步骤实现。除了将金钱的数额具体化，还应将财务目标实现的时间具体化。财务目标的设置要有时间限制，根据财务目标的轻重缓急，拟定完成目标的时间要求，定期检查进度，及时掌握变化情况，并且根据环境来调整和优化目标。

（2）可实现性。目标须付出一定的努力才能达成，如果轻而易举、毫不费力地达成，则不能称为目标。财务目标应可以通过一定努力实现，但是也不能太高，否则会让人失去动力。就如在长跑中，距离前方对手50米时，你会觉得有可能超越他，当差距达到10公里时，你可能就会失去前进的动力了。可实现性，是指财务目标在付出努力的情况下可以实现，避免设立过高或过低的目标。

（3）顺序化。人的资源和精力都是有限的，但需求很多。如何将诸多的美好愿望转化为具体的理财目标？首先你需要静心想一想，把诸多愿望全部列举出来；其次你需要做一些具体分析，在有限的资源条件下，哪些需要划掉，哪些可以保留；然后将目标按重要性排序，或者标出目标的优先级别，比如“最重要”“渴望”“吸引人”“不太重要”（见表1-2）。这种优先等级的排序是个人决策的结果，每个人的排序都有自己的理由，不存在一个对所有人都适用的排序。

（4）阶段性。财务目标的阶段性体现在两个方面：一是制定目标的阶段性。应按照短中长期设定自己的财务目标：短期着眼于1年内需要完成的事项，比如还清信用卡欠款，准备短期应急资金；中期着眼于 1～10 年内需要完成的目标，比如积累孩子教育基金、为结婚筹资等；长期则着重于 10 年以上的目标，比如积累退休养老基金等。二是实施目标的阶段性。人们在生命周期各个阶段财务状况存在巨大差异，18 岁之前几乎没有什么收入，由父母抚养长大；18～50 岁，人生渐入高峰，收入节节攀升；50～60 岁，收入下降；60 岁左右告别工作岗位，退休回家养老……在不同阶段，人们的视野、经历、经验、理想都会发生变化，因而目标并不是一成不变的，应随时间做出调整。

设定好理财目标，就知道了前行的方向、自己所处的位置、还需要做哪些努力，应根据个人风险偏好选择不同的工具和方法（具体工具和方法将在后面几章讲述）来实现目标。针对不同的阶段、不同的目标，可以选择不同的理财工具，以平衡风险和收益。在配置资产时，应考虑所处生命周期不同阶段的特性进行动态配置。随着年龄的增长，高收益的资产在配置组合中的比例应该逐渐降低。对于年轻人来说，可以采取进取型投资策略，将大部分资产配置在风险相对较高的理财工具上；步入中年后，则应该采取稳健型投资策略，降低高风险理财工具的比例，把年轻时投资积累的财富保存下来；即将退休时，应该更加偏重流动性和安全性，高风险理财工具的比例要大幅下调，取而代之的是保守的固定收益型理财工具，以享受之前的财富积累。《克劳谈投资策略》一书中提到一种更为简单易懂的投资策略——KISS 法则，即“Keep It Simple，Stupid”。实际上，与其说这是一种方法，不如说这是一种思路。书中提到年龄和可接受风险的关系时，克劳用一个非常简单的公式来说明将资金投放在高风险投资工具（如股票、衍生工具等）上的百分比：

投放百分比＝(人的平均寿命－投资者的年龄)×100％

现在人的平均寿命大概是 80 岁，如果你现在是 30 岁，则你最多可将 50％（(80－30)×100％）的资金放在股票、期货等高风险投资工具上，剩余的资金应该存起来或投放在其他固定收益工具上。

1.4.2　摸清财务状况，建立家庭资产负债表

资产负债表是反映企业在某一特定日期（如月末、季末、年末）全部资产、负债和所有者权益情况的财务报表，是企业经营活动的静态体现。它是根据“资产＝负债＋所有者权益”这一公式，依照一定的分类标准和一定的次序，将某一特定日期的资产、负债、所有者权益的具体项目予以适当的排列编制而成的。对于个人而言，家庭资产负债表是反映个人（家庭）在某一时期财务状况的财务报表。通过家庭资产负债表，可以清楚地了解个人资金来源的构成以及个人的财务状况、短期偿还债务的能力、资产结构的变化情况和财务状况的发展趋势，在此基础上进行分析，得出收支比率、消费与投资比率、资产负债率等，为理财决策提供依据。

家庭资产负债表（见表 1－3）有三个组成部分：资产、负债和净资产。资产是指你拥有的财产，负债是你亏欠和借的钱。净资产是对财富水平的衡量，是资产减去负债后的余额。

净资产(或资产净值)＝总资产－总负债

表1-3　家庭资产负债表

资产				负债			
项目		现值	占比	项目		现值	占比
现金及现金等价物	现金			流动负债	信用卡欠款		
	活期储蓄				水电气费		
	定期储蓄				应付税金		
	货币基金				1年期以内经营贷款		
	应收借款				1年期以内消费贷款		
	其他				1年期以内民间贷款		
	合计				其他		
金融资产	股票				合计		
	债券			长期负债	住房按揭贷款		
	基金				汽车按揭贷款		
	期货				1年期以上经营贷款		
	外汇				1年期以上装修贷款		
	其他				1年期以上民间贷款		
	合计				其他		
实物资产	自住房产				合计		
	投资性房产			负债合计			100%
	汽车			净资产＝总资产－总负债			
	收藏品						
	其他						
	合计						
资产合计			100%				

家庭资产负债表构成如下：

（1）资产。家庭资产分为三大类：现金及现金等价物、金融资产、实物资产。现金及现金等价物是家庭中流动性最强的资产，主要包括现金、活期和定期储蓄、货币基金等。这部分资产变现能力最强，能够随时用来满足家庭各种需要，是家庭应急储备资金来源，一般需要能维持家庭3～6个月开销的资金量。金融资产是除现金及现金等价物以外，能够带来增值收益的金融资产，当然也有可能带来损失，主要包括股票、债券、基金等。实物资产是家庭使用或收藏的各种有实物形态的资产，如房产、汽车、收藏品等。

现金及现金等价物的价值是最容易确定的，可按原值计价。但在计算这部分资产时需要特别考虑应收借款，也就是你借给别人的钱。这部分资产的价值应为借款本金加上对方承诺的利息，但借款收回是有风险的，有的钱可能收不回来。因此，在计算这部分资产的价值时还应计提坏账准备，坏账准备究竟占应收借款多大比例，可根据还款的可能性估算。

金融资产和实物资产的变现能力没有现金强，在计算其价值时应以市场价值而非账面价值为标准。假设你以每股10元的价格购入某股票1 000股，价值10 000元，但现在该股票价格已跌为5元，应以5 000元计价。市场价值更能反映资产的变现价值，有可能高于历史成本，也有可能低于历史成本。

（2）负债。负债包括全体家庭成员的所有债务，除了金融机构的贷款，也包括民间借贷。从时间来看，1 年期以内的负债为流动负债，主要包括信用卡欠款、水电气费等。1 年期以上的为长期负债，最典型的是住房按揭贷款、汽车按揭贷款、1 年期以上经营贷款等。负债的比率应控制在合理的范围内，否则将给家庭带来很大的风险。

还要注意一种潜在负债——或有负债，其之所以没有出现在资产负债表中，是因为最终结果如何尚难确定，须视某个事项是否发生而定。比如，你为他人担保，如果他人及时还款，那对你没有任何影响；一旦对方没有还款，这种或有负债会立即变成实际负债。

（3）净资产。净资产代表家庭的财富总体水平。净资产，就是总资产减去总负债。如果负债大于资产，那么净资产就是负的，这意味着，把所有资产变现也无法还清所有的债务，即出现家庭财政赤字。这是一种极其危险的状况，面临赤字的家庭经不起意外的打击，需要偿还的债务如同达摩克利斯之剑时刻悬在头顶。任何个人或家庭都应避免这种现象。

总之，家庭资产负债表反映了一个家庭在某一时点的财务状况，是家庭理财规划的重要财务工具。每一时期（每年、每季、每月）通过建立资产负债表可以让你衡量你为实现财务目标所付出的努力，及时准确地掌控财务状况，同时还可以发现问题并及时纠正，从而对未来家庭资产进行规划。

1.4.3　明确收支走向，建立家庭损益表

家庭资产负债表是静态的，反映了家庭在某个时间点的财务状况。而家庭损益表是动态的，可以反映一段时间内家庭资金流入与流出的情况，并且展示资金的来龙去脉（见表 1－4）。

表 1－4　家庭损益表

收入项目		金额	占比
劳动与经营所得	本人工资收入		
	本人奖金		
	配偶工资收入		
	配偶奖金		
	补助所得		
	经营所得		
	其他劳动与经营所得		
	劳动与经营所得合计		
投资性收入	债券利息收入		
	股票收入		
	基金收入		
	租金收入		
	投资分红收入		
	其他投资性收入		
	投资性收入合计		
收入合计			

续表

支出项目		金额	占比
固定支出	贷款还款		
	基本生活费		
	子女抚养费		
	父母赡养费		
	交通费		
	其他固定支出		
	固定支出合计		
可变支出	人情费用		
	娱乐费用		
	医疗费用		
	旅游费用		
	其他可变支出		
	可变支出合计		
支出合计			
自由现金流＝收入合计－支出合计			

关于家庭损益表的几个问题：

（1）收入可以分为劳动与经营所得和投资性收入。劳动与经营所得主要指工作报酬（工资、奖金、分红、公积金、保险等），劳务报酬（稿费、兼职费等），还有开办企业经营所得。投资性收入包括金融投资（股票、基金、债券、期货等）和实物或实体投资（投资房产、企业等）。收入应按家庭人头来计量，这样可以清楚地知道每个人在家庭中的收入贡献，当需要某人放弃工作时，可以根据收入贡献来进行抉择，这有利于保持家庭收入的稳定并使损失最小化。另外，收入为负数时不得回避，比如金融投资和实体投资都有可能为负数。即使是负收入也应计入家庭损益表，这样才能真实反映家庭这段时间的财务状况。

（2）区分固定支出和可变支出。开支方面的项目包括但不限于：物业费、水电燃气费、伙食费、服装费、交通费、通信费、教育费、保险费、医疗费等。按照支出是否可控，将生活支出分为固定支出和可变支出。

固定支出：你不能控制的支出。你必须支出这部分费用，而且这类支出的总体水平是恒定的。

可变支出：你可以控制的支出。你不一定要支出这笔费用，并且每个月的这类支出额都不一样。

固定支出是生活的保障，是无法再减少的。比如，你的房租是 2 000 元/月，每月打车费用是 300 元。那么房租就是固定支出，而打车费用可以通过乘坐公交车来压缩。对家庭损益表进行分析时，要仔细研究每个月的支出情况，注意观察固定支出和可变支出的比例，看看哪些支出是可以压缩的，消费需要理性，可以尝试压缩可变支出来增加收入的节余，但压缩可变支出也要适度，不能为了压缩弹性支出而无限降低自己的生活质量。

（3）家庭损益表的计价原则是收付实现制。权责发生制是按照收入、支出是否归属本期来确定本期收入、支出的一种方法；而收付实现制是按照收入、支出是不是本期实际收到或付出来确定本期收入、支出的一种方法。比如，你出售一批商品，收入 3 万元，但是买方三个月后才会付款。如果按照权责发生制，那么这 3 万元应计入本月收入；而按收付实现制，则应该到三个月后实际收到 3 万元时才计入损益表。三个月后，如果对方破产或出现其他意外，你可能拿不到这笔钱，所以“现金为王”，只有切切实实的收入才能计入损益表。

（4）盈亏平衡点计算。一个企业财务上的盈亏平衡点通常是指全部销售收入等于全部成本时（销售收入线与总成本线的交点）的产量。以盈亏平衡点为界限，当销售收入高于盈亏平衡点时企业盈利，反之，企业就亏损。而家庭的盈亏平衡取决于每期的收入至少能够满足固定支出，否则没有新的现金流入，就会坐吃山空。

家庭损益表反映一段时间内家庭收入、支出及余额的状况，通过它可了解一段时间内的理财成果，同时它也是做家庭收支预算的基础。应将损益表和资产负债表结合起来分析，资产负债表中的净资产可以显示你的财务状况，而损益表能显示你的消费、储蓄、投资习惯是如何影响净资产的。当资产负债表显示的净资产并不令你满意，或者因超支而不得不减少净资产时，你就需要重新审视自己的消费、储蓄和投资模式，通过修正、调整提高净资产水平。

1.4.4　力行财务体检，调整财务行为

通过定期编制资产负债表和损益表，可以了解家庭的财务状况。通过财务体检——计算相关指标，可以发现家庭财务中存在的问题，进而对症下药，修正自己的消费和投资行为。

1. 财富原始积累能力

大多数人需要通过储蓄才能获得投资理财的机会，储蓄提供了初始的理财本金，储蓄程度可用储蓄率指标来衡量：

$$储蓄率=\frac{可用于储蓄和投资的收入}{总收入}\times100\%$$

这里的储蓄并不单纯指银行存款，而是指收入扣除支出后剩余的部分，这部分可以存入银行，也可以进行投资。储蓄率反映了个体提高其净资产水平的潜力。

例如，张三的家庭月收入为 10 000 元，总支出为 9 000 元；李四的家庭月收入为 6 000 元，总支出为 3 000 元。

$$张三的家庭储蓄率=\frac{10\ 000-9\ 000}{10\ 000}\times100\%=10\%$$

$$李四的家庭储蓄率=\frac{6\ 000-3\ 000}{6\ 000}\times100\%=50\%$$

很明显，虽然张三的家庭收入高于李四，但储蓄率明显低于李四，从长远来看，如果李四把储蓄的资金积极投资，未来的财富有可能远远多于张三。

储蓄通常的做法是“先花后存”——收入拿到手，满足所有消费之后，将剩余的钱存到银行。这种方法的弊端是你会经受不住各种物质的诱惑而买买买，缺乏自律的人往往收不抵支。转换思路，从“先花后存”到“先存后花”，预留出你的存款，这笔钱最好单独放在你平时不用的存折里，或者与银行签约，工资一到账，就立即划出一定比例的资金进行基金定投或零存整取，剩余的钱再用来消费。也就是通过强制性的储蓄或投资来限制消费并积累你的第一桶金。

参考阅读

剁手党，是什么让你买买买不停？

你是否有过这样的经历：买了一件新T恤后又开始嫌弃你难看的旧裤子。注意，你已经成为一名狄德罗效应的受害者——一部分出于心理因素，一部分与商家的促销手法有关。下面就来看看你究竟为何会不断更新自己的装备吧。

德尼·狄德罗（Denis Diderot）是启蒙时期的哲学家，他对消费者主义了如指掌。另外，他也是个艺术评论家，所以爱美。这也许就是导致他写出那篇名为《与旧睡袍别离的忏悔》的论文的原因。

原本在他的小公寓里，狄德罗穿着一件破旧的睡袍，直到有一天他的朋友送了他一件漂亮的深红色睡袍。狄德罗很喜欢这件睡袍，但发现新睡袍和他廉价的旧家具格格不入。于是，他把藤椅换成了皮椅，又换掉了书桌和墙上的贴图。之后，又换掉了他的日常服装。结果，狄德罗负债累累，闷闷不乐，只好靠打工来继续供养他漂亮的房子，而他原本是物质的主人。美国哈佛大学经济学家朱丽叶·斯格尔（Juliet Schor）在《过度消费的美国人》一书中提出了一个新概念——狄德罗效应，指人们在拥有一件新的物品后，会不断配置与其相适应的物品，以达到心理平衡的现象。

资料来源：果壳网，2014-05-23.

2. 家庭应急能力

任何一个家庭都不应该为了高收益而把所有的现金锁定，而应为可能出现的紧急状况准备必要的资金。一般来说，应保留3～6个月的生活费作为应急资金。比如，王先生现有存款5万元，每个月的支出为5 000元，王先生的家庭处于成长期，这一时期的特点是家庭支出固定、教育负担增加、保险需求较高。考虑到王先生的财务安全和投资稳定性，建议保留6个月左右的开支，以备不时之需。因此，3万元（5 000×6）应投入活期储蓄或货币市场基金等收益低但流动性非常好的理财工具，剩下的2万元可以用来做长期投资。

有一个比例可以衡量家庭是否有足够的变现能力来应对紧急状况：

$$\text{月生活支出偿还比率}=\frac{\text{现金及现金等价物}}{\text{年生活支出}/12}$$

这个比率可以告诉你目前的货币可以负担几个月的生活支出。假设张先生家里有2 500元现金，家庭年生活支出60 000元，那么月平均生活支出为5 000元（60 000/12），月生活支出偿还比率为0.5（2 500/5 000）。

张先生家里的现金资产仅够负担半个月的支出，这显然是不够的。这意味着假如有意外情况发生，张先生不能立即拿出钱来应对，整个家庭的财务风险极高。为应对紧急情况，张先生可能得处理长期资产，这必将减少其收益甚至导致亏损。

3. 债务偿还能力

债务偿还能力的衡量可从两个方面入手：一是短期偿债能力；二是长期偿债能力。

（1）短期偿债能力。

$$\text{流动比率}=\frac{\text{现金及现金等价物}}{\text{流动负债}}$$

流动负债指短期内需要偿还的债务，比如信用卡借款等。流动比率应至少大于1。如果小于1，则意味着你的现金不足以偿付即将到期的债务，你就得动用其他非现金资产，比如出售股票、基金甚至住房。流动比率最好在2以上，同时要密切关注其走向，如果下降严重，那你必须找出比率下降的原因。

$$\text{即付比率}=\frac{\text{流动资产}}{\text{负债总额}}$$

即付比率反映了人们利用可随时变现的资产偿还债务的能力，应保持在0.7左右。即付比率偏低，意味着经济形势出现较大的不利变化时，无法迅速减少负债以规避风险；即付比率过高，意味着人们注重流动资产，资产综合收益率低，财务结构不合理。

（2）长期偿债能力。

$$\text{负债率}=\frac{\text{总负债}}{\text{总资产}}$$

负债率最好小于0.3，小于0.3为良性负债，也就是说，负债在可控范围之内，而且偿还负债不会成为家庭负担。合适的负债率跟收入预期和年龄有关，预期未来收入会不断增加的年轻人负债率可以适当高些，而退休的老年人负债率应低些，35岁以下的年轻人可以承担较高的负债率，但不应超过100%，否则一旦资产缩水，就有可能导致破产。35～55岁的中年人，负债率不应超过50%；55岁以上的人，负债率不应超过20%。

4. 财务自由度

财务自由是理财的目标。财务自由度是理财的重要指标，如果一个人的投资收益完全可以应付日常的消费支出，工资性收入基本可以不动，那么这个人的财务自由度比较高。

$$\text{财务自由度}=\frac{\text{被动收入}}{\text{总支出}}$$

知识拓展

财务保障、财务安全和财务自由

财务自由度越高越好，大于1表明不需要劳动与经营所得，被动收入能够满足这个人的生活需要；如果财务自由度为0，则说明这个人主要靠工资性收入，没有其他收入来源，自由度相当低或者财务不自由，只要一天不工作就没有收入。

1.4.5 监控实施过程，动态循环往复

个人理财规划不是一蹴而就的。理财能力的培养是一个需要不断反馈的过程，可以按照PDCA模式来进行个人理财规划的监控和管理（见图1-4）。PDCA循环最早由休哈特（Shewhart）于1930年提出，1950年被美国质量管理专家戴明（Deming）博士再度挖掘出来，用于持续改善产品质量。PDCA由英语单词Plan（计划）、Do（执行）、Check（检查）和Adjust（修正）的首字母组成。

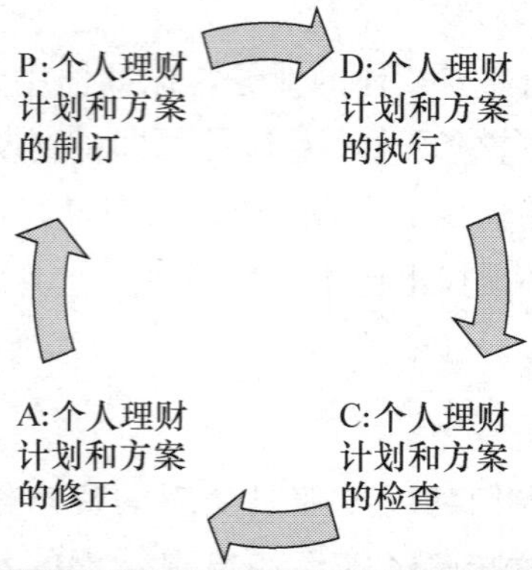

图1-4 个人理财规划的PDCA循环

（1）计划。包括目标设定，以及通过建立家庭资产负债表和家庭损益表来了解家庭财务状况。应根据家庭经济条件和自身风险偏好进行选择，某些家庭可能会选比较激进的理财策略，有些家庭则会选比较保守的策略。

（2）执行。根据已知的环境条件，制订具体的理财计划和方案；再根据计划和方案进行运作，实现计划和方案的内容。

（3）检查。一方面通过前文所述的财务体检指标进行检查；另一方面，看方案在执行过程中与目标的偏离程度，总结执行计划的结果，比较收益。收益的高低并不能作为计划完成程度的唯一评判标准，要分清哪些理财决策对了，哪些理财决策错了，明确效果，找出问题。

（4）修正。对理财方案和计划的执行结果进行修正，前期的理财方案不是一成不变的，应随环境的变化和年龄的增长进行调整。

以上四个过程不是只运行一次，而是周而复始地进行，一个循环结束，解决一些问题，未解决的问题进入下一个循环，阶梯式上升。这种PDCA循环可以不断地巩固和完善理财方案，提高个人的理财能力。

问题与讨论

1. 探讨个人理财的必要性。

2. 请用生活中的例子说明从众心理、懊悔规避、过度自信，并阐述如何避免情绪陷阱对个人理财的影响。

3. 请用生活中的例子说明机会成本、沉没成本、心理账户、比例偏见，并阐述如何避免这些概念对个人理财造成的困扰。

4. 根据自己、朋友和亲戚的家庭财务状况，编制家庭资产负债表、家庭损益表，诊断家庭财务存在的问题，并给出改进建议。

5. 有两种投资情况：

A 公司要做一个互联网项目，已经投入 500 万元，但这时候 C 公司也开始做这个项目，A 公司自然无法与 C 公司抗衡，前景渺茫。评估结果是上线后大约有 90%的概率要亏损 500 万元，运气好的话有 10%的概率能盈利 1 000 万元。现在如果追加投资 20 万元，项目就可以上线了。

B 公司准备做一个互联网项目，这时候 C 公司也开始做这个项目，B 公司自然无法与 C 公司抗衡，前景渺茫。评估结果是上线后大约有 90%的概率要亏损 500 万元，运气好的话有 10%的概率能盈利 1 000 万元。现在如果投资 20 万元，这个项目就可以上线了。

以上两种情况下，你作为决策人是否应该投资？请说明理由。出现决策分歧的原因是什么？

6. 2002 年 10 月 9 日，瑞典皇家科学院将诺贝尔经济学奖授予普林斯顿大学心理学教授丹尼尔·卡尼曼和乔治·梅森大学经济学教授弗农·史密斯（Vernon Smith）。根据瑞典皇家科学院的新闻公报，卡尼曼“将心理学的深入分析融入经济学，从而为一个崭新的经济学研究领域奠定了基础”。1981 年，丹尼尔·卡尼曼及其合作者阿莫斯·特沃斯基（Amos Tversky）在《科学》杂志发表论文，研究人们在决策判断过程中的认知心理规律，文章介绍了“演出实验”。

实验情境 A：你打算去剧院看一场演出，票价是 10 美元，当你到达剧院时，发现丢了一张 10 美元的钞票。你是否会买票看演出？实验结果表明：88%的调查对象选择会，12%的调查对象选择不会（调查对象为 183 人）。

实验情境 B：你打算去看一场演出并且花 10 美元买了一张票。当你到达剧院时，发现门票丢了。如果你想看演出，必须再花 10 美元，你是否会买票？实验结果表明：46%的调查对象选择会，54%的调查对象选择不会（调查对象为 200 人）。

为什么会出现上面的现象？内在原因是什么？这种现象对理财有什么影响？

7. 你的理财目标是什么？怎么做才能实现个人理财目标？

8. 什么是财务自由？如何实现财务自由？财务自由是如何衡量的？请想象一下你达成财务自由的路径选择。

9. 衡量债务偿还能力的指标有哪些？请分别说明，并对自己家庭的债务偿还能力进行分析。

10. 审视你的储蓄经验，说明储蓄与财务自由的关系，并讨论未来你的储蓄态度以及方式。

阅读与思考

控制欲望——人的最高境界

美国船王哈利曾对儿子小哈利说："等你到了23岁，我就将公司的财政大权交给你。"没想到，在儿子23岁生日这天，老哈利却将儿子带进了赌场。老哈利给了小哈利2 000美元，让小哈利熟悉牌桌上的伎俩，并告诉他无论如何都不能把钱输光。小哈利连连点头，老哈利还是不放心，反复叮嘱儿子一定要剩下500美元。小哈利拍着胸脯答应下来。然而，年轻的小哈利很快赌红了眼，把父亲的话忘得一干二净，最终输得分文不剩。走出赌场后，小哈利十分沮丧，说他本以为最后那两把能赢回来，没想到输得更惨。

老哈利说："你还要再进赌场，不过本钱我不能再给，你需要自己去挣。"小哈利用一个月的时间去打工，挣了700美元。当他再次走进赌场时，他给自己定下了规矩：只能输掉一半的钱，到只剩一半时他一定离开牌桌。然而，小哈利又一次失败了。当他输掉一半的钱时，脚就像被钉了钉子般无法动弹。他没能坚守住自己的原则，再次把钱全都押了上去，还是输了个精光。老哈利在一旁看着一言不发。走出赌场，小哈利对父亲说，他再也不想进赌场了，因为他的性格只会让他把最后一分钱都输光，他注定是个输家。老哈利却不以为然，他坚持要小哈利再进赌场。老哈利说："赌场是世界上博弈最激烈、最无情、最残酷的地方，人生亦如赌场，你怎么能不继续呢？"小哈利只好再去打工。

他第三次走进赌场已是半年以后的事了。这一次，他的运气还是不佳。但他吸取了以往的教训，冷静了许多，沉稳了许多，当钱输到一半时，他毅然走出了赌场。虽然还是输掉了一半的钱，他却有一种赢的感觉，因为这一次他战胜了自己！老哈利看出儿子的喜悦，对儿子说："你以为你走进赌场是为了赢谁？其实是要先赢自己。控制住自己，你才能做天下真正的赢家。"从此以后，小哈利每次走进赌场，都给自己设定一个界限，输掉10%时他一定会退出牌桌。再往后，熟悉赌场的小哈利竟然开始赢了，他不但保住了本钱，还赢了几百美元！这时，站在一旁的父亲警告他，现在应该马上离开赌桌。

头一次这么顺风顺水，小哈利哪里舍得走？几把下来他果然又赢了一些钱，眼看手上的钱就要翻倍，这可是他从没有遇到过的场面，小哈利无比兴奋！谁知，就在此时形势急转直下，几个对手大大增加了赌注，只两把，小哈利又输得精光……从天堂瞬间跌落地狱的小哈利惊出了一身冷汗，他这才想起父亲的忠告，如果当时能听从父亲的话离开，他会是一个赢家。可惜，他错失了机会，又一次做了输家。

一年以后，老哈利再去赌场查看，此时的小哈利俨然已经成了一个像模像样的老手，输赢都控制在 10%以内。不管输到 10%还是赢到 10%，他都会坚决离场，即使在最顺的时候他也不会纠缠。老哈利激动不已——因为他知道，在这个世界上，能在赢时退场的人才是真正的赢家。

老哈利毅然决定将价值上百亿美元的公司的财政大权交给小哈利。突然的任命让小哈利倍感吃惊："我还不懂公司业务呢！"老哈利却一脸轻松地说："业务不过是小事。世上多少人失败，不是因为不懂业务，而是因为控制不了自己的情绪和欲望！"

能够控制情绪和欲望，往往意味着掌控了成功的主动权。船王哈利的教子秘诀是：能在赢时退场的人才是真正的赢家。

【思考题】

1. 你从小哈利的故事中受到了什么启发？如何处理金钱与欲望的关系？控制对金钱的欲望与财富自由矛盾吗？

2. 探讨个人理财与快乐的关系。

3. 个人理财规划过程中存在哪些情绪陷阱？想要真正实现财富自由，应如何克服情绪陷阱？

4. 史学家司马迁在《史记》中说："欲而不知止，失其所以欲；有而不知足，失其所以有。"战国韩非云："贪如火，不遏则燎原；欲如水，不遏则滔天。"结合这个故事谈谈你对这两句名言的理解。在追求财富的过程中，如何处理欲望和财富的关系？

金钱让我们爱恨交加

金钱是一个奇怪的东西。人们对它爱恨交加，失去它就无法生存。我们喜欢自己管理金钱，却常常事与愿违。我们会发现自己无法控制它，甚至可能被它操控。

处理财务就如同打仗，你必须了解你的敌人。金钱是什么？人们对金钱会采取哪些行为？为了更好地了解金钱，最好将下述原则牢记在心。

● 金钱会快速蒸发。你可以在口袋里装 100 美元，不知不觉几天内你会变得一文不剩。你无法阻止这种现象发生，充其量只能减缓花钱的速度。

● 赚钱的成本高昂。你可能听说过一句老话——钱能生钱。根据"天下没有免费的午餐"这句谚语也可以得出这个结论。假如你想通过利息和红利来赚钱，那么这一点尤为明显：如果不把钱存入银行或进行投资，你就不可能赚到利息或红利。当然也有其他赚钱的方法，例如，出售产品或服务，但你必须购买工具或原材料。即使擦车工也是如此，他们只有借助清洁刷和水桶才能提供服务。

● 通常来说，要想赚大钱，首先必须有一大笔钱。如果有数百万美元在手，你就有可能赚到数百万美元。你不可能在身无分文的情况下赚到数百万美元。（当然也存在违背这条法则的例外情况，比如说你捡到一张彩票并赢得大奖，或者某位从事公益服务的律师帮你在产品诉讼中赢得了巨额赔偿。但这些例外情况少之又少，如果你在自己的财务规划中将希望全寄托于此，就会显得非常愚蠢和荒谬。）所以我们应该始终小心那些快速致富的计划。如果这些计划合法，那么很可能不会成功；如果它们成功了，很可能就不合法。

● 保管钱的成本非常高昂。如果你有储蓄或投资账户，那么你可能需要向维护这些账户的人支付一定的费用，如账户管理费。过去，把钱存在银行可以得到一定的利息，足够冲抵你要支付的账户管理费。但现在情况改变了。收到利息之后，你还需要向银行支付每个月8～10美元的资金管理费（虽然银行利用我们的资金赚了更多的钱）。

● 不管如何处理自己的金钱，成本都是不可避免的。我们通常会忽视两种成本：机会成本、交易成本。

机会成本是一个经济学专业术语，指金钱的其他最佳用途。当你决定用自己的金钱来干一件事情时，你就放弃了该笔金钱的其他最佳用途，你就需要支付这个成本。例如，你购买一辆新车的机会成本也许是一次奢侈的度假；你将钱塞到床底下的机会成本也许就是投资带来的高利息。

交易成本指你在花钱时所支付的成本。有些成本是透明的，如税收、费用、佣金等，有些则并不那么显而易见。比如开车去商店买东西时，你也许不会将汽油的成本或者车辆磨损费用计入购物成本，但这些费用真实存在。如果你想去购物，而且你想自己开车去，你就不得不支付这些费用。

● 金钱是使人们产生焦虑的一个重要原因。人们会为了金钱而烦恼。花钱时担心不理智，落入债务陷阱时不知道如何才能脱离困境。甚至当一切都进展顺利时，也会自寻烦恼，担心未来会变得糟糕。

如果你从未因金钱而焦虑过，那真是太幸运了。对于我们来说，重要的是找到一个处理金钱的方法，得到心理上的安慰，即使这意味着从长远来看我们的决定可能无法使自己的财富最大化，即你的风险承受程度会影响对策略的选择。如果风险会让你承受痛苦，那么避免风险的策略虽然从金钱的角度来看无法使你的期望价值最大化，但不失为一个理性的选择。

资料来源：大卫·韦尔奇．为什么选错的总是我．北京：中国人民大学出版社，2009.

【思考题】

1. 生活中你为金钱焦虑过吗？是什么原因让你焦虑？你觉得应如何处理这种焦虑？
2. 应该如何正确对待和处理金钱？
3. 如何理解机会成本和沉没成本？
4. 习近平总书记说过："中国优秀传统文化的丰富哲学思想、人文精神、教化思想、道德理念等，可以为人们认识和改造世界提供有益启迪，可以为治国理政提供有益启示，也可以为道德建设提供有益启发。"结合道德经《老子·道经·第九章》中所言"金玉满堂，莫之能守；富贵而骄，自遗其咎"，谈谈如何树立正确的金钱观。

第2章

个人理财规划的基础理念

素养提升

◆ 通过资金时间价值学习，树立正确的投融资理念，树立正确理性的消费观

◆ 强化风险意识，常观大势、常思大局，科学预见形势发展走势和隐藏其中的风险挑战

学习要点

- 了解时间价值的概念
- 掌握复利和单利的差别
- 熟练计算复利终值、复利现值、年金终值、年金现值
- 理解时间价值与投资时机、理财工具的选择
- 掌握名义利率与实际利率的差别
- 了解风险的概念和类别
- 熟练计算预期收益和方差
- 理清风险和收益的关系
- 了解前景理论中对风险的感知
- 理解风险偏好与风险容忍度的概念

思维导图

引导案例　　24 美元买纽约

1626 年秋天，阿姆斯特丹港务局给荷兰上议院写了这样一封信：“上议院的诸位议员大人，9 月 23 日从新荷兰返回的船队于昨天抵达港口。他们汇报说荷兰移民在新大陆生活得很快乐，有的家庭迎来了下一代。另外，船队在新大陆用 60 荷兰盾的货物从土著那里买下了一个叫曼哈顿的岛……”

买下曼哈顿岛后，为了纪念故土，荷兰人给它取名“新阿姆斯特丹”。很多年以后，此地变成了英国的殖民地。同样为了纪念故乡约克郡，大不列颠移民将它改名为“新约克”（New York），也就是今天的纽约。

文章开头那封写给荷兰上议院的信，是历史上最早关于纽约的文字记录。当时荷兰在北美殖民地的总督兼大法官是彼得·马纽特，他既是法律的制定者，也是法律的执行者，拥有绝对权威。1626 年 5 月 6 日，他代表荷兰西印度公司，用价值约 60 荷兰盾（相当于 24 美元）的玻璃珠子和小东西，从一个叫坎纳西的印第安部落手里买下了纽约。彼得当时换到的土地总面积约为 22 平方英里（1 英里＝1.61 千米），如果折合成美元，每平方英里只花了 1 美元多一点儿。

作为全球最繁华的大都市之一，寸土寸金的纽约现在的地价是多少呢？每平方英尺均价 822 美元（1 平方英里＝2 787 多万平方英尺）。在近 4 个世纪后的今天看来，彼得通过这笔交易获得的利润有 12 位数，增值率高达几百亿个百分点，这恐怕是世界上最划算的地产交易之一了。

资料来源：王悦 . 24 美元买纽约 . 意林，2008（1）.

2.1 时间价值及其运用

2.1 即测即评

2.1.1 时间价值的概念

资金的时间价值是指货币随着时间的推移而发生的增值，即当前持有的一定量货币比未来获得的等量货币具有更高的价值。这是因为，货币用于投资可获得收益，存入银行可获得利息，货币的购买力会随着时间的推移而改变。

知识拓展

资金时间价值在个人理财中的运用

资金的时间价值可以从以下两个方面来理解：一方面，资金属于商品经济的范畴。在商品经济中，资金因参与社会的再生产过程而不断地运动，资金的运动贯穿再生产流通的整个过程。劳动者在再生产过程中创造了剩余价值，资金增值给投资者带来了利润。因此，从投资者的角度来看，资金的时间价值表现为资金在运动过程中的增值。另一方面，资金一旦用于投资，就不能用于消费，牺牲现期消费是为了在将来更多地消费。因此，从消费者的角度来看，资金的时间价值表现为牺牲现期消费的损失所应得到的必要补偿。

通俗来讲，资金的时间价值就是今天的一元钱比明天的一元钱更值钱，要比较不同时点的资金价值，应把它们放在同一时点进行比较。比如今天的 1 万元与 10 年后的 1 万元，从数字上看是相等的，实质上并不等值，你要换算今天的 1 万元 10 年后值多少钱，或者 10 年后的 1 万元相当于现在的多少钱。

资金时间价值的计算是通过复利来进行的。我们首先来了解一下利息的两种计算方式：单利和复利。

单利是利息不产生利息，仅本金产生利息。复利是利息也产生利息，利滚利。

单利的计算公式：

本利和＝本金＋本金×利率×年数

复利的计算公式：

$$本利和＝本金×(1＋利率)^{年数}$$

假设你现在有 100 元，分别用单利和复利两种方式来计息（利率为 5%），1 年后、10 年后、100 年后，两者的差异是多少？

从表 2－1 可以看出，在第 1 年单利和复利的计算结果无差异，均为 105 元。随着时间的推移，差距逐渐拉开，第 2 年仅差 0.25 元，第 3 年差 0.76 元，第 10 年就差 12.89 元，也许看起来差异不大，但是时间越久，这种本利和的差异就越大。单利以每年利息增加 5 元的速度匀速增长，而复利则加速增长，第 50 年差 796.74 元（1 146.74－350），第 100 年则差 12 550.13 元（13 150.13－600）。

表 2－1 单利与复利的比较

单位：元

年份	单利	复利
第 1 年	100×（1＋5%）＝105	100×（1＋5%）＝105
第 2 年	100×（1＋5%×2）＝110	$100×(1+5\%)^{2}=110.25$
第 3 年	100×（1＋5%×3）＝115	$100×(1+5\%)^{3}=115.76$
第 4 年	100×（1＋5%×4）＝120	$100×(1+5\%)^{4}=121.55$
⋮		
第 10 年	100×（1＋5%×10）＝150	$100×(1+5\%)^{10}=162.89$
第 11 年	100×（1＋5%×11）＝155	$100×(1+5\%)^{11}=171.03$
第 12 年	100×（1＋5%×12）＝160	$100×(1+5\%)^{12}=179.59$
⋮		
第 50 年	100×（1＋5%×50）＝350	$100×(1+5\%)^{50}=1\ 146.74$
第 51 年	100×（1＋5%×51）＝355	$100×(1+5\%)^{51}=1\ 204.08$
⋮		
第 98 年	100×（1＋5%×98）＝590	$100×(1+5\%)^{98}=11\ 927.55$
第 99 年	100×（1＋5%×99）＝595	$100×(1+5\%)^{99}=12\ 523.93$
第 100 年	100×（1＋5%×100）＝600	$100×(1+5\%)^{100}=13\ 150.13$

复利的作用大得超乎你的想象，物理学家爱因斯坦曾经说过：“宇宙间最大的能量是复利，世界的第八大奇迹是复利。”复利完美地扩展了时间的价值空间，使财富倍增的效果无与伦比。发现复利的奥妙，对个人理财有非常重要的意义。

参考阅读

拿破仑带给法兰西的尴尬

1797 年 3 月，拿破仑在卢森堡第一国立小学演讲时说了这样一番话：“为了答谢贵校对我，尤其是对我夫人约瑟芬的盛情款待，我今天呈上一束玫瑰花，并且在未来的日子里，只要法兰西存在一天，每年的今天我都将亲自派人送给贵校一束价值相等的玫瑰花，作为法兰西与卢森堡友谊的象征。”时过境迁，拿破仑疲于应付连绵的战争和此起彼伏的政治事件，最终惨败并被流放到圣赫勒拿岛，他把在卢森堡许下的诺言忘得一干二净。可卢森堡却对这位“欧洲巨人与卢森堡孩子和谐相处的一刻”念念不忘，并将其载入史册。1984 年年底，卢森堡旧事重提，向法国提出违背“赠送玫瑰花”诺言的索赔：要么从 1797 年起，用 3 路易作为一束玫瑰花的本金，以 5 厘复利（即利滚利）计息全部清偿以了结玫瑰案；要么法国政府在法国各大报刊上公开承认拿破仑是个言而无信的人。起初，法国政府准备不惜重金挽回拿破仑的声誉，但他们被电脑算出的数字惊呆了：原本 3 路易的许诺，本息和竟高达 1 375 596 法郎。苦思冥想之后，法国政府字斟句酌做出的答复是：“以后，无论在精神上还是物质上，法国将始终不渝地对卢森堡的中小学教育事业予以支持与赞助，来兑现拿破仑将军那一诺千金的玫瑰花诺言。”这一答复最终得到了卢森堡人民的谅解。

资料来源：《读者》杂志社 . 1 000 个故事：《读者》30 年最美的风景 . 兰州：甘肃人民出版社，2011.

2.1.2 时间价值的计算

1. 终值与现值的计算

在计算资金时间价值的时候，需要了解几个术语。

终值（future value）又称将来值或者本利和，是现在一定量的资金折算到未来某一时点所对应的金额，通常记作 F。

现值（present value）是未来某一时点的一定量资金折算到现在所对应的金额，俗称本金，通常记作 P。

现值和终值是一定量资金在前后两个不同时点对应的价值，其差额即资金的时间价值。现实生活中计算利息时所说的本金、本利和相当于资金时间价值理论中的现值和终值，利率（用 i 表示）可看作资金时间价值的一种具体表现，现值和终值对应的时点之间可以划分为 n 期，相当于计息期。资金的时间价值一般都是按照复利计算的。

假设 2024 年 1 月 1 日你存入 1 000 万元，利率为 8%，一年后（2025 年 1 月 1 日）你得到的本利和是多少？

$$1\ 000\times(1+8\%)=1\ 080(\text{万元})$$

一年后得到的本利和 1 080 万元相当于终值。为便于分清现值和终值，在计算时画一条数轴，对于特定时间段而言，现值 P 是该时间段起点的金额，终值 F 是该时间段终点的金额（见图 2-1）。

复利终值的计算公式为：

$$F=P\times(1+i)^n$$

式中，$(1+i)^n$ 称为复利终值系数，用符号（F/P，i，n）表示。

这样，上式就可以写为：

$$F=P\times(F/P,i,n)$$

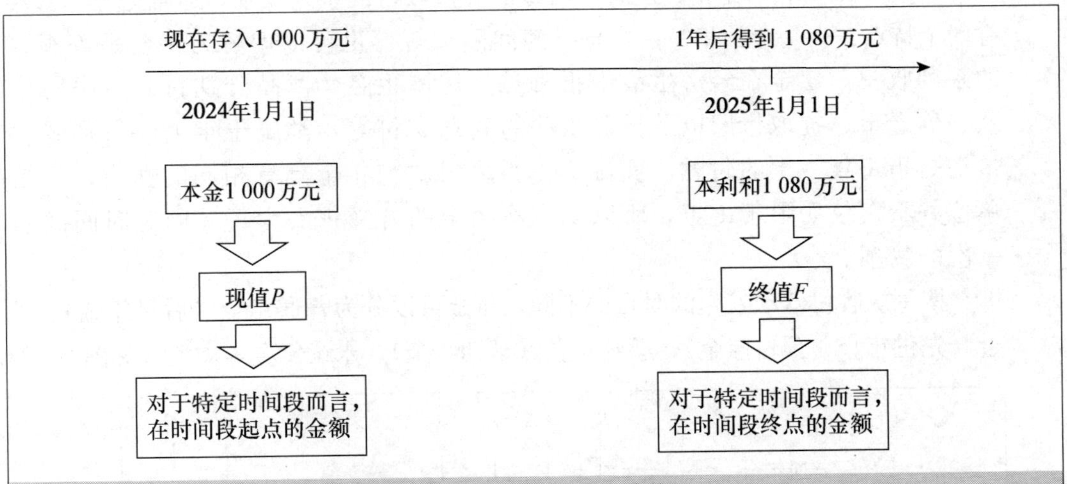

图 2-1　现值和终值

例：张兰将 10 000 元存入银行，年利率为 5%，3 年后能从银行取出多少钱？

$$10\ 000\times(1+5\%)^3=10\ 000\times(F/P,5\%,3)=11\ 576.25(\text{元})$$

3 年后张兰能从银行取出 11 576.25 元。

也可以利用复利终值系数表，查得（F/P，5%，3）=1.157 6，得到终值11 576 元。复利终值系数表中的系数是四舍五入后的值，因此与实际算出来的数值有一点差异，这是数学约值的差异，不会对结果产生实质性影响。

复利现值的计算公式为：

$$P=F\times(1+i)^{-n}$$

式中，$(1+i)^{-n}$ 称为复利现值系数(可以查复利现值系数表)，用符号（P/F，i，n）

表示。

这样，上式就可以写为：

$$P=F\times(P/F,i,n)$$

从上面的公式可以看出，复利终值系数与复利现值系数互为倒数。

例：李双刚入大学，想大学毕业后出国留学，留学需要50万元。如果银行利率为10%，那么现在李双的父母需要存入银行多少钱才能在4年后得到50万元？

这是根据终值50万元来计算4年前的现值，经查复利现值系数表，(P/F，10%，4)=0.683。

$$P=50\times(1+10\%)^{-4}=50\times(P/F,10\%,4)=50\times0.683=34.15(\text{万元})$$

因此，李双的父母只需在李双入学前存入34.15万元，4年后就可以筹齐留学费用50万元。

2. 年金的概念

年金（annuity）是指一定时期内每次等额收付的系列款项，通常记作A。年金具有两个特点：一是金额相等；二是时间间隔相等。也可以理解为年金是等额、定期的系列收支。年金在经济生活中很常见，房屋租金、商品分期付款、房屋分期还款、养老金、提取折旧以及投资款项的利息支付等，都属于年金收付形式。年金最初是指每年一次的付款。实际上，很多付款与年金具有相同的性质，只是时间单位并不仅仅局限于1年，所以现在将年金的含义扩展为每一固定时间间隔收付一次的款项。

按每次收付款项发生的时点的不同，年金可以分为普通年金（后付年金）、即付年金（先付年金、预付年金）、递延年金（延期年金）、永续年金等类型（见图2-2）。

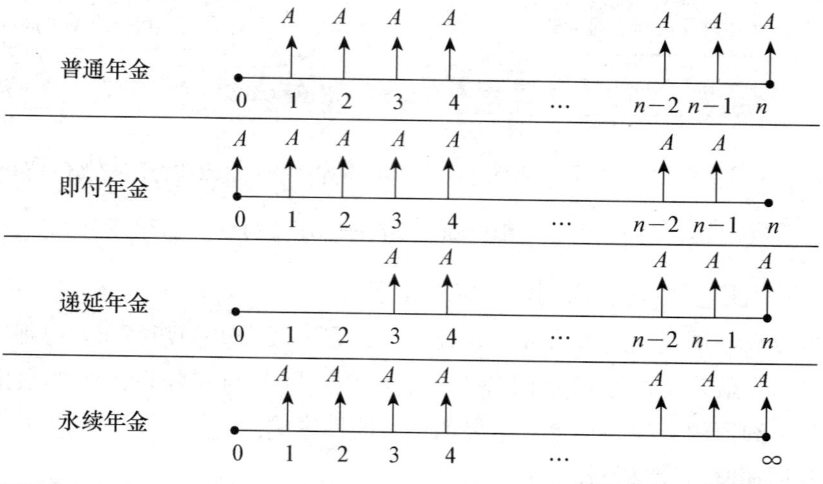

图2-2 年金的分类

(1) 普通年金。普通年金是指从第1期起，在一定时期内每期期末等额收付的系列款项，又称后付年金。后付年金终值犹如零存整取的本利和，它是一定时期内每期期末等额收付款项的复利终值之和。

（2）即付年金。即付年金是指从第 1 期起，在一定时期内每期期初等额收付的系列款项，又称先付年金。即付年金与普通年金的区别仅在于付款时间不同。

（3）递延年金。递延年金是指第一次收付款发生时间与第一期无关，而是隔若干期（m）后才开始发生的系列等额收付款项。它是普通年金的特殊形式。

（4）永续年金。永续年金是指无限期等额收付的特种年金。它是普通年金的特殊形式，即期限趋于无穷的普通年金。

3. 年金的计算

（1）普通年金终值的计算。普通年金终值是一定时期内，每期期末等额收入或支出的本利和，也就是将每一期的金额按复利换算到最后一期期末的终值，然后加总，就是年金终值。简单来说，如果你每隔相等的时间段存下相等数量的钱，若干年后你能够从银行拿到的金额就是年金终值。

例如，每年年末存款 1 元，年利率为 10%，经过 5 年，逐年的终值和年金终值可计算如下：

1 元 1 年的终值＝1.000 元（因为年末存入）

1 元 2 年的终值＝1×(1＋10%)＝1.100（元）

1 元 3 年的终值＝1×(1＋10%)×(1＋10%)＝1.210（元）

1 元 4 年的终值＝1×(1＋10%)×(1＋10%)×(1＋10%)＝1.331（元）

1 元 5 年的终值＝1×(1＋10%)×(1＋10%)×(1＋10%)×(1＋10%)＝1.464（元）

然后加总，1 元年金 5 年的终值为 6.105 元。

如果年金的期数很多，用上述方法计算终值相当烦琐。由于每年支付额相等，折算终值的系数又是有规律的，所以可找出简便的计算方法。

设每年的支付金额为 A，利率为 i，期数为 n，则普通年金终值的计算如图 2－3 所示。

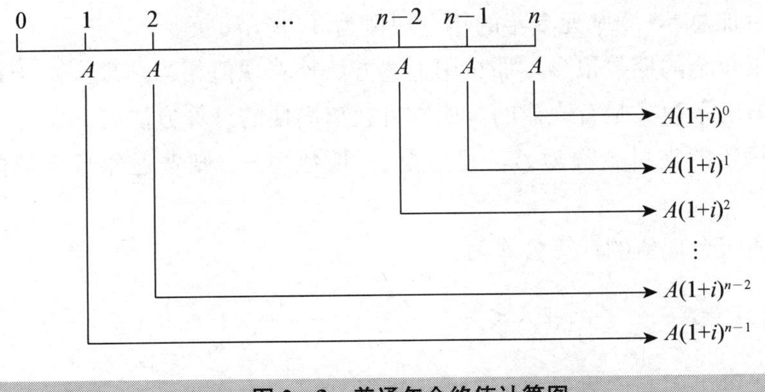

图 2－3　普通年金终值计算图

普通年金终值的计算公式为：

$$F=A+A\times(1+i)+A\times(1+i)^2+A\times(1+i)^3+\cdots+A\times(1+i)^{n-2}+A\times(1+i)^{n-1}$$

上式可以用等比数列求和公式计算得到：

$$F=A\times\frac{(1+i)^n-1}{i}$$

式中，$[(1+i)^n-1]/i$ 为年金终值系数，记作（F/A，i，n），可通过查年金终值系数表得到，因此上式可以写作：

$$F=A\times(F/A,i,n)$$

例：张星希望大学毕业5年后结婚，他专门开了一个单独账户用来存结婚基金，预计每年年末存入30 000元，假设利率不发生变化，为10%，5年后张星的结婚基金有多少钱？

$$F=A\times(F/A,10\%,5)=30\ 000\times6.105\ 1=183\ 153(\text{元})$$

式中，6.105 1是通过查年金终值系数表得到的。

（2）普通年金现值的计算。普通年金现值是一定时期内，每期期末等额的系列收付款项的现值之和。如果是一项投资，那么普通年金现值也可以这样理解，即为了在今后每年取得相等金额的款项，现在需要投入的金额。普通年金的计算实际上就是已知年金 A，求普通年金现值 P。

例如，你希望未来5年每年年末得到1 000元，年利率10%，现在需要存入多少钱？逐年的现值和年金现值可计算如下：

1 000元1年的现值 $=1\ 000\times(1+10\%)^{-1}=909.09$（元）

1 000元2年的现值 $=1\ 000\times(1+10\%)^{-2}=826.45$（元）

1 000元3年的现值 $=1\ 000\times(1+10\%)^{-3}=751.31$（元）

1 000元4年的现值 $=1\ 000\times(1+10\%)^{-4}=683.01$（元）

1 000元5年的现值 $=1\ 000\times(1+10\%)^{-5}=620.92$（元）

然后加总，1 000元5年的年金现值为3 790.78元。

如果年金的期数很多，那么用上述方法计算现值相当烦琐。由于每年支付额相等，折算现值的系数又是有规律的，所以可找出简便的计算方法。

设每年的支付金额为 A，利率为 i，期数为 n，则普通年金现值的计算如图2-4所示。

普通年金现值的计算公式为：

$$P=A\times\frac{1}{(1+i)^1}+A\times\frac{1}{(1+i)^2}+A\times\frac{1}{(1+i)^3}+\cdots+A\times\frac{1}{(1+i)^{n-1}}+A\times\frac{1}{(1+i)^n}$$

上式可以用等比数列求和公式计算得到：

$$P=A\times\frac{1-(1+i)^{-n}}{i}$$

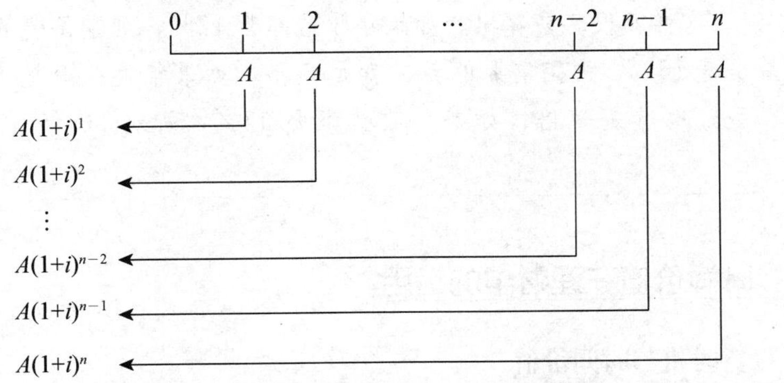

图 2-4 普通年金现值计算图

式中，$[1-(1+i)^{-n}]/i$ 为年金现值系数，记作 $(P/A, i, n)$，可通过查年金现值系数表得到，因此上式可以写作：

$$P=A\times(P/A,i,n)$$

例：某企业按 12%的年利率取得贷款 20 万元，要求在 5 年内每年年末等额偿还，那么每年的偿付额应为多少？

$$200\,000=A\times(P/A,12\%,5)=A\times 3.604\,8$$
$$A=55\,481.58(\text{元})$$

查年金现值系数表，(P/A，12%，5) 为 3.604 8，经计算可知该企业每年的偿付额为 55 481.58 元。

在计算年金时，还需要注意一个问题，即年金的发生是年初还是年末，也就是需区分是普通年金还是预付年金，二者计算出来的结果是不一样的。

参考阅读

72 法则

72 法则经常用来做复利的近似计算，计算在给定年收益率的情况下，大约需要多少年投资才会翻倍。

举例：

年收益率为 1%，那么经过 72 年，本金会翻倍；

年收益率为 5%，72/5=14.4，也就是约 14.4 年投资可以翻一番（用公式计算结果为 14.2 年）；

年收益率为 7%，72/7=10.3，也就是约 10.3 年投资可以翻一番（用公式计算结果为 10.24 年）；

年收益率为 10%，72/10=7.2，也就是约 7.2 年投资可以翻一番（用公式计算结果为 7.27 年）；

…………

也就是说，如果年收益率为$X\%$，则投资翻倍需要的年数就是$72/X$。这就是所谓的72法则。这样就很容易算出，如果年收益率为12%，则翻倍要的年数就是6年；如果年收益率是15%，则翻倍要的年数就是5年。如果年收益率是12%，那么18年就可以翻三番，也就是8倍；如果年收益率是15%，那么20年可以翻四番，也就是16倍。

2.1.3 时间价值在理财中的运用

1. 投资时机与时间价值

货币在不同时间的价值是不一样的。所谓价值，就是货币的购买力，即能买入多少东西。现在的1元钱和一年后的1元钱的经济价值是不相等的，或者说其经济效用不同。现在的1万元、1年后的1万元，以及10年后的1万元，你愿意选择哪一样？所有的人都会选择现在的1万元。因为今天的1万元肯定比1年后或10年后的1万元值钱得多。

那投资理财从什么时候开始最好？从时间价值的角度看，越早开始越好。百米赛跑中，晚起跑可能只意味着最后成绩几秒的差异，但在投资的道路上，起步晚了，要付出的代价是巨大的。

假设你在20岁、30岁、40岁、50岁开始投资，每年投资的金额为1万元，假设利率为10%，那么在60岁退休时，投资回报是多少？

从20岁开始投资，60岁退休，投资年限40年，总投入40万元。

$$F=10\,000\times(F/A,10\%,40)=10\,000\times442.593=442.593(\text{万元})$$

那么退休时，终值为442.593万元，扣除投入的40万元，投资回报为402.593万元。

从30岁开始投资，60岁退休，投资年限30年，总投入30万元。

$$F=10\,000\times(F/A,10\%,30)=10\,000\times164.494=164.494(\text{万元})$$

那么退休时，终值为164.494万元，扣除投入的30万元，投资回报为134.494万元。

从40岁开始投资，60岁退休，投资年限20年，总投入20万元。

$$F=10\,000\times(F/A,10\%,20)=10\,000\times57.275=57.275(\text{万元})$$

那么退休时，终值为57.275万元，扣除投入的20万元，投资回报为37.275万元。

从50岁开始投资，60岁退休，投资年限10年，总投入10万元。

$$F=10\,000\times(F/A,10\%,10)=10\,000\times15.9374=15.937\,4(\text{万元})$$

那么退休时，终值为15.937 4万元，扣除投入的10万元，投资回报为5.937 4万元。

从上面的计算可以看出，投资开始得越早，时间价值的效用就越大，越容易达成财务目标。要想实现财富自由，一定要提前做准备，及早规划。

2. 理财金额与时间价值

关于理财金额到底多少合适，很多人有一个误解，总认为需要有1万元、10万元或更高的金额才会考虑投资。不可否认，金额越高选择也会越多（因为一些理财工具会有门槛限制），但是也不要忽视小金额长时间的复利作用。

假设我们每天节省1元钱，把1元钱用来投资，那么从我们出生到60岁退休，这1元钱到底变成了多少钱（见表2-2）？

表2-2　不同利率下一天投资1元钱复利60年的结果

利率（%）	累计存款（元）
0	21 900
1	29 809
3	59 515
5	129 058
10	1 107 707
20	102 832 389
50	2.68×10^{13}
100	4.21×10^{20}

从表2-2中看出，如果从出生之日起每天把1元钱放入小猪存钱罐，那么退休时只有21 900元；但如果用于投资，即便仅有5%的回报率，也可以达到129 058元，而且随着投资收益率的增长，累计存款额会不断增加。我们可以把每天投入1元增加为2元或者更多，来看看不同投入、不同利率下复利累计到100万元所需的时间（见表2-3）。

表2-3　不同投入、不同利率下复利累计到100万元所需的时间　　单位：年

每天存款额（元）	3%	5%	10%	15%	20%
1	147	99	56	40	32
2	124	85	49	36	28
3	112	77	45	33	26
4	102	71	42	31	25
5	95	67	40	30	24
6	90	63	38	28	22
7	85	61	37	27	22
8	81	58	36	26	21
9	77	56	35	26	21
10	74	54	34	25	20

每天投入10元，如果投资收益率为10%，则仅需34年就可累计到100万元，这个数字相对容易实现。因此，投资理财贵在坚持，小处着手，集腋成裘，持续的小额投资也能汇聚成财富的洪流。

3. 理财工具与时间价值

不同的理财工具，其收益率是不同的，收益率越高，达成最终目标的时间就越短。1万元变成100万元，在不同收益率下，所需的时间是不同的。

从表2-4可以看出，在收益率为1%的情况下，1万元变成100万元需要463年，这一时间长得离谱，无法达到；而如果收益率达到100%，则1万元变成100万元只需要7年。

表2-4　1万元在不同收益率下变成100万元所需的时间

收益率（%）	时间（年）
0	永远不会
1	463
3	156
5	95
10	49
20	26
50	12
100	7

不同理财工具的收益率是不同的。具体投资工具的选择将在本书的后面几章中讲解。但是没有一种投资工具的收益率可保持持续、高速的增长。为减少收益率波动和经济周期对投资的影响，应当尽量延长投资期限，这样可以规避很多风险，而且期限越长，复利的效果越惊人。有文章分析了美国股票市场近20年的数据，如果以1年为投资期限投资于标准普尔500指数，则亏损的概率将超过80%；如果投资期限延长到5年，则亏损的概率将降到20%以下；如果投资期限延长到10年，则完全不会出现亏损的情况。中国市场的情况亦是如此。若坚持长期投资的理念，则所有市场行情较短暂的下跌等不利因素均可被时间吸收，从而避开系统性风险。另外，投资收益率与风险相伴相随，高收益率也意味着高风险，应根据风险的承受力选择投资工具。

4. 名义利率与实际利率

复利的计算中有个重要因素——利率，在其他条件不变的情况下，利率的高低决定实现财务目标时间的长短。最常见的计息期为年，即每年计算一次，但在实际经济活动中，有时会出现以半年、季度、月或更短的时间为计息期，即每年2次、4次、12次或更多次计算复利的情况。如果每年计息的次数超过一次，那么给定的利率仅是名义利率，按一年的实际年利息与本金之比计算的实际年利率会与给定的名义利率不一致。

同样存入 1 万元，有以下三种计息方案。

第一种方案：年利率 12%，按月复利；

第二种方案：年利率 12%，按季复利；

第三种方案：年利率 12%，按年复利。

这三种投资方案虽然利率一样，但是由于计算方式不一致，最后获得的本利和也不一样。

按月复利：

$$\text{月利率}=\frac{12\%}{12}=1\%$$

$$\text{按月复利的本利和}=10\ 000\times(1+1\%)^{12}=11\ 268(\text{元})$$

$$\text{利息}=11\ 268-10\ 000=1\ 268(\text{元})$$

按季复利：

$$\text{季利率}=\frac{12\%}{4}=3\%$$

$$\text{按季复利的本利和}=10\ 000\times(1+3\%)^{4}=11\ 255(\text{元})$$

$$\text{利息}=11\ 255-10\ 000=1\ 255(\text{元})$$

按年复利：

$$\text{年利率}=12\%$$

$$\text{按年复利的本利和}=10\ 000\times(1+12\%)^{1}=11\ 200(\text{元})$$

$$\text{利息}=11\ 200-10\ 000=1\ 200(\text{元})$$

从上面的计算可以看出，在同样利率的情况下，计息期越短，复利的次数越多，所获利息越多。

当一年内复利几次时，实际得到的利息要比按名义利率计算的利息高。

实际年利率和名义年利率之间的关系是：

$$\text{实际年利率}=\left(1+\frac{\text{名义年利率}}{\text{年复利次数}}\right)^{\text{年复利次数}}-1$$

即

$$1+i=\left(1+\frac{r}{m}\right)^{m}$$

式中，r 为名义利率；m 为年复利次数；i 为实际利率。

参考阅读

另一种名义利率与实际利率

经济学中，名义利率与实际利率的差别在于是否考虑通货膨胀因素。名义利率是没有考虑通货膨胀的利率，一般银行的利率都是名义利率，而实际利率则考虑了名义利率和通货膨胀率，考察的是货币的实际购买力。

名义利率与实际利率的关系如下：

1＋名义利率＝(1＋实际利率)×(1＋通货膨胀率)

一般简化为：

名义利率＝实际利率＋通货膨胀率

即

实际利率＝名义利率－通货膨胀率

如果银行1年期存款利率为2%，而同期通货膨胀率为3%，那么储户存入的资金的实际购买力在下降。因此，扣除通货膨胀成分后的实际利率更有实际意义。

---

5. 利用Excel来计算时间价值

无论是复利的现值与终值，还是年金的现值与终值，涉及的参数多，单凭手工计算不太现实。因此需要利用不同的工具来简化计算工作，可以利用相关的复利现值系数表、复利终值系数表、年金现值系数表、年金终值系数表查到相应系数值，也可以利用金融计算器。金融计算器是一款可以处理复杂金融计算问题的强大工具，它能够轻松计算贷款偿还数、标准偏差、净现值、内含报酬率、现金流等。它是房地产、金融、会计、经济学和商业工作的理想工具，允许用于国际注册金融理财师（Certified Financial Planner，CFP）和特许金融分析师（Chartered Financial Analyst，CFA）认证考试，以及GARP FRM考试。金融风险管理师（Financial Risk Manager，FRM）是全球金融风险管理领域顶级的权威国际资格认证，由美国全球风险管理专业人士协会（Global Association of Risk Professionals，GARP）设立。对于普通理财者来说，不需要购买金融计算器，普通的Excel基本能满足我们的功能需求。

在计算复利的过程中，涉及的参数有现值、终值、年金、年限、利率。Excel中涉及复利计算的函数的通用字母的含义如下：

Rate：各期利率；

Nper：总投资期，即该项投资付款期总数，也就是n；

Pmt：各期应支付的金额，即年金；

PV：现值；

FV：终值；

Type：数字0或1，用以指定各期的付款时间是期初1还是期末0，如果省略Type，则假设其值为0。

(1) 现值和终值函数。Excel中，FV和PV是放在一个函数里的。

PV函数：计算现值的函数，返回某项投资的一系列将来偿还额的当前总值（或一次性偿还额的现值）（见图2-5）。

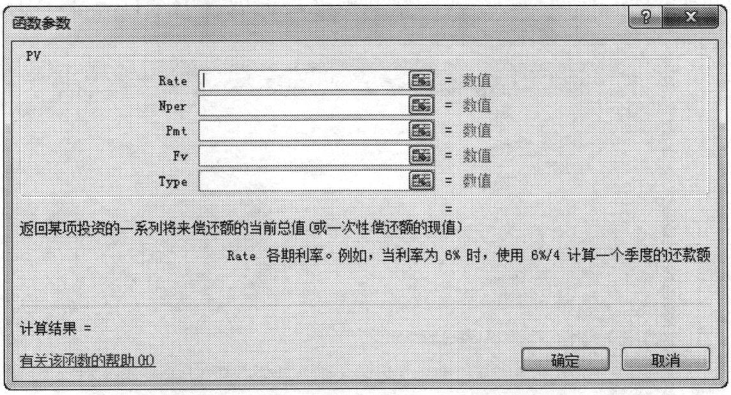

图 2-5　Excel 中 PV 函数的计算图

PV(Rate,Nper,Pmt,[Fv],[Type])

其中，Fv 和 Type 是可选的，其余的必须输入。

FV 函数：计算终值的函数，基于固定利率及等额分期付款方式，返回某项投资的未来值（见图 2-6）。

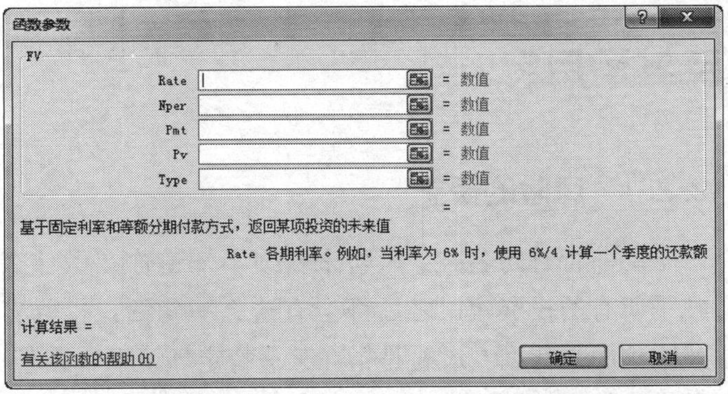

图 2-6　Excel 中 FV 函数的计算图

FV(Rate,Nper,Pmt,[Pv],[Type])

其中，Pv 和 Type 是可选的，其余的必须输入。

这两个函数的计算需注意以下问题：

- Pmt 和 PV 的互斥性。如果忽略 Pmt，则必须包括 PV；如果省略 PV，则假设其值为 0 时，必须包括 Pmt。
- 确认 Rate 和 Nper 单位的一致性。例如，同样是 4 年期年利率为 12%的贷款，如果按月支付，则 Rate 应为 12%/12，Nper 应为 4×12；如果按年支付，则 Rate 应为 12%，Nper 为 4。
- 所有的参数中，支出的款项用负数表示；收入的款项用正数表示。

（2）年金函数。PMT是年金函数，根据现值或终值来计算年金函数（见图2-7）。

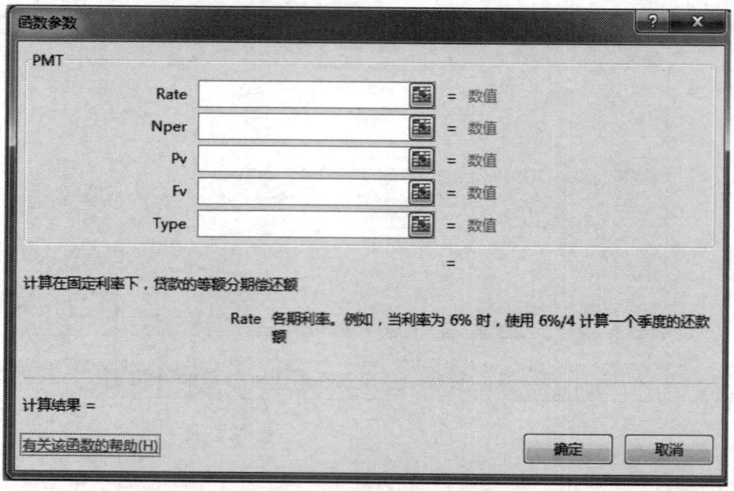

图2-7 Excel中PMT函数的计算图

PMT(Rate,Nper,Pv,[Fv],[Type])

其中，Fv和Type是可选的，其余的必须输入。

2.2 风险及其运用

2.2 即测即评

2.2.1 风险的概念

巴菲特有句名言：风险来自你不知道你在做什么。在投资理财领域，几乎所有的投资建议之后都会有这么一句话：投资有风险，请谨慎选择。风险到底是什么？风险是指在某一特定环境下、在某一特定时间段内，某种损失发生的可能性。也可以理解为在某一特定时间段里，人们期望达到的目标与实际出现的结果之间的差距。

知识拓展

风险投资的指数法则

风险是一种结果的不确定性，不利结果有可能发生，也有可能不发生。如果一个小孩在车来车往的街道上玩耍，如果一个工人正在使用机器而不知道机器有漏电危险，如果过往的行人不知道人行道旁的围墙处于危险状态并要倒塌，那么将会发生什么情况？每种情况都有不确定因素存在，小孩有可能会避开伤害，机器有可能不发生意外，围墙可能没有倒塌从而不会伤到过往的行人。但每种情况都有发生严重伤亡事故的可能性。

就财务而言，风险是投资理财结果的一种不确定性，不利结果发生，就表现为本金或收益受损。风险并不一定和损失画等号，承担巨大风险的同时意味着可能存在巨大的潜在收益。正因为存在这种不确定性，所以投资时应首先评估自己对这种不确定性的承受能力。性格决定理财方式，每个人都有自己独特的思维模式和个性。个人的风险偏好和风险承受能力是影响投资行为的重要因素，也是理财规划的重要依据。不要承担超过你承受能力的风险，否则投资就会让你变得不快乐，有时候要舍得放弃高风险高收益的投资。

风险具有客观性、损害性和不确定性。

（1）客观性。指风险客观存在，它存在与否是人类无法决定的，不以人的意志为转移，就像我们熟知的自然灾害、意外事故等风险。理财中的风险也是客观存在的，虽然利用先进的风险管控手段和工具可以在一定程度上控制或分散风险，但必须承认风险是无法完全控制和排除的，就算你把钱放在银行里也不是最安全的，也会有通货膨胀致使购买力下降的风险。

（2）损害性。一般风险的发生会给人们的生活带来损害。物质上的损失往往可以用货币来衡量；人身损害就比较难用货币来衡量了。财务上的风险损害性主要体现为收益减少甚至本金被吞噬。

（3）不确定性。风险的不确定性表现为空间、时间和损失程度的不确定性。空间的不确定性是指虽然根据统计学的大数法则，风险是必定要发生的，但风险发生的具体情况是不确定的。以交通事故为例，交通事故每天都会发生，但具体是哪一辆车、在什么地点发生是无法预先确定的。对于理财而言，确定了一个投资工具后，风险的不确定性主要体现为时间和损失程度的不确定性。当股价疯狂上涨时，谁也无法准确预测究竟何时是转折点。而损失程度取决于投资者的止损原则和对未来的预期，这也带来很大的不确定性。

在投资过程中，总会遇到各种不确定性事件，这些事件何时发生、发生的概率以及产生的影响是无法预测的，这些事件一旦发生，将直接影响财务目标的实现程度。因此，在投资过程中，总有人想把风险纳入可控范围。风险按照是否可以分散划分为系统性风险和非系统性风险。

系统性风险是由共同因素引起的，如经济周期、能源危机、通货膨胀、汇率变动、体制改革等，这些因素单个或共同发生，断裂层大，涉及面广，对市场上所有的公司都有影响，人们无法事先采取有针对性的措施予以规避或利用，因而无法通过分散投资来降低风险，故也称为不可分散风险。

非系统性风险是由于公司自身原因产生的，它只存在于相对独立的范围或者个别行业中，是由企业内部的微观因素引起的，如企业的管理失误、新产品开发失败、诉讼失败等。这类风险只影响部分行业或公司，因而可以通过多元化投资来分散，也称为可分散风险。

参考阅读

投资体系的三个层级

投资体系的三个层级如图2-8所示。

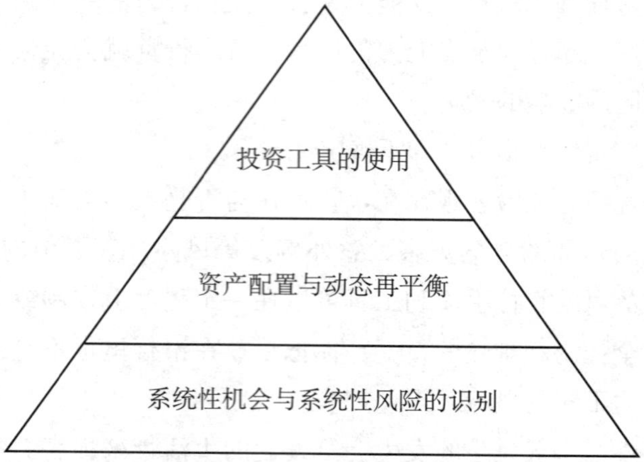

图2-8　投资体系的三个层级

在投资体系的三个层级中，越基础的层级越简单，同时也越重要。

第一层级决定了我们能不能赚钱；第二层级决定了我们能不能安全、持续地赚钱；第三层级决定了我们能赚多少钱。

投资体系的第一层级是系统性机会与系统性风险的识别。这是三个层级中最容易理解的部分，但同时也是三个层级中最为重要的部分。

我们通常所说的系统性机会，是指某个领域宏观的、大范围的、整体性的机会。就股票市场而言，系统性机会是指股市整体上存在巨大的机会，若你此时买下市场中的全部资产，则未来将取得收益；系统性风险是指股市整体上存在巨大风险，若你此时买下市场中的全部资产，未来将承受损失。同样，对于其他任何市场或任何资产类别，系统性机会与系统性风险也有相同的含义。例如，2014年的上证指数和2016年的香港恒生指数，就存在比较明确的系统性机会，这种系统性机会并非只能在事后识别，事实上我们完全能够在当下立刻判断出市场是否正面临系统性机会或系统性风险。识别的方法就是估值。这里所说的估值，绝不是复杂的数学模型。

投资体系的第二层级是资产配置和动态再平衡。在第一层级中，我们学会了识别系统性风险，这个技能可以保护我们的资产在熊市中不受太大的损失。但市场除了系统性风险，还有非系统性风险。通常系统性风险是指市场整体的风险，而非系统性风险指的是单个投资标的本身的风险。比如你买了一家公司的股票，这家公司破产了；或者它在某国的资产被当地政府强制征收了；再或者它的董事长喜欢爬雪山，这些都是非系统性风险。这些风险无法靠单纯的估值化解。这时，就需要引入资产配置的概念。

投资体系的第三层级，就是投资工具的使用。（本书后面章节会涉及相关内容。）

资料来源：刘诚．投资要义．北京：中信出版社，2020.

2.2.2　风险的衡量

1. 预期收益与标准差

风险与收益永远如影随形，想获得高收益，就得承受高风险，所以投资时一定要把握好风险与收益的关系。风险与收益成正比，承担的风险越大，预期收益就有可能越高，这部分高出的收益是对所承担的风险的额外补偿。资产风险是资产收益率的不确定性。衡量风险的指标主要有收益率的方差、标准差和标准离差率等。

假设现有两个项目可供选择——A 项目为超市，B 项目为面馆，前期市场调研发现，无论是开超市还是开面馆，经营状况良好、正常和差的概率都分别为 0.4、0.2、0.4，在每种概率发生的情况下，预期收益率是不同的（见表 2－5）。

表 2－5　A 项目、B 项目的经营状况和预期收益率

经营状况	发生概率	A 项目预期收益率	B 项目预期收益率
良好	0.4	80%	30%
正常	0.2	20%	20%
差	0.4	−40%	10%
合计	1		

预期收益率又称收益期望值，它是以概率为权数计算出来的加权平均数，是加权平均的中心值，其计算公式如下：

$$E(R)=\sum_{i=1}^{n}(P_i\times R_i)$$

式中，$E(R)$ 为预期收益率；P_i 为第 i 种结果出现的概率；R_i 为出现第 i 种结果的预期收益率；n 为所有可能结果的数目。

因此，A 项目和 B 项目的预期收益率分别为：

A 项目的预期收益率＝0.4×80%＋0.2×20%＋0.4×(−40%)＝20%

B 项目的预期收益率＝0.4×30%＋0.2×20%＋0.4×10%＝20%

通过计算可以得知，A 项目与 B 项目的预期收益率均为 20%。在预期收益率相同的情况下，应考虑项目的风险大小。

预期收益率是指投资项目可能得到的平均收益率，就 A 项目来讲，其平均收益率是 20%。但是，经营状况良好或差时，偏离均值的幅度较大，因此需要用一个参数来衡量偏离程度。收益率的方差用来表示资产收益率的各种可能值与其期望值的偏离程度。计算公式如下：

$$\sigma^2=\sum_{i=1}^{n}(R_i-E(R))^2\times P_i$$

式中，σ^2 为方差，方差的平方根为标准差（或称为均方差、标准离差）；其他参数的含义与预期收益率的公式相同。

经计算：

A项目的方差：

$$\sigma_A^2=(80\%-20\%)^2\times40\%+(20\%-20\%)^2\times20\%+(-40\%-20\%)^2\times40\%=0.288$$

A项目的标准差：

$$\sigma_A=\sqrt{\sigma_A^2}=\sqrt{0.288}=0.537$$

B项目的方差：

$$\sigma_B^2=(30\%-20\%)^2\times40\%+(20\%-20\%)^2\times20\%+(10\%-20\%)^2\times40\%=0.008$$

B项目的标准差：

$$\sigma_B=\sqrt{\sigma_B^2}=\sqrt{0.008}=0.089$$

需要说明的是，σ值只能用于比较预期收益率相同的多项投资的风险大小。σ值越大，离散程度越大，风险也就越大；反之，离散程度越小，风险也就越小。由上面的计算可以得出结论，A项目（标准差0.537）的风险远远大于B项目（标准差0.089）。

标准差是反映随机变量离散程度的一个指标，但它是绝对值，不是相对值，因而只能用来比较预期收益率相同的各项投资的风险程度，而不能用来比较预期收益率不同的各项投资的风险程度。对比预期收益率不同的各项投资的风险程度时，应该用标准离差同预期收益率的比值，即标准离差率（也可称为变异系数）。标准离差率是一个相对指标，表示某资产每单位预期收益中所含的风险的大小，公式如下：

$$V=\frac{\sigma}{E(R)}$$

因此，A项目和B项目的标准离差率计算如下：

$$V_A=\frac{0.537}{20\%}=2.685$$

$$V_B=\frac{0.089}{20\%}=0.445$$

一般情况下，标准离差率V越大，资产的风险越大；相反，V越小，资产的风险越小。标准离差率可以用来比较预期收益率不同的资产的风险大小。由上面的计算可知，从标准离差率的角度看，A项目的风险依然大于B项目。

如果有多个投资方案可以选择，那么进行投资决策总的原则应该是：投资收益率越高越好，风险越低越好。具体说来有以下几种情况：

如果两个投资方案的预期收益率基本相同，则应当选择标准离差率较小的方案。

如果两个投资方案的标准离差率基本相同，则应当选择预期收益率较高的投资方案。

如果 A 方案预期收益率高于 B 方案，而其标准离差率又低于 B 方案，则应当选择 A 方案。

如果 A 方案预期收益率高于 B 方案，而其标准离差率也高于 B 方案，则应将 A 方案收益率高于 B 方案的程度与 A 方案标准离差率高于 B 方案的程度进行比较，若 A 方案收益率高于 B 方案的程度大于 A 方案标准离差率高于 B 方案的程度，则一般情况下应采纳 A 方案。当然，投资决策有时取决于投资者对风险的态度，即投资者对风险厌恶的程度。

2. VaR

上文所说的利用预期收益率与标准差来衡量风险的方法，主要用于项目投资的比较，近年来金融机构采用了另一种模型，即风险价值（value at risk，VaR）模型，也称受险价值方法，指在市场正常波动的情况下，在一定概率水平（置信度）下，某一金融资产或证券组合在未来特定时期内面临的最大可能损失。

VaR 可以简单明了地表示市场风险的大小，即使没有任何专业背景的投资者和管理者也可以通过 VaR 值对金融风险进行评判。VaR 可以应用于不同风险项目而且能保持测量的稳定性和一致性，令不同项目的风险可以直接比较。

从统计的意义上讲，VaR 是指面临正常的市场波动时“处于风险状态的价值”，具体的数字依赖于两个重要的参数：测量的时段和选取的信心水平，即在给定的置信水平和一定的持有期限内，预期的最大损失（可以是绝对值，也可以是相对值）。

例：深蓝投资公司持有的 ABC 投资组合在未来 24 小时内置信水平为 95%，VaR 值为 1 500 万元，也就是说，该公司的 ABC 投资组合在一天（24 小时）内，由于市场价格变化而面临的最大损失超过 1 500 万元的概率为 5%，或者说有 95%的把握判断该公司的 ABC 投资组合在下一个交易日内的损失在 1 500 万元以内。

例：红日投资公司持有的 EFG 投资组合在未来 24 小时内置信水平为 99%，VaR 值为 380 万元，也就是说，该公司的 EFG 投资组合在一天内遭受的最大损失超过 380 万元的概率为 1%，或者说有 99%的把握判断该公司的 EFG 投资组合在下一个交易日内的损失在 380 万元之内。

95%的置信水平意味着预期 100 天里只有 5 天发生的损失会超过相应的 VaR 值；而 99%的置信水平意味着预期 100 天里只有 1 天发生的损失会超过相应的 VaR 值。置信水平反映了金融资产管理者的风险厌恶程度，可根据投资者对风险的偏好程度和承受能力来确定。

参考阅读

VaR 的是是非非

2008 年金融危机爆发之前，各大公司对 VaR 模型信任有加，在量化整体风险时都会采用这一统计模型，正如《纽约时报》前财经作家乔·诺切拉（Joe Nocera）所解释的那样，“VaR最吸引人的地方，也是其最大的卖点，就在于将风险描述为单一的数字——一个美元数据，仅此而已，而那些恰好不擅长数量分析的人就会趋之若鹜”。

大约在2005年，每个工作日的4点15分被放在投资经理办公桌上的VaR报告，见证着华尔街正在变成一条通往财富的“金光大道”。遗憾的是，VaR模型的风险档案里隐藏着两个巨大的问题。

第一，模型构建的概率基础参照的是过去的市场行为，然而金融市场和啤酒盲品会不一样，前者的未来不一定是历史的重复，没有任何的理论证据可以保证1980—2005年间的市场动态是2005年之后市场表现的最佳预测参照物。从20世纪90年代开始一直到21世纪初，商业银行的房屋按揭业务所使用的贷款模型都认为房价大幅度下跌的概率为零。以前，美国的房价从来没有像2007年跌得那么惨、那么快，但这就是活生生的事实。美联储前主席格林斯潘（Greenspan）在接受美国国会委员会质询时解释：“在2007年夏天，金融领域的理论大厦完全坍塌，这是因为之前的风险管理模型所收集的数据只涵盖了过去20年——经济快速增长的狂欢的20年。我认为，如果我们的模型能够充分考虑历史上出现的几次危机，让模型更加完善，那么银行在放贷时的资本要求会更高，金融世界就会在更加健康和稳定的状态下运行。”

第二，即使通过基本数据，我们能够借助VaR准确地预测未来风险，这99%的保证依然存在失效的危险，因为把事情搞砸的正是剩下的1%。假设一家公司的VaR为5亿美元，也就是说这家公司在未来给定的一段时间内损失不超过5亿美元的概率为99%，也可以这样理解，这家公司有1%的概率遭受超过5亿美元的损失。事实上，这一模型根本没有办法告诉你假如那1%的情况发生，事态会有多严重。很少有人会关注“尾部风险”（位于分布曲线末尾的小概率事件），以及这些小概率风险所带来的灾难性后果。正如纳西姆·塔勒布（Nassim Taleb）认为的，“最大的风险从来就不是那些你能看得见、算得出的，而是那些你看不见从而无从估量的，那些看上去似乎远不在正常概率范围内、远远超出你的想象、你认为一辈子都不可能发生的风险，事实上，它们的确会发生，而且比你所能想到的要频繁得多”。

资料来源：查尔斯·惠伦．赤裸裸的统计学．北京：中信出版社，2013.

3. 压力测试

在软件测试中，压力测试（stress test）也称为强度测试、负载测试。压力测试是模拟实际应用的软硬件环境及用户使用过程中的系统负荷，长时间或超大负荷地运行测试软件，来测试被测系统的性能、可靠性、稳定性等。

理财中的压力测试指将整个金融资产或资产组合置于某一特定的极端市场情况下，测试金融资产或资产组合在关键市场变量突变的压力下的表现，看其能否经受住这种市场突变的考验。极端情景是指在非正常情况下发生的概率很小且一旦发生后果就很严重的事项，如利率骤升100个基点、某货币突然贬值30%、股价暴跌20%等。

个人在投资过程中也应进行压力测试，考虑极端情况下的资产配置是否合理，有无改善之处。比如，某三口之家的成员为：爸爸、妈妈和五岁的儿子，该家庭主要收入来源于爸爸，妈妈为全职主妇，考虑极端情况——爸爸丧失了劳动力，无法工作，这时该家庭的生活是否会陷入困境。针对此种压力测试，在资产配置中可以考虑增加爸爸的人身保险，同时多开辟被动收入来源。

2.2.3 风险在理财中的运用

1. 理清风险与收益的关系

天下没有免费的午餐，理财世界里，风险和收益如影随形。进行投资的目的是获得收益，但是在有些情况下最后实际获得的收益可能低于预期收益，有些投资根本没有收益甚至血本无归。根据前面章节的讲述，标准离差率可以代表投资者所冒风险的大小，但它还不是投资的收益率，必须把它转化为相应的收益率，才能把投资项目的风险与收益联系起来。标准离差率转化为收益率的基本要求是：所冒的风险越大，得到的收益率也应该越高。从理论上讲，投资收益应该与反映风险大小的标准离差率成正比例关系。

预期收益率＝无风险报酬率＋风险报酬率

风险报酬率＝风险报酬系数×标准离差率

用字母表示即

$$K=R_F+R_R$$

$$R_R=b\times v$$

式中，K 为预期收益率；R_F为无风险报酬率；R_R为风险报酬率；b 为风险报酬系数；v 为标准离差率。

风险报酬系数取决于全体投资者的风险回避态度，可以通过统计方法来测定。如果大家都愿意冒险，风险报酬系数就小，风险溢价不大；如果大家都不愿冒险，风险报酬系数就大，风险附加值就比较大（见图2-9）。

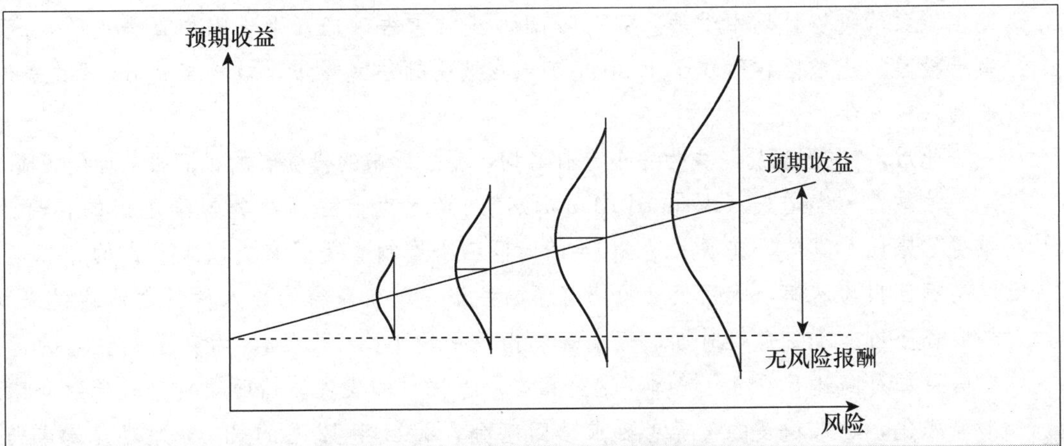

图2-9 风险与预期收益的关系

从图2-9中可以看出，承担的风险越大，预期收益也就越高，风险与预期收益之间呈正相关。从纵向角度来看，随着风险的增大，收益的变化幅度也越来越大。风险更大的投资必须看上去能够获得更高的收益，否则人们就不会去投资，虽然实际的结果有可能是亏损很多。承担风险并不能确保会有高收益。因此，在投资的过程中，一定要清楚风险和收益的关系，根据自身的风险偏好和承受能力选择适合自己的投资项目。

参考阅读

庞氏骗局和麦道夫骗局

“庞氏骗局”是一个名叫查尔斯·庞兹（Charles Ponzi）的投机商人“发明”的。庞氏骗局在中国可理解为“拆东墙补西墙”“空手套白狼”。简言之就是用新投资者的钱向老投资者支付利息和短期回报，以制造赚钱的假象，进而骗取更多的投资。

庞兹是意大利人，1903年移民到美国。早年庞兹就已经案底累累了，他起先是在餐厅当侍应生，因为盗窃餐厅财物被解雇；后来移居加拿大蒙特利尔，在一家意资银行当柜员，因为商业诈骗被加拿大法院判监三年；1911年回到美国，又因贩卖人口在亚特兰大坐了牢。经过美国式发财梦十几年的熏陶，庞兹发现最快速的赚钱渠道就是金融。

庞兹声称购买欧洲的某种邮政票据再转卖回美国，获利率可达400%。他于1919年设计了一个投资计划，并向美国大众兜售。庞兹承诺在45天内付给投资者50%的利息，90天内付给投资者100%的利息。庞兹承诺的投资收益率远高于正常水平。投资者往往有极不现实的追求高收益率的愿望，庞兹承诺的超过正常水平的回报正好抓住了投资者贪婪的心理。有些人开始尝试投资，在45天之后如数取得了回报，这些人又把自己的投资经历告诉亲朋好友，他们也如数取得了回报。质疑渐渐消失了，亲朋好友口口相传，在一年左右的时间里，大约4万名波士顿人成为庞兹的投资者。截至1920年，庞兹共收到约1 500万美元。他所收到的钱，按照他的许诺，可以购买几亿张欧洲邮政票据，而事实上，他只买过两张。当时已有金融专家质疑庞兹的投资计划根本不可能获得巨大利润。1920年8月9日，多名波士顿市民向市政府报案，声称自己在庞兹的投资计划中受骗。8月11日，庞兹宣告破产。由于骗局宣告失败，庞兹向当局投案。庞兹因诈骗罪于1920年年末在波士顿法庭受审，被控多达86项诈骗罪行，被判入狱9年。

此后，“庞氏骗局”成为一个专有名词，指用后来的投资者的钱回报前面的投资者。

伯纳德·麦道夫（Bernard Madoff），纳斯达克前主席，美国华尔街的传奇人物，深得“庞氏”真传，花费长达20年的时间精心炮制了美国有史以来最大的诈骗案。他以高额回报为诱饵，吸引大量投资者不断注资，以新获得的收入偿付之前的投资利息，形成资金流。次贷危机时期，标准普尔指数平均下降37.7%，而麦道夫管理的基金依然保持每月高达5.6%的增幅，这是相当令人惊讶的表现。然而次贷危机导致全球经济形势恶化，越来越多的投资者要求赎回基金，2008年12月的第一个星期，麦道夫受理了高达70亿美元的赎回请求，无以为继的麦道夫不得不告诉公司高管——他的两个儿子安德鲁（Andrew）和马克（Mark）：公司其实并无真实业务，只是一个巨大的庞氏骗局。

麦道夫操纵简单的骗局长达20年，涉及资金多达500亿美元，愚弄了华尔街的诸多投资家，欺骗了一大批专业经验丰富的金融机构（有法国巴黎银行、汇丰银行、日本野村证券等）。2009年6月29日，麦道夫被纽约联邦法院判处150年有期徒刑。麦道夫案再次警示人们，要控制自己的贪婪和欲望，时刻保持理性的头脑，方能避免上当受骗。

2. 前景理论中的风险感知

传统的投资组合理论假设投资者是厌恶风险的，即在其他条件相同的情况下，投资者将选择标准差较小的组合。风险厌恶的假设意味着风险带给投资者的效用是负的，如果没有收益作为补偿，投资者就不会冒无谓的风险。前景理论（prospect theory）强调人们对损失和收益的敏感程度是不同的，不是在所有情况下都表现为厌恶风险。前景理论由学者卡尼曼和特沃斯基提出，通过修正最大主观期望效用理论发展而来。卡尼曼因前景理论获得了2002年诺贝尔经济学奖。

前景理论实际上是用心理学的方法研究经济学，其最重要的发现之一是：我们在作有关收益和损失的决策时表现出的不对称性——白捡100元的快乐难以抵消丢失100元的痛苦。在风险和收益面前，涉及收益时，我们是风险厌恶者；涉及损失时，我们却是风险偏好者。

有这样一个实验，让实验对象在A、B两个方案中做选择：

A方案：你一定能赚4万元；

B方案：你有70%的可能性赚6万元，30%的可能性什么也得不到。

实验结果显示，大部分人选择A方案。传统的“理性人”会跳出来批判，认为选A方案是错的，因为从预期收益的角度看，B方案的收益为60 000×70%+0×30%=42 000元，大于A方案的40 000元。

另一个实验只是把A方案的“赚”改成了“赔”：

A方案：你一定会赔4万元；

B方案：你有70%的可能性赔6万元，30%的可能性不赔不赚。

实验结果显示，大部分人选择B方案决定搏一搏，而不愿意接受固有损失4万元。传统的“理性人”也会跳出来说选B方案是错的，因为B方案的收益为60 000×70%+0×30%=42 000元，大于A方案的40 000元。

这也印证了前景理论的观点：人们在面临收益时，往往小心翼翼，厌恶风险，喜欢见好就收，害怕失去已有利润；而在面对损失时，会极不甘心，宁愿冒更大的风险去赌一把。人们在面临损失和收益时，对待风险的态度并不一致。

出于对损失的厌恶，在必须售出股票以缓解资金紧张的状况时，大多数投资者卖出获利股票的意愿要远远大于卖出亏损股票的意愿。也有统计数据证实，投资者持有亏损股票的时间远长于持有获利股票的时间。投资者长期持有的股票多数是因不愿意“割肉”而留下的套牢股票。

前景理论强调遭受损失的痛苦要远远大于获得收益的快乐。不过，损失和收益并不是绝对的。人们在面临收益的时候规避风险，在面临损失的时候偏好风险，但损失和收益又是相对于参照点而言的，所以改变参照点就能改变人对得失的判断，从而改变对风险的态度。

假设一家公司的首席执行官（CEO）在新的一年需要为下属的投资经理设定一个利润目标，一种是低水平的2 000万元，另一种是高水平的4 000万元。假设现在有两种投资项目：A项目确定能获得利润3 000万元；B项目有50%的概率能获得4 000万元的利润，有50%的概率能获得2 000万元的利润。从表2-6中可以看出，当CEO为下属设置低水平的目标2 000万元时，下属更倾向于选择A项目，因为A项目可以保证超过目标利润1 000万元，而B项目只有50%的可能性刚好达到2 000万元的目标，有50%的可能性超过目标；如果CEO设置的目标为4 000万元，那么下属可能就不再倾向于A项目了，因为如果选择A项目肯定达不到预设目标，而选择B项目有50%的概率能达到目标。

表2-6 A、B项目在不同目标水平下的预期收益

	低水平2 000万元	高水平4 000万元
A项目确定能获得3 000万元利润	超过目标1 000万元	距目标差1 000万元
B项目有50%的概率能获得2 000万元，50%的概率能获得4 000万元	50%的可能性刚好达到目标，50%的可能性超出目标	50%的可能性达到目标

从上述分析中可以知道，在目标利润设置得较低的情况下，员工趋于风险规避，比较保守；而在目标利润设置得较高时，员工敢于冒险。一个企业如果要影响其员工的风险偏好，则可以通过改变企业对业绩的期望水平来达到目的。这个规律很普遍，低水平目标往往使人谨慎行事，高水平目标往往使人敢于冒险。

3. 风险偏好与风险容忍度

风险偏好（risk appetite）与风险容忍度（risk tolerance）是风险的两个概念，识别自身的风险偏好和风险容忍度，有利于选择更适合自己的投资工具。风险偏好是指为了实现目标，投资者在承担风险的种类、大小等方面的基本态度。风险就是一种不确定性，投资者面对这种不确定性所表现出的态度、倾向便是其风险偏好的具体体现。风险偏好说明的是人们在承担风险时获得效用的状况，获得正效用的是风险偏好者，正效用越大对风险越偏好；获得负效用的是风险厌恶者，负效用越大对风险越厌恶。不同的行为者对风险的态度存在差异，有人可能喜欢大得大失的刺激，有人更愿意求稳。根据投资者对风险的偏好将其分为风险偏好者、风险回避者和风险中立者。风险偏好者喜欢刺激，主动追求风险，收益率虽然时高时低，但认为自己得到的效用是最大的；风险回避者在发现投资项目产生损失的可能性较大时，会主动放弃，不愿意承担较大风险以换取高收益；风险中立者既不回避风险，也不主动追求风险。

风险容忍度是个人对理财目标实现过程中出现的差异的可接受程度，即在风险偏好的基础上设定的对相关目标实现过程中出现的差异的容忍度，也可以称为风险承受能力。风险容忍度是定量的表述，是对风险偏好的具体化，即风险偏好的边界，是最大的风险承受能力与刚好不能承受风险的临界点。比如某人是风险偏好投资者，在追求回报的过程中能接受较大的损失，他的预期收益率为 18%，但能容忍的最大损失是本金的 50%，本金的 50%就是其风险容忍度。风险容忍度高说明承受风险的能力较强。投资之前，首先要预估自己的风险承受能力。风险容忍度不同，适合的投资工具也不同。比如低风险的货币型基金、国债等产品比较适合保守型投资者；中风险的平衡型基金、信托、房产比较适合稳健型投资者；而股票型基金、股票、贵金属及期货就比较适合激进型投资者。

如今网上银行或证券公司在进行交易前，都要做一项风险测试，根据风险测试结果给出投资产品类型的建议。这实质上就是对风险偏好和风险容忍度的测试，让你对自己的风险意识和风险承受能力有一个比较清晰的了解。风险偏好和风险容忍度并不是一成不变的，它们受财富、受教育程度、性别、年龄、婚姻状况等因素的影响，随着生活环境和时间的变化而改变。年轻时，我们没有负担，喜欢激进，喜欢冒险，相应地，我们的风险承受能力就强。中年时我们上有老下有小，家庭的责任加重，理财需要稳健，要攻守兼备，风险偏好趋于中立。年迈时，任何剧烈的波动都会影响晚年生活质量，因为我们没有更多的能力去创造财富，所以更注重保值，风险偏好趋于保守。

投资者愿意承受更多的风险只能说明他偏好风险，但这绝不等同于他具有较高的风险承受能力。如果一个投资者在高收益的诱惑之下，根本不考虑自己的风险承受能力，投资了一些完全不符合自身收益和风险特征的理财产品，一旦出现风险，将会带来不良后果。偏好风险者的风险容忍度未必很高。图 2-10 中，三角形底边的宽度决定了风险偏好程度，但在具体风险出现时，可容忍区的大小才是风险容忍度。图 2-10 显示，投资者 B 喜好风险，但是风险容忍度比较低；投资者 A 回避风险，但风险容忍度比较高。如果说风险偏好描述的是承担风险的相对水平，那么风险容忍度说明的则是承担风险的绝对水平。换句话说，投资者在制定投资决策时，风险偏好决定了投资者所选组合中各种资产的相对比重，即投资组合的结构；风险容忍度决定的是在各种组合资产上投资的数量，即投资组合的规模。

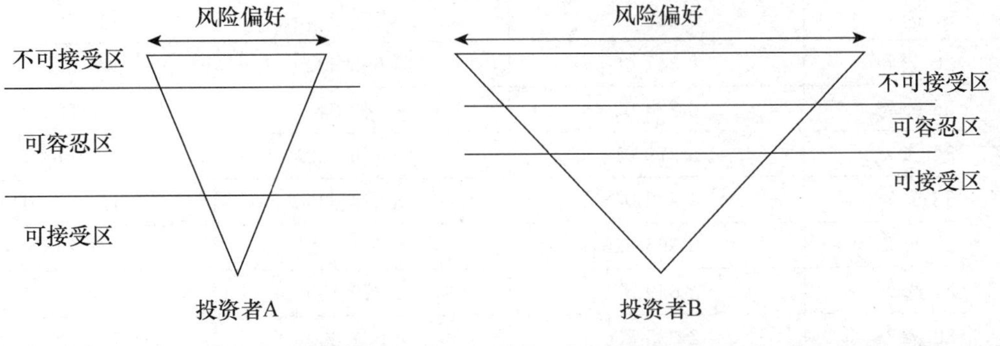

图 2-10　风险偏好与风险容忍度

理财的成败首先取决于我们对风险的认知程度。只有了解自己的风险偏好且清楚自身的风险容忍度，并据此选择相匹配的理财产品，才能在控制风险的前提下实现财务目标。

4. 彩票的风险和收益分析

彩票恐怕是世界上最简单的一种投资活动。花2元钱买一张记满了不同数字的纸，经过几天的等待，要么把这张纸扔进废纸篓，要么揣着这张纸到福彩中心领取数额不小的钞票。不是每个人都有后者这种运气，估计绝大多数买过彩票的人都是将希望放在下一次。那么彩票的风险和收益到底是多少？

我们可以运用前面讲到的预期收益和风险来分析，假设买彩票只有两种可能性：中奖，未中奖。

中奖的概率是 X，收益是500万元；未中奖的概率是 $1-X$，收益是 -2 元，也就是你买彩票所花的钱。你的总体预期收益是：

$$X\times 5\,000\,000+(1-X)\times(-2)$$

即使没学过概率，大家也知道 X 的值是很小的。$X\times 5\,000\,000$ 趋近于0，而 $(1-X)\times(-2)$ 趋近于 -2，也就是说，最后的结果是亏损2元。当然上面是一个极端的例子，你可能会问，这么多种类的彩票，奖励不同，概率也应该不同啊。的确，从表2-7中可以看出，福彩3D和排列三的中奖概率最高。

表2-7　各种彩票中头奖的概率

彩种	可能性总数	投入金额（元）	中头奖的概率（X）
双色球	17 721 088	35 442 176	1/17 721 088
七星彩	10 000 000	20 000 000	1/10 000 000
七乐彩	2 035 800	4 071 600	1/2 035 800
福彩3D	1 000	2 000	1/1 000
排列三	1 000	2 000	1/1 000
排列五	100 000	200 000	1/100 000
超级大乐透	21 425 712	42 851 424	1/21 425 712
37选7	10 295 472	20 590 944	1/10 295 472
36选7	8 347 680	16 695 360	1/8 347 680
35选7	6 724 520	13 449 040	1/6 724 520
34选7	5 379 616	10 759 232	1/5 379 616
33选7	4 272 048	8 544 096	1/4 272 048
32选7	3 365 856	6 731 712	1/3 365 856
31选7	2 629 575	5 259 150	1/2 629 575
30选7	2 035 800	4 071 600	1/2 035 800
29选7	1 560 780	3 121 560	1/1 560 780
28选7	1 184 040	2 368 080	1/1 184 040
22选5	26 334	52 668	1/26 334

为了过一把中头奖的瘾，你也可以一次花2 000元把1～1 000这1 000个数字全买

了，保你能中头奖1 000元，但是与投入2 000元相比你损失了1 000元。表2-7中是我国现行各种数字型彩票中头奖的概率，以双色球为例，你投入35 442 176元才能保证中500万元，这显然是得不偿失的，也没有人会这样做。

中奖概率越高，意味着中奖越容易，但奖金额不高；中奖概率越低，意味着中奖越困难，奖金额越高。当然奖金数额也不是没有限制，我国彩票奖金的单注奖金额上限为500万元。有时存在加奖的情况，单注奖金额有可能超过500万元。

参考阅读

赌博与风险

人类总是容易沉迷于赌博，因为可以在赌博中直接面对命运，没有任何障碍。我们之所以会加入这场可怕的战斗，是因为我们相信自己有一个强有力的盟友：幸运女神总会站在我们和命运（机会）之间，并将胜利带给我们。亚当·斯密是一个研究人类本性的出色学者，他把这种动机定义为“绝大多数人对自己的能力和对自己会交好运的愚蠢假设过分自负”。尽管斯密敏锐地意识到人类喜欢承受风险的心态有利于促进经济的发展，但他仍然担心，当这种心态失去控制时会对社会造成不利的影响。所以他对人的道德情感与自由市场的益处仔细地进行权衡。160年以后，另一位伟大的英国经济学家约翰·梅纳德·凯恩斯也认同这种观点：当一个国家的资本发展成为赌博活动的副产品时，它不会产生好的结果。但是如果人们连对自己的好运气都缺乏信心，那整个世界将变得毫无生气。凯恩斯不得不承认，“如果人们对碰运气毫无兴趣的话，仅仅依靠冷静的计算，就不会开展过多的投资活动”。如果预期的结果是失败，那没有人愿意去承受风险。

资料来源：彼得·伯恩斯坦．与天为敌：风险探索传奇．北京：机械工业出版社，2010.

我们以双色球为例来说明其具体的风险收益。双色球的游戏规则是：双色球投注区分为红球号码区和蓝球号码区，红球号码范围为01～33，蓝球号码范围为01～16。双色球每期从33个红球中开出6个号码，从16个蓝球中开出1个号码作为中奖号码，双色球的玩法就是竞猜开奖号码的6个红球号码和1个蓝球号码，顺序不限。

从表2-8中可以看出总中奖注数是1 188 988注，全部可能组合数为17 721 088，所以整体中奖概率为：

$$中奖概率=\frac{1\ 188\ 988}{17\ 721\ 088}\times 100\%=6.709\%$$

表2-8 双色球各奖中奖可能性与奖金

奖金等级	中奖情况	奖金	中奖注数
一等奖	中6+1	500万元或更多	1
二等奖	中6+0	当期高奖级奖金的30%	15
三等奖	中5+1	3 000元	162
四等奖	中5+0，4+1	200元	7 695

续表

奖金等级	中奖情况	奖金	中奖注数
五等奖	中 4+0，3+1	10 元	137 475
六等奖	中 2+1，1+1，0+1	5 元	1 043 640

说明：根据双色球的中奖规则，当奖池资金低于 1 亿元时，奖金总额为当期高奖级奖金的 75%与奖池中累计的奖金之和，单注奖金按注均分，单注最高限额封顶 500 万元。当奖池资金高于 1 亿元（含）时，一等奖奖金总额包括两部分：一部分为当期高奖级奖金的 55%与奖池中累计的奖金之和，单注奖金按注均分，单注最高限额封顶 500 万元；另一部分为当期高奖级奖金的 20%，单注奖金按注均分，单注最高限额封顶 500 万元。双色球奖级分为高奖级和低奖级，一等奖和二等奖为高奖级，三至六等奖为低奖级。

2024 年，双色球开出一等奖 1 748 注，总派奖金额 11 445 187 128 元；二等奖 25 546，总派奖金额 3 696 629 793 元，按平均值算，2024 年一等奖奖金平均值为 654 758.89，二等奖奖金平均值为 144 704.838 1 元。因此，计算获利的期望值、方差和标准差如下：

$$
\begin{aligned}
\text{获利的期望值} &= 654\ 758.89\times\frac{1}{17\ 721\ 088}+144\ 704.838\ 1\times\frac{15}{17\ 721\ 088}+3\ 000\\
&\quad\times\frac{162}{17\ 721\ 088}+200\times\frac{7\ 695}{17\ 721\ 088}+10\times\frac{1\ 137\ 425}{17\ 721\ 088}+5\times\frac{1\ 043\ 640}{17\ 721\ 088}\\
&\quad+(-2)\times\left[1-\frac{(1+15+162+7\ 695+1\ 137\ 425+1\ 043\ 640)}{17\ 721\ 088}\right]\\
&= -0.887\ 54
\end{aligned}
$$

$$
\begin{aligned}
\text{获利的方差} &= [654\ 758.89-(-0.887\ 54)]^2\times\frac{1}{17\ 721\ 088}+[144\ 704.838\ 1\\
&\quad-(-0.887\ 54)]^2\times\frac{15}{17\ 721\ 088}+[3\ 000-(-0.887\ 54)]^2\times\frac{162}{17\ 721\ 088}\\
&\quad+[200-(-0.887\ 54)]^2\times\frac{7\ 695}{17\ 721\ 088}+[10-(-0.887\ 54)]^2\times\frac{1\ 137\ 425}{17\ 721\ 088}\\
&\quad+[5-(-0.887\ 54)]^2\times\frac{1\ 043\ 640}{17\ 721\ 088}+[-2-(-0.887\ 54)]^2\\
&\quad\times\left[1-\frac{(1+15+162+7\ 695+1\ 137\ 425+1\ 043\ 640)}{17\ 721\ 088}\right]\\
&= 2\ 437\ 033.41
\end{aligned}
$$

$$\text{获利的风险衡量(标准差)}=\sqrt{2\ 437\ 033.41}=1\ 561.100\ 1$$

上面算得一注彩票的获利期望值为−0.887 54 元，说明我们每买一注双色球彩票就损失 0.887 54 元，买彩票的标准差为 1 561.100 1，风险是相当高的，买得越多越亏，这也符合生活实际，大多数人都是花了两元钱而一无所获。因此想要通过中彩票来改变命运，机会非常渺茫，买彩票只是调剂生活的一种游戏而已。

明知预期收益为负还是会买彩票的这种看似不理性的行为，不能仅仅从经济学角度来考虑，人们购买彩票的目的是购买一个机会、一个希望。虽然中奖的机会很小，但毕竟有机会。人们只是想看看自己有没有运气，这本身就是一种刺激。人们也知道中奖机会很小，但即使失败，也只是损失两元钱而已，这对购买者并没有太大的负面影响。所以可以理解为什么在这场失败概率大于成功概率的游戏中，还有那么多人蜂拥而至。

问题与讨论

1. 请讨论时间价值的概念及其在生活中的运用。

2. 加利福尼亚州政府通过广告宣称它有一种彩票，奖金为 100 万美元，但是给付的方式为 20 年内每年付款 5 万美元，假设贴现率为 10%，请计算该笔奖金的实际价值是多少。

3. 本杰明·富兰克林是一个喜欢在暴风雨中放风筝的人，是与众不同的发明家，是睿智的民间文学作家。这位著名的美国科学家留下一份有趣的遗嘱：

> ……1 000 英镑赠给波士顿的居民，如果他们接受了这 1 000 英镑，那么这笔钱应托付给一些被挑选出来的公民，他们得把这些钱按每年 5%的利率借给年轻的手工业者去生息。这些钱 100 年后将增值为 131 000 英镑。我希望那时候用 100 000 英镑来建一幢公共建筑物，剩下的 31 000 英镑拿去继续生息 100 年。在第二个 100 年末，这笔款项增加到4 061 000 英镑，其中 1 061 000 英镑还是由波士顿的居民来支配，而其余的 3 000 000 英镑让马萨诸塞州的公众来管理。此后，我就不多作主张了！

请运用时间价值来验证这份遗嘱的可行性。

4. 假设你有 100 万元准备存入银行，有六种存法：(1) 三个月到期的存 12 次，每次到期转存；(2) 半年到期的存 6 次；(3) 一年到期的存 3 次；(4) 一年到期的存一次，接下来存两年到期的；(5) 两年到期的存一次，接下来存一年到期的；(6) 存三年定期。请查阅最新的存款利率表，计算六种方式各自的利息，哪种最赚钱？计算利息是采用单利还是复利？各种存款方式的优劣如何？你会采用哪种存款方式？

5. 请根据自己的实际情况，运用时间价值思考何时能存够 100 万元以及何种方式能加速这个目标的实现。

6. 说明名义利率与实际利率的区别以及计息期长短与利息的关系，任意选取一个投资项目，根据其名义利率计算实际利率。

7. 一个房间里装满了黄金，同时还有一颗定时炸弹。突然，同时冲进来 3 个人，进屋各装了一袋黄金后又同时跑出去。第一个人说："什么？里面还有炸弹？"第二个人说："我装黄金时非常害怕，浑身颤抖。"第三个人说："我知道炸弹什么时候爆炸。"结合上面的小故事，说明你对风险以及风险和收益的关系的理解。

8. 卡尼曼与特沃斯基有一个著名的实验：假定美国正在为预防一种罕见疾病的爆发而做准备，预计这种疾病会使 600 人死亡。现在有两种方案，采用 X 方案，可以救 200 人；采用 Y 方案，有 1/3 的可能救 600 人，2/3 的可能一个人也救不了。显然，救人是一种收益，人们不愿冒风险，所以更愿意选择 X 方案。

现在来看另一种描述，有两种方案：X 方案会使 400 人死亡，而 Y 方案有 1/3 的可能无人死亡，有 2/3 的可能 600 人全部死亡。死亡是一种损失，因此人们更倾向于冒风险，选择Y方案。

事实上，两种情况的结果是完全一样的。救200人等于400人死亡；有1/3的可能救600人等于有1/3的可能无人死亡。可见，表述方式取决于参照点——是以死亡还是救活作为参照点，其结果完全不一样。

在这个实验中，是否说法不一样，采取的方案就不一样？原因是什么？请说明这种现象在生活中的运用。

9. 在互联网上找一份试题测试自己的风险偏好和风险容忍度，根据测试结果选择适合自己的投资理财工具，并对照其他人的测试结果，说明风险偏好和风险容忍度对投资理财选择的影响。

10. 习近平总书记曾指出，要坚持底线思维和极限思维，准备经受风高浪急甚至惊涛骇浪的重大考验。① 坚持极限思维，是党中央提出的全新要求，对维护国家安全具有重大意义。所谓极限思维，就是在各种关系错综复杂的情况下，将所思考的问题及其条件进行理想化假设，当假设被推至极大或极小的极端状态时，问题的本质便会从纷繁复杂的现象中暴露出来。对自己家庭的财务状况进行全面梳理，设想若干极端状况，运用极限思维，进行理财的压力测试，尝试找出理财中存在的问题并提出改进建议。

阅读与思考

麦粒故事、换钱游戏和理财方案选择

有一个古老的故事，显示了复利的威力。传说西塔发明了国际象棋，国王十分高兴，决定重赏西塔，西塔说："我不要您的重赏，陛下，只要您在我的棋盘上赏一些麦子就行了。在棋盘的第1个格子里放1粒，在第2个格子里放2粒，在第3个格子里放4粒，在第4个格子里放8粒，依此类推，后一个格子里放的麦粒数都是前一个格子的2倍，直到放满64个格子。"国王觉得他的要求很容易满足，于是就同意了。但很快国王就发现，即使将国库里所有的粮食都给他也不够。因为即使一粒麦子只有一克重，也需要数十万亿吨的麦子。尽管从表面上看西塔的起点很低，但是从一粒麦子开始，经过多次翻倍，就是庞大的数字。

假设有一个换钱的游戏：

X游戏：我每天给你1万元，给1个月；你每天给我1分钱、2分钱、4分钱，依此类推，给1个月，你换吗？

Y游戏：我每天给你10万元，给1个月；你每天给我1分钱、2分钱、4分钱，依此类推，给1个月，你换吗？

以上两个方案你选哪个？

---

① 习近平主持召开二十届中央国家安全委员会第一次会议强调 加快推进国家安全体系和能力现代化以新安全格局保障新发展格局．人民日报，2023-05-31（1）．

另有两个理财方案：

A 方案：从 20 岁开始，每年存款 10 000 元，一直存到 30 岁，年收益率 7%，在 60 岁时取出作为养老金。

B 方案：从 30 岁开始，每年存款 10 000 元，一直存到 60 岁，年收益率 7%，在 60 岁时取出作为养老金。

【思考题】

1. 国际象棋的故事说明了什么？64 个棋盘格到底放了多少麦粒？这个故事对我们理财有什么启示？

2. X 游戏和 Y 游戏的换钱游戏，你会选择哪一个？请说明理由。

3. 60 岁退休时 A 方案和 B 方案的养老金分别是多少？你认为哪种方案更好？请说明理由。

4. 探讨时间价值在理财中的应用及应注意哪些问题。

“黑天鹅”与“灰犀牛”

习近平总书记指出我们必须始终保持高度警惕，既要高度警惕“黑天鹅”事件，也要防范“灰犀牛”事件；既要有防范风险的先手，也要有应对和化解风险挑战的高招；既要打好防范和抵御风险的有准备之战，也要打好化险为夷、转危为机的战略主动战。① 那么什么是“黑天鹅”和“灰犀牛”呢？

在发现澳大利亚的黑天鹅之前，17 世纪之前的欧洲人认为天鹅都是白色的。随着第一只黑天鹅的出现，这个不可动摇的观念崩溃了。黑天鹅的存在寓意着不可预测的重大稀有事件，它在意料之外，却又改变着一切。“黑天鹅”一词最早是由美国学者纳西姆·塔勒布（Nassim Taleb）在《黑天鹅：如何应对不可预知的未来》一书中提出的，用来比喻那些极其罕见、出乎人们意料、影响巨大的事件，比如 9·11 事件、2008 年金融危机等。在这些事件发生之前，人们很难预测到它们的可能性和后果，但在发生之后，人们又会试图为它们找到合理的解释，仿佛它们是可以预测和避免的。塔勒布认为，人类总是过度相信经验和理性，而忽视了不确定性和随机性，从而导致了对风险的低估和无准备。

“黑天鹅”事件的特点是：

（1）不可预测：“黑天鹅”事件具有意外性，超出了人们的认知范围和经验范畴，很难用传统的模型和方法进行预测和分析。

（2）冲击极大：“黑天鹅”事件会对社会、经济、政治等各个领域造成深远的影响。

（3）事后解释：“黑天鹅”事件发生后，人们往往会试图用各种理由来解释它的原因和意义，使它变得可预测可解释，从而给自己一个心理安慰。

灰犀牛体型笨重、反应迟缓，你能看见它在远处，却毫不在意，一旦它向你狂奔

---

① 习近平：提高防控能力着力防范化解重大风险 保持经济持续健康发展社会大局稳定．人民日报，2019-01-22 (1).

而来，你会猝不及防，被直接扑倒在地。灰犀牛袭击时，极具爆发力，且不可阻挡。“灰犀牛”一词是由美国学者米歇尔·渥克（Michele Wucker）在《灰犀牛：如何应对大概率危机》一书中提出的，用来比喻那些大概率且影响巨大的潜在危机。“灰犀牛”不是随机的突发事件，而是在一系列预警和明显征兆之后爆发出来的问题。她认为，灰犀牛是一种明显可见但常被忽视的巨大威胁，它们缓慢而稳定地向我们靠近，如果不及时采取行动，就会造成灾难性的后果。渥克认为，人类总是有惰性和侥幸心理，而忽视了主动和及时的行动，从而导致了对风险的低估和无反应。

“灰犀牛”事件的特点是：

(1) 高概率：“灰犀牛”事件的发生概率很高，但往往被低估或忽视。

(2) 高影响：“灰犀牛”事件的影响力很大，可能对个人、组织、社会或全球造成重大损失或危机。

(3) 长过程：“灰犀牛”事件的形成有一个过程，不是一夜之间发生的，且是由多个因素共同作用导致的。

(4) 可预测：“灰犀牛”事件可以被提前识别和预防，但需要有足够的意识、勇气和行动力。

简单来说，“黑天鹅”事件突如其来，而“灰犀牛”事件则厚积薄发。

【思考题】

1. 你如何理解“黑天鹅”和“灰犀牛”？生活中如何防范这两种风险？

2. 人在生命的不同阶段存在哪些财务风险？应该通过何种工具或方式来化解这些风险？

第3章

流动性规划

素养提升

◆ 常观大势、常思大局，准确把握形势发展走势和隐藏其中的风险挑战，了解个人资产的流动性管理的必要性

◆ 提倡艰苦奋斗、勤俭节约，反对铺张浪费，合理使用银行卡，避免因过度消费导致的财务风险

◆ 崇尚宪法、遵纪守法、崇德向善、诚实守信，履行道德准则和行为规范，具有社会责任感和社会参与意识，不参与银行卡骗局

学习要点

- 了解流动性管理的概念
- 了解资金三性的关系
- 熟悉存款的种类
- 掌握存款技巧
- 掌握借记卡和信用卡的使用
- 了解在使用银行卡过程中产生的费用
- 安全使用银行卡
- 了解移动支付工具
- 熟悉其他类型的流动性管理工具

思维导图

引导案例 **重复做对的事**

我居住在新泽西州，在这里一年中既能享受最好的天气，也会遭遇最坏的天气。但即便这里有极端的高温和低温天气，不管你什么时候坐在公园里，你基本上也看不到病恹恹的松鼠。它们不仅能生存下去，还能茁壮成长，因为它们会根据季节变化调整自己的行动。

在橡子丰收的季节里，松鼠不会四处玩耍，而是认真工作，努力收集和储藏橡子。它们甚至会挖洞，把橡子放进去种植，为将来做准备。这听起来是不是很像投资？当冬天来临，无法再收集橡子时，它们不会双手叉腰站着吃惊地说："什么！又到冬天了！"它们早在冬天来临之前就做好了准备。这些聪明的小家伙藏进自己的小房子里，靠着自己在好天气里存起来的积蓄生活。所以说，它们是超级精明的储蓄者。

人类的行为与松鼠几乎相反。很多人只管当下，毫不考虑未来。当我们享受这些美好时光时，我们天真地以为好时光永远没有尽头。当好时光结束后，我们又以为困难的日子永远都不会过去。所以我们更像是鸵鸟，把头埋进沙子里，拒绝接受现实——生活跟季节一样也是有周期的，更重要的是，影响生活的很多因素是我们无法控制的。

我想大家应该知道我要说什么了。我们需要像松鼠一样努力工作，在收入丰厚的时候多多储蓄，尽可能精减支出，但也不用过度俭省。我们需要学习松鼠，因为每个人都会面临财务寒冬。你可能会失业，也可能会突然需要一大笔钱来支付医疗费用，也可能要帮助家人、修理汽车或者更换厨房里刚刚报废的大件电器。你知道这是事实，因为生活中确实会发生各种各样的事情，导致我们的用钱需求远超平日标准。

你如果没有为这个"寒冬"做好准备，就要在恶劣的条件下艰难地筹钱，你可能会惊讶地发现，原来筹钱是这么难的事情。你就像一只孤零零的松鼠，独自来到雪地里寻找坚果，而且必须加倍努力才能有所收获。如果这个冬天格外寒冷和漫长，也就是说赶上经济衰退的话，那么你即使更努力工作，也可能获得更少回报，而且你还要与其他也出来寻找坚果的人竞争，这一点儿也不好玩。

资料来源：蒂芙妮·艾莉希．重复做对的事．北京：中信出版社，2023.

3.1 流动性管理基础知识

3.1 即测即评

理财规划中，资金总是以不同形式存在：股票、债券、基金、黄金、外汇、房产等，无论何种形式，在制订个人理财计划和作出投资决策时，都应把握"三性"原则，即安全性、收益性、流动性，以确保个人资产的保值和增值。

安全性指投资本金和收益的保障程度。财富只有在安全的循环周转中才能不断积累和扩大。巴菲特有三大投资原则：第一，保住本金；第二，保住本金；第三，谨记第一条和第二条。本金是种子，没有种子便无法播种，更没有收获。很多投资者容易走两个极端：要么过分强调安全，要么孤注一掷。投资的安全性是相对的，没有绝对无风险的投资，也没有完全是风险的投资。作为普通投资者，在考虑投资的安全性时，首先要树立风险意识，风险无处不在，同时切莫因为投资有风险就畏缩不前，拒绝投资。

收益性指投资的回报程度。收益是投资的根本，但在第2章我们介绍过收益和风险是相伴的。作为普通投资者，必须合理期望收益，把握好理财项目的风险程度与合理收益的关系。财富是均衡的结果，而不是不切实际的一夜暴富。

流动性是资产转换为现金的能力，现金和银行存款是流动性最强的资产。资产配置中保持一定的流动性是非常有必要的，否则就有可能陷入偿付危机。如果长期把钱放在一个投资项目上，那么即使表面上看有比较高的收益率，算上时间成本的话也非常不划算。

鱼和熊掌不能兼得，高流动性的资产一般收益不高，收益高的资产的安全性可能较低。应均衡考虑安全性、收益性和流动性。

根据家庭资产的性质，不同的资产流动性是不一样的，资产变现，收益受损的程度也是不一样的（见表3-1）。一般而言，现金和活期存款的流动性最强，想用则用，本来收益就低，因此影响很小。而银行理财产品大多数不能提前变现，除非合同中写明可以提前赎回，因此它的流动性较弱。股票、基金和债券这类金融资产价格波动大，需要变现时，收益是否受损取决于当时的市场行情。

表3-1 家庭资产流动性强度一览表

资产	流动性强度	变现收益受损度
现金	强	变现收益无损
活期存款	强	变现收益无损
定期存款	强	变现收益有损
银行理财产品（定期）	弱	一般不能变现
货币市场基金	强	变现收益无损
股票	中等	变现收益可能受损
基金（货币市场基金除外）	中等	变现收益可能受损
债券	中等	变现收益可能受损
金银首饰珠宝	弱	变现收益可能受损
汽车	弱	变现收益一定受损
房产	弱	变现收益可能受损

由于家庭资金来源与资金使用时间不同步，家庭需要保持一定比例流动性较强的资产，来应付即期资金需求，比如水电费、交通费等，而不是把资金全部放在收益高、流动性弱，或变现时可能发生较大损失的资产上。

流动性需求的满足有不同层次（见图3-1），第一层次是满足日常需求，也就是满足日常生活开支的需求，家庭应根据家庭收入和支出的时间、结余率来决定这部分流动资金的比例。第二层次是应付意外准备，比如家人忽然重病、失业等，也就是防止意外发生时动用流动性弱的资产。一般来说，保留 3～6 个月生活支出的资金以防止意外情况，这样可以有缓冲期来调整家庭的资产形式。第三层次，即流动性需求的最高层次，就是把握投资机会。现在每个人都面临着各种投资机会，保持资产的流动性可以让投资者更灵活地配置资金，有利于投资者把握理财机会。

家庭资产流动性管理的实质是填补即时资金需求与家庭现金存量之间的缺口。如图 3－2 所示，如果即时资金需求＞家庭现金存量，就会出现流动性缺口，家庭需要运用流动性管理工具来弥补缺口；如果即时资金需求＝家庭现金存量，则流动性匹配，不需要动用流动性管理工具；如果即时资金需求＜家庭现金存量，则出现流动性盈余，可以考虑减少现金配置，增加收益高的资产投入。

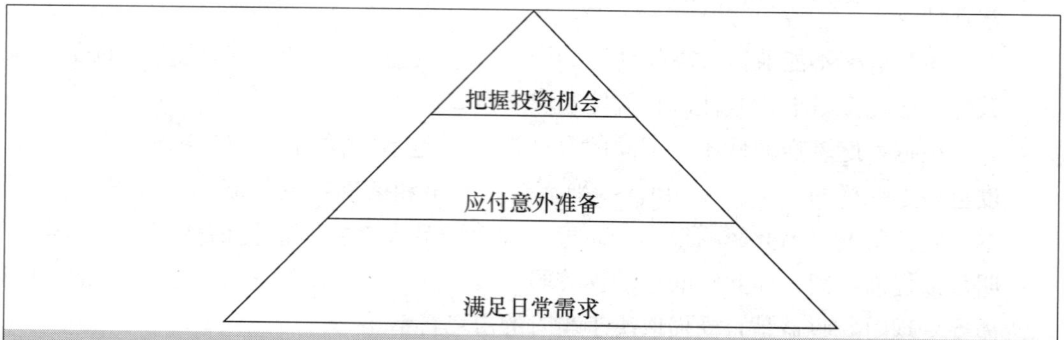

图 3－1　流动性需求的层次

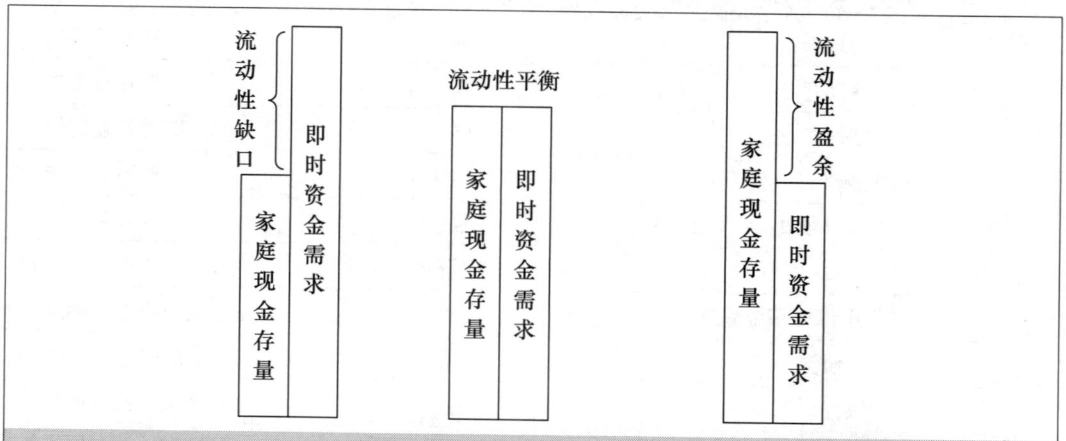

图 3－2　家庭资产流动性缺口

家庭资产流动性管理中最关注的是第一种情况，也就是当即时资金需求大于家庭现金存量，出现流动性缺口时，如何弥补缺口达到平衡。

弥补流动性缺口以达到平衡可以从两个方面进行：

一方面是压缩即时资金需求。能否压缩即时资金需求取决于需求的性质——日常生活必需以及突发意外的开支是刚性支出，不能压缩，可以压缩的是日常生活中的非必需开支，比如购买奢侈品等。当然，压缩开支是有一定限度的。

另一方面是增加家庭现金存量。可以通过投资变现或者融资来实现，应对所放弃的收益和所产生的成本进行权衡。

即时资金需求不是恒定的，而是不断变化的，因此要想完全消灭流动性缺口不太可能，而且保留大部分现金是以放弃相应的收益为代价的，从经济角度看也是不合适的。家庭资产流动性的静态平衡是保留一定的可容忍的流动性缺口，只要做好资产配置，适当选择流动性管理工具，就能轻松应对流动性缺口。流动性工具的配置和比例则应根据家庭状况、市场环境等因素来调整，没有一套适合所有人的标准。

本章下面将重点讲述个人理财工具的选择和使用技巧，以帮助投资者随时抓住各种理财机会和把握理财节奏。

3.2 存款的选择

3.2.1 存款的种类

3.2 即测即评

银行存款是一种常见的流动性工具。按存款期限的不同，有定期存款和活期存款之分。

活期存款流动性最强，但利率最低。活期存款每季度结息一次，每季末月的20日为结息日，按当日挂牌的活期利率计息，商业银行在这一日将利息转入储户账户。如果储户在结息日前清户，商业银行将按当日挂牌活期利率计算利息并连同本金支付给储户。

定期存款若未到期取出，将损失利息。定期存款有三类：

第一类是整存整取，分三个月、半年、一年、二年、三年期，按约定存期整笔存入，到期一次支取。利息按存入时的约定利率计算，利随本清，如果未到约定存期提前取出，则须凭身份证支取，但利息只能按活期计算。整存整取存款按存单开户日挂牌公告的相应定期储蓄存款利率计算利息。如在存期内遇利率调整，不论调高或调低，均按存单开户日所定利率计付利息，不分段计息。如储户提前支取，则全部提前支取或部分提前支取的部分，按支取日挂牌公告的活期储蓄利率计息，未提前支取的部分，仍按原存单所定利率计付利息。

第二类是零存整取、整存零取、存本取息。零存整取指每月固定存款，到期一次支取。整存零取则是零存整取的反向，也就是本金一次存入，然后分批等额支出。存本取息是指整笔存入，分次取息，到期一次支取本金。这三种约定的存期只有一年、三年期，利率比同档次的整存整取要低一些。目前，除活期储蓄存款和整存整取定期存款计结息规则由中国人民银行确定外，其他储种的计结息规则由商业银行法人以不超过中国人民银行同期限档次存款利率上限为原则，自行确定并提前告知客户。客户可向商业银行查询该行的计结息规则。

第三类是定活两便，即存款时不约定存期，可随时支取的一种储蓄，存期利息按一年以内定期整存整取同档次利率打六折计算。

在存款还是主要理财方式的时代，选择第二类和第三类储蓄的大有人在，它们是流动性和收益性搭配的权衡之计。但随着更多流动性强的工具（如货币市场基金、余额宝、理财通等）出现，后两类储蓄方式越来越没落。

通知存款不属于活期也不属于定期，是单独一个类别的储蓄品种。通知存款是一种不约定存期，一次性存入，可多次支取，支取时需提前通知银行，约定支取日期和金额方能支取的存款。按存款人提前通知的期限长短划分为一天通知存款和七天通知存款两种，即分别需提前一天或提前七天通知约定支取。通知存款一般是 5 万元以上，比较适合大额短期资金，可以获得比活期储蓄更高的利息。通知存款很适合手头有大笔资金准备用于近期（3 个月以内）开支的情况。假如你手中有 20 万元现金，拟于近期买车，但是又不想把 20 万元存活期而损失利息，这时就可以考虑七天通知存款，既满足了用款需要，又可享受活期利率近 4 倍的利息。如果活期利率为 0.35%，而七天通知存款的利率为 1.35%，那么 20 万元存三个月后取出来，按活期计息：20 万元×0.35%×3/12=175 元，而按通知存款计息：20 万元×1.35%×3/12=675 元，收益多了 500 元。

表 3-2 为中国人民银行颁布的金融机构人民币存款基准利率表，2015 年 10 月，央行放开利率管制上限；也就是说，国内各家银行可以在基准利率的基础上自行浮动，但由于受行业自律机制的约束，银行之间形成“利率同盟”，普遍存款利率上限是基准利率上浮 40%～50%。2022 年 4 月，中国人民银行指导利率自律机制建立了存款利率市场化调整机制，自律机制成员银行参考以 10 年期国债收益率为代表的债券市场利率和以 1 年期贷款市场报价利率（LPR）为代表的贷款市场利率，合理调整存款利率水平。建立存款利率市场化调整机制重在推进存款利率进一步市场化，对银行的指导是柔性的。银行可根据自身情况，参考市场利率变化，自主确定其存款利率的实际调整幅度。在这一机制的引导下，2022 年 9 月至 2023 年 4 月，银行进行了第一轮自主调整存款利率。此次银行主动下调存款利率后，存款利率继续有所降低。2023 年 6 月，活期存款加权平均利率为 0.23%，同比下降 0.09 个百分点，定期存款加权平均利率为 2.22%，同比下降 0.12 个百分点。根据存款利率市场化调整机制，无论是上浮还是下调，对于普通老百姓而言，同一笔存款放在不同银行的利息可能存在差别，存款也要“货比三家”了。

表 3-2 人民币存款基准利率表（2015 年 10 月 24 日）

项目	年利率（%）
一、城乡居民存款	
（一）活期存款	0.35
（二）定期存款	

续表

项目	年利率（%）
1. 整存整取	
三个月	1.10
半年	1.30
一年	1.50
二年	2.10
三年	2.75
2. 零存整取、整存零取、存本取息	
一年	1.10
三年	1.30
3. 定活两便	按一年以内定期整存整取同档次利率打六折执行
二、通知存款	
一天	0.80
七天	1.35

3.2.2 存款的利率变化

银行存款利率的高低决定着储户的利息多少，但它并不是一直保持不变的，实际上波动很大。1949 年活期存款的利率为 60%，1 年期利率为 252%；1950 年 4 月活期利率为 43.2%，1 年期利率为 156%；2015 年 10 月活期利率为 0.35%，1 年期利率为 1.5%。不但不同年份之间利率波动大，而且一年之内利率也会多次调整，比如 2007 年央行基准利率调整了 6 次，平均每两个月就调整一次，2015 年央行基准利率调整了 5 次，2008 年央行基准利率调整了 4 次，1989 年 2 月 1 日的 1 年期定期基准利率达到近 30 年的最高点 11.34%，利率的变动往往跟宏观经济和央行的货币政策有关。另外，自 2014 年 11 月 22 日起，中国人民银行基准利率取消了 5 年期的品种，由金融机构自主确定。根据各家上市银行 2013 年年报披露的数据统计，5 年期以上定期存款实际占比极低，大部分不到 0.3%。图 3-3 是 1980—2015 年 1 年期定期存款基准利率变化图。

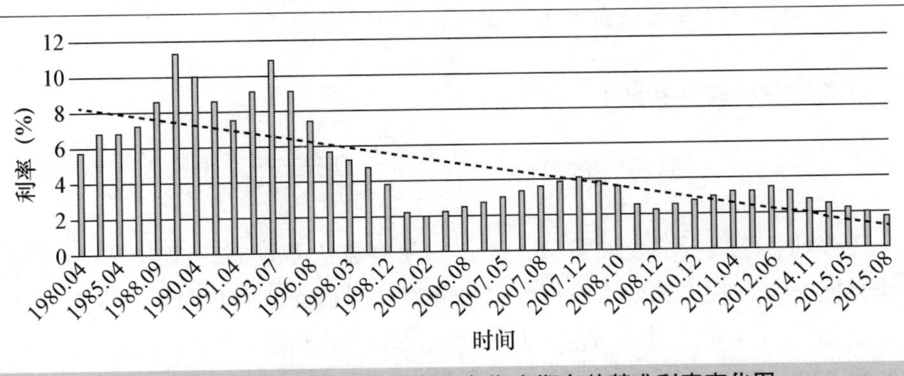

图 3-3 1980—2015 年 1 年期定期存款基准利率变化图

普通储户需要考虑的问题是如何存款可以使利息最大化，特别是在利率发生波动的情况下。举例来说，2007 年 3 月 18 日加息，2007 年 2 月 18 日存入 10 000 元的 1 年定期存款，当时利率为 2.52%，2008 年 2 月 18 日储蓄期满税后利息收入为 201.6 元（当时的利息所得税税率为 20%，2008 年 10 月 9 日起暂免征收利息所得税）。如果在 3 月 18 日转存，新利率为 2.79%，则前一个月只能获得活期利息收入 4.8 元，3 月 18 日转存 1 年定期，到 2008 年 3 月 18 日税后利息收入为 223.2 元，平均算下来 2008 年 2 月 18 日的收益应该是 204.6 元。那么从 2007 年 2 月 18 日到 2008 年 2 月 18 日的收入实际为 209.4 元，通过转存多收入 7.8 元。如果这笔存款是在加息前两个月，也就是 2007 年 1 月 18 日存入，在 3 月 18 日转存，那么到 2008 年 1 月 18 日的实际收入为 195.6 元，反倒比期满支取还少 6 元。

当存款利率提高时，储户总会产生这样的疑惑：是否应把原来的定期存款取出来重新存入银行，以享受高利息？其实要不要提前支取须视情况而定。根据规定，定期存款均按存入日利率计息，如果想让定期存款享受新的利率，就需要办理提前支取业务，而支取未到期的定期存款，无论存期长短，银行只能按活期利率付息，这意味着办理转存需要付出一定的代价，那就是从存入日到支取日这段时间把定期转为活期的利息差损。而此代价的高低取决于存入时间的长短。存入时间越短，提前支取的损失越少，被转存升息因素抵消并反超的可能性也就越大。

设转存利息平衡分界点为 X 天（注意，计算定期存款截止的时间应相同），则

$$\text{提前支取损失的利息收入}=\frac{X}{360}\times(\text{现存单的定期年利率}-\text{原活期年利率})$$

$$\text{转存增加的利息收入}=\left(\text{现存单的年期数}-\frac{X}{360}\right)\times(\text{新定期年利率}-\text{现存单的定期年利率})$$

转存利息平衡分界点：

转存增加的利息收入＝提前支取损失的利息收入

$$\left(\text{现存单的年期数}-\frac{X}{360}\right)\times(\text{新定期年利率}-\text{现存单的定期年利率})$$

$$=\frac{X}{360}\times(\text{现存单的定期年利率}-\text{原活期年利率})$$

移项整理得转存利息平衡分界点：

$$X=360\times\text{现存单的年期数}\times\frac{\text{新定期年利率}-\text{现存单的定期年利率}}{\text{新定期年利率}-\text{原活期年利率}}$$

转存利息平衡分界点的意义在于：如果存款天数超过这个分界点，提前支取后转存就会损失利息收入；如果没有超过分界点，提前支取后转存就可以增加利息收入。

比如，2011 年 7 月 7 日起，1 年期人民币存款利率上升 0.25 个百分点，从 3.25% 升到 3.5%。假设一笔存款存期 1 年，现存单年利率 3.25%，欲转存为存期 1 年、年利率 3.5%的定期存款。原活期年利率是 0.5%，一年的天数按照银行规定为 360 天，

则转存利息平衡分界点为：

$$360\times1\times\frac{3.5\%-3.25\%}{3.5\%-0.5\%}=30(\text{天})$$

从上式得知，如果该笔存款存入银行超过 30 天，那么取出再转存利息会有损失，如果该笔存款不足 30 天，那么转存可以增加利息收入。

再举一个例子，一笔存款存期 3 年，现存单年利率 4.75%，欲转存为存期 3 年、年利率 5%的定期存款，则转存利息平衡分界点为：

$$360\times3\times\frac{5\%-4.75\%}{5\%-0.5\%}=60(\text{天})$$

从上式得知，如果该笔存款存入银行超过 60 天，取出再转存利息会有损失，如果该笔存款不足 60 天，转存就可以增加利息收入。

3.2.3 存款技巧

1. 组合存款法

储蓄存款中活期的利息最低，定期的利息随着存期的延长（最多 3 年）而增长，日常生活需要基本的消费，如何存款才能使利息最大化？可以通过不同类型的组合存款使利息最大化。组合存款法是对存单的期限和金额进行适当的安排，既可以使利息最大化，又保证了支取的流动性。

知识拓展

确认你的储蓄素质

(1) 十二存单法。即每月将一笔钱以定期 1 年的方式存入银行，坚持整整 12 个月，从次年第一个月开始每个月都会获得不菲的定期收入。每月可提取工资收入的 10%～15%做一个定期存单，每月定期存单期限可以设为 1 年，每月坚持这么做，一年下来就会有 12 张 1 年期的定期存单。从第二年起，每个月都会有一张存单到期，如果有急用，就可以使用，也不会损失存款利息；如果没有急用，这些存单就可以自动续存，而且从第二年起可以把每月要存的钱添到当月到期的这张存单中，继续存款，每到一个月就把当月要存的钱添到当月到期的存单中，重新做一张存单。这种方法兼备灵活存取和高额回报两大突出优势。年年月月循环往复，一旦急需用钱，便可将当月到期的存单兑现，既减少了利息损失，又能解燃眉之急。而且，在利率变动较为频繁的时段，一个月一次的定期存款也较为灵活，可以根据利率高低适时进行调整。当然如果你有更多的耐心，还可以尝试二十四存单法、三十六存单法，原理与十二存单法完全相同。

(2) 阶梯存款法。即将储蓄分成若干份，存在不同的账户里或者同一账户设定不同存期，而且存款的期限最好逐年递增。假设有 4 万元现金打算做储蓄，可以把其中 1 万元存活期，作为家庭生活的备用金随时支取，另外 3 万元分为 3 份，1 万元开一张 1 年期定期存单，1 万元开一张 2 年期定期存单，1 万元开一张 3 年期定期存单。一年后，到期的 1 万元再存为 3 年期定期存单，两年后到期的钱款也转存为 3 年期定期存单。这样两年后你手中的存单全部为3年期的，每张存单到期年限相差一年。这样做既可以保持储蓄的流动性，又可以获得3年期储蓄的高利息。这种阶梯式操作，不仅保证每年都有一个账户到期，而且使自由提取的金额不断增长。

2. 约定定期存款

组合存款法适合人工设置，现在很多商业银行都开辟了新的业务，会“自动”让你的利息最大化。每一个营业日结束后，银行会自动根据你的账面余额，高于1 000元的，以每500元为单位，按事先选择的存期作定期存款处理，按照整存整取定期存款利率计息（1 000元为你的签约金额，签约金额由你的实际生活、交易情况决定）。支取资金或刷卡消费时，如遇活期账户资金不足，约定定期账户资金也可随时支用，尽享活期的便利。约定定期账户的资金按后进先出的原则，以500元为单位自动转出。存满约定存期支取的资金，取得相应的定期存款收益；未存满约定存期支取的资金，则取得活期存款收益。这种业务最大的优点是，在不影响客户使用资金的前提下，使效益最大化，如果账户里的备用金额减少了，则会根据后进先出的原则自动填补，既不会影响人们的正常生活，又能在不知不觉中为人们带来收益。

3. 提前支取

生活中，总有些紧急或意外事情需要提前支取定期存款，按照规定，提前支取只能按活期利率计算。下面提供两个技巧以尽量避免这种损失。

（1）定期存款部分支取。提前支取定期存单上的部分金额，提取部分按支取日挂牌公告的活期储蓄存款利率计付利息，剩余金额仍然可以按照原来的定存协议以及利率约定获得利息收入。

例：张先生在银行存了100万元1年期定存，半年后急需20万元用于资金周转，那么提前支取的20万元将按活期计算利息，未提前支取的80万元仍按当时的约定利率计算。假设1年期定存年利率为3%，活期存款年利率为0.35%，计算可得：

$$\text{部分支取的利息}=800\ 000\times3\%+200\ 000\times0.35\%\times\frac{180}{360}=24\ 350(\text{元})$$

$$\text{全部提前支取的利息}=1\ 000\ 000\times0.35\%\times\frac{180}{360}=1\ 750(\text{元})$$

$$\text{利息差额}=24\ 350-1\ 750=22\ 600(\text{元})$$

因此，部分支取比全额支取的利息要多出22 600元。

（2）定期存款质押。除了支取存单上的部分金额以减少利息损失，还可以用存单作抵押办理小额贷款手续，等定期存款到期时再还贷，这样也可减少利息损失。存单质押贷款的期限最长不超过1年或存单的到期日；存单质押贷款额度起点一般为5 000元，每笔贷款不超过存单质押价值的90%，最高可达质押价值的95%；贷款利率按照中国人民银行规定的同期同档次贷款利率执行，可视借款人情况最多下浮10%。

例：张先生于2018年6月8日将100万元存入银行做3年期的定期存款，当时3年期利率为2.75%，存款本应于2021年6月8日到期，但是2021年6月2日张先生的生意周转困难，决定动用这笔100万元的存款，当时活期利率为0.35%，一年内短期贷款利率为4.6%，你有什么办法能尽量减少张先生的利息损失？一种方法是直接提前支取；另一种方法是办理定期存款质押，贷款时间为6天，即贷款计息6天，6月8日定期存款到期归还贷款。

第一种方案：

$$\text{提前支取存款的利息}=1\ 000\ 000\times0.35\%\times3=10\ 500(\text{元})$$

第二种方案：

$$\text{存款到期的利息}=1\ 000\ 000\times2.75\%\times3=82\ 500(\text{元})$$

$$\text{定期存款质押贷款利息(6 天)}=1\ 000\ 000\times4.6\%\times\frac{6}{360}=766.67(\text{元})$$

$$\begin{matrix}\text{定期存款质押扣除贷款}\\\text{利息后实际获得的利息}\end{matrix}=82\ 500-766.67=81\ 733.33(\text{元})$$

从上面可以看出，如果办理定期存款质押，则所获得的利息为直接提前支取利息的近8倍。选择定期存款质押时，扣除质押贷款利息后的净定期存款利息要大于提前支取的利息，即

$$\text{定期存款利息}-\text{质押贷款利息}>\text{提前支取的利息}$$

总之，要善于利用银行提供的各种存款方式和工具，尽可能使流动性和收益性保持动态平衡，既不能一味追求利息，也不能为了保证流动性而完全放弃定期的高收益。

3.3 银行卡的使用

3.3.1 银行卡的种类

随着银行卡的普遍使用，大额交易和异地交易不必再携带大量的现金，这给我们的生活带来了极大的便利。

3.3 即测即评

银行卡分为信用卡和借记卡两种。信用卡是先消费后还款，借记卡是先存钱后消费。我国信用卡又分为贷记卡和准贷记卡。贷记卡是指发卡银行给予持卡人一定的信用额度，持卡人可在信用额度内先消费后还款的信用卡。准贷记卡是一种具有中国特色的信用卡，是在我国信用机制还不健全的情况下产生的，它的出现和发展为贷记卡的普及打下了基础。准贷记卡兼具贷记卡和借记卡的部分功能，一般需要缴纳保证金或提供担保人，使用时先存款后消费，存款计付利息，在购物消费时可以在发卡银行核定的额度内小额透支，但透支金额自透支之日起计息，欠款必须一次还清，没有免息还款期和最低还款额。准贷记卡的发行数量较少，现在绝大多数银行发行的信用卡都是贷记卡（以下所称的信用卡均指贷记卡）。借记卡是指先存款后消费（或取现），没有透支功能的银行卡，俗称“储蓄卡”。

信用卡与借记卡完全不一样，区别如下：

（1）信用卡是消费信贷产品，先消费后还款，借记卡是先存款后消费。

（2）信用卡可以透支，借记卡不可以透支。

（3）信用卡有循环信用额度。循环信用就是银行给持卡人核定可使用的额度，持卡人在信用额度内使用的欠款无须全额还款，只按规定的最低还款额还款就可以保持良好的信用记录，可以再次重复使用持卡人的信用额度。借记卡没有循环信用额度。

（4）信用卡持卡人在最后还款日前全额还款的，购物消费享有免息还款期，借记卡没有免息期。

（5）信用卡存款不计息，借记卡存款按储蓄利率计息。

（6）信用卡属于资产业务，借记卡属于负债业务。

（7）办理信用卡发卡需符合相关条件，如工作单位的情况、还款能力、个人信用记录等。借记卡只要有身份证就可以办理。

信用卡是银行给予持卡人一定的信用额度、先消费后还款的信用支付工具。信用卡和借记卡的使用方式完全不一样，因此在刷卡消费时，一定要注意合理消费，以减少不必要的支出。要通过银行的正规渠道申请信用卡，切勿通过中介机构或他人转交申请；提供个人身份证件及相关证明复印件申办信用卡时，建议在证件复印件显著位置注明用途，如“仅供申办××银行信用卡使用，复印无效”，以防资料被挪作他用。

信用卡正面有卡号、姓名和有效日期，还有验证码，即CVV（card verification value）码，万事达卡称作CVC（card validation code）码。维萨卡CVV码和万事达卡CVC码都是由卡号、有效期和服务约束代码生成的3位或4位数字，一般写在卡片磁条的2磁道用户自定义数据区里面。CVV码和CVC码的生成方法是一样的，只是叫法不一样而已。CVV2/CVC2是打印在维萨卡/万事达卡签名区的一串数字，通常，信用卡背后签名区里有一串数字，一般有7位（比如6288670），前四位（6288）是卡号的后四位，后三位（670）为验证码，这个数字（670）即CVV2码，是信用卡在进行网络或电话交易时的一个安全代码，通常用于证实付款人在交易时拥有该信用卡，从而防止信用卡欺诈。CVV/CVC在联机交易（刷卡）的时候核对，CVV2/CVC2在非现场交易/手工交易（刷不到卡）时核对。

在互联网上使用信用卡（即非现场刷卡）的验证方式基本有三种情况：

（1）卡号＋有效期。

（2）卡号＋有效期＋CVV2码/CVC2码。加一项卡片背面的CVV2码/CVC2码，是为了确认卡片确实是在持卡人自己手里。所以平时在刷卡的时候，CVV2码/CVC2码不要轻易让人看到并记录，以免他人连同卡号、有效期一起窃取后到网上盗刷。

（3）卡号＋有效期＋CVV2码/CVC2码＋手机验证码。

无论在哪种情形下，都不要轻易将卡借给他人，刷卡时也不要让卡离开本人视线，以防他人盗刷。同时还可以设置信用卡消费短信提醒，在第一时间知道信用卡的交易情况，如果发现异常可以马上致电银行或报警。保护好自己的信用卡，不仅要保证信用卡密码的安全，还要保证包括信用卡号、CVV2/CVC2码等信用卡信息和办卡时预留的个人信息的安全，这样才能避免损失。

3.3.2 银行卡的费用

1. 借记卡的费用

原来借记卡的收费项目很多，包括年费、小额账户管理费、转账费、挂失费、异地存取款费等，而且各个银行之间的收费标准也不统一，收费管理混乱。

2014 年 2 月，中国银监会、国家发展改革委公布了《商业银行服务价格管理办法》。该办法包括总则，政府指导价、政府定价的制定和调整，市场调节价的制定和调整，服务价格信息披露，内部管理，服务价格监督管理等内容，自 2014 年 8 月 1 日起施行。该办法生效后，此前有关商业银行服务价格或收费的规定与该办法规定不一致的，按照该办法执行。

同时还颁布了《关于印发商业银行服务政府指导价政府定价目录的通知》。该通知规定：对于银行客户账户中（不含信用卡）没有享受免收账户管理费（含小额账户管理费）和年费的，商业银行应根据客户申请，为其提供一个免收账户管理费（含小额账户管理费）和年费的账户（不含信用卡、贵宾账户）。这意味着，每名持卡人在各家商业银行有且仅有一张银行卡能够享受“双免”，而且必须主动申请方能减免。

该通知同时规定，商业银行免收社会保险经办机构和本行签约开立的个人基本养老金（含退休金）账户，每月前两笔且每笔不超过 2 500 元（含 2 500 元）的本行异地（含本行柜台和 ATM）取现手续费。商业银行为银行客户提供账户变动短信提醒服务并收费的，应事先通过网点或电子渠道等与银行客户签约；未与银行客户签约的，不得收费。

对商业银行的一些费用，比如个人跨行柜台转账、对公跨行柜台转账、个人现金汇款手续费等也提供了政府指导价（见表 3-3）。

表 3-3 商业银行服务政府指导价定价标准

收费项目	服务内容	收费标准
个人跨行柜台转账汇款手续费	通过柜台将个人客户的资金从本行账户（不含信用卡）转移到其他银行（含同城和异地）的账户	每笔 0.2 万元以下（含 0.2 万元），收费不超过 2 元； 0.2 万～0.5 万元（含 0.5 万元），不超过 5 元； 0.5 万～1 万元（含 1 万元），不超过 10 元； 1 万～5 万元（含 5 万元），不超过 15 元； 5 万元以上，不超过 0.03%，最高收费 50 元
对公跨行柜台转账汇款手续费	通过柜台将对公客户的资金从本行账户转移到其他银行（含同城和异地）的账户	每笔 1 万元以下（含 1 万元），收费不超过 5 元； 1 万～10 万元（含 10 万元），不超过 10 元； 10 万～50 万元（含 50 万元），不超过 15 元； 50 万～100 万元（含 100 万元），不超过 20 元； 100 万元以上，不超过 0.002%，最高收费 200 元
个人现金汇款手续费	将个人客户现金汇入异地本行账户或汇入其他银行（含同城和异地）的账户	每笔不超过汇款金额的 0.5%，最高收费 50 元
个人异地本行柜台取现手续费	通过异地本行柜台为本行个人客户办理取现业务（不含信用卡）	每笔不超过取现金额的 0.5%，最高收费 50 元

商业银行办理个人跨行柜台转账汇款、对公跨行柜台转账汇款和个人现金汇款业务，汇款金额应不迟于2个工作日内到账（商业银行因不可控制的外部原因或存在技术条件制约导致资金不能到账或延迟到账、客户与商业银行有特别约定等情况除外）。若银行客户要求实时到账，则收费标准在此基础上上浮不超过20%，但每笔最高收费标准不变。虽然发展改革委制定了指导价，但具体的某项收费最好打电话给银行客服或者查询银行网站了解清楚。

2. 信用卡的费用

信用卡使用起来比借记卡复杂得多，各家银行信用卡的收费标准也不一样，在申请信用卡时应仔细阅读相关权利和责任的条款。

（1）年费。信用卡在持卡人激活之前，银行不得收取年费。信用卡并不是免费给持卡人使用的，通常发卡行会收取一定金额的年费，当然也可以免年费，当刷卡次数或刷卡金额达到一定要求时可以减免，具体政策应以发卡行规定为准。

（2）利息。在进行刷卡消费时，需要了解与信用卡有关的四个日期：交易日、交易入账日、账单日和还款日。

信用卡交易日是指持卡人实际刷卡消费的日期。实际刷卡时间和记入信用卡账单的日期并不一致，信用卡消费结算需要一定的时间，从一笔交易实际刷卡消费到真正记入账上会有一定的延迟，通常当日消费，次日记账。信用卡交易入账日是一笔交易经过结算最终记入持卡人账户的日期，通常为消费日的次日。信用卡账单日是指发卡机构每月对持卡人账户内当期发生的各项交易和费用等进行结算、计息的日期。信用卡到期还款日是指发卡行要求持卡人归还应付款项的最后日期。不同银行的信用卡账单日不一样，免息期也不尽相同。有的银行免息期是25～56天，有的是20～50天。

比如，某银行信用卡的账单日为每月5日，还款日为23日。这意味着本月5日之前的消费必须在本月23日还清，否则会产生罚息。5日消费23日还款，实际免息期为18天，账单日之后第二天的消费则记入下个月的账单，即下个月23日才须还款，整个免息期长达48天。

如果在还款日没有把欠银行的款项全部还清，则将产生利息，相当于在免息期后银行借款给你，你需要按信用卡章程规定的利息支付。

目前我国信用卡计息方式分两种，一种是全额罚息，一种是未清偿部分计息。全额罚息是指在还款日后，无论当月信用卡是否产生了部分还款，只要未足额还款，发卡行都会对持卡人按照总消费金额计息。未清偿部分计息是指持卡人如果产生部分还款，则还款部分可以得到免息待遇，银行只对未偿还部分计算利息。

例：李明在6月6日消费10 000元，账单日为7月5日，还款日为7月25日，罚息为日利率0.05%。假设在7月25日还了9 999元。6月6日至7月25日共50天，那么两种方式的利息计算如下：

全额罚息＝10 000×50×0.05%＝250(元)

未清偿部分计息＝1×50×0.05%＝0.025(元)

从上面的计算可以看出，仅少还款1元，两种计息方式计算出来的利息相差甚大。2024年中国银行业协会修订了《中国银行卡行业自律公约》，要求银行为持卡人提供容时容差服务，容时服务指为持卡人提供一定期限的还款宽限期服务，还款宽限期自到期还款日起至少3天；持卡人在还款宽限期内还款时，应当视同持卡人按时还款。容差服务指持卡人当期发生不足额还款，且在到期还款日后账户中未清偿部分小于或等于一定金额（至少为等值人民币100元）时，应当视同持卡人全额还款。

另外在收到银行发来的对账单时，银行总会标明当月的最低还款额，不少人误以为只要还上最低还款额就行了，却不知道余下的部分银行要收取高额利息。只有按照全额还款方式在免息期内还款，才不会透支利息。

2016年4月15日，中国人民银行发布了《中国人民银行关于信用卡业务有关事项的通知》，自2017年1月1日起实施。对信用卡透支利率实行上限和下限管理，透支利率上限为日利率万分之五，透支利率下限为日利率万分之五的0.7倍。信用卡透支的计结息方式，对信用卡溢缴款是否计付利息及其利率标准，由发卡机构自主确定。取消信用卡滞纳金，对于持卡人违约逾期未还款的行为，发卡机构应与持卡人通过协议约定是否收取违约金，以及收取方式和标准。

（3）取现费。信用卡取现银行会收取手续费，而且不享受免息，即使是自己多存进去的钱，取出来也要支付手续费。信用卡透支取现的成本比较高。

首先，需扣除取现手续费。使用信用卡透支取现，一般银行都有一个每笔最低收费价格，收取的手续费为取现金额的0.5%～3%，还有最低额度标准。信用卡境内取现手续费见表3-4，可以看出同样一笔款，不同银行信用卡的成本是不一样的，最低手续费率0.5%，最高手续费率3%。最低额也有不同，有些银行最低手续费1元，有的最低30元，这就意味着，有的信用卡取现100元，只需要1元手续费，有的信用卡取现100元，则需要30元手续费。

表3-4 信用卡境内取现手续费一览表

银行	取现手续费	最低额
工商银行	1%（异地）	1～50元
建设银行	0.5%	2～50元
中国银行	1%	8元
农业银行	1%	1元
招商银行	1%	10元
中信银行	2%	20元
浦发银行	3%	30元
广发银行	2.5%	10元
光大银行	1%	3～200元
民生银行	0.5%（同行），1%（他行）	1元
华夏银行	1%	5元
交通银行	1%	10元

说明：部分银行，如农业银行、中国银行等在他行ATM机上取现，还需要额外支付2元手续费。

其次，信用卡透支取现会有利息，在有些银行可以享受免息待遇。但若需要支付利息，利息一般都很高——日息万分之五，折算成年利率也就是18%（0.05%×360），因此不要以为万分之五是个小数目。而且利息是从取现之日计并以日来结算，按月计算复利的。

《中国人民银行关于信用卡业务有关事项的通知》规定，持卡人通过ATM等自助机具办理现金提取业务，每卡每日累计不得超过人民币1万元；持卡人通过柜面办理现金提取业务、通过各类渠道办理现金转账业务的每卡每日限额，由发卡机构与持卡人通过协议约定。

（4）分期付款手续费。信用卡分期付款是指持卡人使用信用卡进行大额消费时，由银行向商户一次性支付持卡人所购商品（或服务）的消费资金，持卡人分期向银行还款的过程。银行会根据持卡人申请，将消费资金分期通过持卡人信用卡账户扣收，持卡人按照每月入账金额进行偿还。各银行有两种收取分期手续费的方式：一种以月手续费的方式每期平均收取，如工商银行、农业银行；另一种则是在缴付首期款时一次性收取，如中国银行、建设银行。还有一种方式是根据金额确定手续费，分期金额达10 001元及以上，分期收取手续费；10 000元及以下，一次性收取手续费。不管采用哪种方式，手续费一经收取不再退还。即使提前还款，大多数银行依旧会收取分期手续费。

银行在推荐分期付款时，往往打着“免利息的分期付款”的噱头，利息虽然不收，但是手续费率不比存款利率低，各家银行手续费率标准也不同（见表3-5），以3期分期手续费为例，最高的是交通银行2.79%，最低的是工商银行1.65%。12期分期手续费最高的是光大银行8.85%，工商银行、建设银行、农业银行、中国银行都是7.2%。有的银行给出的费率是总费率，有的是单月费率，最好在同一个时间跨度内比较手续费的高低。比如农业银行信用卡账单分期的月费率均为0.6%（表中的手续费是进行换算后的总费率），实际费率为每个月的费率乘以分期期数，因而农业银行实际的费率为3期1.8%、6期3.6%、9期5.4%、12期7.2%、18期10.8%、24期14.4%，建设银行则直接给出了每一种分期的总费率，3期2.6%、6期4.2%、12期7.2%、18期11%、24期15%，不同银行间信用卡账单分期手续费率只有放在同一时间跨度内比较才有意义。

表3-5 各银行账单分期的手续费率

银行	3期	6期	9期	12期	18期	24期
工商银行	1.65%	3.6%	5.4%	7.2%	11.7%	15.6%
建设银行	2.6%	4.2%	无	7.2%	11%	15%
中国银行	1.95%	3.6%	5.4%	7.2%	11.7%	15%
农业银行	1.8%	3.6%	5.4%	7.2%	10.8%	14.4%
招商银行	2.7%	4.5%	7%（10期）	7.92%	12.24%	16.32%
中信银行	2.4%	4.8%	6.84%	8.76%	13.5%	18%

续表

银行	3期	6期	9期	12期	18期	24期
浦发银行	2.7%	4.68%	6.66%	9%	13.68%	18.24%
广发银行	无	4.2%	无	8.4%	12.96%	17.28%
光大银行	2.65%	4.65%	6.45%	8.85%	无	无
民生银行	2.46%	4.2%	6.03%	8.04%	12.06%	16.8%
华夏银行	2.55%	4.5%	6.3%	8.4%	12.6%	16.8%
交通银行	2.79%	4.8%	6.48%	8.64%	12.96%	17.28%

（5）超限费。指持卡人在一个账单周期内，累计使用的信用额度在账单日当天超过该卡实际核准的信用额度时，持卡人须按一定比例对超限部分缴纳超限费。根据央行的有关规定，各银行可以将信用卡刷卡消费的最高额度控制在原额度的110%。比如，如果信用卡的额度为1万元，那么最多可以直接刷卡消费1.1万元，对于超出信用额度的1 000元，银行可以收取一定比例的超限费。

例：某银行的超限费按账单总额超额部分5%收取，赵丽在该银行申请了一张信用卡，额度为10 000元，但实际能消费11 000元，赵丽某月已消费9 800元，后续有三笔消费，400元、300元、200元，那么超限费的计算为：

$$(400-200)\times 5\%=10(元)；300\times 5\%=15(元)；200\times 5\%=10(元)$$

超限费合计35元（10＋15＋10）。在实际操作中，发卡机构能够通过技术手段实现对超过授信额度交易的自动控制，通过对超限部分收取利息达到覆盖成本和防范风险的目的。《中国人民银行关于信用卡业务有关事项的通知》规定，自2017年1月1日起禁止发卡银行向持卡人收取超限费，以规范发卡机构服务收费。

3.3.3 银行卡的安全使用

银行卡在生活中的使用越来越普遍，我们从新闻里听到的银行卡骗局也越来越多。银行卡有两个关键的参数——卡号和密码，若保管不善，很有可能被不法分子盗用，从而遭受损失。根据银行卡使用的不同环境，将可能的骗局分为以下几种类型。

1. ATM机骗局

知识拓展

银行卡骗局中的常见话术

ATM机即自动柜员机，是指银行在不同地点设置一种小型机器，通过机器为客户提供取款、存款、转账等银行柜台服务。ATM机骗局分为两种：一种为诱导型，一种为盗取型。

诱导型骗局：骗子将一张黑色的塑料薄板强行塞入ATM机的吐钞口，再用一张“温馨告示”覆盖银行原先张贴的客服电话告示。由于吐钞口被堵，持卡前来取钱时ATM机肯定会因为故障而不吐钞，大多数人的目光自然就会落在那张“温馨告示”上，继而拨打告示上面的电话，而电话那头指示的复杂操作一般是在教你用ATM机将卡上的钱转账到另一张卡上。

盗取型骗局：又分为机械式和智能式。机械式盗卡是指有很多人围在你身边，当你准备取款时，有人提醒你钱掉在地上，在你弯腰捡钱或注意力不集中时，把你的卡换掉。智能式盗卡是通过改造开门刷卡器盗取银行卡磁条信息，根据盗取信息克隆出一张新卡。

因此，在ATM机旁应认真识别银行公告，千万不要相信要求客户将钱转到指定账户的公告。离开ATM机前，记住取走银行卡与钞票。选择打印ATM机交易单据后，不要随手丢弃，应妥善保管或及时处理、销毁单据。ATM机出现吞卡故障、扣款不吐钞等情况时不要轻易离开，可在原地拨打ATM机屏幕上显示的银行服务电话或直接拨打银行的客户服务热线求助。为避免被不法分子转移注意力，调包银行卡，进入自助银行办理业务时，需留意自助银行门禁以及ATM机上是否有多余的装置或摄像头，ATM机密码键盘、插卡口是否有改装痕迹。如有以上情况，一定不要使用该ATM机，应立即与银行联系。输入密码时，应用另一只手或身体挡住操作手势，防止他人或针孔摄像机偷窥。如果发觉密码被偷窥，请立即修改密码或联系银行办理挂失。

2. POS机骗局

POS机盗取信息行为有两种：一种是在刷信用卡时，卡离开了你的视线，相关人员记住你的卡号、姓名和CVV2码，即使刷卡后物归原主，对方也可以凭借留存的信息在网上进行消费；另一种是POS机本身就是假的，可以套取你的信息，以此克隆一张新卡。

因此用POS机刷卡消费时，不要让银行卡离开你的视线，留意收银员的刷卡次数。输入密码时，应尽可能用身体遮挡操作手势，以防不法分子偷窥。拿到收银员交回的签购单及卡片时，应认真核对签购单上的金额是否正确，卡片是否确实为本人的卡片。

3. 电话骗局

电话骗局是指通过电话发送“特价机票”“电信欠费”“社保退税”“购车退税”“网络中奖”“手机中奖”“非常6+1中奖”“银行卡消费”等诈骗信息，让你透露你的卡号和密码信息，而且这些电话号码多以400开头。其实400电话的申请手续非常简单，诈骗分子能很方便地申请开通400电话，与其使用的电话绑定，从而达到诈骗目的。

还有一种高级的电话骗局，通过电话告知你中奖50万元，并且将中奖金额全部打到你的账户上，当你告诉对方银行卡号后，你的账户会到账50万元……一个小时后，你会接到对方打来的电话说由于工作失误，把奖金全打到你的账户上，没有扣所得税和手续费，请你把钱打过去，不然他就得自己承担这部分费用。等你把所得税和手续费打过去，再去查账时，发现50万元已经消失了。

其实账户上出现的50万元是来自其他银行的转账支票，根据银行的规定，这类支票要隔一天才到账，如果在此期间对方取消转账，这笔钱就不会到你账上。

电话骗局是以各种理由让你直接汇款，或者让你透露卡号和密码信息，预防此类骗局的唯一方法是保持足够的警惕性。

4. 互联网骗局

如今网络支付越来越方便，也给骗子提供了很多机会。最常见的一种是伪造网站，骗子将真正的银行网站进行克隆，然后以短信、邮件、微信等方式发送“钓鱼链接”给你，理由则千奇百怪，比如银行系统升级、中奖等。当你点击钓鱼链接进入相关网站后，会被要求输入卡号和密码。一旦输入，对方即可获知你银行卡的所有信息，就可以实施后续的盗取行为。

除了伪造银行网站，新型诈骗形式还有很多，比如扫二维码得红包/加好友（二维码中隐藏木马病毒，可监控手机）、山寨淘宝或支付宝应用诈骗（安装后可窃取用户信息）、群发淘宝中奖短信进行诈骗（钓鱼网址）、手机号码被挂失（利用手机号码更改绑定账户以透支）。

还有一种骗局是，你买过东西的网站本身安全措施不足，导致黑客侵入，你的信息被盗用。2014 年 3 月乌云漏洞平台发布消息称，携程系统存在技术漏洞，可导致用户个人信息包括用户的姓名、身份证号码、银行卡类别、银行卡卡号、银行卡 CVV 码以及银行卡 6 位 Bin 码（用于支付的 6 位数字）被黑客读取。携程随即开展技术排查，发现共有 93 名携程用户存在潜在风险，并通知这些用户更换信用卡。

银行卡的骗局随着技术的发展不断翻新，无论骗子采用何种手段，其目的只有一个——盗取你的卡片信息。因此最好开通交易提醒业务，并定期检查对账单，如果发现可疑交易，应立即联系发卡银行。不要随意丢弃银行卡账单及其他票据，应彻底撕毁，避免不法分子在垃圾桶里找到，从而获取你的账户信息。对在电话、微信、邮件等各种联络方式中出现的可疑诉求，都应保持足够的警惕，并且使用安全的应用进行支付，在支付页面进行支付时，留意网页地址前缀变为“https：//”，并且 IE 浏览器右下角状态栏上显示一把锁的图案，这些标记表明你的交易受到加密措施的保护；如果标记出现在网页上，则一定是骗子制作的假标记。

3.4　其他流动性管理工具

3.4　即测即评

理财规划中，之所以对个人或家庭资产进行流动性管理，其一是为了应付意外的花费，其二是为了等待投资时机。因而流动性管理分为两种：一种是主动型管理，即选择流动性较强的资产，流动性最强的资产是活期储蓄，定期储蓄变现也很容易，只要放弃可获得的利息收益。除了储蓄，货币市场基金也是一个非常好的流动性管理工具。另一种是被动型管理。为了应付突如其来的资金需求，如果没有充足的流动性准备，就不得不采取被动型管理，比如信用卡取现，但取现的利息成本非常高。另外还可以通过典当或出售非流动性资产获得流动性。

货币市场基金（money market fund，MMF）是指投资于货币市场上短期（1年以内，平均期限120天）有价证券的一种投资基金。该基金主要投资于短期货币工具如国库券、商业票据、银行定期存单、银行承兑汇票、政府短期债券、企业债券等短期有价证券。货币市场基金只有一种分红方式——红利转投资。货币市场基金每份单位始终保持在1元，超过1元的收益会按时自动转为基金份额，拥有多少基金份额即拥有多少资产。其他开放式基金份额固定不变，单位净值累加，投资者依靠基金每年的分红实现收益。

货币市场基金的特点：

- 本金安全——投资于短期债券、商业票据、银行定期存单等货币市场工具，基金面值始终保持1元，投资风险低；
- 流动性强——申购赎回方便，资金到账快，赎回后第二天就可用款；
- 收益稳定——年收益率和同期1年定期的存款利率差不多，成本低，购买不收取任何费用；
- 分红免税——日日计息，月月分红，享受复利，每月分红结转份额，分红免收所得税。

货币市场基金一般有两个收益指标：七日年化收益率和万份收益。

货币市场基金的净值永远是1元，每万份基金单位收益就是每1万份基金（也就是1万元）在当天的实际收益，七日年化收益率是将货币市场基金最近七日的平均收益水平进行年化以后得出的数据。

比如南方天天利B货币市场基金2025年1月2日万份收益为0.495 4元，七日年化收益率为1.841%，这表示南方天天利B在1月2日这一天投资1万元可以获得收益0.495 4元，最近七天的收益平均年化后的收益率为1.841%。无论是万份收益还是七日年化收益率，都不是一成不变的，会随着基金经理的操作和货币市场利率的波动而不断变化，因此，只能把这两个指标当作短期指标来看，通过它们可以推测近期的盈利水平，但它们不能完全代表这只基金的实际年收益。

大家可能对货币市场基金比较陌生，而对余额宝比较熟悉。余额宝是支付宝打造的余额增值服务，把钱转入余额宝即购买了相对应的货币市场基金，可获得收益。余额宝内的资金还能随时用于网购支付，灵活提取。2018年6月底余额宝对接的6只货币基金合计规模达到了18 602亿元，余额宝总规模在历史上首次超过了“四大行”的个人活期存款，中国银行2017年年报的个人活期存款余额为17 986亿元。余额宝官方数据显示，截至2024年5月31日，余额宝11年间累计为用户赚的收益达到4 499亿元。目前余额宝已接入45只货币市场基金，用户可以自行选择喜欢的基金进行更换，最终拿到满意的收益。

微信的理财通也有类似的货币市场基金可供选择，比如南方基金现金通E、易方达基金理财、汇添富基金全额宝、华夏基金财富宝等。

问题与讨论

1. 请探讨个人理财规划中流动性管理的重要性。

2. 邻居王大爷于5月3日存入银行1年期的定期存款10万元，但是当年7月2日起，1年期人民币存款利率由4%上涨到了5.5%，活期利率为0.5%。王大爷问你，这笔10万元的存款是否该取出来再存为新的定期？你给王大爷的建议是什么？

3. 你的家庭收入的储蓄比率为多少？你觉得达到理想状态了吗？如果没有，你认为应该采用什么样的存款方式？

4. 请讨论如何尽可能减少提前支取定期存款造成的利息损失。

5. 请讨论借记卡和信用卡的区别。

6. 使用贷记卡可能会产生哪些费用？贷记卡使用过程中应注意哪些问题？

7. 分小组讨论你和你的朋友、家人、亲戚在实际生活中遇到的银行卡骗局，这些骗局的特点是什么？如何避免陷入骗局？

8. 选择余额宝和微信理财通中的货币市场基金进行投资并说明选择某种产品的原因。持有你所投资的货币市场基金一周，计算持有收益。

9. 根据自己的经验，分小组讨论支付宝钱包、微信支付两者之间的差异和优缺点。你平常最爱使用哪一种？请说明原因。

10. 除了支付宝钱包、微信支付，还有哪些移动支付工具？它们在市场中的使用情况如何？请讨论未来可能出现的新技术对移动支付的影响。

阅读与思考

永远的资产配置：活期类资产、固收类资产、风险类资产

资产配置，简单地说，就是根据个人投资需求和风险承受能力，在不同资产类别之间合理配置资金，在保证资产安全的前提下，实现资产的保值增值。希望大家记住一点：资产配置的主体是人，而不是资产，一切的出发点应该是人，这样才能把握住方向，控制好节奏，做到心中有数。

投资犹如打仗，一定要做到知己知彼。在投资之前要先剖析自己，包括性格、能力、专业性、自身收支、储蓄能力等，做到知己；然后再了解当下的投资环境以及要达成的投资目标，做到知彼。

投资最大的敌人是风险，合理的资产配置可以分散风险。比如，活期类资产、固收类资产、风险类资产组成了一个三脚架，少了其中任何一项，这个三脚架都有随时倒下的风险。所谓合理的资产配置，就是在风险可控的前提下，把鸡蛋放在不同的篮子里，以最小的风险博取最大的收益。但是，也不能过于分散，否则可能不赚反亏。

市场上，大家比较熟悉的资产配置方式有很多，但专业人士做的资产配置分成三类：活期类资产、固收类资产和风险类资产。

1. 活期类资产

活期类资产是流动性资产，随时可存、随时可取，特点是风险低、收益低、流动性强，包括银行活期存款、货币基金、期限在一个月之内的理财产品等。活期账户里是日常现金资产，可以保障家庭的短期开销，每个月基本都是固定的，平时的日常花销，如吃饭、买衣服、旅游、置办生活用品等需求，都从这个账户中支出。活期类资产的比例最好控制在家庭资产的20%左右，如果占比过高，就没有足够的钱投资其他账户。教给大家一个省钱小技巧，每周做预算记账，可以在一定程度上减少花钱欲望，减少固定开支。

2. 固收类资产

固收类资产是低风险长期资产，具有本金安全、收益稳定、持续增长等特点，收益比活期类资产略高，流动性要差一些，包括债基、国债、定期存款、期限在一个月以上的理财产品等。这是家庭主要的资产配置，固收类资产账户里是一笔长期收益的稳健资产，一般占家庭资产的60%。固收类资产的主要目的是保本升值，抵御通货膨胀。要保证本金无损，要长期稳定地投，如无意外不要轻易取出。固收类资产是一个家庭良好生活的中坚力量，守住这个账户，生活就有了保障。

3. 风险类资产

风险类资产是风险偏高的资产，但相对来说收益也较高。高风险投资的目的很简单，就是获取高收益，包括股票、外汇、期货、房产、原油、投连险、贵金属等。风险类资产配置的关键在于合理的占比，一般占家庭资产的20%。另外，投资前要结合自己的风险承受能力，不能盲目求大，更不能赚得起亏不起，牢记无论盈亏对家庭都不能有致命性的伤害这一原则。高风险投资不是投机，不是买彩票，投资时要选择自己熟悉的领域，懂得越多，盈利的概率越大。

当然资产配置比例并不是一成不变的。刚工作时，可能只有现金资产和一定的保障资产；随着工作年限的增加，个人资产会增加，这时候就可以适当提高风险资产配置比例；结婚生子后，就会偏向稳健的增值资产配置来满足子女家庭开销和未来双方父母养老两大刚性需求。这时候，一般家庭完成了一定的财富积累，保本稳健增值成为首要目标。无论高净值人士，还是中产阶层和普通人，随着年龄的增加，稳健资产占比都会提高。

如果具备一定的专业投资知识，还可以使用股债平衡策略。在市场上，股票代表攻击，债券代表防守。如果承受风险能力强，喜欢进攻，则可以多买股票，少买债券，比如股债比例为7∶3；如果承受风险能力弱，偏好防守，则可以少买股票，多买债券，比如股债比例为3∶7，然后根据股市环境和债券收益率来调仓。

比如，某家庭固定收益配置以国债为主，当国债收益率变高时，就去买国债，资金从风险类资产账户里调过来，这个做法在专业的资产配置里叫股债再平衡，即多买债券、少买股票。相反，在股市环境好时，再将资金从固收类资产账户调回风险类资产账户。

总之，资产配置很复杂，不是去银行买点理财产品那么简单，无论贫富，每个人都要有资产配置意识，合理分配自己的资产。当然更重要的是，资产配置要因人而异、因势而变，没有绝对标准，按需配置是最恰当的投资方式，可以最大限度地实现收益与风险的平衡，实现财富增值。

资料来源：吕晓彤．财富池．北京：民主与建设出版社，2023.

【思考题】

1. 从资产配置的角度，讨论流动性管理的必要性。

2. 根据你家里的具体情况，进行合理的资产配置，并根据流动性管理的需要给出相应的建议。

信用卡使用的四大禁忌

在使用信用卡的时候需要严格按照银行的规定，违规使用信用卡会影响信用卡的授信额度，导致信用卡额度降低，严重的还可能导致信用卡无法使用，甚至影响个人征信。下面详细介绍一下信用卡使用的四大禁忌。

（1）逾期还款。逾期还款是严重的信用卡使用不良行为，若是逾期没有还款则会从逾期那天开始计收罚息，还会上报征信，导致个人征信有不良记录。信用卡逾期时间越长，罚息就会越多。

（2）过度透支。频繁过度透支信用卡或者超限使用信用卡的授信额度，会导致信用卡账户的风险上升，还会导致信用卡容易被风控，一旦风控，将会影响信用卡的正常使用，还会导致授信额度降低。

（3）违规套现。信用卡允许取现，但是不允许违规套现。银行一旦查获违规套现，会直接封停信用卡账户，导致信用卡无法正常使用。信用卡取现需要通过银行ATM机或者银行柜台来操作，信用卡正常取现需要收取手续费及利息费用。

（4）轻易往信用卡存钱。不要通过往信用卡存钱的方法来提升额度，存入信用卡的钱不会产生利息，取出又会产生溢缴款取现手续费。

在使用信用卡的时候还有很多其他注意事项，用户可以根据自己平日的用卡行为来进行判断。除了上述几种情况，也要注意不要频繁办理分期、最低还款或者取现业务，适度办理这些业务有助于提升信用卡授信额度，但频繁办理可能让银行认为用户的还款能力不足，导致授信额度降低。

另外在激活信用卡的时候一定要记得设置好支付密码，在没有密码的情况下信用卡很容易被盗刷。

资料来源：西西．信用卡使用四大禁忌有哪些？新手尤其要注意．探其财经，2023－04－12.

【思考题】

1. 信用卡逾期还款的原因一般有哪些？如果出现信用卡欠款数额较大还不起，可以采用哪些补救措施逾期还款？

2. 信用卡可以存钱吗？存钱有利息吗？信用卡可以当成借记卡用吗？

第4章

个人融资规划

素养提升

◆ 通过各种个人融资工具的介绍，引导学生树立正确的金钱观，防范其产生盲目攀比、铺张浪费、痴迷高消费等错误观念，培养学生形成节约意识和理财意识

◆ 通过银行贷款和民间借贷相关知识的讲解，扩展“校园贷”知识，提高学生对诚信的重视度，使其珍惜个人信用、传承中华民族诚信精神

◆ 通过介绍电子支付在我国的充分发展，有效增强学生的民族自豪感与认同感，帮助其树立实现中华民族伟大复兴的中国梦的崇高理想

学习要点

- 了解个人融资渠道选择的考虑因素
- 掌握民间借贷的风险、特点和适用条件
- 掌握众筹的风险、特点和适用条件
- 掌握典当融资的风险、特点和适用条件
- 了解银行贷款的种类
- 掌握银行贷款不同还款方式的差异
- 了解银行提前还款的方式

思维导图

引导案例 **正确的金钱观**

美国著名的理财专家奥曼（Aumann）说："我已经比我梦想的还要富裕，可是我还是感到悲伤、空虚和茫然。钱财居然不等于快乐！我真的不知道什么东西才能带来快乐。"

人有梦想、有爱的渴望，金钱和财富是用来表达这些感情的工具和颜料，我们要用它来创作一幅美丽和充满爱的图画。而把金钱当成目标的人，注定要成为金钱的奴隶。我们要给自己绘制一份地图，有了清晰的图画，我们就会知道自己在走向正确的目标，对金钱有激情但又不会沉迷于游戏之中。

金钱只不过是我们人生旅途中成长和进步所需要的配套工具，学会顺势而为，我们就可以从容不迫地面对和处理人生中出现的各种问题，不至于陷入困境，错过沿途的风光。

财富管理之道在于借力，其目的很简单：借助现有的金融系统和工具，让财富按照合理的水平稳定增值，并确保它在被使用的过程中给周围带来正面的影响。大多数人接受的都是关于怎样为钱工作的训练，当要安排金钱为我们工作时，许多人竟然不知所措。

使用金钱需要有清晰、正确的价值观，可惜大多数人没有这方面的知识和见识。我们如果了解金钱在流动过程中可能产生的影响，就会谨慎地选择自己的生活方式。金钱是我们愿望的载体，当钱被花出去的时候，就是我们在定义它的价值和意义。

创造财富需要明确的价值观，管理财富需要独特的人生观，运用财富需要系统的世界观，深入了解完整的财富文化思想有助于我们成为金钱的主人，要以和谐、优雅的方式与金钱相处，不要总是徘徊在初始阶段，我们需要花更多的时间去发现人生中更有价值的财富，包括爱与自由。

资料来源：云莉雅．财富在金钱之外．北京：中国财富出版社，2021.

4.1 概　述

融资，从字面意思来理解，就是融通资金，是指个体在资金短缺时融入资金的一种行为。个人融资与企业融资有很大的不同，个人作为单个实体存在，信用比企业低，因而可供个人选择的资金来源比企业少很多。如果收入在前，支出在后，而且收入或积累总是大于支出，那就没有融资的必要。然而实际生活中，收入与支出往往不能时时匹配，每个人在不同的阶段或多或少都会出现资金短缺的情况，因此需要谋划从其他渠道融通资金以解燃眉之急。

4.1 即测即评

个人融资的目的主要是满足三方面的需要：一是生活消费的需要。当住房、汽车或装修等商品或服务价格较高，而自身的积累不足以一次性付清时，需要融资购买。通过其他融资渠道提供的资金，实现对生活的追求，进而改善生活品质。然而任何一种融资都是需要成本的，这种提前消费的方式需要三思而后行。二是投资的需要。这种融资以获得更高收益为目的，因而应权衡获取资金的成本与投资的收益。三是应急的需要。生活中不如意事十之八九，前面章节也说过，每个家庭应维持相当于 3～6 个月生活支出的现金，以备不时之需。当发生意外情况时，需尽快筹集所需资金，因而满足应急需要的融资首要关注的是资金获取的便捷性。

不同的融资目的决定了不同融资渠道的选择。个人融资渠道有很多：民间借贷、银行贷款、信用卡透支取现、典当、互联网融资平台等，但任何一种选择都以融资的实际目的为导向，同时考虑时间、数量、成本、便捷性等因素。

时间是指资金使用时间的长短，获得资金的时间与使用资金的时间应尽量匹配。短期资金长期使用，到期后会面临再次融资的困难，也有可能面临利率调整的风险；长期资金短期使用则会增加使用成本，比如，若月底生活费不够，找同事或朋友借钱即可缓解，但若为了购买住房或汽车，最好向银行进行长期贷款。

数量指所需资金的金额。不同的融资渠道可以融得的资金数量是不同的，信用卡透支取现的金额以信用卡额度为限，典当获得的资金以实物价值的一定比例为限，银行贷款则以抵押物价值的高低决定放款额度。根据需要的金额选择适合自己的融资方式。

成本是指融资资金的使用成本。不同的融资渠道，成本是不同的，银行贷款的成本是贷款利息，信用卡取现的成本是利息加手续费，熟人间的借贷看起来成本很低，但欠下了人情。对于融资者来说，当然融资成本越低越好，然而融资不是由个人主观意愿决定的，而是多种因素综合作用的结果。

便捷性是指获取所需资金的速度，住房按揭贷款办手续所花的时间很长，而信用卡几乎可以随时透支，便捷性的高低取决于需要资金的迫切程度，应急的需求往往对便捷性的要求更高。

个人融资渠道的选择不能一概而论，也没有统一的公式可套用，应根据资金的用途综合权衡各项因素以做出最佳选择。

4.2 个人融资渠道

4.2.1 民间借贷

4.2 即测即评

民间借贷是自然人之间通过书面或口头协议形成的借贷关系，具有非正规金融的特点。从我国法律规定及司法实践来看，合法的民间借贷关系是受法律保护的。只要借贷双方意思表示真实，不违反我国法律、行政法规的规定，相应的民间借贷行为就是合法的，应当受到法律保护。

民间借贷不像银行贷款需要提供营业执照、代码证书、财务报表、购销合同、负责人身份证件、验资报告等一大堆材料，也不用经过签订合同、办理公证等程序，而且资金获取便捷性较高，一般3～5天甚至更短的时间即可获得所需资金，所以深受普通人青睐。民间借贷的金额和时间不定，少则百来元的临时救急，多则万元甚至百万元的资产购置，短则一两天临时借用，长则十年以上资金占用，借贷金额的多少和使用时间的长短取决于双方的信任程度、抵押物的价值或担保情况。

知识拓展

民间借贷典型案例

1. 借款凭证

在现实生活中，民间借贷大多发生在亲戚朋友之间，由于平时关系比较近，出于信任或者碍于情面，民间借贷往往采用口头协议，无任何书面证据。在这种情况下，一旦一方予以否认，另一方就会因为拿不出证据而陷入空口无凭的境地，即使诉至法院，出借人也会因无法举证而败诉。因此民间借贷最好订立合同，以明确双方的责任和义务。

从实际情况来看，民间借贷合同可以是书面的，也可以是口头的。《民法典》第四百六十九条规定："书面形式是合同书、信件、电报、电传、传真等可以有形地表现所载内容的形式。"《民法典》第六百六十八条规定："借款合同应当采用书面形式，但是自然人之间借款另有约定的除外。"由此可见，金融机构作为出借人时须采用书面形式，而自然人之间的民间借贷可采用书面形式，也可以采用口头形式。为避免因约定不清产生争议，民间借贷交易双方应尽量签订完备的书面借款协议。

依据《民法典》的规定，借款合同的内容包括借款种类、币种、用途、数额、利率、期限和还款方式等条款。

（1）借款种类，主要是以借款方的行业属性、借款用途以及资金来源和运用方式进行划分的。

（2）借款币种，即借款合同标的种类，根据不同情况可以是人民币也可以是外币，不同的货币种类借款利率有所不同，借款合同应对货币种类予以明确规定。

（3）借款用途，是指借款人使用借款的特定范围，是贷款方决定是否贷款、贷款数量、期限长短、利率高低的重要依据，借款人必须如实填写，并且借款人只能按照借款合同约定的借款用途使用借款，不能移作他用。

（4）借款数额，是指借贷货币数量的多少。任何合同都必须有数量条款，只有标的而没有数量的合同是无法履行的。没有数量，就无法确定当事人权利义务的大小，借款合同没有借款数额，就无法确定借贷货币的数额，也失去了借贷利息的计算依据，因此，没有借款数额条款，借款合同便不能成立。

（5）借款利率，是指一定时期借款利息与借款本金的比率。利率的高低对确定借贷双方当事人的权利义务至关重要，借款合同不能没有利率条款。这里需要注意的是，合同约定的利率不得违反我国法律的相关规定。

（6）借款期限，是指贷款人同意让借款人使用借款的期限。当事人双方一般根据借款的种类和用途、借款人的还款能力和贷款人的资金借给能力等因素商议确定借款期限。

（7）还款的资金来源及还款方式。贷款实行"有借有还，谁借谁还"的原则。在借款合同中，应明确在合同期限届满时是一起偿还借款，还是分期偿还借款；是本息一起偿还，还是本息分别偿还。

(8) 保证条款，是借款合同保障贷款人实现债权的重要约定。对借款合同进行担保的方式有保证、抵押、质押，因此，担保贷款的种类有保证贷款、抵押贷款和质押贷款。借款合同的担保，当事人既可以采用由借、贷、担保三方当事人共同协商签订担保借款合同的形式，也可采用由担保人在借款合同中签字，同时向贷款方出具书面还款保证书的形式。

(9) 违约责任，是指当事人不履行合同义务时所应承担的法律责任。如果借款合同中缺少违约责任条款，当事人的违约行为就失去了法律约束的依据，当事人的权利就无法得到保障，合同履行将受到严重的影响。借款合同中约定违约责任条款对于督促当事人及时、正确、全面地履行合同，保护当事人权益具有重要意义。因此，违约责任是合同中的主要条款。

(10) 其他条款。除上述主要合同条款外，借款合同当事人还可以约定合同的变更与解除条款、争议的解决方式、通知和送达条款以及当事人双方商订的其他条款等。

民间借贷不会像上述条款那么要求详细，因为是熟人之间的贷款，所以常常只是口头协议，或者简单地写个借条和欠条。

需注意的是，借条和欠条均是一种债权债务的凭证，但两者之间有很大的区别。借条是借款人向出借人出具的借款书面凭证，它证明双方建立了一种借款合同关系；而欠条是双方对以前的经济往来进行结算的一种依据，它仅代表一种纯粹的债权债务关系，并不一定是借款合同关系。因此借款时宜写借条，而不宜写欠条，以省去诉讼中解释"欠"款原因、用途的责任。借款时借条宜写出借人、借款人的全名。生活中，出借人与借款人往往关系较密切，也不乏亲戚关系，借款时可能会将日常习惯称谓写入借条，如将出借人写成"王叔""王兄"，将借款人写成"老大""四姐"等。万一借款人逾期不还，出借人想到法院起诉借款人，往往会因债权人、债务人不明确而被法院拒之门外。

如果借款双方没有书面协议，债权人仅能提供银行出具的转账凭证，而债务人则抗辩转账系偿还双方之前借款或其他债务，那么债务人有义务提供相应证据对其主张予以证明。债务人提供相应证据证明其主张后，债权人仍应就借贷关系的成立承担举证责任。也就是说，转账凭证并不能替代借款的书面协议，它仅是转账的说明，具体的资金用途还需找其他的证据来佐证。

参考阅读

借条的十大陷阱

1. 公款打到私人账户上，起诉公司法院不支持

案例：甲公司到乙公司提货，乙公司要求甲公司提货人员将货款交给乙公司员工吴某。甲公司人员向吴某交付了货款后，乙公司拒绝发货。甲公司起诉至法院，乙公司称公司并未收到甲公司货款，不能发货。甲公司败诉。

甲公司应在打款前要求乙公司出具确认函，以乙公司名义确认其员工的个人银行账户为公司业务往来账户，甲公司在收到确认函后，交款时还须由乙公司出具收据并加盖乙公司公章。

2. 借款时不写借条写收条

案例：孙某借给小郝 3 万元钱，小郝出具收条："收条：今收到孙某 3 万元。"后小郝迟迟不还，孙某向法院起诉，小郝辩称："写收条是因为孙某原来欠我 3 万元，由于我丢了孙某写的借据，所以在孙某还款时给他写了收条。"孙某败诉。

3. 借条不明确，债务人否认收到了借款

案例：小汪借钱给老刘，老刘写了借条："刘某某向汪某某借款人民币若干元。"后老刘逾期不还，小汪起诉，老刘辩称借条是其所写，但并未收到该笔款项。如果当初小汪要求老刘收到借款时写张收条，或者在借条上加一句"刘某某已收到上述借款"，则可避免纠纷。

4. 借条偷梁换柱，债务人让别人代其签名

案例：赵某向李某借款若干，赵某在书写借条时借故离开，后将借条交给李某，李某将所借款项交给赵某。后赵某拖欠不还，李某到法院起诉他，通过笔迹鉴定，法院确认借条内容及签名均非赵某亲笔所写。

5. 利用文字歧义赖账

案例：李某向周某借了 10 万元，并出具了借条。后李某归还周某 1 万元，要求周某把原借条撕毁并重新出具借条："李某向周某借现金 10 万元，现还欠款 9 万元。"这里的"还"字既可以理解为"归还"，又可以解释为"尚欠"。周某不能举出其他证据证实李某仍欠其 9 万元，因而败诉。

6. 出借人在借条上更改金额

案例：钱某向陈某借款 5 万元，后陈某持借条起诉钱某，要求其归还借款 15 万元。经鉴定，确认陈某起诉前在 50 000 元前面加了个"1"，借款变成了"150 000 元"。因此，为防止被篡改，借条金额应在阿拉伯数字后附上大写数字。

7. 借条未写明债权人名字又未销毁，导致第三人再次催款

案例：袁某向小张借款若干，出具借据："今借到现金若干元整。借款人：袁某"，未写明出借人姓名。后袁某归还该款，但小张以借条找不到为由，未归还袁某原借条，后第三人许某持借条起诉袁某，要求其偿还借款若干。

8. 借条不写利息，起诉利息不被法院支持

案例：小夏向小朱借款若干，口头约定月利率 2%，借条上并未写明利息。后小夏逾期未还款，小朱持借条起诉要求其还本付息，小夏承认本金但不承认约定的利息。法院审理后，以《民法典》第六百八十条的规定，驳回了小朱关于利息的诉讼请求。

9. 打借条时故意把名字写错，以达到否认借款的目的

案例：王某向小沈借款若干，在写借条时，王某故意将自己的名字写成同音的另一个字。到还款期后，小沈多次催还未果，遂将其起诉到法院，经查询，债务人名字不是"王某"。小沈如果在出借时查验一下王某的身份证，就可以避免这类疏漏。

10. 借条变白纸，警惕自动褪色笔写借条

案例：马某累计欠小宁31万元，给小宁写了借条。谁知2小时后，借条上的字迹全部消失。经专业鉴定和处理，小宁的借条上才显现出笔迹。这种自动褪色笔外观和普通签字笔一样，但写下的字迹，快则30分钟，慢则两天就会消失。在书写借条时，出借人应自带签字笔让借款人书写，最好再加盖印章或摁上手印。

资料来源：综合华律网冯永锋律师，中国法院网，@浙江公安.

---

2. 民间借贷的利息

（1）利率的上限。民间借贷的利率可以自由约定，但不得违反我国法律规定的上限。这个上限的规定经历了几次变化。《关于人民法院审理借贷案件的若干意见》〔1991〕规定，民间借贷的利率可以适当高于银行的利率，但最高不得超过银行同类贷款利率的四倍。但《最高人民法院关于审理民间借贷案件适用法律若干问题的规定》（自2015年9月1日起施行）对此进行了修改：借贷双方约定的利率未超过年利率24%，出借人请求借款人按照约定的利率支付利息的，人民法院应予以支持。借贷双方约定的利率超过年利率36%，超过部分的利息约定无效。借款人请求出借人返还已支付的超过年利率36%部分的利息的，人民法院应予以支持。2020年8月18日最高人民法院审判委员会第1809次会议通过《最高人民法院关于修改〈关于审理民间借贷案件适用法律若干问题的规定〉的决定》（自2020年8月20日起施行），利率的上限又回到1991年版本的“贷款利率的四倍”——出借人请求借款人按照合同约定利率支付利息的，人民法院应予支持，但是双方约定的利率超过合同成立时一年期贷款市场报价利率四倍的除外。“一年期贷款市场报价利率”是指中国人民银行授权全国银行间同业拆借中心自2019年8月20日起每月发布的一年期贷款市场报价利率。比如，2024年6月20日贷款市场报价利率（LPR）为：1年期LPR为3.45%，那么民间借贷利率上限即为3.45%的四倍13.8%。

（2）没有约定利息或利息约定不明。自然人之间借贷对利息约定不明，出借人主张支付利息的，人民法院不予支持。除自然人之间借贷的外，借贷双方对借贷利息约定不明，出借人主张利息的，人民法院应当结合民间借贷合同的内容，并根据当地或者当事人的交易方式、交易习惯、市场报价利率等因素确定利息。

（3）逾期利息。借贷双方对逾期利率有约定的，从其约定，但是以不超过合同成立时一年期贷款市场报价利率四倍为限。未约定逾期利率或者约定不明的，人民法院可以区分不同情况处理：1）既未约定借期内利率，也未约定逾期利率，出借人主张借款人自逾期还款之日起承担逾期还款违约责任的，人民法院应予支持；2）约定了借期内利率但是未约定逾期利率，出借人主张借款人自逾期还款之日起按照借期内利率支付资金占用期间利息的，人民法院应予支持。出借人与借款人既约定了逾期利率，又约定了违约金或者其他费用，出借人可以选择主张逾期利息、违约金或者其他费用，也可以一并主张，但是总计超过合同成立时一年期贷款市场报价利率四倍的部分，人民法院不予支持。

（4）复利。复利是指出借人将应得的利息加入本金再计算利息，俗称“息加息”“利滚利”。以复利计算的利息显然高于单利。实践中这类情况比较常见，借贷双方对前期借款本息结算后将利息计入后期借款本金并重新出具债权凭证，如果前期利率没有超过合同成立时一年期贷款市场报价利率的四倍，则重新出具的债权凭证载明的金额可认定为后期借款本金。超过部分的利息不应认定为后期借款本金。借款人在借款期间届满后应当支付的本息之和，超过最初借款本金与以最初借款本金为基数、以合同成立时一年期贷款市场报价利率四倍计算的整个借款期间的利息之和的，人民法院不予支持。

（5）提前偿还借款利息。借款人可以提前偿还借款，但是当事人另有约定的除外。借款人提前偿还借款并主张按照实际借款期限计算利息的，人民法院应予支持。

3. 借贷合同的成立与无效

自然人之间的借款合同具有下列情形之一的，可以视为合同成立：以现金支付的，自借款人收到借款时；以银行转账、网上电子汇款等形式支付的，自资金到达借款人账户时；以票据交付的，自借款人依法取得票据权利时；出借人将特定资金账户支配权授权给借款人的，自借款人取得对该账户实际支配权时；出借人以与借款人约定的其他方式提供借款并实际履行完成时。

有时候，熟人之间碍于面子不愿意写借条，仅想以银行转账凭证作为借贷关系存在的依据，借款人可能会找理由说这次转账是偿还双方之前的借款或者其他债务，那么借款人应当对其主张提供证据证明。如果借款人能够提供相应证据证明其主张，那么出借人应就借贷关系的成立承担举证责任。

当然并不是所有“白纸黑字”的借贷合同都是有效的，具有下列情形之一的，人民法院会认定民间借贷合同无效：套取金融机构贷款转贷的；以向其他营利法人借贷、向本单位职工集资，或者以向公众非法吸收存款等方式取得的资金转贷的；未依法取得放贷资格的出借人，以营利为目的向社会不特定对象提供借款的；出借人事先知道或者应当知道借款人借款用于违法犯罪活动仍然提供借款的；违反法律、行政法规强制性规定的；违背公序良俗的。

4. 诉讼时效

民间借贷由于大部分发生在亲朋好友之间，很多人并没有给予应有的重视。这给了一些无赖之徒可乘之机，他们采取赖账、久拖、回避的方式以逃避债务。需要注意的是，还款期限届满之日起3年，是法律规定的诉讼时效。在此期间，你必须向借款人主张债权，3年之后，法院对你的债权不再予以保护；如果没有写明还款日期，则适用最长诉讼时效20年。

4.2.2 银行贷款

银行贷款的种类、程序以及贷款利息的计算等内容将在4.3节专门介绍。

4.2.3 P2P网贷

P2P（peer to peer）网贷是指个人与个人间的小额借贷行为，就是有资金并且有理财投资意愿的个人，通过有资质的中介机构牵线搭桥，使用信用贷款的方式将资金贷给其他有借款需求的人。P2P网贷实质上也是一种民间借贷，但这种借贷方式一般需要借助电子商务专业网络平台确立借贷关系并办理相关交易手续。借款者可自行发布借款信息，包括金额、利息、还款方式和时间，自行决定借出金额，实现自助式借款。2007年国内首家P2P网络借贷平台在上海成立，很多勇于尝试互联网投资的投资者接触到了P2P网络借贷模式。P2P网贷在中国经历了一个从无到有、从少到多的过程。由于2007年引进之初并未引起重视，P2P网贷平台数量较少，鲜有人涉足。直到2010年才陆陆续续出现一些试水者。到2012年，我国P2P网贷行业进入全面爆发期，网贷平台如雨后春笋般涌现。

从2013年起，P2P网贷更是以几近疯狂的速度增长，平均每天就有1～2家新平台成立，2013年网贷平台数量为800家，2014年为1 575家，2015年为2 595家。

伴随爆发式增长的是问题平台不断涌现，跑路、倒闭、坏账等消息不绝于耳。2015年发生的“e租宝”事件更是将我国网贷行业推到了舆论的风口浪尖，2016年12月底，网贷行业正常运营平台数量达到了2 448家，2017年为1 931家，相比2016年年底减少了517家。截至2018年12月底，P2P网贷行业累计成交量为8.03万亿元，突破8万亿元大关；P2P网贷行业正常运营平台合计待还本金总量7 889.65亿元，环比下降2.74%。P2P网贷行业正常运营平台数量减少为1 021家。

为引导P2P网贷行业规范化发展，监管政策相继出台。2014年4月，中国银监会发布了《关于办理非法集资刑事案件适用法律若干问题的意见》，提出P2P网贷平台要明确平台的中介性质、本身不得提供担保、不得归集资金搞资金池、不得非法吸收公众资金四条红线。

2015年7月14日，央行等十部委联合发布《关于促进互联网金融健康发展的指导意见》，确立了P2P监管的基本框架，明确了P2P的监管单位为银监会，取消了对P2P准入门槛的监管，转而实行负面清单管理，明确了网贷机构不得吸收公众存款等12项禁止性行为。

2015年7月31日，央行发布《非银行支付机构网络支付业务管理办法（征求意见稿）》，明确了P2P与第三方支付资金业务的界限。

至此，我国P2P网贷行业正式告别“无监管”时代，迎来了监管元年。2015年8月，最高人民法院发布《最高人民法院关于审理民间借贷案件适用法律若干问题的规定》，首次将网络借贷纳入法律，标志着P2P在司法上被正式承认。

2016年8月，银监会向各家银行下发《网络借贷信息中介机构业务活动管理暂行办法》。2016年10月13日，国务院办公厅发布《互联网金融风险专项整治工作实施方案》。按照中央有关部署，要求有关部门配合开展互联网金融领域专项整治，加强对民间融资借贷活动的规范和监管，最大限度减少其对社会稳定的影响。银监会在2017年

2 月和 8 月分别下发的《网络借贷资金存管业务指引》和《网络借贷信息中介机构业务活动信息披露指引》，标志着网贷行业银行存管、备案、信息披露三大主要合规政策悉数落地，并与 2016 年发布的《网络借贷信息中介机构业务活动管理暂行办法》共同组成网贷行业“1+3”制度体系。

2019 年 1 月，互金整治办、网贷整治办联合发布《关于做好网贷机构分类处置和风险防范工作的意见》（即“175 号文”），提出将坚持以机构退出为主要工作方向，除部分严格合规的在营机构外，其余机构能退尽退，应关尽关，加大整治工作的力度和速度。2019 年 3 月 15 日，互金整治办、网贷整治办会同国家计算机网络应急技术处理协调中心在内部下发《关于启动网络借贷信息中介机构运营数据实时接入的通知》（即“22 号文”）。“22 号文”指出，在营网贷平台应在 2019 年 6 月底前全部完成实时数据接入，无法按时完成实时系统接入的网贷机构后续应逐步退出市场。2019 年 11 月，互金整治办和网贷整治办联合下发《关于网络借贷信息中介机构转型为小额贷款公司试点的指导意见》（即“83 号文”），备受关注的转型小贷方案终于落地。“83 号文”要求，引导部分符合条件的网贷机构转型为小贷公司。在“83 号文”发布前，不少头部平台已迈出转型、退出的步伐，如拍拍贷主动“切割”网贷业务并全面转型助贷，有些大平台在停止网贷业务后转而向金融机构提供金融科技技术服务。

根据《2019 年中国网贷行业年报》，截至 2019 年末，共监测到平台 6 351 家，其中非正常运营平台 6 056 家，仅有 295 家平台正常运营；截至同期，行业总借贷余额为 5 617 亿元，同比下降 38.6%；2019 年全年行业总借贷金额为 8 156 亿元，同比下降 49.62%；借款人与出借人加速锐减，2019 年 12 月活跃借款人数为 84 万，出借人数为 81 万；行业平均利率为 9.29%。

2020 年 11 月 27 日，银保监会首席律师刘福寿在“《财经》年会 2021”上表示，互联网金融风险大幅压降，全国实际运营的 P2P 网贷机构由高峰时期约 5 000 家逐渐压降，到 2020 年 11 月中旬完全归零，这意味着 P2P 网贷机构全面清退，P2P 时代正式落幕。

4.2.4 众筹

国产动画电影《西游记之大圣归来》上映 62 天，狂揽 9.25 亿元人民币票房。该片片尾出现的 109 位投资者名单让该电影背后的众筹模式引起了人们的关注。该片出品人曾在自己的微信朋友圈发了一条消息，为影片募集宣发经费，最终有 89 位众筹者参与了投资，而片尾出现的 109 位投资者就是这 89 位众筹者的孩子。89 位众筹投资人合计投入 780 万元，最终获得本息约 3 000 万元，平均每位投资人净赚 20 多万元。

众筹译自“crowdfunding”一词，即大众筹资或群众筹资，它的兴起源于美国网站 Kickstarter，该网站通过搭建网络平台面向公众筹资，让有创造力的人获得他们所需要的资金，使他们的梦想有可能实现。众筹的兴起打破了传统的融资模式，每一位普通人都可以通过众筹模式获得从事某项创作或活动的资金，资金的提供者不再局限于风投等机构，还可以是大众。

众筹指项目发起人通过互联网向投资者发布其创意，以实物、服务或股权等为回报募集资金的模式（众筹流程见图4－1）。众筹具有低门槛、多样性、依靠大众力量、注重创意的特征，主要包括三个参与方：发起人（筹资人）、中介机构（众筹平台）和公众（出资人）。其中，筹资人就是项目发起人，是有创造能力但缺乏资金的人，他们在众筹平台上创建项目，介绍自己的产品、创意或需求，设定筹资期限、筹资模式、筹资金额和预期回报率等。出资人是对筹资人的故事和回报感兴趣的、有能力支持该项目的人，他们通过浏览平台上的各种项目，选择适合的目标进行投资。众筹平台就是众筹网站，是连接发起人和出资人的互联网终端，负责审核、展示筹资人创建的项目并提供服务支持。发起人将他的想法和设计原型以视频、图片和文字的方式进行展示，出资人如果觉得想法很靠谱就可以把钱投给筹资人，以换取相应的承诺。这种商业模式下任何人都可以成为大众投资者，因为众筹平台的准入门槛很低。

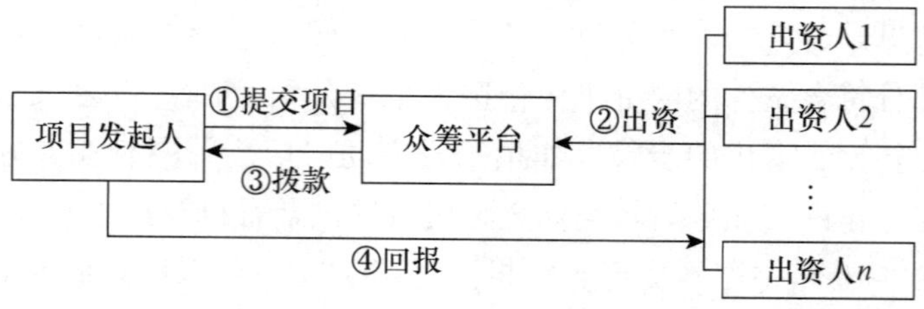

图4－1 众筹流程

众筹模式有以下几种。

1. 债权众筹

债权众筹是指投资者对项目或公司进行投资，获得一定比例的债权，未来获取利息收益并收回本金；简而言之就是一方给钱，另一方须还本金和利息。债权众筹实际上就是P2P网贷，它由多位投资人对P2P平台上的借款项目进行投资，按投资比例获得债权，未来获取利息收益并收回本金。大众谈论的狭义众筹一般不包括这种模式。

2. 股权众筹

股权众筹是指投资者对项目或公司进行投资，获得一定比例的股权；简单来说就是投资者出钱购买公司或项目股份。股权众筹实质上是私募股权互联网化。股权众筹存在一定风险，获得风投的创业企业失败率或高达80%，即使投资的企业发展顺利，也需要等到企业被收购、下一轮融资或最终上市时，投资人才能兑现收益。比如，联合光伏在众筹网发起建立全球最大的太阳能电站的众筹项目，该项目预计筹资金额1 000万元，每份筹资金额10万元，每个用户最多可购买一份，所有支持者都将成为此项目的股东。

股权众筹按是否担保分为两类：无担保的股权众筹和有担保的股权众筹。无担保的股权众筹是指投资人在投资过程中，没有第三方公司提供相关权益的担保。目前国内基本上都是无担保的股权众筹。有担保的股权众筹是指项目在进行众筹的同时，有第三方公司提供相关权益的担保，这种担保是固定期限的担保。

中国证券业协会发布的《私募股权众筹融资管理办法(试行)(征求意见稿)》规定，股权众筹平台的净资产不得低于 500 万元人民币，不得兼营个人网络借贷或网络小额贷款业务，个人参与股权众筹，要求其金融资产不低于 300 万元人民币，或最近三年个人年均收入不低于 50 万元人民币。2015 年 7 月 14 日，中国人民银行等十部委发布《关于促进互联网金融健康发展的指导意见》，指出股权众筹融资主要是指通过互联网形式进行公开小额股权融资的活动。股权众筹融资必须通过股权众筹融资中介机构平台（互联网网站或其他类似的电子媒介）进行。股权众筹融资中介机构可以在符合法律法规规定的前提下，对业务模式进行创新探索，发挥股权众筹融资作为多层次资本市场有机组成部分的作用，更好地服务创新创业企业。股权众筹融资方应为小微企业，应通过股权众筹融资中介机构向投资人如实披露企业的商业模式、经营管理、财务、资金使用等关键信息，不得误导或欺骗投资者。投资者应当充分了解股权众筹融资活动的风险，具备相应风险承受能力，进行小额投资。股权众筹融资业务由证监会负责监管。

3. 回报众筹

回报众筹是指投资者对项目或公司进行投资，获得产品或服务，即投资者出钱购买产品或服务。回报众筹曾成功运用于自由女神像的搬迁。为庆祝美国的百年诞辰，法国赠送给美国一座象征自由的罗马女神像，但是这座女神像没有基座，因此无法安放到纽约港口。1885 年，《纽约世界报》的出版商约瑟夫·普利策（Joseph Pulitzer）为此发起了一个筹集资金的项目，他把这个项目发布在了他的报纸上：只要捐助 1 美元，就会得到 1 个六英寸的自由女神雕像；捐助 5 美元就可以得到 1 个 12 英寸的雕像。就这样，通过众筹，项目最后得到了全世界各地共计超过 12 万人次的支持，筹集的总金额超过 10 万美元，为自由女神像顺利竣工作出了巨大贡献。

4. 捐赠众筹

捐赠众筹是指投资者对项目或公司进行无偿捐赠。捐赠众筹是公益性的，“互联网＋公益”具有支付和传播的优势，比如，在腾讯公益平台开展的“希望工程 1＋1 助学行动”，2023 年得到近 450 万人次支持，针对欠发达地区和受灾害影响地区儿童的生活和心理关怀需求而设立的“壹基金温暖包”计划，获得 200 多万人次支持。

众筹项目必须在发起人预设的时间内达到或超过目标金额才算成功。在设定天数内，达到或者超过目标金额，项目即成功，发起人可获得资金；筹资项目完成后，支持者将得到发起人预先承诺的回报，回报方式可以是实物，也可以是服务。如果项目筹资失败，资金将全部退还给支持者。

4.2.5　典当融资

“典当”在《新华字典》里的解释是“以物抵押换钱”，在我国最早见诸文字记载于《后汉书·刘虞传》中——东汉末年黄巾起义，甘陵相刘虞奉命攻打幽州，与部将公孙瓒发生矛盾。“虞所赍赏，典当胡夷，瓒数抄夺之。”刘虞原打算把受赏之财质押外族，却被公孙瓒劫掠。这是历史上将“典当”二字最早连用的一次，把典当活动作为一种社会经济活动加以记载。它表明，典当在中国最晚兴起于东汉，距今已有1 800年的历史。1987年12月，成都市华茂典当服务商行在成都正式挂牌营业，成为新中国成立后第一家典当行。

根据商务部、公安部颁布的《典当管理办法》，典当是指当户将其动产、财产权利作为当物质押或者抵押给典当行，交付一定比例费用，取得当金，并在约定期限内支付当金利息、偿还当金、赎回当物的行为。通俗地说，典当就是以财物作质押，有偿有期借贷融资的一种方式。这是一种以物换钱的融资方式，只要顾客在约定时间内还本并支付一定的综合服务费（包括当物的保管费、保险费、利息等），就可赎回当物。

典当行名称中应当标明“典当”字样。其他任何经营性组织和机构的名称不得含有“典当”字样，不得经营或者变相经营典当业务。

1. 抵押物

典当行可以经营的业务包括动产、财产权利和房地产的质押典当。典当行经营房地产抵押典当业务，应当和当户依法到有关部门先行办理抵押登记，再办理抵押典当手续。典当行经营机动车质押典当业务，应当到车辆管理部门办理质押登记手续。典当行经营其他典当业务，有关法律法规要求登记的，应当依法办理登记手续。典当行不得收当下列财物：依法被查封、扣押或者已经被采取其他保全措施的财产；赃物和来源不明的物品；易燃、易爆、剧毒、放射性物品及其容器；管制刀具，枪支、弹药，军、警用标志、制式服装和器械；国家机关公文、印章及其管理的财物；国家机关核发的除物权证书以外的证照及有效身份证件；当户没有所有权或者未能依法取得处分权的财产；法律法规及国家有关规定禁止流通的自然资源或者其他财物。典当行在当期内不得出租、质押、抵押和使用当物。质押当物在典当期内或者续当期内发生遗失或者损毁的，典当行应当按照估价金额进行赔偿。遇有不可抗力导致质押当物损毁的，典当行不承担赔偿责任。

2. 当票

当把财物抵押给典当行时，当户会与典当行签订当票，即当户和典当行之间的借贷契约，它也是典当行向当户支付当金的付款凭证。当票一般会载明以下事项：典当行机构名称及住所；当户姓名（名称）、住所（址）、有效证件（照）及号码；当物名称、数量、质量、状况；估价金额、当金数额；利率、综合费率；典当日期、典当期、续当期；当户须知。

典当行和当户就当票以外事项进行约定的，应当补充订立书面合同，但约定的内容不得违反有关法律法规的规定。典当行和当户不得将当票转让、出借或者质押给第三人。典当行和当户应当真实记录并妥善保管当票。当票遗失，当户应当及时向典当行办理挂失手续。未办理挂失手续或者挂失前被他人赎当，典当行无过错的，典当行不负赔偿责任。

3. 典当费用和期限

典当时间的长短由典当行和当户约定，但最长不得超过6个月。典当期限届满后5

日内，经双方同意可以续当，续当一次的期限最长为6个月。典当的费用包括典当当金利息和综合费用。典当当金利率按贷款市场报价利率（LPR）及浮动范围执行，当金利息不得预扣。典当行应当根据实际提供的服务向当户收取综合费用，且不得超过《典当管理办法》规定的费率上限。典当综合费用包括各种服务及管理费用。动产质押典当的月综合费率不得超过当金的42‰；房地产抵押典当的月综合费率不得超过当金的27‰；财产权利质押典当的月综合费率不得超过当金的24‰。综合费用一般按日收取，但是有最低限，当期不足5日的，按5日收取有关费用。当户于典当期限或者续当期限届满至绝当前赎当的，除须偿还当金本息、综合费用外，还应当根据中国人民银行规定的银行等金融机构逾期贷款罚息水平、典当行制定的费用标准和逾期天数，补交当金利息和有关费用。

4. 典当物品不能赎回时的处理

典当期限或者续当期限届满后，当户应当在5日内赎当或者续当。逾期不赎当也不续当的，为绝当，也就是当户无法偿还融资，所抵押的物品也不能要回，由典当行进行处理。典当行对绝当物采取协议折价或协议拍卖、变卖的处理方式，并就拍卖、变卖所得价款优先受偿，“多退少补”。即拍卖、变卖收入在扣除拍卖、变卖费用及当金本息后，剩余部分应当退还当户，不足部分应当继续向当户追偿。对国家限制流通的绝当物，应当根据有关法律、法规，报有关管理部门批准后处理或者交售指定单位；典当行在营业场所以外设立绝当物品销售点应当报省级商务主管部门备案，并自觉接受当地商务主管部门监督检查；典当行处分绝当物品中的上市公司股份应当取得当户的同意和配合，典当行不得自行变卖、折价处理或者委托拍卖行公开拍卖绝当物品中的上市公司股份。

通过典当，个人可以质押或抵押的方式从典当行获得资金，这是一种快速、便捷的融资方式，与作为主流融资渠道的银行贷款相比，其最大的特点就是灵活和快捷。当物灵活，典当行一般接受的抵押物、质押物的范围很广，包括金银饰品、古玩珠宝、家用电器、机动车辆、生活资料、生产资料、商品房产、有价证券等；期限灵活，典当的期限最长可以是半年，在典当期限内当户可以提前赎当，经双方同意可以续当；手续快捷，银行申请贷款手续繁杂、周期长，典当贷款手续十分简便，大多立等可取，即使是不动产抵押，也比银行要便捷得多。典当能满足个人短期融资需求，更有“江湖救急”的特点。

4.2.6 其他融资方式

生活中我们难免会遇到短期资金周转不灵或者着急用钱的情况，除了上述融资方式，下述渠道也可快速满足个人的短期融资需求。

1. 信用卡

通过信用卡透支取现，成本虽然高，但门槛很低。使用信用卡来满足融资需求的特点是快捷方便，但会有额度限制，而且使用期限比较短，一旦不能准时还款，将对个人信用产生很大影响。总的说来，利用信用卡进行短期融资有以下方式。

一是在持卡消费之后全额还款，不会收取任何利息和费用，如果超过了银行规定的最后还款日，则要收取日利率0.05%的利息。

二是正常消费，但在还款日没有足够的金额还款，可以选择最低还款，一般为全额的5%～10%，选择最低还款对信用没有任何损失，但是如果连最低还款都还不上，就会在很大程度上影响征信，给日后购房贷款或者办理其他银行的信用卡造成困难。最低还款额的计算公式如下：

最低还款额＝信用额度内消费款的10%＋预借现金交易款的100%
＋费用和利息的100%＋前期最低还款额未还部分的100%
＋超过信用额度消费款的100%

持卡人一旦使用信用卡最低还款，就不再享受免息期的优惠，会从消费日开始被征收每天万分之五的利息。

三是透支取现。如果急需现金，也可以通过信用卡透支取现，但是取现不享受免息待遇，要按取现金额的1%收取取现手续费，取现后按日利率万分之五计收利息，并按月收取复利。如果在最后还款日未全额还款，也没按最低还款额还款，则会收取滞纳金。

四是账单分期。信用卡账单分期是指持卡人在刷卡消费之后、到期还款日之前，通过电话或网络等方式向发卡银行提出将本期账单分期还款。虽然各家银行纷纷推出账单分期付款，但并不意味着每个持卡人都可以实现分期付款。银行一般要根据持卡人的信用额度、持卡消费的信用记录等对持卡人的资信状况进行评估。评估通过，持卡人才能顺利进行分期付款；如果评估结果不理想，银行就可能拒绝持卡人的分期付款申请，或者不能给予持卡人想要的分期付款额度。一般账单分期的手续费会高于贷款利息。

总之，信用卡的使用给我们的融资带来极大的方便，不需要抵押担保物，同时快捷迅速，但是除非在正常还款日全额还款，不然其他几种方式均会产生较高的费用。

2. 存单质押

存单质押是借款人以贷款银行签发的未到期的个人本外币定期储蓄存单作为质押，从贷款银行取得一定金额贷款，并按期归还贷款本息的一种业务。存单质押的贷款期限最长不超过一年或存单的到期日；额度起点一般为5 000元，每笔贷款不超过存单质押价值的90%，最高可达质押价值的95%；贷款利率按照中国人民银行规定的同期同档次贷款利率执行，可视借款人情况最多下浮10%。质押存单存期内按正常存款利率计息。存本取息定期存款存单用于质押时，停止取息。贷款合同期满，借款人未按期归还贷款本金和利息的，贷款人可直接将存单兑现。存单到期日晚于借款到期日的，贷款人可继续保管质押存单，在存单到期日兑现以实现质权。

3. 保单质押

保单质押是投保人把所持有的保单直接抵押给保险公司，按照保单现金价值的一定比例获得资金的一种融资方式。不是任何保单都可以质押贷款，只有具有现金价值的保单才可以进行保单贷款。具有储蓄性质的长期人寿保险，如两全保险、终身寿险、养老保险、万能保险以及分红保险等，投保一年后，保单就开始具有现金价值，缴费时间越长，累计的现金价值越高。这些保单通常都可以用于保单贷款，但要根据保险合同中的具体条款而定。短期意外险和健康险没有现金价值，或者现金价值很低，所以这类保单不能用于保单贷款。

保单质押根据贷款人的不同可以分为银行保单质押和保险公司保单质押。相对而言，保险公司提供的贷款额度有限，时间较短，但利率低且手续便捷；而银行保单质押贷款利息高，手续相对烦琐，但贷款额度较高，时间相对灵活。

还款时客户可以选择一次性全部偿还或部分偿还。如果在贷款期满时客户未能偿还贷款及贷款利息，则所欠保单贷款及累计贷款利息将构成新保单贷款，按到期日次日的保单贷款利率计息。如果客户偿还部分贷款，则其还款将首先用于偿还累计利息，然后用于偿还贷款本金。如果借款人到期不能履行债务，则当贷款本息小于保单现金价值的一定比例时，保险合同终止。在保单有效的情况下，客户在保单贷款期间可以持续享受保单约定的保险保障。保单质押一般只适合短期资金周转，并不适合股票等高风险投资。

4.3 银行贷款的种类与选择

4.3.1 银行贷款的种类

1. 按贷款期限分类

4.3 即测即评

银行贷款按贷款期限可分为短期贷款、中期贷款、长期贷款。短期贷款指贷款期限在1年以内的贷款；中期贷款指贷款期限为1～5年的贷款；长期贷款指贷款期限为5年以上的贷款。

贷款的利率一般按时间长短来划分，时间长的利率更高，时间短的利率低些。党的十九届四中全会提出，健全基准利率和市场化利率体系。人民币贷款基准利率（见表4-1）作为各类金融产品利率定价的重要参考，是重要的金融市场要素，也是货币政策传导中的核心环节。经过多年来利率市场化改革持续推进，我国的贷款利率上、下限已经放开，但仍保留存贷款基准利率，存在贷款基准利率和市场利率并存的“利率双轨”问题。银行发放贷款时大多仍参照贷款基准利率定价，特别是个别银行通过协同行为以贷款基准利率的一定倍数（如0.9倍）设定隐性下限，对市场利率向实体经济传导形成了阻碍。2019年8月17日，中国人民银行发布消息，为深化利率市场化改革，提高利率传导效率，推动降低实体经济融资成本，决定改革完善贷款市场报价利率（LPR）形成机制。新的LPR由各报价行于每月20日（遇节假日顺延）9时前，以0.05个百分点为步长，向全国银行间同业拆借中心提交报价，全国银行间同业拆借中心按去掉最高和最低报价后算术平均，向0.05%的整数倍就近取整计算得出LPR，于当日9时30分公布，公众可在全国银行间同业拆借中心和中国人民银行网站查询。也就是说，从2019年8月20日起，中国人民银行每个月20日都会公布LPR，比如2024年8月20日1年期LPR为3.35%，5年期以上LPR为3.85%。

表4-1　金融机构人民币贷款基准利率表（2015年10月24日）

贷款种类	年利率（%）
一、短期贷款	
1年以内（含1年）	4.35
二、中长期贷款	
1～5年（含5年）	4.75
5年以上	4.90
三、个人住房公积金贷款	
5年以下（含5年）	2.75
5年以上	3.25

2. 按担保方式分类

银行贷款按担保方式可分为个人抵押贷款、个人质押贷款、个人信用贷款、个人保证贷款。

（1）个人抵押贷款，是指贷款银行以借款人或第三方提供的、经贷款银行认可的、符合规定条件的财产作为抵押物而向自然人发放的贷款。根据《民法典》的规定，债务人或者第三人有权处分的下列财产可以抵押：建筑物和其他土地附着物；建设用地使用权；海域使用权；生产设备、原材料、半成品、产品；正在建造的建筑物、船舶、航空器；交通运输工具；法律、行政法规未禁止抵押的其他财产。

（2）个人质押贷款，是指自然人以合法有效的符合银行规定条件的质物出质，向银行申请取得一定金额的贷款。根据《民法典》的规定，债务人或者第三人有权处分的下列权利可以出质：汇票、支票、本票；债券、存款单；仓单、提单；可以转让的基金份额、股权；可以转让的注册商标专用权、专利权、著作权等知识产权中的财产权；现有的以及将有的应收账款；法律、行政法规规定可以出质的其他财产权利。

（3）个人信用贷款，是以借款人的信誉发放的贷款。个人信用贷款主要依据借款申请人的个人信用状况确定信贷额度，信用等级越高，信用额度越大，反之越小。有些银行提供个人信用循环贷款，它是银行根据个人客户的信用状况，为其提供的一种短期融资便利产品，借款人在银行核定的额度内可循环使用贷款。个人信用循环贷款可用于除购买住房、商用房等房屋之外的合法个人消费支出，不能用于投资经营。

（4）个人保证贷款，是指银行以银行认可的，具有代位清偿债务能力的法人、其他经济组织或自然人作为保证人而向自然人发放的贷款。

3. 按贷款产品用途分类

银行贷款按贷款产品用途可分为个人消费类贷款和个人经营性贷款。个人消费类贷款用来满足个人的消费支出，是银行向申请购买“具有合理用途的消费品或服务”

的借款人发放的个人贷款。具体来说，是银行向个人客户发放的有指定消费用途的贷款，用途主要有购买住房、汽车等。个人消费类贷款有：住房贷款（商业住房贷款、公积金住房贷款和组合贷款）、汽车贷款、教育贷款、住房装修贷款、耐用消费品贷款、旅游消费贷款、医疗贷款等。而个人经营性贷款指银行向从事合法生产经营的自然人发放的，用于定向购买商用房以及用于满足个人控制的企业（包括个体工商户）生产经营流动资金需求和其他合理资金需求的贷款。个人经营性贷款包括个人商用房贷款、个人经营贷款、农户贷款和下岗失业小额担保贷款。

4. 银行委托贷款

银行委托贷款，是指委托人提供资金，由商业银行（受托人）根据委托人确定的借款人、用途、金额、币种、期限、利率等代为发放、协助监督使用并收回的贷款。商业银行与委托人、借款人就委托贷款事项达成一致后，三方应签订委托贷款借款合同。合同中应载明贷款用途、金额、币种、期限、利率、还款计划等内容，并明确委托人、受托人、借款人三方的权利和义务。

银行委托贷款是商业银行的委托代理业务。商业银行按照责利匹配的原则，收取代理手续费，不承担信用风险。商业银行应按照“质价相符”“谁委托谁付费”的原则向委托人收取代理手续费。银行不得将国家规定具有特殊用途的各类专项基金、银行授信资金、发行债券筹集的资金、筹集的他人资金等用于发放委托贷款。商业银行受托发放的贷款应有明确用途，资金用途应符合法律规定和信贷政策。资金不得用于从事债券、期货、金融衍生品、理财产品、股本权益等投资，也不得用作注册资本金、注册验资或增资扩股和国家明确规定的其他禁止用途。

4.3.2 贷款条件

个人贷款申请应具备以下条件：

（1）借款人为具有完全民事行为能力的中华人民共和国公民或符合国家有关规定的境外自然人；

（2）贷款用途明确合法；

（3）贷款申请数额、期限和币种合理；

（4）借款人具备还款意愿和还款能力；

（5）借款人信用状况良好，无重大不良信用记录；

（6）贷款人要求的其他条件。

贷款人受理借款人贷款申请后，应履行尽职调查职责，对个人贷款申请内容和相关情况的真实性、准确性、完整性进行调查核实，形成调查评价意见。贷款调查包括但不限于以下内容：借款人基本情况；借款人收入情况；借款用途；借款人还款来源、还款能力及还款方式；保证人担保意愿、担保能力或抵（质）押物价值及变现能力。

银行贷款调查应以实地调查为主、间接调查为辅，采取现场核实、电话查问以及信息咨询等途径和方法。银行贷款审查应对贷款调查内容的合法性、合理性、准确性进行全面审查，重点关注调查人的尽职情况和借款人的偿还能力、诚信状况、担保情况、抵（质）押比率、风险程度等。贷款风险评价应以分析借款人现金收入为基础，采取定量和定性分析方法，全面动态地进行贷款审查和风险评估。贷款人应建立和完善借款人信用记录和评价体系。贷款需要提供的基本资料有：贷款申请表；身份证（包括配偶）复印件；户口簿复印件；婚姻证明复印件；个人收入证明或其他足以证明其收入水平的证明；以财产抵押或质押担保的，应提供抵（质）押物的权属证明、抵押物估价证明原件、质物原件；有权处分人同意抵押或质押的证明；由第三方提供保证担保的，必须提供保证人身份证件、户籍证明原件及复印件，以及担保人收入证明（自然人保证担保时）；法人保证人的营业执照和法人代码证及近期财务报表等（法人保证担保时）。

4.3.3 贷款还款付息方式的选择

1. 等额本息还款和等额本金还款

银行贷款的常见还款方式有四种：等额本息还款、等额本金还款、一次性还本付息以及按期付息还本。

等额本息还款：还款额每月都一样，便于记忆，也便于借钱方安排收支，适合收入稳定的借钱方。不过，由于利息不会随本金的偿还而减少，所以还款总利息相对较高，且银行贷款占用时间长。

等额本金还款：前期所要偿还的金额较多，还款压力较大，不过还款压力会逐月递减，适合经济收入状况较好的贷款者。

一次性还本付息：这类还款方式操作简单，但适用性不强，适合贷款期限在一年或一年以下的贷款。

按期付息还本：借钱方可根据自己的经济状况与银行协商指定还款时间。并不是全部银行都有这类还款方式，这种方式适合收入不稳定的贷款者。

下面重点介绍等额本息还款与等额本金还款。

等额本息还款，即借款人每月按相等的金额偿还贷款本息，其中每月贷款利息按月初剩余贷款本金计算并逐月结清。由于每月的还款额相等，因此，在贷款初期每月的还款中，剔除按月结清的利息后，所还的贷款本金较少。而在贷款后期因贷款本金不断减少，每月的还款额中贷款利息会不断减少，相应的每月所还的贷款本金较多。这种还款方式实际占用银行贷款的数额更多、时间更长，同时它还便于借款人合理安排每月的生活并进行理财，对于精通投资、擅长“以钱生钱”的人来说，这无疑是最好的一种选择。其计算公式如下：

$$\text{月均还款额}=\frac{\text{贷款本金}\times\text{月利率}\times(1+\text{月利率})^{\text{总还款期数}}}{(1+\text{月利率})^{\text{总还款期数}}-1}$$

等额本金还款，即借款人每月按相等的金额（贷款金额/贷款月数）偿还贷款本金，每月贷款利息按月初剩余贷款本金计算并逐月结清，两者合计即每月的还款额。由于每月所还本金固定，每月贷款利息随着本金余额的减少而逐月递减，因此在贷款初期月还款额较大，此后逐月递减（月递减额=月还本金×月利率）。由于等额本金还款法提前归还了部分贷款本金，与前者相比实际上是减少了占用银行的钱，贷款利息自然就少一些。此种还款方式适合生活负担越来越重（养老、看病、孩子上学等）或预计收入会逐渐减少的人使用。其计算公式如下：

$$每月还款额=\frac{贷款本金}{还款月数}+(贷款本金-累计已还本金)\times月利率$$

我们以住房商业贷款利率为 6.53%，向银行借款 30 万元为例，比较一下两种还款方式（见表 4-2）。

表 4-2　等额本息还款与等额本金还款比较

	等额本息还款	等额本金还款
贷款金额	30 万元	30 万元
贷款年限	30 年	30 年
贷款利率	6.53%	6.53%
还款总额	684 765.65 元	594 666.25 元
支付利息	384 765.65 元	294 666.25 元
贷款月数	360	360
第一个月（1 期）	1 902.13 元	2 465.83 元
最后一个月（360 期）	1 902.13 元	837.87 元

从表 4-2 中我们可以看出，等额本金还款的利息要比等额本息还款少 90 099.4 元（384 765.65-294 666.25）。等额本息还款每期负担相同，等额本金还款则随着时间的推移，负担逐渐减少，第一个月 2 465.83 元，最后一个月 837.87 元。

另外还要考虑提前还款的问题（见表 4-3 和表 4-4），假设两种方式已还款两年，并且在还款期间利率没有变化。

表 4-3　等额本息还款表　　单位：元

期数	月还款额	应还本金	应还利息	贷款余额
0				300 000.00
1	1 902.13	269.63	1 632.50	299 730.37
2	1 902.13	271.09	1 631.03	299 459.28
3	1 902.13	272.57	1 629.56	299 186.71
4	1 902.13	274.05	1 628.07	298 912.66
5	1 902.13	275.54	1 626.58	298 637.12
6	1 902.13	277.04	1 625.08	298 360.08
7	1 902.13	278.55	1 623.58	298 081.53

续表

期数	月还款额	应还本金	应还利息	贷款余额
8	1 902.13	280.07	1 622.06	297 801.46
9	1 902.13	281.59	1 620.54	297 519.87
10	1 902.13	283.12	1 619.00	297 236.75
11	1 902.13	284.66	1 617.46	296 952.09
12	1 902.13	286.21	1 615.91	296 665.88
13	1 902.13	287.77	1 614.36	296 378.11
14	1 902.13	289.34	1 612.79	296 088.77
15	1 902.13	290.91	1 611.22	295 797.86
16	1 902.13	292.49	1 609.63	295 505.37
17	1 902.13	294.09	1 608.04	295 211.28
18	1 902.13	295.69	1 606.44	294 915.59
19	1 902.13	297.29	1 604.83	294 618.30
20	1 902.13	298.91	1 603.21	294 319.39
21	1 902.13	300.54	1 601.59	294 018.85
22	1 902.13	302.17	1 599.95	293 716.68
23	1 902.13	303.82	1 598.31	293 412.86
24	1 902.13	305.47	1 596.65	293 107.39

表4-4　等额本金还款表　　　　单位：元

期数	月还款额	应还本金	应还利息	贷款余额
0				300 000.00
1	2 465.83	833.33	1 632.50	299 166.67
2	2 461.30	833.33	1 627.97	298 333.34
3	2 456.76	833.33	1 623.43	297 500.01
4	2 452.23	833.33	1 618.90	296 666.68
5	2 447.69	833.33	1 614.36	295 833.35
6	2 443.16	833.33	1 609.83	295 000.02
7	2 438.63	833.33	1 605.29	294 166.69
8	2 434.09	833.33	1 600.76	293 333.36
9	2 429.56	833.33	1 596.22	292 500.03
10	2 425.02	833.33	1 591.69	291 666.70
11	2 420.49	833.33	1 587.15	290 833.37
12	2 415.95	833.33	1 582.62	290 000.04
13	2 411.42	833.33	1 578.08	289 166.71
14	2 406.88	833.33	1 573.55	288 333.38

续表

期数	月还款额	应还本金	应还利息	贷款余额
15	2 402.35	833.33	1 569.01	287 500.05
16	2 397.81	833.33	1 564.48	286 666.72
17	2 393.28	833.33	1 559.94	285 833.39
18	2 388.74	833.33	1 555.41	285 000.06
19	2 384.21	833.33	1 550.88	284 166.73
20	2 379.67	833.33	1 546.34	283 333.40
21	2 375.14	833.33	1 541.81	282 500.07
22	2 370.60	833.33	1 537.27	281 666.74
23	2 366.07	833.33	1 532.74	280 833.41
24	2 361.54	833.33	1 528.20	280 000.08

由表 4－3 和表 4－4 可知，两年内，等额本息共还款 45 651.12 元，其中本金只还了 6 892.61 元，利息还了 38 758.39 元，大部分还的是利息，本金仅占还款额的 15.10%；而等额本金共还款 57 928.42 元，本金还了 19 999.92 元，利息还了 37 928.43 元，本金所占的比例达到 34.53%。

等额本息还款每期还款额中的本金都不相同，在贷款初期每月还款额中，利息占的比重较大，本金占的比重较小。等额本金还款在整个还款期内每期还款额中的本金都相同，偿还的利息逐月减少。在贷款时间相同的条件下，采用等额本息还款所付出的利息要高于等额本金还款。可见，采用等额本息还款，由于最初几年还款中付给银行的利息要远远多于本金，相对来说提前还贷有点不划算。因此，如果买房时有提前还款的打算，那么最好选择等额本金还款。

2. 双周供还款

双周供还款打破了传统的按月还贷周期，为贷款客户制订每两周归还一次贷款的计划，每次还款额约为原月供的一半（双周供还款与等额本金还款、等额本息还款的比较见表 4－5）。选择双周供还款后，银行每两周扣款一次，客户还款率相对提高，可适当节约贷款本金，客户负担的利息会减少。双周供还款对资金安排的要求大大高于月供还款，对月收入不宽裕或者工资发放不定时的借款人来说，可能会有一定的信用风险。双周供还款比较适合每月收入可以多次入账，还款能力强，或准备缩短还款期限的贷款人。

表 4－5　等额本息还款、等额本金还款与双周供还款比较

	等额本息还款	等额本金还款	双周供还款
原始本金	50 万元	50 万元	50 万元
贷款年利率	6.39%	6.39%	6.39%
贷款周期	30 年	30 年	24 年 1 个月

续表

	等额本息还款	等额本金还款	双周供还款
支付频率	每月支付一次	每月支付一次	每两周支付一次
每月支付金额	3 124.26 元（月）	2 723.84 元（月平均值）	3 124.26 元（4 周）
累计利息	624 733.60 元	480 581.25 元	483 100.27 元
节省利息	—	144 152.35 元	141 633.33 元
节省天数	—	0 天	2 135 天

3. 固定利率与浮动利率贷款

一般而言，当贷款基准利率发生变化时，如果个人的贷款期限没有超过一年的时间，则以当时合同的利率为准，即使遇到了利率调整的情况，也不会分时间段计息；如果个人房贷期限在一年以上，遇到法定利率调整，就会在下一年初开始执行最新的贷款利率。

如果借款人在签订贷款合同时选择固定利率贷款，也就是在贷款期限内，不论银行利率如何变动，是上调或是下降，借款人都将按照合同签订的固定利率支付利息。这种贷款利率不随物价或其他因素的变化而调整。将利率固定，意味着一定期间内无论法定利率怎么调整，借款人的借款利率都不变，所以还款额不变，便于借款人安排自己的资金；在利率上升阶段，固定利率无疑固定了资金使用成本，银行贷款利率也许在上调后高于固定利率，这样借款人可以减少利息支出；在利率下降阶段，借款人承担的就是利率降低的风险，因为利率固定而不能享受降息带来的优惠。

浮动利率贷款的利息会随着市场利率波动而波动，如果利率下降，借款人就可以减少利息支出；反之，利息支出就会随之增加。针对后一种情况，借款人要关注自己的账户金额是否充足，以免因账户金额不足而无法按时足额还款，影响自己的征信记录。

总的来说，在考虑是否选择固定利率贷款方式时，要充分了解市场的变化趋势及货币政策的最新动态。

2023 年 8 月 31 日，中国人民银行和国家金融监督管理总局下发《关于降低存量首套住房贷款利率有关事项的通知》，自 2023 年 9 月 25 日起，存量首套住房商业性个人住房贷款的借款人可向承贷金融机构提出申请，由该金融机构新发放贷款置换存量首套住房商业性个人住房贷款。新发放贷款的利率水平由金融机构与借款人自主协商确定，但在贷款市场报价利率（LPR）上的加点幅度，不得低于原贷款发放时所在城市首套住房商业性个人住房贷款利率政策下限。也就是说，允许商业银行降低符合条件的存量首套住房商业性个人住房贷款利率。随后，多家银行发布公告，于 2023 年 9 月 25 日起批量下调存量首套住房贷款利率，并明确操作细则。对于首套房贷利率调整，客户不需要任何操作，银行主动批量调整。2024 年 9 月 29 日，中国人民银行发布公告〔2024〕第 11 号对房贷利率的加点幅度和定价机制再次进行了调整：一是允许变更房贷利率在 LPR 基础上的加点幅度。原先的浮动利率的商业银行个人住房贷款，基本上都要根据 LPR 变动进行调整，但有一项通常不会变，就是加点幅度。借款人的房贷在不同地区、不同时期发放的，加点幅度也有所不同。此次调整可以调整存量房贷款的加点幅度，并且明确了一条准线——LPR减30个基点。对于大部分已经取消房贷利率下限的城市，如果加点幅度高于减30个基点，可以调降成不低于LPR减30个基点，且不区分首套还是二套；如果已经比这个幅度低了，就不用调整了。二是取消房贷利率重定价周期最短为一年的限制。重定价周期可为按年、按半年、按季度等。

4.3.4 贷款展期和提前还款

1. 个人银行贷款展期

贷款展期是指借款人因故不能按期偿还贷款时，借贷双方经协商同意，延长原借款合同确定的贷款期限的行为。只要银行同意，个人贷款就可以展期。一年以内的个人贷款，展期期限累计不得超过原贷款期限；一年以上的个人贷款，展期期限累计与原贷款期限相加，不得超过该贷款品种规定的最长贷款期限。贷款是否展期由银行决定。保证贷款、抵押贷款、质押贷款需要展期的，还应当由保证人、抵押人、出质人出具同意书面证明。

贷款展期的申请是有次数限制的。对于贷款展期，如果贷款合同中有约定的，则按照约定执行；没有约定的，则由借贷双方协商而定。银行一般规定每笔贷款只能申请一次贷款展期。

2. 个人银行贷款提前还款

知识拓展

提前还贷方式比较

提前还款是指借款人在还款到期日之前先行偿还贷款的行为。提前还款在某些情况下对借款人有利而对贷款人不利，所以应对是否允许提前还款以及提前还款的条件予以明确规定。提前还款包括提前全部还款、提前部分还款且贷款期限不变、提前部分还款的同时缩短贷款期限三种情况。决定提前还款时，首先应查看贷款合同中有关提前还贷的要求，注意提前还贷是否须交一定的违约金；然后向贷款银行电话咨询提前还贷的申请时间及最低还款额度等其他需要准备的资料；接着按银行要求亲自到相关部门提交还款申请，借款人携相关证件到借款银行办理提前还款相关手续，提交提前还款申请表并在柜台存入提前偿还的款项即可。由于每家银行的办理流程、预约时间、收取违约金的情况以及扣款情况等均不同，提前还款前一定要先咨询借款银行。

无论出于何种目的，动用提前还款选择权的决策原则仍然是成本效益原则，以下是几种常见的提前还款方式，但是不同的银行可能会对还款方式有不同的规定，所以具体还要看银行的要求。

（1）全部提前还款，剩余的贷款一次性还清；

（2）部分提前还款，保持每月还款额不变，还款期限缩短；

（3）部分提前还款，每月还款额减少，保持还款期限不变；

（4）部分提前还款，每月还款额减少，同时还款期限缩短；

（5）部分提前还款，每月还款额增加，还款期限缩短。

各家银行对提前还贷并没有次数的限制，可以一次全部还清，也可部分归还贷款。只是对每次还贷的起点金额规定不一，有的规定是1万元或1万元的倍数，有的则规定千元以上就可以提前部分还贷。

值得一提的是，提前还款申请表经借款银行确认后便不可撤销，并作为借款合同的补充条款，与借款合同具有同等法律效力。如贷款购房人不论任何原因未能按照其向借款银行出具的提前还款申请表中规定的日期与金额提前还款，将被视为逾期还款，贷款购房人按借款合同承担相应的违约责任。

提前还贷可以减少还贷利息，但不能盲目提前还贷，要考虑三个因素：一是资金来源。不能用应急资金进行还贷，经济能力有限的消费者不宜打乱原有的理财计划。二是资金回报率。如果有富余资金存在银行而不是用于其他投资，那么这部分钱可以用来提前还款，如果有多种投资渠道，而且投资回报率高于贷款利率，那么就可以把富余资金投在回报率高的项目上。三是贷款使用期限。如果是等额本息还款，前期已支付了大部分利息，那么到还款中后期提前还款的意义不大。如果消费者手头资金不是很充裕，则不要急于还款，否则不利于资金的有效使用。

问题与讨论

1. 张某为购买房屋向同学李某借款50万元，准备借8个月，请帮张某写一张借条，并且说明借条应具备的关键条款。

2. 民间借贷的利率有无上限？在哪个限度内是受到法律保护的？

3. 民间借贷如果逾期，该如何计算利息？

4. 判定借贷合同无效有哪几种情形？

5. 在互联网上选择三个众筹项目，对其风险和收益进行分析。

6. 典当融资需要注意哪些问题？

7. 请说明保单质押和存单质押融资的适用条件。

8. 家住北京的陈明准备贷款买房。银行工作人员告诉他，商业贷款可选择三种还款方式：等额本息还款、等额本金还款和双周供还款。这三种还款方式有何区别？选择哪种还款方式更节省利息？请说明三种贷款还款方式的优缺点以及适用人群。

9. 请说明固定利率贷款与浮动利率贷款的优缺点。

10. 假设你的朋友、亲戚和家人有一笔额外的奖金20万元，根据现有的房屋贷款方式，你认为他们是否应该用来提前还房贷？如果提前还房贷，你会建议他们选择哪种提前还款方式并说明理由。

阅读与思考

房贷还了7年1分本金未少

2021年1月16日，一则“民生银行变更还贷方式，房主还贷7年1分本金未少”的新闻迅速引发热议。

2013年10月，蒲先生在民生银行南京分行凤凰西路支行办理了一笔组合房贷业务，贷款总额147万元，其中住房公积金贷款30万元，商业贷款117万元，贷款期限为20年。蒲先生表示，当时签订合同时，约定117万元商业贷款折后年利率为4.2%左右，按照等额本息的方式还款，每个月的还款金额为8 092.95元。

2020年11月，蒲先生想要换房，查看自己的征信报告时发现，还款7年后，自己的房贷本金并没有变化。

按照等额本息的还款方式，每月还款金额不变，还款的本金逐月递增，利息逐月递减。蒲先生每个月还款金额为8 092.95元，其中本金应从2 600元递增，利息应从5 500元递减。然而根据蒲先生的贷款还款明细，从2014年2月开始还款至今，本金归还金额一直为0，利息却是每个月都在还。

红星资本局采访了民生银行南京分行，相关工作人员表示，办理此项房贷业务的工作人员早已离职，上级部门正在妥善处理这件事。采访中，蒲先生提到，“我第一个月、第二个月都存了9 000元，自动扣款扣了四五千元，然后每个月我都足额存，但扣就扣这么多”。蒲先生还表示，每期还款前，民生银行都会发来当月应还款金额的提示短信，因为自己办理的是组合贷款，他以为差额部分已经从公积金中扣除，所以并没在意。

民生银行的客服经理答复蒲先生：“这笔房贷采用的是先息后本的还款方式，先归还利息，到期后一次性归还117万元本金，类似于消费信用贷款。”蒲先生并不认同银行的说法，“我并没有要求改变还款方式，是银行擅自变更的，属于重大违约”。蒲先生还算了一笔账，如果按照当时合同约定的4.2%左右的年利率计算，那么20年期的房贷，先息后本的还款方式要比等额本息多还三四十万元。

红星资本局从几家银行信贷业务中心了解到，目前各家银行的房贷都是采用等额本息和等额本金两种还款方式。等额本息是指每月还款金额不变，还款的本金逐月递增，利息逐月递减。等额本金是指每月还款金额递减，其中每月还款的本金不变，利息逐月减少。一位中国农业银行信贷经理向红星资本局表示，先息后本是指借款人先还利息最后还本金的还款方式，目前只适用于经营贷、消费贷等短期贷款，房贷业务只有等额本息和等额本金两种还款方式。

“可能是工作人员在录入贷款时操作失误，把房贷错划为其他贷款。”该信贷经理补充说。如果采用先息后本的还款方式，那么意味着蒲先生前期还的只是利息，到期后要一次性还清本金。四川盛豪律师事务所郝律师向红星资本局表示，根据《民法典》第五百零九条“当事人应当按照约定全面履行自己的义务”的规定，银行应严格按照贷款合同约定的金额、还款方式、期限，履行与贷款者签订的合同，擅自变更还款方式属于合同违约，应承担违约责任，若因违约给贷款者造成损失，还应承担赔偿责任。贷款者可以向银行所在地的中国人民银行分支机构进行投诉，也可以向人民法院起诉，要求银行按照合同履行。如果银行不是故意变更还款方式，而是录入错误、程序错误等其他原因造成的，属于银行自身管理存在问题，不能免除其承担违约责任。另根据第五百四十三条“当事人协商一致，可以变更合同”的规定，银行变更还款方式，须与贷款者协商一致。

资料来源：许媛．房贷还了7年1分本金未少．红星新闻，2021-01-17.

【思考题】

1. 文中还款方式的特点是什么？

2. 从利息的角度，先息后本与等额本金、等额本息哪种还款方式的利息最多？这三种还款方式分别适合哪类人群？

3. 在签订房屋贷款合同时，应注意哪些问题？

民间借贷纠纷存六大风险因素，北京高院发出防范提示

2023年12月26日，北京市高级人民法院（简称“北京高院”）召开新闻发布会，发布《北京市高级人民法院民间借贷纠纷再审审查案件白皮书（2019年—2023年6月）》（简称《白皮书》）及三个典型案例。

《白皮书》显示，2019年以来，北京高院共受理民间借贷纠纷再审审查案件2 422件，占同期民事再审审查收案数的7.09%。其中当事人申请再审的2 354件，占全部民间借贷纠纷再审审查案件的97.19%；约7成的再审审查案件当事人依据《民事诉讼法》第二百零七条第（一）（二）（六）中的一项或多项申请再审；涉案款项数额小于等于10万元人民币的约占16.01%，大于10万元人民币的约占83.99%；涉及自然人主体之间借款的1 789件，占比73.86%，涉及一方或双方为法人主体之间借款的699件，占比26.14%。相关案件中，自然人主体之间的借款用途不再以抚养赡养、教育医疗等基础生活支出为主，约8成的自然人间借贷用于商业投资、资金周转、开发经营等经营性支出。

《白皮书》指出，民间借贷纠纷主要存在证据留存意识不足、虚假诉讼难以识别、法律关系多元交织、民刑交叉情况突出、合同无效情形频现、诉讼材料送达不畅六大风险因素。结合民间借贷关系建立全过程，就老百姓在民间借贷中如何保护好钱袋子，北京高院发出八项风险防范提示：

①核实基本信息，做到心中有数；

②签订书面合同，明确借贷合意；

③款项转账汇款，形成交付痕迹；

④合理约定利息，降低借贷风险；

⑤到期及时催要，注意诉讼时效；

⑥妥善设置担保，谨慎提供担保；

⑦谨防上当受骗，涉刑及时报警；

⑧恪守诚信底线，维护良好秩序。

下面介绍民间借贷纠纷再审审查的三个典型案例。

案例一：仅依据金融机构转账凭证提起民间借贷诉讼，被告抗辩转账系其他债务的并提供证据证明的，原告应就借贷关系成立进一步举证——再审申请人李某与被申请人宋某民间借贷纠纷一案。

2018年，李某向宋某分十几笔陆续转账共计53 000元。后李某至法院起诉宋某要求偿还借款53 000元。被告宋某主张上述转账并非借款，并提交证据证明双方曾系情侣关系，且提交机票支付凭证及出入境记录证明双方与好友四人出境游玩，主张诉争款项系生活费、机票及酒店费等费用。李某在诉讼中未能提交借条、欠条等债权凭证，亦未能提交微信、短信等证据证明宋某向李某表示借款或者在起诉前李某向宋某主张还款，在起诉后的通话录音中亦未提及借款。

一审驳回李某诉讼请求，二审维持原判。再审审查认为，原审认定并无不当，驳回再审申请。

本案争议焦点为李某向宋某的转款是否为借贷。民间借贷需查明借贷合意和款项交付。在原告仅依据金融机构的转账凭证提起民间借贷诉讼时，仅就款项交付进行了举证，对于借贷合意仍需要进行举证证明。《最高人民法院关于审理民间借贷案件适用法律若干问题的规定》第十六条规定：原告仅依据金融机构的转账凭证提起民间借贷诉讼，被告抗辩转账系偿还双方之前借款或其他债务的，被告应当对其主张提供证据证明。被告提供相应证据证明其主张后，原告仍应就借贷关系的成立承担举证责任。此处被告的举证只需要达到否定案件借贷本身即可。因此，出借人应当保留借条、微信等证明借贷合意的相关证据。

案例二：套取金融机构贷款转贷的民间借贷合同无效——再审申请人张某与被申请人杨某民间借贷纠纷一案。

2021年，张某通过信用卡“消费贷”“信用贷”等方式分别获取多家银行贷款8万元，年化利率7%～8%不等。为获取利息收益，张某陆续将8万元转借给杨某用于杨某的公司经营，杨某承诺按年利率24%支付利息。借款到期后，因杨某无力偿还借款，张某将杨某起诉至法院。

一、二审法院均判决杨某返还借款本金并支付利息。杨某不服申请再审。再审审理认为，张某套取金融机构贷款高利转贷，双方民间借贷合同应认定无效，故仅判决杨某返还张某资金8万元，并按照金融机构的贷款利率支付占用费，对张某要求支付高额利息的诉讼请求予以驳回。

民间借贷纠纷中出借人的资金应当是自有资金。出借人套取金融机构贷款转贷的，既增加了融资成本，又扰乱了信贷秩序。根据《最高人民法院关于审理民间借贷案件适用法律若干问题的规定》第十三条的规定“套取金融机构贷款转贷的，人民法院应当认定民间借贷合同无效”，故张某与杨某之间的民间借贷合同无效，因合同无效取得的财产，依法应予返还。

案例三：未依法取得放贷资格的出借人，以营利为目的向社会不特定对象提供借款的民间借贷合同无效——再审申请人于某与被申请人王某民间借贷纠纷一案。

2014年，王某与于某签订借款合同，由王某向于某出借200万元，借期三个月，利率为每月3%。合同签订当日，王某向被告于某转账200万元。因于某到期仅偿还116万元，王某将于某起诉至法院。

一、二审法院均判决扣除于某已偿还的42万元利息后，继续偿还借款本金126万元并按2%支付月息。于某不服申请再审。经再审查明，2015—2016年，王某在北京法院因民间借贷纠纷起诉达到14笔，因民间借贷抵押给王某房产的不特定人达16人，故再审认定王某属于法律所禁止的职业放贷人，其签订的借款合同应认定无效，最终仅判决于某返还王某资金84万元及占用资金期间的损失，未支持高额利息。

按照《最高人民法院关于审理民间借贷案件适用法律若干问题的规定》第十三条第三项的规定“未依法取得放贷资格的出借人，以营利为目的向社会不特定对象提供借款的，人民法院应当认定民间借贷合同无效”。同时，按照2019年11月出台的《全国法院民商事审判工作会议纪要》第53条的规定：“未依法取得放贷资格的以民间借贷为业的法人，以及以民间借贷为业的非法人组织或者自然人从事的民间借贷行为，应当依法认定无效。同一出借人在一定期间内多次反复从事有偿民间借贷行为的，一般可以认定为是职业放贷人。”职业放贷人既可以是法人、非法人组织，也可以是自然人，但都不具备放贷资格，且借贷行为以营利为目的，向社会不特定对象提供借款。一般来说，在一段时期内多次向不特定的多人出借款项并收取利息或资金占用费等费用的行为，可以认定为职业放贷行为。王某符合职业放贷人的特征，其非法获取高额利息的行为为法律所禁止。

资料来源：民间借贷纠纷存六大风险因素，北京高院发出防范提示．京法网事，2023-12-26.

【思考题】

1. 民间借贷的利息高限是多少？
2. 如何确认民间借贷关系有效？请谈谈你的看法。
3. 人民法院认定民间借贷合同无效的情形一般有哪些？请举例说明。

第5章

个人投资规划

素养提升

◆ 树立“四个正确认识”，即正确认识世界和中国发展大势，正确认识中国特色和国际环境，正确认识时代责任和历史使命，正确认识远大抱负和脚踏实地，引导、教育学生拥有国际视野和国际格局，具备历史的、发展的眼光与判断力

◆ 通过多种投资工具的选择，培养学生探索未知、追求真理、勇攀科学高峰的责任感、使命感和团队协作意识

◆ 培养良好的职业态度与操守，秉持投资有责任的理念，做到投资有方，以达到投资安全的目的

学习要点

- 熟悉股票投资的基础知识及操作方法
- 熟悉债券投资的基础知识及操作方法
- 熟悉基金投资的基础知识及操作方法
- 熟悉银行理财产品投资
- 了解外汇投资
- 了解黄金投资

思维导图

引导案例　查理·芒格的智慧箴言

如果你在生活中唯一的成功就是通过买股票发财，那么这是一种失败的生活。生活不仅仅是精明地积累财富。生活和生意上的大多数成功来自你知道应该避免哪些事情，如搞垮身体、糟糕的婚姻等。

满足于你已经拥有的，这是你的投资顾问可能会反对的一句真话。如果你已经相当富裕，而别人的财富增长速度比你更快，比如说，从投资高风险的股票中赚了钱，那么又会怎样呢？总是会有人的财富增长速度比你快。关注别人赚钱（比你）更快的想法是一种致命的罪行。它只会让你痛苦不堪，而不会给你带来任何乐趣。

许多年轻的生意人都问我们如何致富这个问题。这是一个聪明的问题：你看见某个有钱的老头，然后问他："我要怎样才能变得像你一样富有呢？"每天起床的时候，争取变得比你以前更聪明一点，认真地、出色地完成你的任务，你会有所进步，但这种进步不一定很快。但这样你能够为快速进步打好基础……每天慢慢向前挪一点，到最后——如果你足够长寿的话——大多数人得到了他们应得的东西。

整个历史上所有赢过彩池投注系统的赢家都有一个非常简单明了的共性：很少下注。那不是轻而易举就能做到的。显然，有50%的人会在最差的一半里，有70%的人会在最差的70%里。但有些人会占据优势。在交易成本很低的情况下，他们挑选的股票将会获得比市场平均回报率更好的成绩。要怎样才能成为赢家，而不是输家呢？

上天并没有赐予人类在所有时刻掌握所有事情的本领。但如果人们努力在世界上寻找定错价格的赌注，上天有时会让他们拥有一次机会。聪明人在发现这样的机会之后会立刻下注。他们碰到好机会就会下重注，其他时间则按兵不动。

成为赢家的方法是工作、工作、工作、再工作，并期待能够看准几次机会。然而在投资管理界，几乎没有人这么做。大多数人头脑里面有许多疯狂的想法。他们不是等待可以全力出击的良机，而是认为只要更加努力地工作，或者聘请更多商学院的学生，就能够在生意场上战无不胜。在我看来，这种想法不靠谱。

你需看准多少次呢？我认为你们一生中不需要看准很多次。只要看看伯克希尔·哈撒韦及其积累起来的数千亿美元就知道了，那些钱大部分是由十个最好的机会带来的。我并不是说他只看准了十次，我想说的是大部分的钱是由十个机会带来的。所以如果能够像彩池投注的赢家那样思考，你们将能够得到非常出色的投资结果。股市就像一场充满胡话的疯狂赌博，偶尔会有定错价格的良机。你们可能没有聪明到一辈子能找出1 000次机会的程度。当你们遇到好机会，就应全力出击。

沃伦在商学院讲课时说："我用一张考勤卡就能改善你最终的财务状况：这张卡片上有20格，所以你只能有20次打卡的机会——这代表你一生中所能拥有的投资次数。当你把卡打完之后，你就再也不能进行投资了。在这样的规则下，你才会真正慎重地考虑你做的事情，你将不得不花大笔资金在你真正想投资的项目上。"

资料来源：彼得·考夫曼．穷查理宝典：查理·芒格的智慧箴言录：全新增订本．北京：中信出版社，2021.

5.1 股票投资

5.1.1 股票投资的基础知识

5.1 即测即评

1. 股票的概念

1984年，北京天桥百货股份有限公司正式成为中国的第一家股份制企业。随后，上海的飞乐公司、深圳的宝安公司相继发行了股票。1988年前后，上海和深圳出现了地区性的股票交易，1990年12月之后，上海证券交易所、深圳证券交易所开业，拉开了中国股票交易的序幕。1992年，中国证券监督管理委员会正式成立，中国的股票交易逐渐走上正规化和法制化的轨道。

知识拓展

股票的理解

股票是股份公司发给股东证明其所投入股份的一种有价证券，它代表其持有者（即股东）对股份公司的所有权。这种所有权是一种综合权利，股东不仅有权按公司章程从公司领取股息，分享公司的经营红利，还有权出席股东大会，选举董事会，参与企业的经营管理决策。股东的投资意愿通过其行使股东参与权得到实现，如参加股东大会、投票表决、参与公司的重大决策、收取股息或分享红利等。同一类别的每一份股票所代表的公司所有权是相等的。每个股东拥有的公司所有权份额的大小，取决于其持有的股票数量占公司总股本的比重。

股票一般可以通过买卖方式有偿转让，股东可以通过股票转让收回其投资，但不能要求公司返还其出资。股东与公司之间的关系不是债权债务关系。股东是公司的所有者，以其出资额为限对公司负有限责任，承担风险，分享收益。

股票作为一种所有权证书，最初是以有纸化形式发行的，如上海的老八股。在这种有纸化股票交易中，股票纸面通常记载着股票面值、发行公司名称、股票编号、发行公司成立登记的日期、股票的发行日期、董事长及董事签名、股票性质等信息。随着技术的发展，电子化股票应运而生，这种股票没有纸质凭证，将相关信息存储于电脑中心，股东只有一个股东账户卡，通过电脑终端即可查到持有的股票品种和数量，这种电子化股票又称为无纸化股票。目前，我国在上海证券交易所（简称“上交所”）和深圳证券交易所（简称“深交所”）上市的股票基本都采用这种方式。

以股东承担的风险和享有的权益的大小为标准，股票可分为优先股和普通股。优先股的优先权利体现在分配红利和剩余资产两个方面：一是股份公司分派股息的顺序是优先股在前，普通股在后；二是股份公司在解散、破产清算时，优先股拥有公司剩余资产的优先分配权，优先股的优先分配权在债权人之后，普通股之前。普通股的基本特点是其投资收益不是在购买时约定（优先股的收益一般是固定的），而是根据股票发行公司的经营业绩来确定的，公司的经营业绩好，普通股的收益就高；经营业绩差，普通股的收益就低。普通股是股份公司资本构成中最重要、最基本的股份，亦是风险最大的一种股份，是最基本、最常见的一种股票。

股市上经常会说“空头”和“多头”，空头是指对市场行情看跌，多头是指对市场行情看涨。一般而言，多空双方就是指交易中的买卖双方。多方力量更强，意味着买盘力度更大，股价就会上涨；空方力量更强，则意味着卖盘力度更大，股价就会下跌。

2. 股票市场的分层

目前，个人可以参与的股票市场有主板、创业板、新三板和科创板。主板是指深交所、上交所主板市场。股票代码上交所以 60 开头、深交所以 000 开头，通常指大中型企业。创业板以 300 开头，科创板以 688 开头。

对于主板的投资只需开通交易即可，创业板的交易则需具有两年以上（含两年）股票交易经验，并签署《创业板市场投资风险揭示书》，证券公司完成相关核查程序，才可开通创业板市场交易。对不具备两年交易经验的投资者，原则上不鼓励其直接参与创业板市场交易，投资者可以通过购买创业板投资基金、理财产品等方式间接参与。投资者审慎评估了自身风险承担能力后如果坚持要申请，则必须在营业部现场按要求签署《创业板市场投资风险揭示书》，并就自愿承担市场风险抄录“特别声明”。经核准后，可开通创业板市场交易。

三板市场起源于 2001 年“代办股权转让系统”，最早承接两网公司和退市公司，称为“旧三板”。2006 年，中关村科技园区非上市股份公司进入代办股权转让系统进行股份报价转让，称为“新三板”。新三板的企业叫作挂牌，而不是 IPO，实行的是主办券商制度，主办券商资格可以在中国证券业协会查询。对个人投资新三板在经济能力和投资经验上有条件限制：

（1）需要两年以上证券投资经验（以投资者本人名下账户在全国中小企业股份转让系统、上交所或深交所发生首笔股票交易之日为投资经验的起算时点），或者具有会计、金融、投资、财经等相关专业背景。

（2）投资者本人名下前一交易日日终证券类资产市值在 500 万元人民币以上。证券类资产包括客户交易结算资金、股票、基金、债券、券商集合理财产品等，信用证券账户资产除外。

2018 年 11 月 5 日，国家主席习近平出席首届中国国际进口博览会开幕式，并发表主旨演讲，宣布在上交所设立科创板并试点注册制。科创板的实质是科技创新板块。2019 年 1 月 28 日，证监会发布《关于在上海证券交易所设立科创板并试点注册制的实施意见》。七大领域的科技创新企业可以在科创板上市，包括新一代信息技术领域、高端装备领域、新材料领域、新能源领域、节能环保领域、生物医药领域和符合科创板定位的其他领域。对于投资者来说，如果想开立科创板的账户，需要满足两个条件：前 20 个交易日，每日股票资产均值不低于 50 万元；两年交易经验。股票资产市值 50 万元以下的投资者，只能通过公募基金来参与。

2021 年 2 月 5 日，中国证监会正式批复深交所合并主板与中小板，深交所于 2 月 5 日启动了合并主板与中小板相关准备工作。深交所统计数据显示，截至 2 月 5 日，深市主板市场共有 459 家企业上市交易，总市值为 9.69 万亿元。中小板市场则承载着

1 001家上市公司，总市值为13.74万亿元。未来合计市值达23.4万亿元的近1 500家上市公司均将受到影响。合并深交所主板与中小板的总体安排将坚持“两个统一、四个不变”。“两个统一”是指统一主板与中小板的业务规则、统一主板与中小板的运行监管模式；“四个不变”是指板块合并后发行上市条件不变、投资者门槛不变、交易机制不变、证券代码及简称不变。

2021年9月3日，北京证券交易所（简称“北交所”）注册成立。10月30日，证监会发布了北交所基础制度，初步构建了北交所发行融资、持续监管、交易所治理等基础制度体系，并明确了基础制度的生效日期为11月15日。对于投资者而言，个人投资者准入门槛为开通交易权限前20个交易日日均证券资产不低于50万元，同时具备2年以上证券投资经验；机构投资者准入不设置资金门槛。

在普通人的印象中，股票的涨跌幅限制是10%，实际上我国资本市场经过近年来的改革，涨跌幅制度有一定调整，不同板块、不同时期的股票涨跌幅限制是不一样的：

（1）深沪主板：新股上市首日涨幅限制为44%，其后涨跌幅限制为10%，如果是ST或者*ST股票，则涨跌幅限制为5%。

（2）创业板、科创板：新股上市第一到第五个交易日不设涨跌幅限制，正常交易时间内的涨跌幅限制为20%，ST或者*ST股票涨跌幅限制依旧为20%。

（3）新三板：精选层股票在连续竞价时间内的涨跌幅限制为30%；基础层、创新层采取集合竞价的交易方式，跌幅限制比例为50%，涨幅限制比例为100%。

（4）北交所：交易股票上市首日不设涨跌幅，其后涨跌幅限制为30%。

3. 股票名称前缀和后缀字母的含义

（1）N股票。股票名称前加上“N”，N是英文New的缩写，代表上市首日的股票，这个符号在第二个交易日会自动消失，恢复成正常名称。看到带有N字头的股票时，投资者除了知道它是新股，还应明白这只股票的股价当日在市场上是不受涨跌幅限制的，涨幅可以高于10%，跌幅也可高于10%。这样就较容易控制风险和把握投资机会。根据新股上市交易规则，新股上市交易的首日，最高价不超过发行价的144%，不低于发行价的64%。盘中成交价格较当日开盘价首次上涨或下跌超过10%的，将临时停牌30分钟。

（2）ST股票。ST是英文Special Treatment的缩写，意即“特别处理”。当上市公司出现财务状况或其他状况异常，比如最近两年连续亏损，或亏损一年、净资产跌破面值、公司经营过程中出现重大违法行为等情况时，股票名称前就会冠以“ST”，表示交易所对该公司股票交易进行了特别处理。ST股票交易日涨跌幅会限制在5%以内。ST指公司经营连续两年亏损，特别处理；*ST指公司经营连续三年亏损，退市预警；S*ST指公司经营连续三年亏损，退市预警而且没有完成股改；SST表示公司经营连续两年亏损，特别处理而且没有完成股改。

（3）G股票和S股票。G是“股改”的汉语拼音Gugai的首字母，G股就是已经完成股改的公司股票，为了区别于还没有进入股改程序的其他公司的股票，在其名称前面加个字母“G”。股改的全称是“国有股股权分置改革”，股权分置是指上市公司的一部分股份上市流通，一部分股份暂不上市流通，公司股改完毕，股份才能实现全流通。沪深证券交易所自2006年10月9日起一次性调整了有关A股股票的证券简称。其中，1 014家G公司取消“G”标记，恢复股改方案实施前的股票简称；其余276家未进行股改或已进行股改但尚未完成的公司，其简称前被冠以“S”标记，以提示投资者。

（4）R股票。股票名称前或后面加字母“R”，代表该股票支持融资融券交易。融资融券（securities margin trading）又称证券信用交易或保证金交易，是指投资者向具有融资融券业务资格的证券公司提供担保物，借入资金买入证券（融资交易）或借入证券并卖出（融券交易）的行为。通俗地说，融资交易就是投资者以资金或证券作为质押，向证券公司借入资金用于证券买入，并在约定的期限内偿还借款本金和利息；投资者向证券公司融资买进证券称为“买多”。融券交易是投资者以资金或证券作为质押，向证券公司借入证券卖出，在约定的期限内，买入相同数量和品种的证券归还券商并支付相应的融券费用，投资者向证券公司融券卖出称为“卖空”。2010年3月30日，上交所、深交所分别发布公告，于2010年3月31日正式开通融资融券交易系统。

（5）XD，XR，DR。证券代码前所标的XD为英文Exit-Dividend的简写，表示股票除息，购买这样的股票后将不再享有派息的权利。XR是Exit-Right的简写，意思是除权。DR是Exit Dividend and Right的简写，意思是除息和除权。如果上市公司分红利现金，则称作除息，大盘显示XD××；如果是送红股或者配股，则称为除权，大盘显示XR××；如果是既分红利又配股，则称为除权除息，大盘显示DR××。上市公司分红利现金或送股配股必须以某一天为界定日，以规定哪些股东可以参加，那一天就是股权登记日，在这一天仍持有该公司股票的所有股东可以参加分红，这部分股东由登记公司统计在册，在固定的时间内，所送红股自动划到股东账上。股权登记日后的第一天就是除权日或除息日，这一天或之后购入该公司股票的股东，不再享有该公司此次分红配股的权利。除权、除息的目的就是调整上市公司每股股票对应的价值，方便投资者对股价进行对比分析。

5.1.2 股票投资的收益来源

投资股票的收益来源于两部分：一部分是股价提高带来的价差收益，这部分收益取决于市场环境和公司的经营状况；另一部分是股票的股利分配。股利分配是指企业向股东分派股利，是企业利润分配的一部分。对于个人投资者而言，股利分配要注意以下几个关键日期：

股利宣告日：公司董事会将股利支付情况予以公告的日期。

股权登记日：有权领取股利的股东有资格登记的截止日期。只有在股权登记日前在公司股东名册上登记的股东，才有权分享股利。

除权日（除息日）：一般股权登记日的下一个交易日就是除权日或者除息日，这一天或以后购入该公司股票的股东，不再享有该公司此次分红配股等权利。如果某一上市公司宣布派发红利股份、红利认股权证，以折让价供股或派发其他有价权益，则在除权日之前持有它的股票的股东可享有该等权益，在除权日当日或之后才买入该公司股票的人不能享有该等权益。除权日与除息日是同一概念，两者的差别只在于前者涉及非现金形式的权益，后者则涉及现金股息。

股利支付日：向股东发放股利的日期。

究竟何时购入股票才能享有股利分配的权利呢？以股权登记日为界限，如果在股权登记日之前购进股票，则享有分配股利的权利，在股权登记日之后购入则失去股利分配的权利。

假设某股票在6月5日这一天宣告要发放股利，6月20日为股权登记日，6月30日为向股东发放股利的日期，那么6月5日是股利宣告日，实际上就是你获知股利即将分配的消息的日子，6月20日是区分你是否具有此次股利分配权的日子，6月30日为股利实际发放到你的账户的日期。

5.1.3 股票投资分析

股票投资的主要分析方法分为两种：基本分析和技术分析。

基本分析通过分析影响证券价格的基础条件和决定因素，评价证券的内在价值，预测证券市场的发展趋势并从中寻找证券价格变动的内在依据和规律。影响股票价格的因素有很多，包括国家的经济形势、经济周期、财政状况、金融环境、国际收支状况、行业经济地位的变化、汇率的调整等。另外，公司财务、经营、资产、行业、股本大小、股本结构、股东的实力以及背景、投资、重组等也会影响股价的涨跌。

技术分析最基本的一个假设就是"历史会重复"。技术分析是通过图表或技术指标，研究市场过去及现在的行为反应，以推测未来价格的变动趋势。其依据的技术指标是通过计算股价、成交量或涨跌指数等数据而得的，由此可知，技术分析只关心证券市场本身的变化，不考虑会对其产生某种影响的经济、政治等各种外部因素。

可以通过一些技术指标和曲线来发现股票的变动趋势，其中最常用的是K线图。K线图又称为蜡烛图，K线源于日本德川幕府时期的本间宗久，当时他在大阪的堂岛大米会所进行大米的期货交易。他深入研究了大米价格的历史记录，凭借过人的天赋很快积累了大量财富，后人根据他的交易心得以及记录价格的方式，慢慢地将价格图表演化成蜡烛图，将他交易的方法称为酒田战法。这一起源于18世纪日本米市用来表示米价变动的分析方法，后被用到证券市场，成为股票技术分析的一种理论。

一根K线记录的是股票在一天内价格变动的情况。将每天的K线按时间顺序排列在一起，就组成了股票价格的历史变动情况，叫作K线图（见图5-1）。K线由开盘价、收盘价、最高价、最低价四个价位组成。开盘价低于收盘价称为阳线，反之叫作阴线。中间的矩形称为实体，实体上面的细线叫上影线，实体下面的细线叫下影线。K线可以分为日K线、周K线、月K线。动态股票分析大师江恩有一句名言：市场理论的奥秘在于，它认为股票或其他市场买卖的商品，正如物质的电子、原子或微粒一样，有其独特的波动率，这个波动率决定市场的波动及趋势。江恩认为在世间只有数字可以永垂不朽，数字可以揭示真理，解决所有的问题。

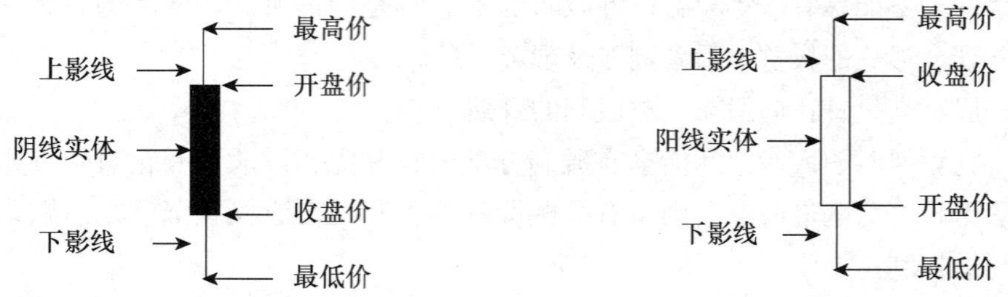

图 5-1 K 线图

基本分析和技术分析各有优劣。基本分析的优点是围绕价值进行投资，能够比较准确地把握中长期趋势，但是周期较长，不能立竿见影，即使判断正确，在市场上也未必能够快速实现。技术分析的优点是买卖信号明确快速，因为参考依据是直接的数据，比较客观，但由于指标是人为编制的，存在一定的滞后性和漏洞，而且指标所形成的信号往往是人们根据以前走势总结出来的规律，出现误差的可能性很大，可能有人为操纵指标数据的情况。

参考阅读

傻瓜理论

卡默勒（Camerer）用加州理工学院的实验室设计出了超简化的股票市场。该实验室是由经济学家查尔斯·普洛特（Charles Plott）创办的。实验室由若干小格子间组成，每间都配备了电脑。每一次敲击键盘，每个鼠标动作，软件都会记录并存档。实验结束的时候，研究者可以回放格子间里发生的一切，就好像点播视频一样。卡默勒做了这样一个实验：

参与者得到一种虚拟股票，又得到一些真正的钱。75 分钟之内，他们可以从自己人那里购买或出售股票。他们只需输入买入或卖出的命令即可。软件把买卖双方匹配起来，执行交易。参与者被告知，在实验中赚的钱可以带走。

由于证券是虚构的，参与者没法翻查价格，他们只能自己出价、问价。卡默勒把这一切设计得尽量简单。在整个实验过程中，每一股每隔 5 分钟派发 24 美分的股息。因此，在实验中一直持有卡默勒股票的人能得到共计 15 次股息分红，即 3.6 美元。根据严格的价值投资者的标准，股票一开始时值 3.6 美元，每分红一次就减少 24 美分。随着时间的推移，股票价值图会呈现阶梯形下降趋势。

实验开始后，股票的初始交易价格是 3 美元左右。10 分钟后，它已升到 3.5 美元左右。之后的绝大部分时间，它都在 3.5 美元上下徘徊。一直到最后 10 分钟，局面才得到了控制。随着结束时刻的临近，股价暴跌。

卡默勒向参与者询问情况。他们会说，“当然了，我知道价格太高，可我看其他人都在高价买进卖出，就觉得我也应该买进，收取一两次股息，最后以同样的价格卖给其他某个傻瓜。”没错，有些观点是对的，只要他们能在崩盘前脱身，就能挣到钱，因为有些可怜的家伙没能及时脱手，被迫埋单。

这就是所谓的“傻瓜理论”。人们在 20 世纪 90 年代末买科技股并不一定是因为他们认为它价格合理，而是因为他们相信自己能把手里的东西卖给更傻的傻瓜，获取利润。

资料来源：威廉·庞德斯通．无价：洞悉大众心理玩转价格游戏．北京：华文出版社，2011.

股票投资是个不断学习的过程，不仅包括知识的学习，还包括心态的磨炼，盲目的胆大、恐惧、焦躁都是不可取的。知识可以通过书本去学习，心态则需要在实战中总结与锻炼。投资前必须做好以下准备：

第一，投资股市的钱必须是闲钱。闲钱是指可以自由支配、没有压力、没有时间限制、没有盈利要求的钱。任何有压力的资金都不适合炒股。在投资前，可以问自己几个问题：这部分钱（投入股市的钱）3～5 年内都不会动用吗？这笔钱我能承受的亏损是多少？如果亏损达到 50％以上，会影响我未来的资金使用吗？

第二，不要把希望寄托在别人身上。投资是个长期的学习过程，不要试图走捷径，也不要根据小道消息或所谓的内幕消息进行股票投资决策。

第三，发展属于自己的投资哲学。每个家庭的情况不一样，资产配置的情况也不一样，你才是最了解自己的人，应避免羊群效应，不要盲目跟风。

参考阅读

裙摆指标

有些技术师不满足于只研究股价的变动，于是拓展了调查研究的范围，将其他领域的变动也纳入自己的分析视野。在分析师创造的技术策略中，最迷惑人心的是由创立者艾拉·科布利（Ira Cobleigh）命名的“牛市与裸膝”理论。根据该理论，你如果查看任意一年女士连衣裙的裙摆高度，就会知道这一年的股价走势。连续几年的股价走势和裙摆存在这样一种松散的关系：女士穿露出膝盖的连衣裙时，股市便是向上攀升的牛市；而当裙摆下移时，股市也会低迷不振。

例如，19 世纪末 20 世纪初，股市相当沉闷，女士的裙摆也很低。之后随着裙摆上移，迎来了 20 世纪 20 年代的大牛市；接下来女士又流行穿长裙，伴随而来的是 20 世纪 30 年代的股市大崩盘。

第二次世界大战结束之后，情况却没有这么吻合。1946 年夏季股市大幅下挫，大大早于 1947 年以长裙为标志的新风貌的问世。同样，1968 年年底股市开始暴跌，而中裙在 1969 年才流行起来，1970 年更是风靡一时。

在 1987 年股市大崩盘期间，这一理论的表现又如何呢？你或许以为裙摆指标失灵了。毕竟，1987 年春季，时装设计师开始将秋季裙装推向市场时，超短裙是理所当然的流行款式。但大约在 10 月初，当秋风乍起吹遍全美的时候，一件奇怪的事发生了：多数女士认为迷你裙不适合自己，她们重新穿起了长裙，时装设计师也因此转而设计长裙。接下来便是股市暴跌。21 世纪的前十年遭遇了两次严重熊市，情况又怎样呢？很遗憾，你已经猜到了，长裤成了时尚，女性商界领袖和政界人士在公众场合出现时总是穿着长裤套装。

即便看起来有一些证据对这一理论有利，也不要过于乐观地指望它能帮你找到合适的股市进出时机。女士们已不再受裙摆高低这种不断变化的时尚潮流的束缚。恐怕这个理论在股市已无用武之地。

资料来源：伯顿·马尔基尔．漫步华尔街．北京：机械工业出版社，2012.

5.2 债券投资

5.2 即测即评

5.2.1 债券投资的基础知识

1. 债券的基本要素

债券是政府、金融机构、工商企业等在直接向社会借债筹措资金时，向投资者发行的，承诺按一定利率支付利息并按约定条件偿还本金的债权债务凭证。债券的本质是债的证明书。债券购买者与发行者之间是一种债权债务关系，假如你投资债券，就是借出资金，若发行债券，就是借入资金。下面以中铁隧道局集团有限公司2023年发行的债券为例来说明债券的组成要素。

中铁隧道局集团有限公司2023年12月19日面向专业投资者公开发行可续期公司债券（第一期）。本期债券品种一简称为“23铁隧Y1”，债券代码为148555；品种二简称为“23铁隧Y2”，债券代码为148556。

发行主体：即债券发行者，指向债券持有人还本付息的机构，也就是借钱的一方。23铁隧Y1和23铁隧Y2的发行主体是中铁隧道局集团有限公司，也就是资金的借入者。债券发行主体可以是政府、企业、金融机构等。

发行对象：有资格购买债券的主体，企业债券的发行对象包括机构投资者和个人投资者。机构投资者主要包括银行、保险、基金、证券公司等金融机构，以及企业、国有资产管理机构、社保基金等非金融机构。个人投资者则是指普通投资者。23铁隧Y1和23铁隧Y2仅面向专业机构投资者发行，普通投资者和专业投资者中的个人投资者不得参与发行认购。债券上市后实施投资者适当性管理，仅专业机构投资者参与交易，普通投资者和专业投资者中的个人投资者认购或买入的交易行为无效。

借款金额：指发行者希望借入并且同意归还给投资者的，以某一具体货币标明的资金数额，也就是本金。但本金只是理论上同意归还给投资者的，不同的债券风险不一样，有可能因为借款人项目经营不善，最终无法归还本金。该债券发行规模不超过10亿元，发行价格为每张100元，23铁隧Y1实际发行金额为5亿元，全场认购倍数6.47倍；23铁隧Y2实际发行金额为5亿元，全场认购倍数4.66倍。

利率：指发行者同意支付给投资者的利率，可以是固定利率，也可以是浮动利率。利息通常是一年或半年支付一次。本期债券为固定利率债券，单利按年计息，不计复利，如有递延，则每笔递延利息在递延期间按当期票面利率累计计息。首个周期的票面利率将由发行人与主承销商根据网下向专业机构投资者的簿记建档结果在预设区间范围内协商，由发行人确定，在首个周期内固定不变，其后每个周期重置一次。23铁隧Y1的票面利率为3.08%，23铁隧Y2的票面利率为3.20%。该债券附设发行人递延支付利息权，除非发生强制付息事件，本期债券的每个付息日，发行人可自行选择将当期利息以及已经递延的所有利息及孳息推迟至下一个付息日支付，且不受到任何递延支付利息次数的限制。递延支付的金额将按照当期执行的利率计算复利。

偿还期限：指债券发行人必须偿还到期本金及最后一期利息的日期，债券的利息有长有短，若在发行完毕后再买入债券，则把买入日和到期日之间的期间叫作剩余期间，其间的买入价、利息收入以及到期本金的偿还决定了持有期间的收益状况。23铁隧Y1基础期限为2年，以每2个计息年度为1个周期，在每个周期末，发行人有权选择将债券期限延长1个周期（即延长2年），或选择在该周期末到期全额兑付；23铁隧Y2基础期限为3年，以每3个计息年度为1个周期，在每个周期末，发行人有权选择将债券期限延长1个周期（即延长3年），或选择在该周期末到期全额兑付。该债券为可续期债券，其偿还期限是可以延长的，在公司赎回之前长期存续，单利按年计息，每年付息一次，可递延支付，到期一次还本。

除了以上基本要素，还可以从债券的有关资料中了解到，23铁隧Y1和23铁隧Y2的发行人主体信用等级为AA+，评级展望为稳定，本期债券信用等级为AAA。投资者网下最低申购单位为1 000万元，超过1 000万元的必须是1 000万元的整数倍。该债券在清算时的清偿顺序劣后于公司发行的普通债券和其他债务且优先于普通股股东。债券由中国中铁股份有限公司提供全额不可撤销的连带责任保证担保。更多的信息，比如发行人赎回选择权、递延支付利息权、续期选择权、最近三年财务状况等都可以通过发行公告获取。

债券表示对公司的一种债权，股票表示对公司的所有权，因为权属关系不同，债券持有者无权过问公司的经营管理，股票持有者则有权直接或间接地参与公司的经营管理。从收益来看，债券在购买之前利率已定，到期可获得固定利息，而不管发行债券的公司经营获利与否，股票的股息收入则会随股份公司盈利情况的变动而变动，盈利多就多得，盈利少就少得，无盈利则不得。正是由于股票价格波动大，投资有很大的风险，投资股票能否获得预期收入，要看公司的经营情况和股市的行情，如果不能承受股市的风险，又想获得高于银行储蓄的回报，那么债券是个很好的选择。

2. 债券的种类

债券的种类很多，按发行主体可以划分为政府债券、金融债券和企业债券。政府债券是政府为筹集资金而发行的债券，主要包括国债、地方政府债券等，其中最主要的是国债。国债因其信誉好、利率优、风险小，又称为“金边债券”。金融债券是由银行和非银行金融机构发行的债券。企业债券是具有法人资格的企业发行的债券。企业债券的利率不得高于银行相同期限居民储蓄定期存款利率的40%，发行企业债券的总面额不得大于该企业的自有资产净值。公司债券是由股份有限公司或有限责任公司发行的债券，公司债券的发行比企业债券要求严格。公开发行公司债券需符合的条件包括：股份有限公司的净资产不低于人民币3 000万元，有限责任公司的净资产不低于人民币6 000万元；累计债券余额不超过公司净资产的40%；最近三年平均可分配利润足以支付公司债券一年的利息；筹集的资金投向符合国家产业政策；债券的利率不超过国务院限定的利率水平；国务院规定的其他条件。公开发行公司债券筹集的资金，必须用于核准的用途，不得用于弥补亏损和非生产性支出。发行企业债券必须符合的条件包括：企业规模达到国家规定的要求；企业财务会计制度符合国家规定；具有偿债能力；企业经济效益良好，发行企业债券前连续三年盈利；所筹资金用途符合国家产业政策。在国外，一般没有企业债和公司债的划分，统称为公司债。

按付息的方式，分为零息债券、固定利率债券、浮动利率债券。零息债券，也叫贴现债券，是指债券券面上不附有息票，在票面上不规定利率，发行时按规定的折扣率，以低于债券面值的价格发行，到期按面值支付本息的债券。固定利率债券的票面利率不随市场利率的变化而调整。浮动利率债券的息票率随市场利率变动而调整。

按是否可以转换为股票，分为可转换债券和不可转换债券。可转换债券是指在特定时期内可以按某一固定的比例转换成普通股的债券，它具有债务与权益双重属性，属于一种混合性筹资方式。可转换性是可转换债券的重要标志，债券持有人可以按约定的条件将债券转换成股票。转股权是投资者享有的、一般债券没有的选择权。可转换债券在发行时就明确约定，债券持有人可按照发行时约定的价格将债券转换成公司的普通股票。债券持有人如果不想转换，则可以继续持有债券，直到偿还期届满时收取本金和利息，或者在流通市场出售变现。持有人如果看好发债公司股票增值潜力，在宽限期之后可以行使转换权，按照预定转换价格将债券转换成股票，发债公司不得拒绝。正因为具有可转换性，可转换债券利率一般低于普通公司债券利率，企业发行可转换债券可以降低筹资成本。可转换公司债券按面值发行，每张面值100元，最小交易单位为面值1 000元。可转换公司债券的期限最短为3年，最长为5年，由发行人和主承销商根据发行人具体情况商定。可转换公司债券的转股价格应在募集说明书中约定。价格的确定应以公布募集说明书前30个交易日公司股票的平均收盘价格为基础，并上浮一定幅度。具体上浮幅度由发行人与主承销商商定。可转换公司债券应每半年或一年付息一次；到期后五个工作日内应偿还未转股债券的本金及最后一期利息。

5.2.2 债券投资的风险收益

1. 债券的收益

债券的收益来源于两个部分：一是债券的利息收益。利息收益是债券投资收入最基本的部分，对于固定利率债券来说，这部分收入事先确定，而浮动利率债券的利息收入则会随着利率的变化而变化。二是债券的价差收益。如果债券上市交易，只要投资者不是持有债券一直至到期，就有可能因为债券价格的波动而发生投资损益。

2. 债券的风险

（1）信用风险。是债券发行人无法按期支付利息和偿还本金而产生的风险。企业发行债券后，其业绩、财务状况都直接反映在债券的市场价格上，如果运营状况不良，企业就有可能丧失还本付息的能力。信用评级机构对债券的评级方便投资者进行债券投资决策，一般来说，资信等级越高的债券越容易得到投资者的信任，能够以较低的利率发行；而资信等级低的债券风险较大，只能以较高的利率发行。

（2）利率风险。是指市场利率变动导致债券价格与收益发生变动的风险。由于大多数债券有固定的利率及偿还价格，市场利率波动将引起债券价格反方向变化。当利率上升（下降）时，债券的价格便会下跌（上涨）。利率变动导致的价格风险是债券投资者面临的最主要风险之一。另外，债券利率风险与债券持有期限的长短密切相关，持有期限越长，利率风险就越大。

（3）通货膨胀风险。也称购买力风险，是指通货膨胀对债券名义收益的实际购买力造成的损失。因为债券利息收益是固定的，此金额不会因通货膨胀而有所增加，所以债券持有人从债券投资中得到的货币的实际购买力会越来越低。

（4）流动性风险。是指债券持有人打算出售债券获取现金时，所持有债券不能按目前合理的市场价格在短期内出售而形成的风险，又称为变现能力风险。如果一种债券能够在较短时间内按市价大量出售，则说明这种债券的流动性较强，投资于这种债券所承担的流动性风险较小。一般来说，政府债券以及一些著名大公司的债券的流动性较强。

（5）事件风险。指某些突发事件，如灾难、公司重组、市场规则的变化、政府政策变动等对债券价值的影响。

5.2.3　国债的投资选择

国债是国家发行的债券，是中央政府为筹集财政资金而发行的一种政府债券，是中央政府向投资者出具的承诺在一定时期支付利息和到期偿还本金的债权债务凭证。由于国债的发行主体是国家，它具有最高的信用度，被公认为最安全的投资工具。

我国中央人民政府曾于1950年1月发行了人民胜利折实公债，实际发行额折合人民币2.6亿元，该债券于1956年11月30日全部还清本息。1954年，我国又发行了国家经济建设公债，到1958年共发行了5次，累计发行35.44亿元，至1968年全部偿清。此后20余年内，我国未再发行任何债券。1981年，为了克服财政困难和筹集重点建设资金，财政部开始发行国库券，发行对象是企业、政府机关、团体、部队、事业单位和个人。

国债按券面形式可分为三大品种：无记名式（实物）国债、储蓄式国债和记账式国债。无记名式（实物）国债即国库券，像钞票一样，券面标有发行年度和不同金额，我国20世纪50年代发行的国债和从1981年起发行的国债主要是无记名式国库券。无记名式（实物）国债因以实物券形式发行，成本较高，且不易保管，不能挂失，逐渐被淘汰，其收藏价值可能高于实际票面价值。现在投资的国债主要是储蓄式国债和记账式国债。

1. 储蓄式国债

储蓄式国债在西方国家有较长历史，它是国家为满足个人长期储蓄性投资需求，较多偏重储蓄功能而设计发行的一种国债。我国的储蓄式国债分为两种：电子式国债和凭证式国债。

我国的电子式国债是指面向个人投资者发行，以电子记账方式记录债权的一种不可上市流通的人民币债券。电子式国债仅针对个人投资者，不向机构投资者发行，同时设立了单个账户单期购买上限；采用实名制，不可流通转让；收益安全稳定。主要有两个品种——固定利率固定期限储蓄国债和固定利率变动期限储蓄国债，其票面利率在发行时就已确定，免交利息税，适合低风险偏好的投资者。

凭证式国债是指面向城乡居民和社会各类投资者发行（2012年起仅面向个人投资者发行），以"中华人民共和国凭证式国债收款凭证"记录债权的储蓄式国债。其票面形式类似于银行定期存单，利率通常比同期银行存款利率高，是一种纸质凭证形式的储蓄式国债。

电子式国债和凭证式国债均为储蓄式国债，实行实名制，相同期限、品种，发行利率基本相当。二者就安全性来说是一样的，不同之处在于：一是申请购买手续不同。凭证式国债可持现金直接购买；储蓄式国债（电子式）须在承销团成员处开立个人国债账户并指定对应的资金清算账户后购买。二是债权记录方式不同。凭证式国债以填制"中华人民共和国凭证式国债收款凭证"的形式记录债权，由各承销银行和投资者进行管理；储蓄式国债（电子式）以电子记账方式记录债权，采取二级托管体制，由各承办银行总行和中央国债登记结算有限责任公司统一管理。三是付息方式不同。凭证式国债为到期一次性还本付息；储蓄式国债（电子式）付息方式分为到期一次还本付息和定期付息。财政部于付息日或还本日通过承销团成员向投资者支付利息或本金。四是兑付方式不同。凭证式国债购买后可随时办理提兑，从购买之日起持有期限不满半年的不计付利息，满半年后按实际持有天数与分档利率计付利息，到期后须由投资者前往承销机构网点办理兑付事宜，逾期不加计利息；储蓄式国债（电子式）在发行期结束后的规定时间才能办理提兑，到期后，承办银行自动将投资者应收本金和利息转入其资金账户，转入资金账户的本息资金作为居民存款按活期存款利率计付利息。

2023年11月10日—19日，财政部发行2023年第七期和第八期储蓄国债（凭证式），两期储蓄国债计划最大发行总额为200亿元。其中，第七期发行额为100亿元，期限3年，票面年利率为2.63%；第八期发行额为100亿元，期限5年，票面年利率为2.75%。投资者购买的两期国债从购买之日起开始计息，到期一次还本付息，不计复利，逾期兑付不加计利息。投资者购买国债后，可到原购买机构办理提前兑取。但当期国债发行期最后一天不办理提前兑取。投资者办理提前兑取，按当期国债实际持有时间和相应的国债按实际持有时间和相对应的分档利率计付利息，具体为：从购买之日起，两期国债持有时间不满半年不计付利息，满半年不满1年按年利率0.35%计息，满1年不满2年按1.1%计息，满2年不满3年按2.12%计息；第八期国债持有时间满3年不满4年按2.57%计息，满4年不满5年按2.68%计息（如表5-1所示）。

表5-1 2023年11月五年期储蓄式国债持有期对应利率

持有期	利率（%）
持有期<6个月	0
6个月≤持有期<1年	0.35
1年≤持有期<2年	1.1
2年≤持有期<3年	2.12
3年≤持有期<4年	2.57
4年≤持有期<5年	2.68
持有期=5年	2.75%

如果你购买了10万元国债，仅持有6个月，如何计算利息？

$$兑换手续费=100\ 000\times0.1\%=100(元)$$

$$国债利息=100\ 000\times0.35\%\times\frac{6}{12}=175(元)$$

$$实际利息=175-100=75(元)$$

如果6个月内兑付，更是没有利息，只有兑付的手续费。

2. 记账式国债

记账式国债是将投资者持有的国债登记在证券账户中，投资者仅取得收据或对账单以证实其所有权的一种国债。记账式国债通过交易所交易系统以记账的方式办理发行，投资者必须拥有证券交易所的证券账户，并在证券经营机构开立资金账户才能购买记账式国债。记账式国债的交易价格是由市场决定的，买卖价格有可能高于或低于发行面值。当卖出价格高于买入价格时，表明卖出者不仅获得了持有期间的国债利息，还获得了部分价差收益；当卖出价格低于买入价格时，表明卖出者虽然获得了持有期间的国债利息，但也遭受了部分价差损失。因此，投资者购买记账式国债于到期前卖出，其价格不能提前预知，要承担一定的利率变动风险。与凭证式国债相比，记账式国债提前兑现不损失利息。记账式国债分为两种：记账式贴现国债和记账式附息国债。前者是指以低于面值的价格贴现发行、到期按面值还本、期限为一年以下的国债；后者则是指定期支付利息、到期还本付息、期限在一年或一年以上的国债。

例如，2023年记账式贴现（八十二期）国债期限182天，发行价格为98.937元，起息日为2023年12月25日，2024年6月24日到期按面值偿还。上市交易的证券简称：23贴债82，证券代码：020620。

2023年记账式附息（二十八期）国债为固定利率附息债，期限为7年，票面利率为2.54%，利息每年支付一次，国债起息日为2023年12月25日，每年12月25日支付利息，2030年12月25日偿还本金并支付最后一次利息。上市交易的证券简称：23国债28，证券代码：019731。

记账式国债在其存续期内要经历几种情况：发行时买入未到期就卖出；二手市场买入到期兑付；二手市场买入未到期就卖出；发行时买入到期兑付等。

发行时买入未到期就卖出：

收益＝卖出价格(净价)－发行价格＋票面利率×债券面值×持有天数/365

二手市场买入到期兑付：

收益＝债券面值－买入价格(净价)＋票面利率×债券面值×到期天数/365

二手市场买入未到期就卖出：

收益＝卖出价格(净价)－买入价格(净价)＋票面利率×债券面值×持有天数/365

发行时买入到期兑付：

收益＝票面利率×债券面值×债券期限(年数)

从上面的内容可以看出，在发行时买入到期兑付的情况下，所获得的收益与凭证式国债类似，即利息。其他三种情况下，所获得的收益就是持有期的利息加上买卖的价差，收益受市场状况的影响，是不确定的。

3. 国债逆回购

我们不但可以通过投资储蓄式国债或记账式国债获得投资收益，还可以通过国债逆回购获得短期闲余资金的无风险收益。国债逆回购本质上是一种短期借出资金的行为，也就是说，个人通过国债回购市场把自己的资金借出去，获得固定的利息收益；而回购方，也就是借款人用自己的国债作为抵押获得这笔借款，到期后还本付息。即你把钱借给别人，获得固定利息；而别人用国债作抵押，到期还本付息。国债逆回购是一种短期资金融通方式，一般期限很短，上交所和深交所均有9个品种，最短1天，最长182天（见表5-2）。其中204开头的是上交所的，1318开头的是深交所的。

表5-2 上交所和深交所国债逆回购品种

	名称	代码	期限		名称	代码	期限
上海证券交易所	GC001	204001	1天	深圳证券交易所	R-001	131810	1天
	GC002	204002	2天		R-002	131811	2天
	GC003	204003	3天		R-003	131800	3天
	GC004	204004	4天		R-004	131809	4天
	GC007	204007	7天		R-007	131801	7天
	GC014	204014	14天		R-014	131802	14天
	GC028	204028	28天		R-028	131803	28天
	GC091	204091	91天		R-091	131805	91天
	GC182	204182	182天		R-182	131806	182天

2019 年年初，上交所和深交所分别对债券交易实施细则进行了修订，对于国债逆回购而言，其交易时间延长半个小时（从 2019 年 1 月 21 日开始执行），即收盘时间由原来的下午 15：00 延长至下午 15：30，此次修改意味着在股市交易时间结束后，进行逆回购的投资者能够多交易半个小时。

在进行国债逆回购交易时，回购竞价交易由交易双方按回购业务每百元资金应收（付）的年收益率报价，报价时，可省略百分号，直接输入年收益率数值，并限于小数点后三位有效数字，比如 GC001，你会看到行情有 1.775、1.780、1.785 等几个数字，这些数字就是年化收益率。委托选择的方向是“卖出”，也就是将你的资金通过国债回购市场借出。需注意，一旦成交，以后的涨跌幅就与你没有多大关系了。比如，你在 1.775 的价位卖出 GC001 这个品种，意味着年化收益率为 1.775%，后面跌到 0 或涨到 100 都与你没有任何关系，因为是期限为一天的品种，所以第二天你就能收到本金加上利息。国债逆回购的收益为扣除手续费后的净利息。

国债逆回购适合短期有闲置资金、希望获得稳定收益、对安全性要求高、暂时没有合适投资渠道的投资者。其中，投资上交所的国债逆回购，资金需要不少于 10 万元且为 10 万元的整数倍；投资深交所的国债逆回购，资金需不少于1 000 元且为 1 000 元的整数倍。例如，现在你有 27 万元闲置资金要进行逆回购操作，那么你只能卖出 2 份 204 开头的上交所品种，剩余的 7 万元只能在深交所卖出。国债逆回购安全性高，与股票交易不同，国债逆回购在成交之后不再承担价格波动的风险，收益率的高低在回购成交时确定，一般收益率高于银行同期存款利率，而且操作非常便捷。国债逆回购利率会随着市场行情变化。一般来说，月末、季末、年末或节假日前等市场资金紧张的时候国债逆回购利率会上涨，投资者可以根据市场行情，选择合适的时机进行交易。

5.3　基金投资

5.3.1　基金投资的基础知识

5.3　即测即评

基金投资是一种利益共享、风险共担的集合投资制度。基金投资是指集中投资者的资金，由基金托管人委托职业经理人管理并专门从事投资活动。本节所说的基金主要是指证券投资基金。证券投资基金的本质是“代客理财，集合投资”。

1. 基金构成主体

（1）基金管理人。是指凭借专业知识与经验，运用所管理基金的资产，科学制定投资决策，谋求所管理的基金资产不断增值的机构，也就是基金管理公司。基金管理人由依法设立的公司或者合伙企业担任。基金管理人对不同的基金财产分别管理、分别记账，进行证券投资；进行基金会计核算并编制基金财务会计报告；编制中期和年度基金报告等。

（2）基金托管人。基金托管人是投资人权益的代表，是基金资产的名义持有人或管理机构。基金托管人由依法设立的商业银行或者其他金融机构担任。商业银行担任基金托管人的，由国务院证券监督管理机构会同国务院银行业监督管理机构核准；其他金融机构担任基金托管人的，由国务院证券监督管理机构核准。基金托管人与基金管理人不得为同一机构，不得相互出资或者持有股份。

（3）基金持有人。是指持有基金单位或基金股份的自然人和法人，也就是基金的投资者，是基金受益凭证的持有者。作为基金的受益人，基金持有人享有基金资产的一切权益。按照通行做法，基金资产由基金托管人保管，并且一般以托管人名义持有，但是，基金最后的权益属于基金持有人，持有人承担基金投资的亏损和收益。

2. 基金的种类

（1）按基金份额是否可以赎回划分。根据《证券投资基金法》，基金的运作方式可以采用封闭式、开放式或者其他方式。采用封闭运作方式的基金（以下简称封闭式基金），是指基金份额总额在基金合同期限内固定不变，基金份额持有人不得申请赎回的基金。采用开放运作方式的基金（以下简称开放式基金），是指基金份额总额不固定，基金份额可以在基金合同约定的时间和场所申购或者赎回的基金。采用其他运作方式的基金的份额发售、交易、申购、赎回的办法，由国务院证券监督管理机构另行规定。我国的开放式基金数量较多，是投资基金的主流。

封闭式基金和开放式基金的买卖方式不同。封闭式基金发起设立时，投资者可以向基金管理公司或销售机构认购；当封闭式基金上市交易时，投资者在证券交易所按市价买卖。而投资者投资开放式基金时，可以随时向基金管理公司或销售机构申购或赎回。

封闭式基金和开放式基金的买卖价格形成方式不同。封闭式基金因在交易所上市，其买卖价格受市场供求关系影响较大。当市场供小于求时，基金单位买卖价格可能高于每份基金单位资产净值，这时投资者拥有的基金资产就会增加；当市场供大于求时，基金价格则可能低于每份基金单位资产净值。开放式基金的买卖价格是以基金单位的资产净值为基础计算的，可直接反映基金单位资产净值的高低。在基金的买卖费用方面，投资者在买卖封闭式基金时与买卖上市股票一样，也要在价格之外支付一定比例的证券交易税和手续费；开放式基金的投资者需缴纳的相关费用（如首次认购费、赎回费）则包含在基金价格之中。

（2）按投资对象划分。按投资对象的不同，基金可以分为股票型基金、债券型基金、黄金基金、货币市场基金等。

1）股票型基金。指80%以上的基金资产投资于股票的基金。股票型基金又可分为主动管理型股票基金和指数基金。

主动管理型股票基金按投资股票的风格不同，可以分为价值型、成长型和平衡型。价值型股票基金主要选择商业模式比较成熟稳定、现金流波动较小、红利发放较多的公司，该类公司一般具有较低的市盈率和市净率，股票价格波动不大，抗跌性强。在市场下跌时，该类基金经常能起到稳定市场的作用；但在牛市时，其收益比成长型基金要低。成长型股票基金风险较高，赚取高收益的空间相对也较大。该类基金往往选择投资处于成长期的公司，比较青睐具有成长潜力的网络科技、生物制药和新能源材料类上市公司。平衡型股票基金指以既要获得当期收入又追求基金资产长期增值为投资目标，把资金分散投资于股票和债券，以保证资金的安全性和盈利性的基金。

指数基金通过跟踪指数分散投资。它是按照某种指数构成的标准，购买该指数包含的证券市场中的全部或部分证券的基金，从而达到与该指数同样或相似的收益水平。我国现有指数基金种类繁多，大家比较熟悉的是宽基类指数基金，比如，中证500、上证380、沪深300、上证50等；另外还有涵盖多个领域的行业和主题指数基金，包含科技类、高端制造类、消费医药类、金融地产类、大宗商品（黄金、有色金属等）类等指数基金；策略类指数基金包括各种传统的金融因子指数，如红利指数、价值指数等，以及其他公司设计的策略指数等。

2）债券型基金。指专门投资于债券的基金，它通过集中众多投资者的资金，对债券进行组合投资，寻求较为稳定的收益。根据中国证监会对基金的分类标准，基金资产80%以上投资于债券的为债券型基金。债券型基金也可以有一小部分资金投资于股票市场，另外，投资于可转债和打新股也是债券型基金获得收益的重要渠道。全部投资于债券的称为纯债券基金；基金资产大部分投资于债券，少部分投资于股票的称为偏债型基金。债券型基金所投资的债券是指在银行间市场或交易所上市的国债、金融债、企业债（包括可转换债券），债券型基金将这些债券品种进行组合，以期给投资者带来最大的收益。

3）黄金基金。指以黄金或黄金类衍生交易品种作为投资媒体的一种共同基金。我国现有黄金基金不多，主要分为两种类型：黄金QDII基金和黄金ETF基金。黄金QDII基金主要投资于境外市场以实物黄金为支持的交易所交易基金；黄金ETF基金主要投资于上海黄金交易所的黄金现货合约，黄金品种以AU99.99和AU99.95为主。

4）货币市场基金。也称货币基金，指投资于货币市场上短期（一年以内，平均期限120天）有价证券的一种投资基金。该基金主要投资于国库券、商业票据、银行定期存单、政府短期债券、企业债券等短期有价证券。货币基金只有一种分红方式——红利转投资。货币市场基金每份单位始终保持在1元，超过1元的收益会按时自动转为基金份额，拥有多少基金份额即拥有多少资产。而其他开放式基金是份额固定不变，单位净值累加的，投资者只能依靠基金每年的分红来实现收益。货币基金的本金安全，流动性强；申购赎回方便，资金到账快，赎回后第二天就可用款；收益稳定，成本低，免认购费、申购费、赎回费；进出方便；日日计息，月月分红，享受复利，每月分红结转份额，分红免收所得税。有人把货币市场基金称为大笔现金的“临时停车场”，意思是在任何时候都可赎回，可以满足大额投资者的突发性资金周转需求。

参考阅读

货币市场基金的倒闭

在雷曼破产地震波的作用下，金融体系的大厦剧烈晃动，这预示着某些部分将发生垮塌。潘多拉的盒子里究竟会放出什么样的灾难？

新闻媒体报道了一家名为“Reserve Primary”（RP）的货币市场基金遭遇挤提的

情况。这则消息最初并未引起多少人注意——即便是华尔街的专业人士，多数人以前也没听说过RP基金。这些货币市场基金实在是太普通了，它们相当于活期存款账户，只投资最安全的短期债，最大的特点是可以随时变现，而且本金不会遭受损失。

“鲜为人知”的RP基金其实是美国历史最悠久的货币市场基金，净值达600多亿美元。它在安全运行了30多年后，不幸在雷曼事件中触礁：该基金持有7亿多美元面额的雷曼商业票据。粗看这些票据只占基金净值的1%，似乎不是什么大问题，但别忘了它是一家“本金不会遭受损失”的货币市场基金，投资者意识到雷曼商业票据将使他们的投资本金遭受微小损失的时候，纷纷要求行使“随时变现”的权利以赎回投资。短短几个小时，挤提风潮就压垮了RP基金。它的短期债不能马上全额变现，无法应付投资者的赎回要求。这意味着RP基金将因为流动性不足而破产。

资料来源：渔阳．乱世华尔街．北京：中国人民大学出版社，2015.

5.3.2 基金投资的风险收益

1. 基金投资的风险

基金投资的风险主要有三种：

一是价格波动风险。由于投资标的价格会有波动，基金的净值也会发生波动。如果基金价格低于买入成本，那么在不考虑分红因素影响的情况下，持有该基金份额的人就会亏损。货币基金一般价格稳定，股票型基金则波动较大。

二是流动性风险。即投资者在需要卖出所投资的对象时面临的变现困难和不能以合适的价格变现的风险。对于封闭式基金的购买者来说，当要卖出基金时，可能会面临在一定的价格下卖不出去而需要降价卖出的风险；对于开放式基金的持有人来说，如果遇到巨额赎回，基金管理人可能会延迟支付赎回款项，影响持有人的资金安排。有些基金有封闭运行期，在这段时间里，基金是不能赎回的。

三是基金管理人运作风险。包括基金运作当事人的运行系统发生故障给投资者带来的风险；基金运作当事人的管理水平低给投资者带来的风险；基金运作当事人不能履行义务给投资者带来的风险。

2. 基金投资的费用

基金的费用包括两大类：一类是在基金管理过程中发生的费用，主要包括基金管理费、基金托管费、信息披露费等，这些费用由基金资产承担。基金的净值就是资产的市价扣除这些费用后的金额。这部分费用投资者不会明显感觉到。另一类是在基金销售过程中发生的由基金投资人自己承担的费用，主要包括基金认购费、基金申购费、基金赎回费和基金转换费。个人投资者会更关心在购买基金时须自己承担的费用。了解各种费用的术语，并灵活地加以应用，可以降低购买成本。

（1）基金认购费。基金认购费指投资者在基金发行募集期内购买基金单位时交的手续费，目前国内通行的认购费用计算方法为：

认购费用＝认购金额×认购费率

净认购金额＝认购金额－认购费用

（2）基金申购费。基金申购费是指投资者在基金处于申购开放状态期间，向基金管理人购买基金份额时支付的手续费。在基金首次募集期购买基金的行为称为认购；在基金成立后购买基金的行为称为申购。一般情况下，在认购期购买基金的费率要比在申购期购买优惠。还需注意的是，在申购基金时，有的基金会给出两种支付方式：前端收费和后端收费。前端收费指的是投资者在购买开放式基金时就支付申购费；后端收费指的是投资者在购买开放式基金时并不支付申购费，等到卖出时才支付。后端收费的设计目的是鼓励投资者长期持有基金。因此，后端收费的费率一般会随着持有基金时间的延长而递减。某些基金甚至规定投资人持有基金超过一定期限卖出可以完全免除后端收费。

（3）基金赎回费。基金赎回费是指在开放式基金的存续期间，持有基金单位的投资者向基金管理人卖出基金单位时支付的手续费。赎回费率的高低一般与持有基金的时间长短有关，持有时间越长，赎回费率越低。

（4）基金转换费。基金转换是基金管理人向基金持有人提供的一种服务，是指投资者在持有一家基金管理公司发行的任一开放式基金后，可直接自由转换到该公司管理的其他开放式基金，而不需要先赎回已持有的基金单位再申购目标基金。基金转换是需要收费的，但相对于先赎回再申购的操作方式，基金转换可降低投资人的交易成本。基金转换还具有交易快捷的优势。以股票型基金为例，按照先赎回再申购的方式一般至少需要5～7个工作日，而选择基金转换则可以在当日完成，大大节省了投资人的交易时间。

3. 基金的分红

任何投资的最终目的都是获得投资收益，使资金增值。对于基金投资而言，为了获得投资收益，可以通过将价格上涨或净值增长的基金份额卖出或赎回的方式获得现金，或者通过基金公司派发红利，即以分红的方式得到投资回报。

基金的分红方式分为现金分红和红利再投资。现金分红就是基金公司将基金收益的一部分以现金形式派发给基金投资者。现金分红可以为投资者提供持续的现金流，在市场震荡时，已实现收益可以及时“落袋为安”，适合有特殊现金流需要的投资者。红利再投资就是基金投资者将分红所得现金再投资于该基金，以获得基金份额，基金份额的转换不收取申购费。红利再投资可以让投资者享受复利收益，通过长期投资追求更高收益，适合有长期投资计划的投资者。如果市场长期处于向上趋势，则红利再投资的收益将高于现金分红。货币基金默认为红利转投后，不能更改。其他基金均默认为现金分红，要想改变分红方式，可在分红前的权益登记日当天下午3点前进行更改。

假设持有1万份基金份额，现金分红是1 500元现金，如果采取红利再投资，则按分红基准日的基金份额净值1.5元，可以分到1 500÷1.5＝1 000份，这样基金总份额达到11 000份。

如果3年后该基金净值增长到3元，则

现金分红方式：

10 000×3=30 000元(基金市值）和1 500元现金。

红利再投资方式：

11 000×3=33 000元(基金市值)。

如果3年后该基金净值降到0.1元，则

现金分红方式：

10 000×0.1=1 000元(基金市值）和1 500元现金。

红利再投资方式：

11 000×0.1=1 100元(基金市值)。

从上面的计算可以看出，当牛市基金市值上涨时，持有更多的基金份额可以带来更多的收益；而在熊市基金市值下跌时，采用现金分红方式使收益“落袋为安”是较好的选择。

5.3.3 基金的投资选择

1. 基金的配置

基金投资的关键，一是选择可靠的基金公司，二是选择适合自己的产品。证监会从2007年起就推广“基金销售适用性”原则，投资者在网上开户购买基金，基金公司一般要求做一份风险能力评估的测试，根据测试结果推荐适合的基金。正确地评估风险承受能力是明确投资目标和可投资资产的前提，只有客观地了解自己的投资需求、投资目标、投资时间以及风险承受能力，才能正确选择适合自己的投资计划。建议根据实际情况进行不同类型基金的配置。

(1) 短期资金。货币市场基金和信用卡配合使用，以满足日常生活的需要。生活中，没必要持有太多的现金，可以把货币市场基金当作活期存款。把暂时不用的现金全部存入货币市场基金，消费则用信用卡。需要现金时，货币市场基金可以立即赎回，到账时间比较快。

(2) 中期资金。用债券型基金构建中期资金池。把中期需要的资金（一般为1～5年内，用于结婚、旅游、房子首付款等的资金）存入债券型基金，债券型基金较货币市场基金收益高，而且比较稳定，赎回到账时间比货币市场基金长，应在有资金需要前一周赎回。

(3) 长期资金。用股票型基金构建长期资金池。股票型基金属于高风险的投资，不同年份收益波动很大，为规避这种波动性，应尽量把投资期限拉长。除了延长投资期限，还应挑选好的基金公司，选择优质股票型基金，以避免因基金经理的不作为影响投资回报。

2. 基金的定投

基金的投资方式有两种，即单笔投资和定期定额。采用基金定期定额投资方式时，不论市场行情如何波动，每个月固定一天定额投资基金，银行自动扣款，自动依基金净值计算可买到的基金份额。这样投资者购买基金的资金是按期投入的，投资的成本也比较平均。基金定投可以月、周、季为周期，要根据自己的资金收入间隔来确定。

定期定额投资最大的特点就是分散风险和强制投资。相对定投，一次性投资收益可能很高，但风险也很大。由于规避了投资者对进场时机的主观判断，定投方式与股票投资或基金单笔投资追涨杀跌相比，风险明显降低。定投的门槛较低，有的基金公司规定 100 元即可开展定投。通过定期定额强制性扣款，可以强制投资，培养良好的投资习惯，而不必等到积累了足够多的资金才投资。

定投的收益为复利，本金产生的利息加上本金继续衍生收益，产生利滚利的效果，随着时间的推移，复利效果日益明显。定投的复利效果需要较长时间才能充分展现，不宜因市场短线波动随便终止。只要长线前景佳，市场短期下跌反而是积累更多便宜单位数的好时机，一旦市场反弹，长期积累的单位数就可以一次获利。

让我们以上证指数为模拟投资对象。以上证指数 1990 年 12 月 19 日成立时的基数 100 点为参考基数，当天模拟开始基金定期定额投资，净值为 1.00 元，每月投入 500 元，计算不包含手续费。按照上证指数的实际走势模拟计算，投资时间 34 年，总投入 20.4 万元，在这 34 年里，大涨大跌几个起伏，总资产的价值最高达到 77.65 万元。而后股市下跌，2024 年末资产总额为 56.78 万元，如表 5-3 所示。

表 5-3　基金模拟定投指数收益表（1990 年开始定投）　　单位：万元

时间	累计投入	资产总值
1990 年 12 月 19 日	0.05	0.05
1994 年 12 月 19 日	2.45	4.89
1998 年 12 月 21 日	4.85	11.42
2002 年 12 月 19 日	7.25	16.06
2006 年 12 月 19 日	9.65	30.68
2007 年 10 月 19 日	10.15	77.65
2008 年 12 月 19 日	10.85	27.03
2009 年 12 月 21 日	11.45	42.57
2010 年 12 月 19 日	12.05	40.36
2011 年 12 月 19 日	12.65	31.24
2012 年 12 月 19 日	13.25	31.11
2013 年 12 月 19 日	13.85	31.62
2014 年 12 月 19 日	14.45	45.66
2015 年 12 月 21 日	15.05	53.95
2016 年 12 月 19 日	15.65	47.16
2017 年 12 月 19 日	16.25	51.10
2018 年 12 月 19 日	16.85	40.05
2019 年 12 月 19 日	17.45	48.02
2020 年 12 月 21 日	18.05	55.10
2021 年 12 月 20 日	18.65	58.49

续表

时间	累计投入	资产总值
2022年12月19日	19.25	51.15
2023年12月19日	19.85	48.83
2024年12月19日	20.45	56.78

如果你从股市最高点开始定投，那么情况又会如何呢？假设你从2017年1月19日开始定投，每月投500元，结果似乎有些让人失望（见表5-4）。大部分时间资产总额和投入额相差不大，甚至有时发生了亏损，但是不要泄气，因为从最高点开始，这个阶段刚好处于指数下降期。

表5-4 基金模拟定投指数收益表（2007年开始定投）

时间	累计投入	资产总值
2007年1月19日	0.05	0.05
2008年12月19日	0.65	0.46
2009年12月21日	1.25	1.42
2010年12月20日	2.40	2.35
2011年12月19日	3.00	2.30
2012年12月19日	3.60	2.82
2013年12月19日	4.20	3.40
2014年12月19日	4.80	5.66
2015年12月21日	5.40	7.20
2016年12月19日	6.00	6.92
2017年12月19日	6.60	7.92
2018年12月19日	7.00	6.65
2019年12月19日	7.60	8.49
2020年12月21日	8.20	10.29
2021年12月20日	8.80	11.42
2022年12月19日	9.40	10.45
2023年12月19日	10.00	10.42
2024年12月19日	10.60	12.63

虽然资产总额起伏不定，但如果定期定额一直持续下去，那么等到下一个牛市，资产总额将有更大幅度的增长。基金投资是一个长期的渐进过程，在这个过程中，应树立长期投资的习惯和理念。如果时间太短，三四个月或一两年，则收益不太明显，甚至有可能亏损，时间越长，定期定额的优势越明显。相关分析显示，若定投持有1年，则收益为负的概率大约为30%；若定投持有期达到6年，则收益为负的概率几乎为零。越早开始定投，持有年限就越长，收益为负的概率也就越低。

需要明确一点，并不是所有的基金都适合定投，定期定额适合波动比较大的基金，这样才能通过时间熨平市场风险，充分享受复利效应带来的收益。如果用货币市场基金来做定期定额，因为其收益波动不大，没有多大的意义。指数基金是定投的优质品种，指数基金波动较大，受基金经理主观判断影响较小，指数不可能只涨不跌或只跌不涨，没有永久的熊市或牛市，在牛熊交替的过程中坚持定期定额，才能实现财富增值。

5.4　银行理财产品投资

5.4.1　银行理财产品的基础知识

5.4　即测即评

1. 银行理财产品的概念

商业银行理财业务是指商业银行接受投资者的委托，按照与投资者事先约定的投资策略、风险承担和收益分配方式，对受托的投资者财产进行投资和管理的金融服务。商业银行开展理财业务活动，应当遵守公平、公正、公开原则，公平公正地对待客户，向客户公开相关理财产品信息。商业银行开展理财业务活动，应该遵守风险隔离的“栅栏”原则，实现理财业务与信贷等其他业务相分离；自营业务与代客业务相分离；银行理财产品与银行代销的第三方理财产品相分离；银行理财产品之间相分离；理财业务操作与银行其他业务操作相分离。

为规范金融机构资产管理业务，统一同类资产管理产品监管标准，有效防控金融风险，2018 年 4 月 27 日，中国人民银行、银保监会、证监会、国家外汇管理局共同发布《关于规范金融机构资产管理业务的指导意见》，要求金融机构发行和销售资产管理产品，应当坚持“了解产品”和“了解客户”的经营理念，加强投资者适当性管理，向投资者销售与其风险识别能力和风险承担能力相适应的资产管理产品。禁止欺诈或者误导投资者购买与其风险承担能力不匹配的资产管理产品。金融机构不得通过拆分资产管理产品的方式，向风险识别能力和风险承担能力低于产品风险等级的投资者销售资产管理产品。

金融机构应当加强投资者教育，不断提高投资者的金融知识水平和风险意识，向投资者传递“卖者尽责、买者自负”的理念，打破刚性兑付。金融机构开展资产管理业务时不得承诺保本保收益。出现兑付困难时，金融机构不得以任何形式垫资兑付。打破刚性兑付意味着以后购买银行理财产品将不再旱涝保收，即使亏钱银行也不会为客户垫付了。

经金融管理部门认定，存在以下行为的视为刚性兑付：资产管理产品的发行人或者管理人违反真实公允确定净值原则，对产品进行保本保收益；采取滚动发行等方式，使得资产管理产品的本金、收益、风险在不同投资者之间发生转移，实现产品保本保收益；资产管理产品不能如期兑付或者兑付困难时，发行或者管理该产品的金融机构自行筹集资金偿付或者委托其他机构代为偿付；金融管理部门认定的其他情形。

2018 年 9 月 26 日，银保监会发布《商业银行理财业务监督管理办法》，规定银行应对理财产品进行风险评级，对投资者风险承受能力进行评估，并根据风险匹配原则，向投资者销售风险等级等于或低于其风险承受能力等级的理财产品。个人首次购买理财产品时，应在银行网点进行风险承受能力评估和面签。要求银行在全国银行业理财信息登记系统对理财产品进行“全流程、穿透式”集中登记，银行只能发行已在理财系统进行登记并获得登记编码的理财产品，投资者可依据该登记编码在中国理财网查询产品信息，核对所购买产品是否为银行发行的正规理财产品，这有助于防范虚假理财和“飞单”，保护投资者权益。

2. 银行理财产品的分类

（1）根据募集方式的不同，理财产品分为公募理财产品和私募理财产品。公募理财产品是指商业银行面向不特定社会公众公开发行的理财产品。私募理财产品是指商业银行面向合格投资者非公开发行的理财产品。合格投资者是指具备相应风险识别能力和风险承受能力，投资于单只理财产品不低于一定金额且符合下列条件的自然人、法人或者依法成立的其他组织：具有2年以上投资经历，且满足家庭金融净资产不低于300万元人民币，或者家庭金融资产不低于500万元人民币，或者近3年本人年均收入不低于40万元人民币；最近1年末净资产不低于1 000万元人民币的法人或者依法成立的其他组织；国务院银行业监督管理机构规定的其他情形。

商业银行发行公募理财产品的，单一投资者销售起点金额不得低于1万元人民币。商业银行发行私募理财产品的，合格投资者投资于单只固定收益类理财产品的金额不得低于30万元人民币，投资于单只混合类理财产品的金额不得低于40万元人民币，投资于单只权益类理财产品、单只商品及金融衍生品类理财产品的金额不得低于100万元人民币。

公募产品主要投资标准化债权类资产以及上市交易的股票，除法律法规和金融管理部门另有规定外，不得投资未上市企业股权。公募产品可以投资商品及金融衍生品，但应当符合法律法规以及金融管理部门的相关规定。

私募产品的投资范围由合同约定，可以投资债权类资产、上市或挂牌交易的股票、未上市企业股权（含债转股）和受（收）益权以及符合法律法规规定的其他资产，并严格遵守投资者适当性管理要求。

商业银行应当在私募理财产品的销售文件中约定不少于24小时的投资冷静期，并载明投资者在投资冷静期内的权利。在投资冷静期内，如果投资者改变决定，则商业银行应当遵从投资者意愿，解除已签订的销售文件，并及时退还投资者的全部投资款项。投资冷静期自销售文件签字确认后起算。

（2）根据投资性质的不同，理财产品分为固定收益类理财产品、权益类理财产品、商品及金融衍生品类理财产品和混合类理财产品。固定收益类理财产品投资于存款、债券等债权类资产的比例不低于80%；权益类理财产品投资于权益类资产的比例不低于80%；商品及金融衍生品类理财产品投资于商品及金融衍生品的比例不低于80%；混合类理财产品投资于债权类资产、权益类资产、商品及金融衍生品类资产且任一资产的投资比例未达到前三类理财产品的标准。

对于固定收益类理财产品，金融机构应当通过醒目方式向投资者充分披露和提示产品的投资风险，包括但不限于产品投资债券面临的利率、汇率变化等市场风险以及债券价格波动情况，产品投资每笔非标准化债权类资产的融资客户、项目名称、剩余融资期限、到期收益分配、交易结构、风险状况等。

对于权益类理财产品，金融机构应当通过醒目方式向投资者充分披露和提示产品的投资风险，包括产品投资股票面临的风险以及股票价格波动情况等。

对于商品及金融衍生品类理财产品，金融机构应当通过醒目方式向投资者充分披露产品的挂钩资产、持仓风险、控制措施以及衍生品公允价值变化等。

对于混合类理财产品，金融机构应当通过醒目方式向投资者清晰披露产品的投资资产组合情况，并根据固定收益类、权益类、商品及金融衍生品类资产投资比例充分披露和提示相应的投资风险。

(3) 根据运作方式的不同，理财产品分为封闭式理财产品和开放式理财产品。封闭式理财产品是指有确定到期日，且自产品成立日至终止日期间，理财产品份额总额固定不变，投资者不得进行认购或者赎回的理财产品。开放式理财产品是指自产品成立日至终止日期间，理财产品份额总额不固定，投资者可以按照协议约定，在开放日和相应场所进行认购或者赎回的理财产品。

商业银行发行的封闭式理财产品的期限不得低于90天。开放式理财产品所投资资产的流动性应当与投资者赎回需求相匹配，确保持有足够的现金、活期存款、国债、中央银行票据、政策性金融债券等具有良好流动性的资产，以备支付理财产品投资者的赎回款项。开放式公募理财产品应当持有不低于该理财产品资产净值5%的现金或者到期日在一年以内的国债、中央银行票据和政策性金融债券。

商业银行应当在每个开放日结束后2日内，披露开放式公募理财产品在开放日的份额净值、份额累计净值、认购价格和赎回价格，在定期报告中披露开放式公募理财产品在季度、半年度和年度最后一个市场交易日的份额净值、份额累计净值和资产净值。商业银行应当至少每周向投资者披露一次封闭式公募理财产品的资产净值和份额净值。

5.4.2　银行理财产品的风险收益

购买不同的理财产品，风险和收益是不同的，银行只是接受客户的授权管理资金，投资收益与风险由客户或客户与银行按照约定方式承担。因此，在购买理财产品之前，应充分了解自身的风险认知以及承受能力，选择适合自身的产品，切勿盲目听从销售推荐。

2023年11月21日，中国银行业协会发布了《理财产品过往业绩展示行为准则》，要求应以醒目文字提醒投资者“理财产品过往业绩不代表其未来表现，不等于理财产品实际收益，投资须谨慎”，不得以明示、暗示或其他任何方式承诺产品未来收益。在选择过往业绩展示区间时，应注明区间起始时间和截止时间，完整会计年度的过往业绩展示除外。理财产品宣传销售文本只能展示该理财产品或本公司同类理财产品的过往平均业绩和最好、最差业绩。不得刻意选择性展示理财产品特定区间或部分区间的过往业绩。对于同类或同系列理财产品，不得仅展示特定理财产品或部分理财产品的过往业绩。该准则的发布将彻底改变行业生态中五花八门的历史业绩展示形式，增强投资者对产品性质和特点的判断，有利于充分揭示理财产品“卖者尽责、买者自负”的信义义务特征。

1. 理财产品风险等级划分

理财产品的风险评级结果由低到高应当至少包括五个等级，即从风险一级至风险五级；商业银行理财产品风险评级超过五级的，应同时对外披露其与五个风险等级的对应关系。风险等级为一级的理财产品，总体风险程度低，收益波动小，产品本金安全性高，收益不能实现的可能性很小。风险等级为二级的理财产品，总体风险程度较低，收益波动较小，虽然存在一些可能对产品本金和收益安全产生不利影响的因素，但产品本金出现损失的可能性较小。风险等级为三级的理财产品，总体风险程度适中，收益存在一定的波动，产品本金出现损失的可能性不容忽视。风险等级为四级的理财产品，总体风险程度较高，收益波动较明显，产品本金出现损失的可能性高。风险等级为五级的理财产品，总体风险程度高，收益波动明显，产品本金出现损失的可能性很高，产品本金出现全部损失的可能性不容忽视。

商业银行销售理财产品，应当遵循风险匹配原则，禁止误导客户购买与其风险承受能力不相符合的理财产品。风险匹配原则是指商业银行只能向客户销售风险评级等于或低于其风险承受能力评级的理财产品。风险评级为一级和二级的理财产品，单一客户销售起点金额不得低于5万元人民币；风险评级为三级和四级的理财产品，单一客户销售起点金额不得低于10万元人民币；风险评级为五级的理财产品，单一客户销售起点金额不得低于20万元人民币。

对理财产品进行风险评级的依据应当包括但不限于以下因素：理财产品投资范围、投资资产和投资比例；理财产品期限、成本、收益测算；该行开发设计的同类理财产品过往业绩；理财产品运营过程中存在的各类风险。

2. 客户的风险等级划分

银行应当对客户风险承受能力进行评估，确定客户风险承受能力评级，由低到高至少包括五级，并可根据实际情况进一步细分。银行应当在客户首次购买理财产品前在银行网点对其进行风险承受能力评估。风险承受能力评估依据至少应当包括客户年龄、财务状况、投资经验、投资目的、收益预期、风险偏好、流动性要求、风险认知以及风险损失承受程度等。商业银行对超过（含）65岁的客户进行风险承受能力评估时，应当充分考虑客户年龄、相关投资经验等因素。商业银行完成客户风险承受能力评估后，应当将风险承受能力评估结果告知客户，由客户签名确认后留存。超过一年未进行风险承受能力评估或发生可能影响自身风险承受能力情况的客户，再次购买理财产品时，应当在商业银行网点或其网上银行完成风险承受能力评估，评估结果应当由客户签名确认；未进行评估，商业银行不得再次向其销售理财产品。

3. 理财产品的宣传销售文本

理财产品宣传销售文本中出现表达收益率或收益区间字样的，应当在销售文件中提供科学合理的测算依据和测算方式，以醒目文字提醒客户，“测算收益不等于实际收益，投资须谨慎”。如果不能提供科学合理的测算依据和测算方式，则理财产品宣传销售文本中不得出现产品收益率或收益区间等类似表述。向客户表述的收益率测算依据和测算方式应当简明、清晰，不得使用小概率事件夸大产品收益率或收益区间，误导客户。

理财产品销售文件应当包含专页风险揭示书，风险揭示书应当使用通俗易懂的语言，至少包含以下内容：

（1）在醒目位置提示客户，“理财非存款，产品有风险，投资须谨慎”；

（2）提示客户，“如影响您风险承受能力的因素发生变化，请及时完成风险承受能力评估”；

（3）提示客户注意投资风险，仔细阅读理财产品销售文件，了解理财产品具体情况；

（4）本理财产品类型、期限、风险评级结果、适合购买的客户，并配以示例说明最不利投资情形下的投资结果；

（5）理财产品的风险揭示应当至少包含本理财产品不保证本金和收益，根据理财产品风险评级结果提示投资者可能会因市场变动而蒙受损失的程度，以及需要充分认识投资风险，谨慎投资等；

（6）投资者风险承受能力评级结果，由投资者填写；

（7）投资者抄录风险确认语句，包括确认语句栏和签字栏，确认语句栏应当完整载明风险确认语句“本人已经阅读风险揭示，愿意承担投资风险”，并在此语句下预留足够空间供投资者完整抄录和签名确认。

4. 区分银保产品与银行理财产品

对银保产品和银行理财产品应加以区分（见表5-5），在实际生活中这两者往往被认为是同一事物。银行代理保险业务本质上是一种保险业务，是由银行作为一类保险兼业代理机构，代理销售保险公司产品。经过几年的快速发展，银行代理已经成为保险公司最重要的销售渠道之一。银保产品目前多数缴费期限3～10年，保障期限3～15年，主要是中长期的投资，并且有意外保险。银保产品的起卖份数一般是1 000～10 000份，但是多数产品需要连续3年、5年或者10年缴费。中途有保险公司每年的返还和分红，返还是确定的，在合同里约定，分红是不确定的，根据公司的经营状况决定分红数额。本金和生存金一般都不受影响，保险期满都会返还。只有红利这项是不确定的。

表5-5 银保产品与银行理财产品的区别

	银保产品	银行理财产品
存续期限	期限较长，少则三年，多则几十年	期限较短，少则几天，多则一两年
起点	低，几千元就可以购买	一般起点为5万元
缴费期限	趸交（一次性交清），或分期缴费	一次交清
购买年龄	一般不超过60周岁	无限制
收益构成	一般固定收益加上分红收益	保证收益或不保证收益
退出	可以退保，但损失很大	不能中途退出

还需提醒一点，缴费期限并非满期时间。现在一些保险公司推出期缴型银保产品，如缴费5年后满期领取生存金。一些客户就会把5年当成产品的期限，但5年后提取时发现仍然属于退保，很可能仅能拿回本金。满期时间一般比缴费期限长很多，因此，客户在选购银保产品时必须问清楚满期时间，也就是开始领钱的时间。银行理财产品的销售合同上，以银行作为销售主体，所盖公章是银行的；而在银保产品的销售合同上，出现的都是保险公司的名称，所盖公章也是保险公司的。2014年1月，银监会和保监会联合发布《关于进一步规范商业银行代理保险业务销售行为的通知》，从2014年4月1日起商业银行在向65岁以上老人销售保险时，必须由保险公司人工审核之后方可出单，同时还将银保渠道保险产品的犹豫期由之前的10天延长至15天。客户15天之内如果“反悔”，可以全额退保，在犹豫期内退保，保险公司只收取10元保单工本费；这一“缓冲期”的设定可以有效避免一时冲动或盲目购买情况的发生。同时，规定要求银保销售人员不能代替投保人填写保单。在扣费环节上，银行须和投保人达成协议，凡是在银行购买了保险公司产品的投保人，保险公司都必须在划扣首期保费24小时内，或未划扣首期保费且在承保24小时内，以保险公司的名义向投保人的手机发送提示短信。提示短信应当至少包括：保险公司名称、保险产品名称、保险期间、犹豫期起止时间（非现场出单除外）、期交保费及频次、公司统一客服电话，并请投保人仔细阅读保险合同条款。

5.4.3 银行理财产品的投资选择

知识拓展

银行理财产品案例

1. 选择适合自己风险等级的银行理财产品

不同理财产品的收益和风险是不一样的，在投资银行理财产品之前，必须对自己的风险承受能力进行评估，选择合适的产品。同时，不同银行同一类别的理财产品各有所长，而且每家银行擅长的品种不同，投资者在选择理财产品之前，精选银行很有必要。第一，要看实现收益的能力。投资者购买理财产品时最关心的是收益率的高低。每家银行总有几款高收益的产品，但不同的银行总体收益水平差距不小。第二，要看银行擅长、偏好的投资品种。总体来说，外资银行擅长投资海外市场，中资银行擅长运作稳健型理财产品。第三，要看银行风险控制措施是否到位。选择浮动收益理财产品时这一点很重要。第四，要看理财产品信息披露是否充分。如果信息披露不充分，则容易产生纠纷。第五，要看银行理财产品的多样性。产品丰富的银行可以帮助投资者捕捉到市场上的各种投资机会。第六，要看产品适应性。比如，外资银行高风险的产品居多，适合风险承受能力相对较强、有一定投资经验、关注海外市场的投资者。中资银行擅长发行信托类理财产品，其风险程度不一。

2. 甄别收益

首先，区分累计收益与平均收益。累计收益除以投资年数就得到平均收益，有些银行为了夸大收益，吸引投资者，在宣传中强调累计收益而非平均收益。比如，某银行在协议中宣称，理财产品在3年后到期收益率总共为12%，这意味着实际年平均收益率仅为4%。有的产品的预期收益率为12%，但是其采用的是18个月的收益率，如果把它转换成年收益率，则是8%。

其次，预期收益不等于实际收益。银行在推出理财产品时一般会宣传其预期收益率，事实上，并非所有的理财产品都能达到其承诺的收益率。比如某银行的一款人民币信托理财产品，预期收益率为15%，而到期收益率仅为1.53%，两者相差13.47%。因此，投资者在购买银行理财产品前，一定要弄清产品的风险类型。根据现有规定，商业银行发行理财产品，不得宣传理财产品预期收益率，在理财产品宣传销售文本中只能登载该理财产品或者本行同类理财产品的过往平均业绩和最好、最差业绩，并以醒目文字提醒投资者“理财产品过往业绩不代表其未来表现，不等于理财产品实际收益，投资须谨慎”。

总之，购买理财产品时，一定要看清楚“收益率”三个字前面的定语，预期收益率比较高，指的是在理想情况下理财产品的收益情况，这表明有一定的市场风险存在，预期收益率可能最终无法实现。而固定收益率的风险几乎为零，基本上可以实现，这就注定它的数值不可能太高。最低收益率一般很低，它在保障投资者最低收益的基础上，还有一定的获利潜力，投资者在选择这类产品时，应着重考虑产品收益是否有实现的可能性，可参考产品以前年度的业绩或关注市场走向。

3. 理清关键日期

银行理财产品发行时一般要公布募集日和起息日，募集期一般为7～15天，也就是说，如果募集期为20天，1日购买理财产品，则1～20日按照活期计算利息，而不是像很多人认为的那样，购买当日就开始按照理财收益率计息。理财产品到期后，投资者常常发现本金和收益并没有立即转回自己的账户，而是要等到还本清算期结束才开始返还。很多理财产品在这段时间内不会向投资者支付利息。因为银行是对募集的资金进行统一运作，产品到期后再进行资金下划，然后转至投资人的资金账户，这里面就有一个资金划转的过程，如遇银行机构业务量大、客户多，到账时间就会有所间歇，有的银行可能会延误几天的时间，而非理解中的当日实时到账。关于理财产品到期后资金到账的问题，各家银行的规定不一样：有的银行是到期日当日零时将理财本金和利息打入客户银行卡；有的是延后3～5个工作日打入客户银行卡，资金到账模式有点类似赎回开放式基金；有的银行规定遇到节假日，资金到账日相应顺延。因此，客户在购买理财产品时不但要问清楚起息日，还要问清楚到账日，一定要看清协议中规定的到期资金可支取时间，以合理安排未来到期资金的用途。

4. 提前终止与提前赎回

银行理财产品都有一定的投资期限，在约定的期限之前，银行或投资者有提前结束理财合同的权利吗？这对于银行而言，是提前终止的权利；对于投资者而言，则是提前赎回的权利。一般分为三种情况：一是银行和投资者都没有权利提前终止和赎回；二是投资者有提前赎回的权利，但是需要支付违约金；三是银行有提前终止的权利，但投资者没有。

提前赎回条款是针对个人投资者的，指其在产品没到期的情况下是否拥有赎回的权利。一般封闭式产品到期才能赎回，而开放式理财产品只有在合同规定的“开放日”才可以进行赎回操作，即便是开放式理财产品，遇到年末、半年末、国庆、春节长假前等赎回高峰，银行也可能会以“当日赎回资金达到10%或15%限制”为由，暂停接受赎回申请。因此，对于个人投资者而言，银行理财产品的期限不宜过长，建议投资者认真考虑流动性问题，如购买银行理财产品后是否享有提前赎回权，提前赎回需要支付多少费用。

提前终止条款是银行制定的终止产品运行的规定。至于在什么情况下会提前终止产品，银行的解释通常是：遇到重大金融政策调整，银行认为有必要终止。重大金融政策调整主要指加息、降息政策以及重大汇率变动。例如，一款结构型理财产品挂钩汇率、利率指标，一旦这些指标发生变动，产品就会提前终止。2015年下半年股价大幅下跌，导致产品净值跌破预警线，50多款理财产品提前终止。

当银行拥有提前终止权利时，投资者将面临三重风险：利率变化风险、汇率风险和投资机会风险。因此在加息周期下，应尽量选择购买短期理财产品，以避免市场预期收益逐步走高的风险。在降息周期下，则应选择长期理财产品。这样的规律适用于债券及信贷类理财产品。对于外币理财产品，可以调整币种和理财期限，选择升值中的外币产品，以短期产品为主。对于证券投资型及结构型长期理财产品，需要多留意银行的提前终止公告，这类产品出现提前终止的情况较多。

总之，银行理财产品种类很多，投资者需要量力而行，熟悉理财产品的属性，在购买理财产品的时候不要把全部的资金都投在一款产品上，期限上要长短结合，不宜过多地追求高收益率，毕竟高收益意味着高风险。

5.5 外汇投资

5.5 即测即评

5.5.1 外汇投资的基础知识

1. 外汇和汇率制度

外汇，就是外国货币或以外国货币表示的能用于国际结算的支付手段。《中华人民共和国外汇管理条例》第三条对外汇的具体内容作出如下规定：外汇是指：（1）外币现钞。包括纸币、铸币。（2）外币支付凭证或支付工具。包括票据、银行存款凭证、银行卡等。（3）外币有价证券。包括债券、股票等。（4）特别提款权。（5）其他外汇资产。

汇率，又称汇价，指一国货币以另一国货币表示的价格，或者说是两国货币间的比价，其高低最终由外汇市场决定。由于世界各国货币的名称不同，币值不一，所以一国货币对其他国家的货币要规定一个兑换率，即汇率。每个国家采取的汇率制度不一样，可以分为固定汇率制度和浮动汇率制度。

固定汇率制度是指一国货币与另一国货币的兑换比率基本固定，固定汇率并非汇率完全固定不动，而是围绕一个相对固定的平价上下波动，该范围最高点叫“上限”，最低点叫“下限”。当汇价涨到上限或跌到下限时，中央银行就要采取措施，以使汇率维持不变。19世纪初到20世纪30年代的金本位制时期，第二次世界大战后到20世纪70年代初以美元为中心的国际货币体系，都实行固定汇率制。

浮动汇率制度指一国货币同他国货币的兑换比率没有上下限波动幅度，而由外汇市场的供求关系自行决定。浮动汇率按政府是否干预，分为自由浮动汇率和管理浮动汇率。在现实生活中，几乎没有国家对本国货币的汇率不采取任何干预措施，完全采用自由浮动汇率。由于汇率对国家的国际收支和经济的均衡发展有重大影响，各国政府大多通过调整利率、在外汇市场上买卖外汇以及控制资本流动等形式来控制汇率的走向。现阶段我国人民币汇率实行以市场供求为基础的、有管理的浮动汇率制度。

2. 外汇市场

外汇市场是指经营外币和以外币计价的票据等有价证券买卖的市场，是金融市场的主要组成部分。世界上交易量大且有国际影响的外汇市场有伦敦、纽约、巴黎、法兰克福、苏黎世、东京、香港、新加坡、巴林、米兰、蒙特利尔和阿姆斯特丹等。在这些市场上买卖的外汇主要有美元、英镑、欧元、日元、加拿大元等，其他货币也有买卖，但为数极少。全球各外汇交易市场受空间和时间的阻隔，既各自独立又相互影响。这些外汇市场以其所在的城市为中心，辐射周边的其他国家和地区。由于所处的时区不同，各外汇市场在营业时间上此开彼关（见表5-6），一个市场的结束往往为下一个市场的开盘定下了基调。这些市场通过先进的通信设备和计算机网络连成一体，市场的参与者可以在世界各地进行交易，由此形成了全球一体化运作、全天候运行的国际外汇市场。

表5-6 世界主要外汇市场开收盘时间表

地区	市场	当地开收盘时间	北京时间
大洋洲	惠灵顿	09：00～17：00	05：00～13：00
	悉尼	09：00～17：00	07：00～15：00
亚洲	东京	09：00～15：30	08：00～14：30
	香港	09：00～16：00	09：00～16：00
	新加坡	09：30～16：30	09：30～16：30
欧洲	法兰克福	09：00～16：00	16：00～23：00
	苏黎世	09：00～16：00	16：00～23：00
	巴黎	09：00～16：00	16：00～23：00
	伦敦	09：30～16：30	17：30～00：30
北美洲	纽约	08：30～15：00	21：00～04：00
	芝加哥	08：30～15：00	22：00～05：00

说明：上述北京时间是正常时段，如果当地采用夏令时间，则会有所变化。

3. 汇率标价方法

汇率的标价方法有两种：直接标价法和间接标价法。

直接标价法，是以一定单位（如1，100，1 000，10 000单位）的外国货币为标准来计算应付出多少单位本国货币，相当于计算购买一定单位外币应付多少本币，所以又叫应付标价法。包括中国在内的世界上绝大多数国家目前都采用直接标价法。在国际外汇市场上，日元、瑞士法郎、加拿大元等均采用直接标价法，如日元113.5，即1美元兑113.5日元。在直接标价法下，若一定单位的外币折合的本币数额大于前期，则说明外币币值上升或本币币值下跌，叫作外汇汇率上升；反之，如果用比原来少的本币即能兑换到同一数额的外币，则说明外币币值下跌或本币币值上升，叫作外汇汇率下跌，即外币的价值与汇率的涨跌成正比。

间接标价法，又称应收标价法，是以一定单位（如1单位）的本国货币为标准来计算应收多少单位外国货币。在国际外汇市场上，欧元、英镑、澳大利亚元等均采用间接标价法。如欧元1.109 5，即1欧元兑1.109 5美元。在间接标价法中，本国货币的数额保持不变，外国货币的数额随着本国货币币值的变化而变动。如果一定数额的本币能兑换的外币数额比前期小，则表明外币币值上升、本币币值下降，叫作外汇汇率下降；反之，如果一定数额的本币能兑换的外币数额比前期大，则说明外币币值下降、本币币值上升，叫作外汇汇率上升，即外币的价值和汇率的涨跌成反比。

5.5.2 外汇投资的风险收益

外汇市场的风险很大，主要是因为决定外汇价格的因素太多。外汇投资的风险因素主要有：（1）外部因素剧烈变动。影响外汇价格变动的因素突然之间发生巨大变动，例如，重要经济指标的变动、发生政变、政府政策的改变、汇率变动剧烈等，会使外汇价格有较大的波动，产生一定的风险。（2）操作风险。即因投资者心态不稳定造成的损失。因为市场随时变化，所以投资者应随着市场调整心态，设定止损线，严格执行纪律。（3）网络技术风险。一般外汇投资都是通过网络进行的，信息系统的技术性和安全性使网络交易存在很大的技术风险。这种风险既来自计算机系统停机、磁盘列阵破坏等不确定因素，也来自黑客攻击以及计算机病毒等因素。

外汇投资很多是保证金交易，即杠杆交易。保证金交易就是投资者以银行、做市商或经纪商提供的融资来进行外汇交易。融资的比例越大，客户需要付出的资金就越少，例如，交易商提供的保证金融资比例是400倍，即最低的保证金比例要求是0.25%，这样投资者只需25美元，就可以进行高达10 000美元的交易，充分利用了以小搏大的杠杆效应。保证金交易具有高风险、高收益或高亏损的特点，收益与风险总是相伴相随。

5.5.3 外汇的投资选择

1. 外币储蓄存款

外币储蓄存款是操作最为简单便利的方式之一。外币储蓄存款账户可分为外汇账户（现汇户）和外钞账户（现钞户）。外汇账户是指从境外汇入、携入和境内居民持有的可自由兑换的外汇所存入的储蓄存款账户；外钞账户是指从境外携入或境内居民持有的可自由兑换的外币现钞所存入的储蓄存款账户。目前我国商业银行可以办理的外币存款币种主要有美元（USD）、港元（HKD）、日元（JPY）、欧元（EUR）、英镑（GBP）、瑞士法郎（CHF）、加拿大元（CAD）、澳大利亚元（AUD）。

外币储蓄分为活期和定期两种，外币整存整取定期储蓄存款期限有1个月、3个月、6个月、1年、2年。现阶段，各个银行外币定期存款的利率有所不同，因此，进行外币存款时应多进行比较。判断投资外币合算与否要从该国利率和外币汇率两方面去分析：一方面应选择高利率币种，以取得更多的利息收入；另一方面应选择硬通货，也就是选择预期汇率将上升的币种。

2. 外汇理财产品

外汇理财产品是指个人购买理财产品时的货币只针对自由兑换的外国货币，收益获取也以外币币值计算。外汇理财产品按其连接标的分类，可分为利率/汇率挂钩、外汇挂钩、指数挂钩、股票篮子挂钩、债券基金挂钩等；按投资期限分类，可分为短、中、长期的外汇理财产品。

银行外汇理财产品一般有一定的投资门槛，比如以1万或2万美元为投资初始额。购买外汇理财产品，一定要从实际出发，不宜盲目跟风。如果家里有人在国外读书，需要定期汇出生活费和学费，则可以在低价时购入外汇，若和汇出时间有时间差，则可进行短期外汇理财。如果投资者觉得将来人民币汇率还会大幅下跌，则可以考虑购买一部分外汇理财产品。但要注意资产配置，不要集中在同一种货币上，以分散风险。

3. 外汇实盘交易

国内的商业银行为外汇实盘交易提供了多种交易方式。客户可以通过银行柜台、银行营业厅内的个人理财终端、电话和互联网进行外汇实盘交易。根据我国的规定，每人每年累计可兑换5万美元的等额外汇，一般在银行开户交易。实盘的特点是风险和收益都比较小，交易手续费稍高，资金太少可能收益有限。在选择进行外汇交易之前，需要注意对银行的选择，留意其交易方式是否灵活多样，因为突发事件会导致汇率大幅波动，电话或网上交易方便投资者及时根据市场情况做出反应，可以减少由于时间延误造成的交易风险。此外，各地经济水平和交易成本的不同导致交易费用的不同，建议投资人多注意银行相关业务的配套服务。

外汇实盘操作中，有些银行可以进行外汇保证金交易，外汇保证金交易是指投资人以其存于银行的资金作为保证金质押在该银行，银行依其存款金额来设定一个操作外汇的信用额度，投资人利用国际外汇市场上汇率的频繁波动，以低买高卖的方式，在不同的存款货币间转换并赚取一定的汇差或利差，从而达到保值、盈利的目的。

4. 外汇期权交易

外汇期权交易是指交易双方在规定的期间按商定的条件和一定的汇率，就将来是否购买或出售某种外汇的选择权进行交易。外汇期权是期权的一种，相对于股票期权、指数期权等其他种类的期权来说，外汇期权买卖的是外汇，外汇期权业务的优点在于可锁定未来汇率，提供外汇保值，客户在选择时有较大的灵活性，在汇率变动朝有利方向发展时可获利。个人外汇期权交易较外汇实盘交易的风险更大，准入门槛也较高。

5. B股

B股是我国较早开放的外汇投资场所，沪市B股用美元结算，深市B股用港元结算。B股投资的优点在于：准入门槛低，买卖方便，熟悉股票市场的客户都能参与。但是B股在我国资本市场上较为边缘化，上市公司少、市场容量小，容易出现暴涨暴跌的行情。

5.6 黄金投资

5.6 即测即评

5.6.1 黄金投资的基础知识

黄金是一种贵金属，是金属中最稀有、最珍贵的品种之一。黄金的物理特性稳定，价值保持久远。黄金是人类的物质财富，是储藏财富的重要手段，备受人们青睐。黄金还是首饰业、电子业、现代通信业、航天航空业等部门的重要材料。国际上黄金以盎司为单位，中国古代以两作为黄金的单位。用来表示黄金纯度的方法有多种，最常见的是用“K金”来表示，国家标准GB 11887—1989规定，每开（英文carat、德文karat的缩写，常写作“K”）含金量为4.166%，因此：

8K=8×4.166%=33.328%(333‰)

9K=9×4.166%=37.494%(375‰)

10K=10×4.166%=41.660%(417‰)

12K=12×4.166%=49.992%(500‰)

14K=14×4.166%=58.324%(583‰)

18K=18×4.166%=74.998%(750‰)

20K=20×4.166%=83.320%(833‰)

21K=21×4.166%=87.486%(875‰)

22K=22×4.166%=91.652%(916‰)

24K=24×4.166%=99.984%(999‰)

24K金常被认为是纯金（1 000‰），但实际含金量为999‰，折为23.988K。黄金有时也会用分数表示，如标记成18/24，即成色为18K（750‰），如标记成22/24，即成色为22K（916‰）。在首饰店里有用足金或千足金来表示黄金首饰的纯度，足金的含金量不小于990‰，千足金的含金量不小于999‰。从2016年5月4日起，中国贵金属首饰行业的强制性国家标准 GB 11887—2012《首饰贵金属纯度的规定及命名方法》正式推行，用贵金属（包括黄金、铂金、钯金、银）制成的饰品都不能以“千足”“万足”作为宣传用语，即使纯度达到了 999‰，也只能称为“足”，也就是说，足金、足铂、足钯等贵金属的含量不低于 990‰。

黄金交易与证券交易一样，都有一个固定的交易场所，世界各地的黄金交易市场就是由各地的黄金交易构成的。黄金交易所一般设在各个国际金融中心，是国际金融市场的重要组成部分。世界上主要的黄金交易所位于伦敦、纽约、苏黎世、新加坡、中国香港等，这些黄金交易所处于不同时区，当一个国家的黄金市场休市时，另一个国家的黄金市场开市，这样可以 24 小时不间断进行黄金投资。上海黄金交易所于 2002 年年底成立并运行。

当世界政局和经济环境不稳定，尤其是发生战争或经济危机时，各种投资工具如股票、基金、房地产等都会受到严重的冲击，这时黄金就体现出很好的避险属性。即使遭遇经济危机，黄金的价格仍能维持不变甚至稳步上升，保持了资产的价值。还有一些极端的情况，如通货膨胀严重，钞票贬值得如同废纸一般，而黄金本身属于贵重商品，其价格会随着通货膨胀而上涨，即黄金抵消了通货膨胀的损失，保证了投资者的资产不会被通货膨胀侵蚀。

各国黄金市场交易的习惯、规则以及所在地计量单位等不同，黄金交易单位也有所不同，我国上海黄金交易所交易单位为人民币/克，而国际黄金交易的标价通常以盎司为单位。盎司是英制计量单位，符号为 oz。用在各领域的盎司单位不尽相同，有用于衡量金、药物和普通物品的盎司单位，还有用于衡量液体的盎司单位。

1 金衡盎司＝1.097 142 8 常衡盎司＝31.103 480 7 克

1 常衡盎司＝28.349 5 克

比如，某日上海黄金交易所的黄金报价为 263.58 元/克，国际金价为 1 260.50 美元/盎司。上海黄金交易所的黄金报价主要参考国际现货黄金价格，也就是伦敦金价格，由于计价单位不同，伦敦金价格换算成人民币价格的具体公式为：伦敦金价格×人民币汇率÷31.103 5 克/盎司。受供求关系、升贴水等的影响，各交易所合约报价会有所不同。

5.6.2 黄金投资的风险收益

1944 年，44 国代表齐聚美国新罕布什尔州布雷顿森林，参会的部分国家签署了《布雷顿森林协定》。协定中各国确认了 1934 年美国规定的 35 美元一盎司的黄金官方价格，同时规定各国可按此价格用美元向美国兑换黄金，这就是历史上著名的“布雷顿森林体系”，实质是以美元与黄金挂钩，其他国家货币与美元挂钩，从而建立以美元为中心的国际货币体系。国际经济体系的核心从黄金变为美元，当时的美元有世界 75%黄金储备的支持。美国经济的超强地位于 1960 年受到动摇，敏感的黄金投机客开始挑战一盎司 35 美元的官价，而美、英、法、德、意等国家自 1961 年起联合平抑黄金价格。

35美元一盎司的黄金官方价格一直持续到1967年。美国深陷越南战争泥潭，巨大的财政赤字多次冲击美元信誉，各国纷纷抛售手中美元，疯抢黄金。随着越南战争的深入，美国财政状况的恶化全面引爆了美元危机。1968年3月，全球黄金抢购潮导致伦敦黄金市场成交创天量，美国已无法继续维持统一的美元黄金官价，被迫宣布开始实行“黄金双轨价制”：官方市场，各国央行仍按照35美元一盎司黄金的价格向美国自由兑换黄金；私人市场，黄金价格由市场决定，各国政府不再干预。1971年8月15日，尼克松总统宣布停止履行外国政府或中央银行可用美元向美国兑换黄金的义务，至此布雷顿森林体系土崩瓦解，就此终止。从此，金价正式进入自由浮动时期。

黄金价格以35美元起步，在过去的几十年里经历了两轮“黄金十年”。第一轮是1970—1980年，金价从1970年的35美元起步，1973年，金价冲破100美元，最高涨至1980年的850美元。之后黄金价格在震荡中下降，1999年8月26日，每盎司金价跌至251.9美元，创下20年来低位，在底部横盘两年后，于2001年再次发力上攻，迎来了第二轮黄金大牛市，于2011年9月6日见最高点1 923.7美元，随后又开始回落，从2011年9月至2012年10月近13个月的时间里，有三个高峰价格，分别为1 804美元、1 792美元、1 798.1美元，2012年10月至2013年6月，从1 798.1美元跌到了1 179.4美元，跌幅达34.4%。从2013年7月至2018年，黄金价格在一个窄幅空间内震荡，最低到1 045.4美元，最高不超过1 405美元。2019年开始，黄金又出现一波上涨行情，2020年8月最高达2 074.71美元，随后金价又在不断的拉扯中起伏，最低点达1 600美元左右，2024年10月30日国际金价达到历史最高点2 801.8美元。

可见，黄金的价格波动幅度较大，存在较大的投资风险，如果不能把握走势，则可能一直处于“被套”状态。黄金价格主要受美元、石油价格、国际局势和国际投机资金等因素影响，未来紧张的国际形势可能使金价在更大的幅度内波动。金价大幅涨跌的另一个重要影响因素是投机。投机的趋利活动使黄金市场表现良好。投机势力善于利用一切可以利用的信息，人为放大市场信号，制造欣欣向荣的市场景象，以此影响普通投资人的理性预期，吸引其进入市场，分担金价波动的风险。在选择黄金投资组合进行资产配置时，个人投资者要综合考虑自身的风险承受能力以及风险偏好。影响黄金价格的因素是多元的，应深入分析研究，切不可盲目跟风。

黄金投资风险具有广泛性。由投资研究、行情分析、投资方案、投资决策、风险控制、资金管理、账户安全、不可抗力因素等导致的风险，几乎存在于黄金投资的各个环节。

黄金投资风险又具有相对性。黄金投资的风险是相对于投资者选择的投资品种而言的，投资黄金现货和期货的结果是截然不同的。前者风险小，但收益低；后者风险大，但收益很高。所以风险不可一概而论，有很强的相对性和可变性。

5.6.3 黄金的投资选择

1. 实物黄金

购买金条、金币等实物黄金是投资黄金最直接、最简便的方法。实物黄金适合长期投资，以抵御通货膨胀带来的资产贬值。实物黄金产品具有品种丰富、实物交割、便于收藏等特点。实物黄金有金条、金币和金首饰。购买实物黄金的主要渠道为银行或金店，相比较而言，纯粹用于投资目的，以金条或金币为宜。金饰品的主要功能是装饰，投资意义不大。金饰品的加工工艺比金条、金币复杂，单位金饰品价格均包含加工费，使得金饰品的价格和黄金的价格有一定的差距，同时金饰品回收时损失也大。购买金条后，银行或金店可以以市价进行回购，但一定要注意完整保存相关单据，金条不能有损坏。回收实物黄金时一般要经过非常复杂的检验程序，因此应进行回购风险控制。大部分金条的回购渠道仅对自有品牌开放，回收价格则是实时黄金价格扣除一定的手续费。对投资者来说，一进一出的交易费用比较高，因此实物金条并不适合作为交易工具。

为避免一次性购买的价格风险，一些银行推出了黄金定投，其原理与基金定投类似，旨在不断平均投资成本。这种定投黄金一般有两种赎回机制：一种是现金赎回；一种为实物赎回。现金赎回是指当投资者账户中积存了一定的黄金时，投资者可以按照赎回日当天的上海黄金交易所 AU99.99 的报价赎回自己的投资，赎回款将返还到投资者的账户上。实物赎回则是指投资者可以按照账户中的黄金积存额到银行换购相同克数的黄金制品，投资者在换购黄金制品时还需要另外支出相应产品的加工费。黄金定投只有在震荡市中才可能取得更好的效益，如果是单边向上的市场行情，定投的成本反而高于一次性投资。

2. 纸黄金

“纸黄金”交易是黄金在“纸上”的交易，投资者按银行报价在账面上买卖虚拟的黄金。个人通过把握国际金价走势低吸高抛，赚取差价。纸黄金的特点是只能在账户中记录黄金，不能提取实物黄金，投资者的买卖交易记录只在个人预先开立的黄金存折账户上体现，优势在于交易起点低、交易方便、变现灵活。纸黄金不存在保管上的风险，也省去了实物黄金的加工、运输等费用。各银行的纸黄金入市门槛较低，适合一些初入市场或资金不足的散户。投资纸黄金不计利息，也不能获得股票、基金投资的红利等收益，因此只能通过低吸高抛赚取买卖差价来获利。

开办黄金业务的银行在报价上一般采用两种方式：按国内金价报价和按国际金价报价。按国内金价报价，银行参照交易所黄金价格、市场供求情况、国际黄金市场波动情况和银行单边佣金确定买卖双边报价；而按国际金价报价，银行中间价就是国际金价折合成人民币的价格，银行在此基础上加单边佣金确定报价。无论是国内金价还是国际金价，银行均会按克收取佣金，因此个人投资者在买卖黄金时应该计算好投资成本，切忌盲目跟随市场波动频繁进出，否则不光要承担市场风险，单黄金来回买卖的手续费就是一笔不小的支出。大部分纸黄金只能单向看多，通过买进卖出之间的差价获得收益。在金价的拉升中，这种工具有利可图，但是在金价的下降或是震荡中，选择这种工具就非常被动。

3. 黄金 T+D 交易

T+D 里的“T”是 Trade（交易）的首字母，“D”是 Delay（延期）的首字母。

黄金T+D，是指由上海黄金交易所统一制定的，规定在将来某一特定的时间和地点交割一定数量标的物的标准化合约。T+D交易的实质为现货延期交易，从分类上说，仍然属于现货交易，在交易过程中，随时可以交割的特性降低了风险，投资者可以选择对自己更有利的时点进行交割，或尽早交割以降低投资风险，或继续持仓。黄金T+D的特点是以保证金方式进行买卖，由于使用了资金杠杆，产品的风险被放大。尤其是当金价出现较大幅度波动时，逐日清算的制度要求投资者每天必须保证账户上有足够的保证金，否则就将面临强制平仓风险。黄金T+D交易能够多空双向操作，无论金价上涨还是下跌，都有可能从中获益。黄金T+D交易的市场区域仅限国内，成交量及活跃度远不及国际市场。黄金T+D交易适合追求高收益且具有高风险承受能力的专业黄金投资者，只有在交易时严格控制风险，才能在良好的风险控制模式下逐步提高利润。

4. 黄金期货

黄金期货是指以国际黄金市场未来某时点的黄金价格为交易标的的期货合约。投资人买卖黄金期货的盈亏，是由进场和出场两个时间的金价价差来决定的，契约到期后则是实物交割。黄金期货是一种杠杆化黄金投资产品，具备“保证金交易”和“双向操作”两大特点，但黄金期货是标准化合约，需在指定的交易期限内交割或是进行平仓操作。个人投资者从事黄金期货有一大“硬伤”，那就是个人投资者无法进行实物交割，也就是说无法通过对冲达到平衡风险的目的。交易黄金期货时需要严格进行资金管理，实时盯盘，以短线操作为主，所以黄金期货适合专业投资者。

5. 黄金基金和股票

黄金行业公司的股票也可以视为一种投资途径（见表5-7）。一般来说，黄金股的走势与黄金的价格存在一定的相关性，公司的经营状况、所处证券市场的表现也是重要的影响因素。比较而言，对金价有一定话语权的公司，如拥有金矿的企业、黄金开采公司，其股价的表现与黄金价格的关系更密切。黄金股往往业绩波动比较大，在不同的经济环境中有独立的股价表现。有时一部分黄金股已经出现过度透支利好的情形，股价却背离基本面，这带来了一定的投资风险。

表5-7 黄金概念相关股票

黄金开采及冶炼相关股票：紫金矿业（600612）、山东黄金（600547）、中金黄金（600489）、西部黄金（601069）、湖南黄金（002155）、山金国际（000975）、赤峰黄金（600988）、恒邦股份（002237）、盛达资源（000603）、豫光金铅（600531）
黄金首饰品相关股票：中国黄金（600916）、老凤祥（600612）、周大生（002867）、潮宏基（002345）、明牌珠宝（002574）、萃华珠宝（002731）、曼卡龙（300945）、豫园股份（600655）
副产业具有黄金概念股票：深中华A（000017）、云南铜业（000878）、江西铜业（600362）、铜陵有色（000630）、白银有色（601212）、中金岭南（000060）、湖南白银（002716）

与其他黄金投资渠道相比，购买黄金基金的好处是投资门槛低，最低1元就可以参与投资。国内投资黄金的基金包括三大类（具体见表5-8）：

表5-8 部分黄金类基金

代码	基金简称	基金类型	业绩比较基准
159937	博时黄金ETF	黄金ETF	黄金现货实盘合约AU99.99收益率
002610	博时黄金ETF联接A	黄金ETF联接	上海黄金交易所AU99.99收益率×95%+银行活期存款税后利率×5%
002611	博时黄金ETF联接C		
021499	博时黄金ETF联接E		
518800	国泰黄金ETF	黄金ETF	上海黄金交易所挂盘交易的AU99.99合约
000218	国泰黄金ETF联接A	黄金ETF联接	上海黄金交易所挂盘交易的AU99.99合约收益率×95%+银行活期存款税后收益率×5%
004253	国泰黄金ETF联接C		
022502	国泰黄金ETF联接E		
517400	国泰中证沪深港黄金产业股票ETF	黄金股票ETF	中证沪深港黄金产业股票指数收益率
021673	国泰中证沪深港黄金产业股票ETF发起联接A	黄金股票ETF联接	中证沪深港黄金产业股票指数收益率×95%+银行活期存款利率（税后）×5%
021674	国泰中证沪深港黄金产业股票ETF发起联接C		
518880	华安黄金易ETF	黄金ETF	国内黄金现货价格收益率
000216	华安黄金易ETF联接A	黄金ETF联接	国内黄金现货价格收益率×95%+人民币活期存款税后利率×5%
000217	华安黄金易ETF联接C		
022653	华安黄金易ETF联接I		
159321	华安中证沪深港黄金产业股票ETF	黄金股票ETF	中证沪深港黄金产业股票指数收益率
159934	易方达黄金ETF	黄金ETF	上海黄金交易所AU99.99现货实盘合约收盘价
000307	易方达黄金ETFA	黄金ETF联接	
002963	易方达黄金ETFC		
161116	易方达黄金主题人民币A	黄金QDII	以伦敦黄金市场下午定盘价计价的国际现货黄金（经汇率折算）×50%+MSCI全球金矿股指数×50%
007976	易方达黄金主题人民币C		
007977	易方达黄金主题美元现汇A		
007978	易方达黄金主题美元现汇C		
021362	易方达中证沪深港黄金产业股票指数发起式A	黄金股票ETF联接	中证沪深港黄金产业股票指数收益率×95%+银行活期存款利率（税后）×5%
021363	易方达中证沪深港黄金产业股票指数发起式C		中证沪深港黄金产业股票指数收益率×95%+银行活期存款利率（税后）×5%
518850	华夏黄金ETF	黄金ETF	上海黄金交易所黄金现货实盘合约AU99.99价格收益率
008701	华夏黄金ETF联接A	黄金ETF联接	上海黄金交易所黄金现货实盘合约AU99.99价格收益率×95%+人民币活期存款税后利率×5%
008702	华夏黄金ETF联接C		

续表

代码	基金简称	基金类型	业绩比较基准
159562	华夏中证沪深港黄金产业股票ETF	黄金股票ETF	中证沪深港黄金产业股票指数收益率
021074	华夏中证沪深港黄金产业股票ETF发起式联接A	黄金股票ETF联接	中证沪深港黄金产业股票指数收益率×95%+人民币活期存款税后利率×5%
021075	华夏中证沪深港黄金产业股票ETF发起式联接C		
159812	前海开源黄金ETF	黄金ETF	上海黄金交易所AU99.99现货实盘合约收益率
009198	前海开源黄金ETF联接A	黄金ETF联接	上海黄金交易所AU99.99现货实盘合约收益率×90%+人民币活期存款税后利率×10%
021740	前海开源黄金ETF联接C		
518860	建信上海金ETF	黄金ETF	上海黄金交易所上海金集中定价合约的午盘基准价的收益率
517520	永赢中证沪深港黄金产业股票ETF	黄金股票ETF	中证沪深港黄金产业股票指数收益率
020411	永赢中证沪深港黄金产业股票ETF发起联接A	黄金股票ETF联接	中证沪深港黄金产业股票指数收益率×95%+银行活期存款利率（税后）×5%
020412	永赢中证沪深港黄金产业股票ETF发起联接C		
320013	诺安全球黄金	黄金QDII	伦敦金价格折成人民币后的收益率，伦敦金每日价格采用伦敦金下午定盘价
160719	嘉实黄金	黄金QDII	（经汇率调整后的）伦敦金价格其中伦敦金价格使用伦敦金每日下午收盘价
518660	工银瑞信黄金ETF	黄金ETF	上海黄金交易所AU99.99现货实盘合约收盘价收益率
008142	工银瑞信黄金ETF联接A	黄金ETF联接	上海黄金交易所AU99.99现货实盘合约收盘价收益率×95%+银行活期存款利率（税后）×5%
008143	工银瑞信黄金ETF联接C		
020341	工银黄金ETF联接E		
159315	工银瑞信中证沪深港黄金产业股票ETF	黄金股票ETF	中证沪深港黄金产业股票指数收益率
164701	汇添富黄金及贵金属（QDII－LOF－FOF）A	黄金QDII	伦敦金价格折成人民币后的收益率
018543	汇添富黄金及贵金属（QDII－LOF－FOF）C		
518890	中银上海金ETF	黄金ETF	上海黄金交易所上海金集中定价合约午盘基准价格收益率
159322	平安中证沪深港黄金产业ETF	黄金股票ETF	中证沪深港黄金产业股票指数收益率
021958	南方中证沪深港黄金产业股票指数发起A	黄金股票ETF联接	中证沪深港黄金产业股票指数收益率×95%+银行活期存款利率（税后）×5%
021959	南方中证沪深港黄金产业股票指数发起C		

续表

代码	基金简称	基金类型	业绩比较基准
159834	金 ETF	黄金 ETF	上海黄金交易所上海金集中定价合约午盘基准价格收益率
018391	南方上海金 ETF 发起联接 A	黄金 ETF 联接	上海黄金交易所上海金集中定价合约午盘基准价格收益率×95％＋银行活期存款利率（税后）×5％
018392	南方上海金 ETF 发起联接 C		
021004	南方上海金 ETF 发起联接 I		
021873	中欧中证沪深港黄金产业股票指数发起 A	黄金股票 ETF 联接	中证沪深港黄金产业股票指数收益率×95％＋银行活期存款利率（税后）×5％
021874	中欧中证沪深港黄金产业股票指数发起 C		中证沪深港黄金产业股票指数收益率×95％＋银行活期存款利率（税后）×5％

第一类是跟踪国内沪金的商品型基金，包括以下两类：

一是黄金 ETF，介绍如下：

投资标的：主要跟踪上海黄金交易所的黄金现货合约，如 AU99.99 现货实盘合约。其大部分资产投资于交易所认可的标准重量 1 千克、成色不低于 99.99％的金锭。

交易方式：在证券交易所上市交易，交易时间与股票市场一致，投资者可像买卖股票一样在盘中实时交易，交易成本相对较低，交易效率高，资金到账快。

优势：交易便捷，流动性强，能紧密跟踪黄金价格走势。

二是黄金 ETF 联接基金，介绍如下：

投资标的：绝大部分基金资产跟踪同一标的指数的黄金 ETF，即目标 ETF，还可投资于标的指数的成份股和备选成份股以及中国证监会规定的其他证券品种。

交易方式：投资者通过银行、基金公司等渠道进行申购和赎回，交易门槛相对较低，有些基金低至 1 元都可以交易。

优势：为场外投资者提供了参与黄金 ETF 投资的渠道，可通过银行等熟悉的渠道进行交易，投资起点低，适合广大普通投资者。

第二类是跟踪伦敦金（国际金）的 QDII 基金，介绍如下：

投资标的：主要投资于海外市场的黄金 ETF、黄金期货、黄金矿业公司股票等与国际黄金市场相关的资产。

交易方式：与普通开放式基金类似，通过场外渠道进行申购和赎回，但交易时间和确认时间可能会受到海外市场交易时间的影响，通常比国内基金慢。

优势：能让投资者参与国际黄金市场投资，分散投资风险，分享全球黄金市场的收益。不过，此类基金受汇率影响较大，若人民币大幅升值，可能会抵消部分黄金价格上涨带来的收益；反之，人民币贬值则可能增加收益。

第三类是跟踪黄金股票指数（沪深港黄金产业指数）的被动指数型基金，包括以下两类：

一是黄金股票指数ETF，介绍如下：

投资标的：紧密跟踪沪深港黄金产业指数，投资于该指数包含的黄金产业链相关上市公司的股票，涵盖黄金开采、冶炼、加工等环节的企业。

交易方式：在证券交易所上市交易，交易方式同股票，可在盘中实时买卖，交易成本较低，流动性较好。

优势：不仅能受益于黄金价格上涨，还能分享黄金企业因自身发展、行业竞争优势等带来的股价增长。但波动较大，除黄金价格因素外，还受企业经营、行业周期、宏观经济等多种因素影响。

二是黄金股票指数ETF联接基金，介绍如下：

投资标的：大部分资金投资于对应的黄金股票指数ETF，少部分资金可投资于标的指数的成份股和备选成份股等。

交易方式：通过场外渠道申购和赎回，适合偏好场外交易、投资金额较小的投资者。

优势：为场外投资者提供了参与黄金股票指数投资的途径，投资门槛低。跟踪黄金股票指数的基金，通常基金经理会通过对黄金行业的研究和分析，挑选有潜力的黄金相关企业股票进行投资。例如，他们会关注黄金矿山企业的矿石储量、开采成本、黄金精炼企业的技术水平和加工效率等因素。投资者购买这种基金，实际上是在分享黄金产业链企业的成长和收益。

黄金类基金有些名称后会有不同的字母——A类、C类以及E类和I类，这是代表不同的收费方式。这几类基金实际投资标的相同，仅是费用的收取上有所不同。

A类基金介绍如下：

申购费：A类基金在申购时会收取申购费用，且申购费用的大小通常与申购金额相关。一般而言，申购金额越大，申购费率越低。例如，某黄金A类基金，申购金额小于100万元时，申购费率可能为1.5%；当申购金额在100万至500万元之间时，申购费率可能降低至1.2%。

赎回费：赎回费用的收取与持有基金的时间长度有关。通常，持有时间较短时，赎回费率较高；随着持有时间的增加，赎回费率会逐渐降低。比如，持有某黄金基金不足1年时，赎回费率可能为0.5%；持有1～2年时，赎回费率可能降至0.3%；持有2年以上时，赎回费率可能为0。

销售服务费：无。

C类基金介绍如下：

申购费：C类基金一般不收取申购费或者收取很低的申购费。这是C类基金的一个显著优势，尤其对于那些资金量较小或者希望进行短期投资的投资者来说，可以节省一笔不小的申购成本。

赎回费：C类基金的赎回费设置比较灵活。有些C类基金在持有较短时间（如7天内）赎回时，会收取较高的赎回费，目的是防止投资者频繁地短期交易。而在持有一段时间（如30天以上）后赎回，赎回费可能会降低或者免除。

销售服务费：C类基金有一个重要的费用是销售服务费。这部分费用是按日从基金资产中计提的，年化费率一般在0.3%～0.8%。销售服务费主要用于支付销售渠道的佣金等相关费用。

E类或I类基金介绍如下：

申购费：E类或I类基金的申购费和赎回费的收取方式较为多样，不同基金公司可能有不同的规定。有些E类或I类基金可能有特殊的申购优惠政策，比如在特定的销售渠道或者活动期间，申购费可能会打折或者免除。比如，华安黄金易ETF联接C类和I类均没有申购费。

赎回费：E类或I类基金的免除赎回费的赎回期要求更短，比如华安黄金易ETF联接C持有30天以上没有赎回费，而联接I持有7天以上没有赎回费。

销售服务费：E类或I类基金也有销售服务费，可能会根据其销售渠道或者特定的营销目的设置一些特殊的费用或者优惠，通常费率比C类少。例如，某些E类基金可能与特定的互联网金融平台合作，在该平台购买E类基金可能会获得交易手续费返还、积分奖励或者其他形式的优惠，同时可能会收取一定的平台服务费用。比如博时黄金ETF联接C销售费率为0.35%，而博时黄金ETF联接E的销售费率为0.1%，在享受优惠的情况下可达到0.01%。

总的说来，针对同一公司同一标的的黄金基金，由于销售服务费不同，A类基金通常基金净值要高些，比较适合对基金投资有一定了解、资金量相对较大且计划长期投资的投资者。例如，一些有一定资产积累的个人投资者或者机构投资者，他们更关注基金的长期收益和稳定性，愿意在申购时支付一定的费用来获取长期的投资回报。C类基金吸引那些资金量较小、投资期限不确定或者希望能够灵活进出的投资者。例如，年轻的投资者群体，他们可能没有太多的资金用于长期投资，并且可能会根据市场行情随时调整投资组合，C类基金的低申购费和灵活赎回的特点符合他们的需求。E类或I类基金针对对基金费用比较敏感、追求特殊优惠或者是忠实于特定销售渠道的投资者。这些投资者可能因为E类基金的特殊优惠或者独家福利而选择投资，比如一些经常在特定互联网基金销售平台交易的投资者，他们会关注平台推出的E类基金是否有更优惠的交易条件。

问题与讨论

1. 假设某股票在6月5日这一天宣告要发放股利，6月20日为股权登记日，6月30日为向股东发放股利的日期，那么上面几个日子中，6月5日是股利宣告日，实际上就是你获知股利即将分配的消息的日期，6月20日是知道你是否具有此次股利分配权的日期，6月30日是股利实际发放到你的账户的日期。

那么，请思考两种情况：第一种情况，如果6月18日购入该股票，6月21日卖出该股票，那么你是否享有获得此次股利的权利？第二种情况，如果6月30日购入股票，7 月 5 日才卖出该股票，那么你是否享有获得此次股利的权利？

2. 选择股票有哪些方法？你准备采用哪种方法选择股票？如果你的父母准备投资股票，你将给他们什么建议？

3. 我国的国债有哪些品种？各自的特点是什么？请选择最近三个月内发行的国债，分析其特征以及预期收益率。

4. 什么是国债逆回购？简述国债逆回购的作用以及操作方法。

5. 证券投资基金有哪些种类？各种类别投资基金的风险和收益有何差别？

6. 假设你有 100 万元，你将投资何种基金？说明你的理由。假设你每月工资 8 000 元，想拿出 1 000 元进行基金定投，你会选择何种基金？请说明你的理由。

7. 2012 年 11 月 30 日华夏银行上海嘉定支行门口聚集了多名愤怒的投资者。濮姓理财经理在 2011 年年底到 2012 年年初以高达 11%的收益率引诱客户购买了“中鼎财富”一系列理财产品。然而在第一期理财产品即将到期时，投资者发现该理财经理已经被开除，到期的理财产品本息也无法偿还。

该产品分四期，普通合伙人是通商国银基金公司，产品项目入伙北京中鼎投资。这款产品的第一期投资了河南永恒生典当行，投资金额 2 000 万元左右，2012 年 11 月 25 日到期，但投资人称典当行无法兑付；第二期投资了河南新盛博汽车服务有限公司，投资金额 1 000 万元，12 月 21 日到期，但河南新盛博汽车服务有限公司已人去楼空；第三期于 2013 年 1 月 10 日到期，用于投资河南奥鑫汽车服务有限公司，投资金额 5 000 万元，虽然当前运作正常，但还款意愿不强；第四期投资了云顶商务俱乐部，投资金额 2 000 万元，但项目未完成，人已“跑路”。

结合上面的新闻说明投资银行理财产品需要注意的问题。

8. 如果你准备购买黄金，你会采用什么样的投资方式？请说明原因，并指出这种黄金投资方式的优缺点以及可能的风险和收益。

9. 假设你本科毕业后准备出国留学，父母开始为你准备留学基金，你会建议父母采用哪种外汇理财方式，请说明理由。

10. 巴菲特有三大投资原则：第一，保住本金；第二，保住本金；第三，谨记第一条和第二条。请讨论这句话对投资者的启示。分享你自己的或朋友、家人的投资经验，说明其成功之处。

阅读与思考

三个投资哲学

一、守正用奇

“守正用奇”是从老子的《道德经》中总结出来的表述。老子说“以正治国，以奇用兵”，即以清静的正道来治理国家，以奇思的谋略来用兵。

先说“守正”。首先，“守正”体现在投资人的品格上，要坚持道德上的荣誉感，尊重规则、适应规则，不逾矩。其次，“守正”体现在投资原则上，投资需要构建一套完整的决策流程和不受市场情绪左右的根本原则，正确认识外部风险和内生收益。最后，“守正”体现在研究方法上，要做时间的朋友，研究长期性的问题，不追求短视的利益。

再说“用奇”。首先，“用奇”体现在如何思考上，做投资不仅仅是按照合理的机制和程序一成不变地思考，更要打破对客观规律的简单呈现，不仅要知其然，还要知其所以然，把背后的一些传导机制搞清楚，把看似无关的事物联系起来推演，把人、生意、组织和环境在不同时期、不同区域所承担的权重算清楚。其次，“用奇”体现在如何决策上。做投资不仅要通过研究确定初始条件是怎样的，还要找到不同时期的关键变量，认清关键变量之间是因果关系还是相关关系，有的时候是生意的性质变了，有的时候是人变了，有的时候是组织结构变了，有的时候是环境变了。这些问题研究清楚后，决策就能不受存量信息的束缚，而根据市场的增量信息作出应变和创新，在别人看来就是“奇”。

更为重要的是，“守正”和“用奇”必须结合在一起，才能发挥最大的效用。做人做事讲究“正”，才能经得起各种各样的诱惑。思考决策讲究“奇”，才能找到属于自己的空间。“守正”给“用奇”作准绳，“用奇”给“守正”以反馈。坚持价值投资，就是去芜存精、化繁为简，始终对主流观点保持质疑和求证，不断地挑战自我，开拓新的未知世界。

二、弱水三千，只取一瓢

“弱水三千，只取一瓢”的意思是弱水深长，但舀取其中一瓢来喝足矣。这句话同样适用于投资，投资人需要强大的自我约束能力，一定要克制住不愿意错失任何好事的强烈愿望，同时又必须找到属于自己的机会。

首先，如何理解投资过程。投资项目分门别类，好比“弱水三千”。但投资的境界，关键在于独立思考的过程，投资的方式本身就是投资的内容。与许多在市场上频繁出手的投资不同，我们始终把时间花在研究上，在投资前后都保持充足的耐心，去形成一套属于自己的深入理解。在中国，有太多创业者和创业项目，投资项目不是太少而是太多。我们不擅长搞“人海战术”——一年看特别多的公司，也不会频繁地更换战场——哪人多去哪，希望能赶上市场的风口，在资本热潮中分一杯羹。人云亦云的结果，很可能是失去独立思考的能力，看不见也抓不住真正的大机会。

其次，如何理解投资机会。这里的关键在于选准“那一瓢”。我不喜欢做天女散花式的投资，而是希望抓住最有价值的投资机会，用超长期的资本对企业做最大化的投资。不管企业在什么行业什么阶段，只要能在适应的环境下以适合自身组织的形式予以表达，持续创造出价值，就是好的投资机会。投资决策的起点是基础研究，这决定了投资人只能在看准的时候再出手，投资只能少而精。很多时候，投资成功与否都归结于所选的“那一瓢”的价值几何，能否在“那一瓢”上做得更大、更深、更结实。真正的好公司是极少的，真正的有格局观的创业者、企业家也是极少的，不如集中长期投资最好的公司，帮助创业者把最好的能力发挥出来。

最后，如何理解基础研究。这就需要辩证地思考“只取一瓢”，不能只看一个行业，其他通通不考虑，否则也会影响研究的深度和广度。像匠人一样做投资，最好的方式莫过于在结构性变化和个人投资能力中找到最契合的发力点，在寻求一点突破的前提下看更多相关的行业，或者训练相近的思维。如果能看懂这个行业的变化，有能力找到投资的逻辑，就买入并长期持有。但如果只是风口，或者是在别人能力范围内做得很好的项目，就不要盲目追逐。在多数醉心于“即时满足”的世界里，懂得“延迟满足”道理的人，已经先胜一筹了。

三、桃李不言，下自成蹊

“桃李不言，下自成蹊”（《史记》），原意是桃树和李树不主动招引人，但人们都来赏花摘果，在树下走出了一条小路。对于投资人来说，不要在意短期创造的社会声誉或者价值，而应在意长期创造了多少价值。沉醉于一时的成功、放任高调的宣传通常是非常危险的。自我膨胀很容易让人迷了心智，听不进反对意见，把不准未来方向；名声大了很容易引来不必要的关注，毁也好，誉也好，总归是让人分心的评判。杂音多了，内心的声音就容易被忽略，如果在初期就非常高调，则很容易失去理智。

首先，要回归投资的初心。对于投资人来说，关键是做好自己的本职工作，找到并支持优秀的创业者实现创业梦想，同时在这个过程中为社会创造更大的价值。坚持做正确的事情，在行业里就会形成好的口碑，有共同理念的人终究会与我们合作。我们坚持要“找靠谱的人一起做有意思的事”，在投资的过程中就会获得与相知相识的人共同征服挑战的愉悦感和成就感，这样就能实现“不言”或者“少言”。

其次，要找到投资的幸福感。我认识的所有优秀投资人，都能从投资这个行为本身获得职业的幸福感、满足感。对于他们来说，赚取投资收益与其说是拼命要完成的任务，不如说是水到渠成、下自成蹊的结果。整天为了收益疲于奔命的人，到最后可能颗粒无收，而心无旁骛走自己的路的人，往往能获得很大的回报。

最后，要对投资的过程进行自省和反思。无论是对个人、公司，还是针对具体的交易和项目，时刻反省自己的处境，不固守一时一刻的成绩，尤为重要。一个人如果觉得自己很成功了，往往就会开始走下坡路；一家投资公司如果认为自己躺着都能赚钱，往往就会开始舍本逐末，追求虚无缥缈的事情。无论发展到什么阶段，我们都应时常警醒自己：今后能否不断地推陈出新？如果要保持成长的延续性，那么最应该坚持什么？最不应该留有什么？如果一点小的成就使得我们不再努力、思考和创新，那么我们就会陷入悬崖式溃败，悔之晚矣。

在价值投资的路上，有深山大泽，亦有宜人坦途；有迷途知返，亦有绝处逢生。坚持投资哲学并非僵化，而是以严谨的治学精神去认识市场，提炼出最基本的价值观。在经济压力巨大的时候，作为一名投资人，最糟糕的事情就是恐慌。我们如果把事情想清楚了，自然就能够保持内心的宁静，享受过程，知行合一。而塑造内心的宁静，归根结底就是做事情有目标、有原则、有行动指南和反馈，在不同的处境下有定力，这就需要我们作出每一步的选择都是心安之选。

资料来源：张磊．价值．杭州：浙江教育出版社，2020.

【思考题】

1. 投资的本质是什么？

2. 结合文中的“守正用奇”“弱水三千，只取一瓢”“桃李不言，下自成蹊”，谈谈你的投资哲学和理念。

3. 根据你的朋友、亲戚或自己的投资经验，说明投资要取得成功需要注意哪些问题。

迷倒众生的奇花——郁金香

据说，郁金香花名源自土耳其语，意思是螺旋贝，这种花于 16 世纪中叶传入西欧。康兰德·杰斯奈尔介绍说，郁金香在当时极具影响力。很多人都没有想到，它传入后不久就引发了一场疯狂的郁金香热。无论是商人、小店主，还是经济状况一般的人，为了互相攀比，为了拥有更多的郁金香珍奇品种，都会不惜重金去抢购。到了 1635 年，很多人甚至愿意花 10 万弗洛林（荷兰的一种货币单位）的高价去买 40 支花。当时郁金香的计量单位是波里兹（perits）。被称为里夫肯上将的郁金香品种，400 波里兹的价格高达 4 400 弗洛林；范·德·埃克上将，446 波里兹的价格是 1 260 弗洛林；切尔德，106 波里兹的价格是 1 615 弗洛林；总督，400 波里兹的价格是 3 000 弗洛林；最珍贵的要数奥古斯特，200 波里兹的最低价甚至达到了 5 500 弗洛林。奥古斯特这种郁金香可以说是人们梦寐以求的品种，即使是最不好的球茎也可以卖到 2 000 弗洛林。1636 年年初，这种郁金香在整个荷兰只有两株，一株在阿姆斯特丹的一位商人手中，一株在哈勒姆。为了得到这两株稀世珍宝，人们甚至搞起了投机。有人竟然愿意用 12 英亩地产来换取哈勒姆的那一株，而阿姆斯特丹的那株则被人用 4 600 弗洛林，外加两匹马、一驾新马车和全套马具购得。

1636 年，追逐郁金香珍品的热情空前高涨。在阿姆斯特丹、鹿特丹、哈勒姆、雷顿、阿尔克马尔、霍恩以及其他一些城市成立了一批股票交易所，很多人一夜暴富。这让更多的人无法抗拒诱惑，争先恐后地涌进郁金香市场。最终，郁金香市场上的赌徒们犹如爬满蜜罐的蚂蚁，密密麻麻。每一位投机者都期望人们对郁金香的疯狂追逐能够永远持续下去。世界各地的富翁纷至沓来，毫不犹豫地一掷千金买下天价郁金香。

不过，后来有人发现，这种对郁金香的狂热追逐是不会永远持续的。于是，富翁们不愿意再花高价买郁金香种到自家的苗圃里，而是售出自己已有的郁金香。投机者越来越感到不安和恐惧。张三开始同意以每株 4 000 弗洛林的价格从李四那里买10株奥古斯特。可没想到的是，合同签订6周后，花价就降到了三四百弗洛林一株，李四准备供花，张三却拒绝李四履约，即便是降价也不肯接受。因此荷兰的每一个城镇不得不每天传讯很多类似的违约者。人们开始发现，贫困向他们袭来。当时出现了这样的情况，即便是有人愿意以1/4的买入价卖出自己的郁金香，也没有人愿意买了。四处弥漫着痛苦的呐喊，曾经的富翁开始沦为乞丐，世袭的贵族因此倾家荡产。

最终，问题被捅到了海牙议会，经过3个多月的协商和争论他们才宣布，在得到更加明确的消息之前，不会作出最后的决定，但他们同时提议，为稳妥起见，所有的卖方都应当以现在的价格将郁金香卖给买方，如果买方拒不购买，则应该将郁金香公开拍卖，差价则由合同上的最初买方负责。事实上，这是经纪人之前就提出来的方案，而且被证明是没有用的。荷兰的法院不能强迫买方付款。在阿姆斯特丹，情况变得更加糟糕，但法官拒绝管这件事，因为这属于赌博合同，而赌博合同涉及的债务在法律上是无效的。由于政府也无权干预这件事，问题只能被搁置。那些不幸的郁金香持有者只能默默吞下这场郁金香投机热给自己带来的苦果。更可怕的是，国家的商业因此遭受重创，很多年后这次重创带来的影响才得以平复。

资料来源：查尔斯·麦基．大癫狂：非同寻常的大众幻想与群众性癫狂．北京：电子工业出版社，2013.

【思考题】

1. 为什么郁金香的价格会疯狂上涨？这说明人们在投资时具有什么心态？

2. 讨论投资与投机的区别。

3. 请举出与郁金香热潮类似的事件，剖析其产生的原因，并说明投资时如何避免成为疯狂的追随者。

第6章

个人保险规划

素养提升

◆ 通过保险产品的选择，培养学生的独立思考能力和辩证思维能力

◆ 保险学体现着现代社会发展的重要基石——互助与诚信，完美契合了社会主义核心价值观。通过学习其中的人文精神和价值范式，培养学生优良的思想道德品质，帮助其树立正确的价值观和人生观

◆ 通过讲解保险实务案例并结合个人保险规划，激发学生的创新能力和文化自信，促使学生在实践中创新

学习要点

- 了解保险合同的相关主体
- 了解保险责任和免责责任
- 掌握保险合同的相关期限
- 掌握保险费、保险金额与现金价值的区别
- 掌握保险的分类
- 掌握各类保险的特点及适用人群
- 能熟练运用保险知识进行保险规划

思维导图

引导案例　生活是一个有风险的命题

记住一条墨菲定律：凡事可能出岔子，就必定会出岔子。另外也别忘了奥图尔对这条定律所做的注解：墨菲是一个乐观主义者。不好的事情的确会发生在好人身上。生活是一个有风险的命题，每个人一生中都会有意想不到的需要花钱的事。你的家庭必须支出巨额医疗费，家里的锅炉恰巧炸得粉碎；你儿子把家里的车撞了，你碰巧又失业了。所以，为了应付生活中出现的灾难性事件，每个家庭都需要有现金储备，也需要有足够的保险。

我知道许多经纪人会告诉你不要抱着现金不放，这样会错失投资机会。“现金就是废物”一直是经纪人挂在嘴边的话。每个人都需要在安全性和流动性好的投资上有一些储备，以支付不期而至的医疗账单，或是在失业时提供经济上的缓冲。假设雇主给你投了医疗和残疾保险，那么可以建立一笔能够支付三个月生活费用的储备金。此外，未来任何一笔大额支出（如你女儿读大学的学费）都应该用短期投资（如银行定期存单）来提供资金保障，这些短期投资的到期日需要与使用资金的日期相匹配。

大多数人都需要保险。有家庭责任和义务的人要是不买保险，那就太粗心大意、太“玩忽职守”了。我们每次坐进自己的汽车，或穿过一条车水马龙的大街时，都冒着死亡的危险。一次飓风或一场火灾可能会毁掉我们的家，毁掉我们的财产。我们需要自我保护，以应对不可预知的事情。

资料来源：伯顿·马尔基尔．漫步华尔街．北京：机械工业出版社，2015.

6.1 保险的基础知识

6.1 即测即评

根据《保险法》的定义，保险是指投保人根据合同约定，向保险人支付保险费，保险人对于合同约定的可能发生的事故因其发生所造成的财产损失承担赔偿保险金责任，或者当被保险人死亡、伤残、疾病或者达到合同约定的年龄、期限等条件时承担给付保险金责任的商业保险行为。

从经济学角度看，保险是分摊意外事故损失的一种财务安排；从法律角度看，保险是一种合同行为，是一方同意补偿另一方损失的一种合同安排；从社会学角度看，保险是社会经济保障制度的重要组成部分，是社会生产和社会生活“精巧的稳定器”；从风险管理角度看，保险是风险管理的一种方法。

6.1.1 保险合同的相关主体

1. 保险人和投保人

保险人是指与投保人订立保险合同，并按照合同约定承担赔偿或者给付保险金责任的保险公司。投保人是指与保险人订立保险合同，并按照合同约定负有支付保险费义务的人。投保人和保险人，一方交钱获得保险，另一方收钱承担保险责任。保险合同成立后，投保人按照约定交付保险费，保险人从约定的时间开始承担保险责任。

我国设立保险公司须满足下列条件：主要股东具有持续盈利能力，信誉良好，最近三年内无重大违法违规记录，净资产不低于人民币二亿元。有符合《保险法》和《公司法》规定的章程。有符合《保险法》规定的注册资本，其注册资本的最低限额为人民币二亿元。国务院保险监督管理机构根据保险公司的业务范围、经营规模，可以调整其注册资本的最低限额，但不得低于二亿元，而且其注册资本必须为实缴货币资本。有具备任职专业知识和业务工作经验的董事、监事和高级管理人员。有健全的组织机构和管理制度；有符合要求的营业场所和与经营业务有关的其他设施。法律、行政法规和国务院保险监督管理机构规定的其他条件。

保险合同一般为格式条款，投保人在签订合同之前应认真阅读其中的权利和义务，保险人应当向投保人说明合同的内容。对保险合同中免除保险人责任的条款，保险人在订立合同时应当在投保单、保险单或者其他保险凭证上作出足以引起投保人注意的提示，并对该条款的内容以书面或者口头形式向投保人作出明确说明；未做提示或者明确说明的，该条款不产生效力。

投保人也应向保险公司履行告知义务，投保人故意或者因重大过失未履行如实告知义务，足以影响保险人决定是否同意承保或者提高保险费率的，保险人有权解除合同。保险人在合同订立时已经知道投保人未如实告知的情况的，保险人不得解除合同；发生保险事故的，保险人应当承担赔偿或者给付保险金的责任。合同解除权自保险人知道有解除事由之日起，超过三十日不行使而消灭。自合同成立之日起超过两年的，保险人不得解除合同；发生保险事故的，保险人应当承担赔偿或者给付保险金的责任。投保人故意不履行如实告知义务的，保险人对于合同解除前发生的保险事故，不承担赔偿或者给付保险金的责任，并不退还保险费。

无论是人身保险，还是财产保险，投保人应具有保险利益。保险利益是指投保人或者被保险人对保险标的具有的法律上承认的利益。对保险标的具有保险利益，是投保的前提条件。规定保险利益原则的目的在于遏制赌博行为的发生，防范道德风险。人身保险的投保人在保险合同订立时，对被保险人应当具有保险利益。对于人身保险而言，《保险法》第三十一条规定，投保人对下列人员具有保险利益：本人；配偶、子女、父母；前项以外与投保人有抚养、赡养或者扶养关系的家庭其他成员、近亲属；与投保人有劳动关系的劳动者。除前款规定外，被保险人同意投保人为其订立合同的，视为投保人对被保险人具有保险利益。订立合同时，投保人对被保险人不具有保险利益的，合同无效。也就是说，你不能给一个与你毫无关系的陌生人投保，因为你们之间不具有保险利益。当然，如果陌生人知情并同意你为他投保，那么也可以认为你们之间存在保险利益。财产保险的被保险人在保险事故发生时，对保险标的应当具有保险利益。保险事故发生时，被保险人对保险标的不具有保险利益的，不得向保险人请求赔偿保险金。同样，你也不可以对邻居的房屋进行投保，因为你并不具有保险利益，即使投保，一旦发生事故，你也得不到保险赔偿金。

2. 被保险人和受益人

被保险人是指其财产或者人身受保险合同保障，享有保险金请求权的人。投保人可以为被保险人。

保险受益人又称为保险金领取人，是指由被保险人或者投保人指定，在保险事故发生或者约定的保险期限届满时，依照保险合同享有保险金请求权的人。一般见于人身保险合同。受益人没有资格限定，自然人、法人、无行为能力的人，都可以成为受益人；受益人由被保险人或投保人指定，通常以死亡作为给付保险金条件的保险，投保人指定受益人必须经过被保险人的同意；受益人对保险标的没有保险利益的要求；受益人的受益权由受益人独享，具有排他性，其他人无权剥夺或分享；受益人的受益权不能继承，受益人可以放弃，但没有出售、转让等处分的权利；受益人先于被保险人死亡，或受益人被指定变更或受益人放弃受益权或丧失受益权的，由被保险人的法定继承人领取保险金，并作遗产处理。

3. 保险代理人和经纪人

保险代理人是根据保险人的委托，向保险人收取佣金，并在保险人授权的范围内代为办理保险业务的机构或者个人。保险经纪人是基于投保人的利益，为投保人与保险人订立保险合同提供中介服务，并依法收取佣金的机构。保险代理人代表保险公司，而保险经纪人则代表投保人的利益，两者虽都是代理机构，但是代理的主体不一样。保险佣金只限于向保险代理人、保险经纪人支付，不得向其他人支付。保险代理人、保险经纪人及其从业人员在办理保险业务活动中不得有下列行为：欺骗保险人、投保人、被保险人或者受益人；隐瞒与保险合同有关的重要情况；阻碍投保人履行《保险法》规定的如实告知义务，或者诱导其不履行《保险法》规定的如实告知义务；给予或者承诺给予投保人、被保险人或者受益人保险合同约定以外的利益；利用行政权力、职务或者职业便利以及其他不正当手段强迫、引诱或者限制投保人订立保险合同；伪造、擅自变更保险合同，或者为保险合同当事人提供虚假证明材料；挪用、截留、侵占保险费或者保险金；利用业务便利为其他机构或者个人牟取不正当利益；串通投保人、被保险人或者受益人，骗取保险金；泄露在业务活动中知悉的保险人、投保人、被保险人的商业秘密。

6.1.2 保险合同的相关期限

保险期限也称保险期间，指保险合同的有效期限，即保险合同双方当事人履行权利和义务的起讫时间。保险期限一方面是计算保险费的依据之一，另一方面又是保险人与被保险人双方履行权利和义务的责任期限。投保的时间，对于短期险种而言，比如意外险，一年一投，投保时间影响不大。如果投保长期险，则在资金允许的情况下，投保越早越好，比如养老保险，由于保费及保费生成的利息是保险公司最终给付客户的养老金来源之一，所以保费缴纳得越早，保险公司运作的时间就越长，相同保额需要缴纳的保费也就相对更少。养老保险在各类保险中属于保费较高的产品，投保年龄不同保费差别比较明显。据相关测算，一般年龄相差 1 岁，每年保费可以少缴 2%左右。25～30 岁的年龄段是投保养老保险的最佳时期。健康类险种也会因为年纪和健康，保费差别较大。总之，对于保费没有变化的保险，投保时间早晚没有关系；而对于随着年纪增长保费增加的保险，则应尽早投保。

保险有几个时间期限需要注意：

（1）投保犹豫期。投保犹豫期是指投保人在收到保险合同后 10 天（银保渠道为 15 天）内，如不同意保险合同内容，可将合同退还保险人并申请撤销。这实际上是给你冷静考虑的时间。在此期间，保险人应同意投保人的申请，撤销合同并退还已收全部保费。犹豫期内退保，必须注意以下几点：首先，如果因为特殊情况无法及时接收保单，最好提前通知保险公司。其次，收到保险单后，一定要亲自填写保单回执，并注明日期。因为保险公司对犹豫期的认定是以回执日期为起始日计算的。最后，投保人必须认真阅读保险条款，对自己还不够了解或理解有偏差的内容，要及时向代理人询问，以免误保。所以，要充分利用投保犹豫期，一旦过了犹豫期，再想退保，损失会非常大。

（2）缴费宽限期。缴费宽限期指保险人在投保人未按期缴付保险费的情况下，给予其补缴所欠保费的机会，暂不行使解约权，仍维持合同效力的一种合同约定。合同约定分期支付保险费，投保人支付首期保险费后，除合同另有约定外，投保人自保险人催告之日起超过三十日未支付当期保险费，或者超过约定的期限六十日未支付当期保险费的，合同效力中止，或者由保险人按照合同约定的条件减少保险金额。被保险人在前款规定期限内发生保险事故的，保险人应当按照合同约定给付保险金，但可以扣减欠交的保险费。

（3）观察期。对于重疾险等医疗保险，因为一些重大疾病并不是突发性的，投保人可能在买保险时都不知道自己存在某种疾病隐患，所以多数保险公司都对医疗保险设置了一个观望期，也称观察期或者免责期。通常，重大疾病保险和住院医疗保险在承保时保险公司都会设置观察期。在观察期内发生的住院医疗费用，保险公司不负责赔付。观察期一般有 30 天、60 天、90 天甚至 180 天。保险公司之所以有这样的规定，是为了防范道德风险，即防范投保人带病故意投保。

（4）保单复效期。投保人如果在中止保险合同后又想恢复原有的保单，则应在保险合同中止 2 年内申请恢复，并与保险公司达成复效协议，但是投保人要补缴失效期内的保费及利息。对于投保人来说，恢复原保险合同的效力往往比重新投保更为有利。因为只要补缴了保费和利息，最初已缴部分的保单现金价值就可恢复；若选择重新投保，则等于以前的一切缴费都浪费了。而且，在保单效力中止后被保险人如果已经超过投保年龄限制，则只有通过保单复效的办法，才能继续享有参加保险的权利。

6.1.3 保险费和保险金额

保险费是投保人为取得保险保障，按保险合同约定向保险人支付的费用。保险费的数额同保险金额的大小、保险费率的高低和保险期限的长短成正比，即保险金额越大，保险费率越高，保险期限越长，保险费也就越多。保费逾期不交，将直接影响投保人利益，可能产生滞纳利息，或者导致保单失效，无法获得理赔。

知识拓展

保险产品的定价原理

保险金额是指一个保险合同项下保险公司承担赔偿或给付保险金责任的最高限额，即投保人对保险标的实际投保金额，同时它也是保险公司收取保险费的计算基础。

通俗点说，保险费是投保人交给保险公司的钱，而保险金额是保险公司承担给付保险金责任的金额，两者是不同的，从数值来看也是不等的。财产保险合同中，对保险价值的估价和确定会直接影响保险金额的大小。保险价值等于保险金额是足额保险；保险金额低于保险价值是不足额保险，保险标的发生部分损失时，除合同另有约定外，保险公司按保险金额与保险价值的比例赔偿；保险金额超过保险价值是超额保险，超过保险价值的保险金额无效，恶意超额保险是欺诈行为，可能使保险合同无效。在人身保险合同中，人身的价值无法衡量，保险金额是人身保险合同双方约定的，由保险人承担的最高给付的限额或实际给付的金额。

6.1.4 现金价值

保单现金价值又称解约退还金或退保价值，是指带有储蓄性质的人身保险单所具有的价值。保险人为履行合同责任通常会提存责任准备金，如果中途退保，则以该保单的责任准备金作为解约退还金。

在寿险当中，由于交费期一般比较长，随着被保险人的年龄增加，其死亡的可能性越来越大，保险费率也必然逐渐上升直到接近100%，这样的费率，不仅投保人难以承受，保险也失去了意义。为此，保险公司在实际操作中往往采用“均衡保费”的办法，通过数学计算将投保人需要缴纳的全部保费在整个交费期内均摊，使投保人每期缴纳的保费都相同。被保险人年轻时，死亡概率低，投保人缴纳的保费比实际需要的多，多交的保费将由保险公司逐年积累。被保险人年老时，死亡概率高，投保人当期缴纳的保费不足以支付当期赔款，不足的部分正好由被保险人年轻时多交的保费予以弥补。这部分多交的保费连同其产生的利息，每年滚存累计起来，就是保单的现金价值，相当于投保人在保险公司的一种储蓄。

对于投保人和被保险人，现金价值有以下三种功能：

（1）投保人退保。退保金按照现金价值领取。如果有保单贷款、自动垫缴等，退保时保险公司将从现金价值中先行扣除欠款和利息。

（2）保单贷款。一般具备保单贷款功能的保险单，允许投保人贷款的最高额度是以现金价值为分母的，大多数保单规定，投保人最高借款额度不超过该份保险合同现金价值的70%。

（3）分红。在分红保险合同中，投保人每年享有的分红是以现金价值为分母的。保险公司不是根据投保人全部所交保险费按比例分红，而是以现金价值为分红依据。

6.1.5 保险责任与免责责任

保险合同成立后，投保人按照约定交付保险费，保险人从约定的时间开始承担保险责任。保险责任指保险公司承担赔偿或者给付保险金责任的项目。一般而言，保险合同对保险人开始承担保险责任的时间是没有约定的，保险人自投保人交付保险费时开始承担保险责任。因此，保险合同生效的时间与保险责任开始的时间不是同一概念。保险合同生效后，并不意味着保险人开始承担保险责任，保险人何时开始承担保险责任，取决于保险合同对保险人承担保险责任期间的约定。保险人赔偿或给付保险金的责任范围包括：损害发生在保险责任内；保险责任发生在保险期限内；以保险金额为限度。保险责任既是保险人承担保障的责任，也是负责赔偿和给付保险金的依据和范围；同时也是被保险人要求保障的责任及获得赔偿或给付的依据和范围。

保险不是万能的，很多人认为只要买了保险，如果发生事故，保险公司就一定会赔偿，其实不然。保险合同中有免责条款，对一些不属于保险公司理赔的条款予以明示。《保险法》自1995年颁布以来，经过三次修正、一次修订。1995年《保险法》第十七条、2002年《保险法》第十八条均规定："保险合同中规定有关于保险人责任免除条款的，保险人在订立保险合同时应当向投保人明确说明，未明确说明的，该条款不产生效力。"2015年修正的《保险法》，对于保险公司免责条款的说明义务规定了更为严格的要求。其第十七条规定："订立保险合同，采用保险人提供的格式条款的，保险人向投保人提供的投保单应当附格式条款，保险人应当向投保人说明合同的内容。对保险合同中免除保险人责任的条款，保险人在订立合同时应当在投保单、保险单或者其他保险凭证上作出足以引起投保人注意的提示，并对该条款的内容以书面或者口头形式向投保人作出明确说明；未作提示或者明确说明的，该条款不产生效力。"从免责条款的属性看，保险人制定免责条款的本质是约定风险排除事项，因为保险人不可能对所有风险事项都给予保障。因此，在签署保险合同时，一定要仔细阅读保险合同的免责条款，搞清哪些属于不能赔偿的范围。

6.2 保险的分类

6.2.1 社会保险与商业保险

6.2 即测即评

从大的方面看，保险分为社会保险和商业保险。我国的《社会保险法》第二条规定："国家建立基本养老保险、基本医疗保险、工伤保险、失业保险、生育保险等社会保险制度，保障公民在年老、疾病、工伤、失业、生育等情况下依法从国家和社会获得物质帮助的权利。"基本养老保险、基本医疗保险、失业保险、工伤保险和生育保险，就是我们常说的"五险一金"中的"五险"，"一金"指的是住房公积金。

基本养老保险费由用人单位和职工共同缴纳。基本养老金由统筹养老金和个人账户养老金组成。基本养老金根据个人累计缴费年限、缴费工资、当地职工平均工资、个人账户金额、城镇人口平均预期寿命等确定。参加基本养老保险的个人，达到法定退休年龄时累计缴费满十五年的，按月领取基本养老金。如果达到法定退休年龄时累计缴费不足十五年的，可以缴费至满十五年，按月领取基本养老金；也可以转入新型农村社会养老保险或者城镇居民社会养老保险，按照国务院规定享受相应的养老保险待遇。个人账户不得提前支取，记账利率不得低于银行定期存款利率，免征利息税。个人死亡的，个人账户余额可以继承。

职工应当参加职工基本医疗保险，由用人单位和职工按照国家规定共同缴纳基本医疗保险费。参加职工基本医疗保险的个人，达到法定退休年龄时累计缴费达到国家规定年限的，退休后不再缴纳基本医疗保险费，按照国家规定享受基本医疗保险待遇；未达到国家规定年限的，可以缴费至国家规定年限。并不是所有的医疗费用都可以由医疗保险支付，下列医疗费用不纳入基本医疗保险基金支付范围：应当从工伤保险基金中支付的；应当由第三人负担的；应当由公共卫生负担的；在境外就医的。医疗费用依法应当由第三人负担，第三人不支付或者无法确定第三人的，由基本医疗保险基金先行支付。基本医疗保险基金先行支付后，有权向第三人追偿。

职工应当参加工伤保险，由用人单位缴纳工伤保险费，职工不缴纳工伤保险费。国家根据不同行业的工伤风险程度确定行业的差别费率，并根据使用工伤保险基金、工伤发生率等的情况在每个行业内确定费率档次。职工因下列情形之一导致本人在工作中伤亡的，不认定为工伤：故意犯罪；醉酒或者吸毒；自残或者自杀；法律、行政法规规定的其他情形。

职工应当参加失业保险，由用人单位和职工按照国家规定共同缴纳失业保险费。失业人员符合下列条件的，可从失业保险基金中领取失业保险金：失业前用人单位和本人已经缴纳失业保险费满一年的；非因本人意愿中断就业的；已经进行失业登记，并有求职要求的。失业人员失业前用人单位和本人累计缴费满一年不足五年的，领取失业保险金的期限最长为十二个月；累计缴费满五年不足十年的，领取失业保险金的期限最长为十八个月；累计缴费十年以上的，领取失业保险金的期限最长为二十四个月。重新就业后，再次失业的，缴费时间重新计算，领取失业保险金的期限与前次失业应当领取而尚未领取的失业保险金的期限合并计算，最长不超过二十四个月。

职工应当参加生育保险，由用人单位按照国家规定缴纳生育保险费，职工不缴纳生育保险费。生育保险待遇包括生育医疗费用和生育津贴。

总之，基本养老保险、基本医疗保险和失业保险这三种社会保险是由企业和个人共同缴纳保费，工伤保险和生育保险完全由企业承担，不需要个人缴纳。

6.2.2 强制保险和自愿保险

根据保险实施形式的不同，保险可分为强制保险和自愿保险。强制保险又称法定保险，它是由国家颁布法令强制被保险人参加的保险，在规定范围内，不管当事人双方自愿与否，必须按规定办理保险。自愿保险是当事人在平等互利和自愿的基础上确立合同关系，被保险人可自行决定是否投保以及保险标的的种类、金额和期限等。强制保险在某种意义上表现为国家对个人意愿的干预，所以对强制保险的范围有严格限制。我国《保险法》规定，除法律、行政法规规定必须保险的以外，保险公司和其他任何单位不得强制他人订立保险合同。我国现行法律法规条例中的强制保险有：《海洋环境保护法》强制油污染民事责任保险；《煤炭法》强制井下职工意外伤害保险；《建筑法》强制危险作业职工意外伤害保险；《旅行社条例》强制旅客旅游意外保险；《海洋石油勘探开发环境保护管理条例》强制污染损害责任保险；《机动车交通事故责任强制保险条例》强制交强险等。

《机动车交通事故责任强制保险条例》规定：在我国境内道路上行驶的机动车的所有人或者管理人，应当投保机动车交通事故责任强制保险，俗称“交强险”，该险种是指由保险公司对被保险机动车发生道路交通事故造成本车人员、被保险人以外的受害人的人身伤亡、财产损失，在责任限额内予以赔偿的强制性责任保险。交强险的基础费率共分42种，家庭自用车、非营业客车、营业客车、非营业货车、营业货车、特种车、摩托车和拖拉机等八大类42小类车型的保险费率各不相同。但对同一车型，全国执行统一价格。家庭自用汽车6座以下，每年需交保费950元，家用6座以上，保费1 100元。交强险费率与道路交通事故挂钩。上一个年度未发生有责任交通事故，或者发生了无责任交通事故的车主，都能够享受下浮10%的费率优惠。连续两年无交通事故能下浮20%，连续三年及三年以上无交通事故能享受到的下浮优惠最大幅度为30%。同样，发生多次和重大交通事故的车主续保时费率会上浮，最大幅度为30%。

6.2.3 财产保险和人身保险

我国的《保险法》规定保险公司的业务范围为：人身保险业务，包括人寿保险、健康保险、意外伤害保险等保险业务；财产保险业务，包括财产损失保险、责任保险、信用保险、保证保险等保险业务；国务院保险监督管理机构批准的与保险有关的其他业务。保险人不得兼营人身保险业务和财产保险业务。但是，经营财产保险业务的保险公司经国务院保险监督管理机构批准，可以经营短期健康保险业务和意外伤害保险业务。

1. 财产保险

财产保险是指投保人根据合同约定，向保险人交付保险费，保险人按保险合同的约定对所承保的财产及其有关利益因自然灾害或意外事故造成的损失承担赔偿责任的保险。财产保险是以财产及其有关利益为保险标的的保险，包括财产损失保险、责任保险、保证保险、信用保险等以财产或利益为保险标的的各种保险。

财产损失保险是以各种有形的物质财产、相关的利益及其责任为保险标的的保险，包括企业财产保险、家庭财产保险、运输工具保险等。其中家庭财产保险是个人最常用的一种保险。家庭财产保险的保险金额由投保人依据投保财产的实际价值自行估定。若估价过低，则会使保障不足；若估价过高，则一方面，保费将随之增加，另一方面，在实际灾害发生时，保险人将根据补偿原则，以投保财产的实际价值作为赔偿上限，因而被保险人不可能靠此获利。投保人最明智的做法是，对投保财产客观合理地进行估价，使保险金额尽可能接近所投保财产的实际价值。

责任保险指保险人在被保险人依法应对第三者负赔偿民事责任，并被提出赔偿要求时，承担赔偿责任的险种，主要有公众责任保险、第三者责任险、产品责任保险、雇主责任保险、职业责任保险等。责任保险以被保险人在保险期内可能造成他人的利益损失为承保基础，其构成须具备两个条件：一是被保险人对第三者依法负有赔偿责任；二是受害的第三者必须向被保险人请求赔偿。财产险的目标是补偿特定资产损失（车辆与固定的财产），责任险为第三方赔偿。比如监护人责任险，指在保险期间，由被保险人的监护对象（被监护人）造成第三者人身伤亡或财产损失，依法应由被保险人承担赔偿责任时，保险人根据保险合同的规定负责赔偿，年龄不满18周岁的人可成为该保险的被保险人。简单来说，监护人责任险就是指由于孩子的过失给他人造成了人身伤害或财产损失，例如，孩子踢球时不小心损坏了公物、将他人打伤等本应该由父母承担赔偿责任的情形，若投保监护人责任险，即可将责任转嫁给保险公司，出险后由保险公司按照合同的约定进行赔偿。

保证保险是在约定的保险事故发生时，被保险人在约定的条件和程序成立时方能获得赔偿的一种保险，其主体包括投保人、被保险人和保险人。保证是我国法律确认的一种担保方法，即由保证人以其资信能力向主债权人作保，担保主债务人履行债务，以保护主债权人所享有的主债权的实现。而保证保险名称中的“保证”则源于保证保险业务所包含的确保相关消费借贷（买卖）合同履行的保证功能。保证保险中保险公司承担的风险比一般保险大，因而即使是在西方成熟的市场经济国家，对保证保险也持谨慎态度。比如，合同保证保险是当被保证人不履行合同义务而造成权利人经济损失时，由保险人代替被保证人进行赔偿的一种保险。保证保险主要分为三类：合同保证保险、忠实保证保险、商业信用保证保险。

信用保险是以商品赊销和信用放贷中的债务人的信用作为保险标的，在债务人未能如约履行债务清偿而使债权人遭受损失时，由保险人向被保险人即债权人提供风险保障的一种保险。

2. 人身保险

人身保险是以人的寿命和身体为保险标的的保险，当被保险人发生死亡、伤残、疾病等事故或保险期满时给付保险金。按照保险责任的不同，人身保险可以分为人寿保险、健康保险和意外伤害保险。

人寿保险，俗称“寿险”，是以被保险人的寿命为保险标的，且以被保险人的生存或死亡为给付条件的人身保险。最初的人寿保险是为了减轻由于不可预测的死亡可能造成的经济负担，后来，人寿保险中引进了储蓄的成分，所以对在保险期满时仍然生存的人，保险公司也会给付约定的保险金。

健康保险是以被保险人的身体为保险标的，使被保险人在因疾病或意外事故导致伤害时发生的费用或损失获得补偿的一种保险。健康保险按给付方式划分，一般可分为三种：(1) 给付型，保险公司在被保险人患保险合同约定的疾病或发生合同约定的情况时，按照合同规定向被保险人给付保险金。保险金的数目是确定的，一旦确诊，保险公司按合同所载的保险金额一次性给付保险金。各保险公司的重大疾病保险等就属于给付型。(2) 报销型，保险公司依照被保险人实际支出的各项医疗费用按保险合同约定的比例报销。如住院医疗保险、意外伤害医疗保险等就属于报销型。(3) 津贴型，保险公司依照被保险人实际住院天数及手术项目赔付保险金。保险金一般按天计算，保险金的总数依住院天数及手术项目的不同而不同。如住院医疗补贴保险、住院安心保险等就属于津贴型。随着人们生活水平的提高，健康险越来越受重视。国家税务总局规定，自 2016 年 1 月 1 日起对试点地区个人购买符合规定的健康保险产品的支出，按照 2 400 元/年的限额标准在个人所得税前予以扣除。税前抵扣的规定将提高部分消费者购买健康险的积极性。

意外伤害保险是以意外伤害而致身故或残疾为给付保险金条件的人身保险。意外伤害的“意外”须有客观的意外事故发生，且事故原因是意外的、偶然的、不可预见的；被保险人必须因客观事故造成人身死亡或残疾的结果；意外事故的发生和被保险人遭受人身伤亡的结果有着内在的、必然的联系。意外伤害保险与意外伤害医疗保险不同，意外伤害保险是赔付制，一般包括对意外死亡、残疾、受伤和重要器官切除等情况进行赔付；意外伤害医疗保险是报销制，按一定比例报销意外门诊或住院所花的医疗费用，有的包括意外住院补贴。

参考阅读

国外奇怪的保险

伊朗的“肚皮保险”

这个奇特的险种来自伊朗。闻名全球的“肚皮舞皇后”逊娅·班加敏认为自己的肚脐眼非常值钱，于是她为自己的肚脐眼投了保，至于保险金额至今无人知晓。据说只要她的肚脐眼出现一个以前没有的斑点，保险公司就要赔偿400万美元。

荷兰阿姆斯特丹的“绿帽子险”和“外星人劫持险”

荷兰人把保险的新奇性发挥到了极致。一家名为哈波利的保险公司推出了一些奇特的险种，不少险种令人匪夷所思，其中包括“绿帽子险”和“外星人劫持险”。如果男人投保后发现妻子“红杏出墙”，或者有一天保户不幸被外星人劫持，便可向保险公司提出理赔要求。对前者保险公司会赔付500欧元，对后者则会赔付5 000欧元。

一杆进洞险

最让人惊讶的是一个叫“一杆进洞”的险种。在高尔夫球赛中，主办方往往会为“一杆进洞”提供丰厚的奖品或者奖金。虽然对水平一般的俱乐部会员来说，一杆进洞的机会是十五万分之一，但是偏偏就有接连两次“一杆进洞”的例外情况出现，让保险公司目瞪口呆。于是各家保险公司纷纷提高门槛，有把费率提高至3%左右的，也有限定奖金额的，有的干脆不单卖，一定要与高尔夫球场综合险搭售，以降低自身的经营风险。

英国的爱情保险

爱情保险公司规定：凡是已婚夫妇，均可购买爱情保险。在英国，每对夫妇只需每月交5英镑的保险金，即可享受爱情保险。保险的具体内容是：自投保之日起，夫妇和睦相处达25年的，可以领到5 000英镑的保险金；夫妇中若有一方在保险期间病故或因其他原因死亡的，未亡人可以领到1 000英镑的抚恤金；如果参加保险的夫妇不和，经由公司调解无效而离婚者，则被遗弃一方可获3 000英镑的保险金。

大约有20%的新婚夫妻会投保这种爱情险，其中还有60%左右的投保夫妻把这种爱情险作为家庭理财的重要选择。

6.2.4 投资类保险

随着经济的不断发展，资本市场化程度日益提高，保险市场出现了将保障和投资融为一体的创新型寿险品种——投资类保险，即与投资挂钩，具备投资和保障双重功能的保险，主要包括分红型保险、投资连结险、万能险三种。

1. 分红型保险

分红型保险是指保险公司将其实际经营成果优于定价假设的盈余，按一定比例向保单持有人进行分配。分红型保险的主要功能依然是保险，红利分配是分红型保险的附属功能。分红型保险的红利来源于死差益、利差益和费差益所产生的可分配盈余。（1）死差益，是指保险公司实际的风险发生率低于预计的风险发生率，即实际死亡人数比预定死亡人数少时所产生的盈余；（2）利差益，是指保险公司实际的投资收益高于预计的投资收益时所产生的盈余；（3）费差益，是指保险公司实际的营运管理费用低于预计的营运管理费用时所产生的盈余。保险公司在厘定费率时要考虑三个因素：预定死亡率、预定投资回报率和预定营运管理费用，而费率一经厘定不能随意改动，但寿险保单的保障期限往往长达几十年，在这样漫长的时间内，实际发生的情况可能同预期的情况有所差别。一旦实际情况好于预期情况，就会出现以上差益，保险公司将这部分差益产生的利润按一定的比例分配给客户，这就是红利的来源。但需要注意的是，分红是不固定，也是无法保证的，分红水平与保险公司的经营状况直接相关。通常来说，在保险公司经营状况良好的年份，客户可能分到较多的红利，但如果保险公司的经营状况不佳，客户能分到的红利就可能比较少甚至分不到。

2. 投资连结险

客户购买投资连结险的保费分成两部分，小部分用于购买保险保障，大部分划入专门的投资账户，由保险公司的投资机构进行运作：存入银行、买卖债券或投资于证券基金。投资账户独立运作、管理透明，保险公司定期向客户提供资产清单，客户亦可随时了解自己的账户资产、投资表现等相关信息。投资连结险灵活性高，账户资金可自由转换。由于投资连结险通常有多个投资账户，不同投资账户对应不同的投资策略和投资方向，投保人可以根据自身偏好将用于投资的保费分配到不同投资账户，按合同约定调整不同账户间的资金分配比例，并可以随时支取投资账户的资金。投资连结险通常不设定最低保证利率。投资收益可以在账户价格波动中反映出来，目前我国保险公司通常一周至少公布一次账户价格。因此，若具体投资账户运作不佳或随股市波动，该投资账户的投资收益就可能会出现负数。

3. 万能险

万能险是一种缴费灵活、保额可调整、非约束性的寿险，是风险与保障并存，介于分红型保险与投资连结险之间的一种投资型寿险。它具有以下特点：一是兼具投资和保障功能。保费的一部分用于提供身故等风险保障，扣除风险保险费以及相关费用后，剩余保费可在投资账户中进行储蓄增值。二是交费灵活、收费透明。投保人缴纳首期保费后，可不定期不定额地缴纳保费。同时，与普通型又称传统型人身保险产品及分红型保险不同，保险公司会向投保人明示收取的各项费用。三是灵活性高，保额可调整。账户资金在一定条件下可灵活支取。投保人可以按合同约定提高或降低保险金额。四是通常设定最低保证利率，定期结算投资收益。此类产品为投资账户提供最低收益保证，并且可以与保险公司分享最低保证收益以上的投资回报。

投资类保险并不适合所有人，它不一定能保证收益，也有一定风险。个人投资者应根据自身的财务状况和风险承受能力进行选择。分红型保险投资策略较保守，收益相对其他投资类保险较低，适合风险承受能力低、有稳健理财需求的人；万能险设置保底收益，主要投资工具为国债、企业债券、协议存款等，存取灵活，适合需求弹性大、有一定风险承受能力的人；投资连结险投资策略相对进取，无保底收益，适合追求高收益且具有较高风险承受能力的人。

知识拓展

保险拒赔案例

6.3 保险的选择规划

6.3.1 保险公司的选择

6.3 即测即评

保险公司主要做的就是与投保人签订保险合同，然后投保人根据合同向保险公司支付保险费。如果发生了合同约定中的事故，那么保险公司就要根据合同规定向投保人承担赔偿保险金的责任。选择保险公司时，应综合考察多方面：一是保险公司的财务实力。投保人需要考察保险公司的偿付能力和财务状况。投保人一般应该依据保险监管部门或权威评级机构对保险公司的评定结果来了解保险公司的偿付能力。评定等级越高，表明该保险公司的偿付能力越强。投保人还可以查看保险公司的财务报表，分析保险公司的保费收入、赔款、费用、利润等财务指标，从而了解其财务状况。二是保险的价格和品种。

应该选择那些能为自己提供恰当保障的保险公司，既要考虑其品种能否满足多方面的保障需求，还要考虑价格，但保险险种的价格不是唯一的考量因素，应综合比较。三是服务质量。服务质量好的保险公司能够为投保人着想，从客户一开始投保就从各个角度体现为客户服务的理念。一旦发生保险责任，客户能及时得到理赔。一个素质良好的代理人，在为客户设计保单的时候，能够从客户的实际需要出发，而不是一味追求高额的保费收入；在保单的保全服务中，能够树立长期服务的思想，而不是一味追求短期利益。

投保人在购买保险时会有一种担忧：如果保险公司倒闭，是否保障就没有了。其实对此无须多虑，我国《保险法》有规定：保险公司因分立、合并需要解散，或者股东会、股东大会决议解散，或者公司章程规定的解散事由出现，经国务院保险监督管理机构批准后解散。经营有人寿保险业务的保险公司，除因分立、合并或者被依法撤销外，不得解散。经营有人寿保险业务的保险公司被依法撤销或者被依法宣告破产的，其持有的人寿保险合同及责任准备金，必须转让给其他经营有人寿保险业务的保险公司；不能同其他保险公司达成转让协议的，由国务院保险监督管理机构指定经营有人寿保险业务的保险公司接受转让。转让或者由国务院保险监督管理机构指定接受转让前款规定的人寿保险合同及责任准备金的，应当维护被保险人、受益人的合法权益。也就是说，经营有人寿保险业务的保险公司不允许随意解散，一旦因经营不善而濒于倒闭，也只能“分立”或者“合并”，分立后的各保险公司或者合并后的保险公司，会承接原有效的人寿保险合同和准备金，承担原有的保险责任，投保人原有的人寿保险合同不会因此受到任何影响。

随着信息技术的快速发展与广泛普及，互联网及移动互联网已成为保险机构销售和服务的新兴渠道。2015 年保监会颁布《互联网保险业务监管暂行办法》，对互联网销售保险业务进行了规范。互联网保险没有改变保险的根本属性，互联网保险业务监管应与传统保险业务监管具有一致性。在坚持现有监管方向和原则的前提下，根据互联网保险的特性，对现有监管规则进行了适当延伸和细化。此规范实施三年已经到期，2018 年 10 月，银保监会发布了《互联网保险业务监管办法（草稿）》，互联网保险业务是指保险公司、保险中介机构依托互联网和移动通信等技术，通过自营网络平台、第三方网络平台等订立保险合同、提供保险服务。除保险公司和保险中介机构外，其他机构或个人不得经营互联网保险业务。保险公司、保险中介机构的从业人员也不得以个人名义经营互联网保险业务。第三方网络平台在销售自身或第三方的产品或服务时，不得以默认选项的方式“搭售”保险产品。下列险种可不限区域在互联网上经营：（1）人身意外伤害保险、定期寿险和普通型终身寿险、除长期护理保险和报销型医疗保险外的健康险、养老年金保险、税延养老保险；（2）投保人或被保险人为个人的家庭财产保险、责任保险、信用保险和保证保险；（3）能够独立、完整地通过互联网实现销售、承保和理赔全流程服务的财产保险业务；（4）中国银保监会规定的其他险种。也就是说，保险公司即便没有设立分公司，也可以在网上销售上述保险产品。此举有利于中小保险公司进一步利用互联网渠道加强创新、提高核心竞争力。

6.3.2　保险品种的选择

选择保险险种时，首先应确定不同类险种的优先顺序，如果有充足的资金把所有的保障买齐全自然是最好，但在资金有限的情况下应如何选择险种？一些人被保险经纪人忽悠购买了投资类保险，却忽视了保障，一旦发生事故才发现所购买的保险根本不能提供所需要的保障。每个家庭都应根据轻重缓急和经济实力来购买保险。一般情况下，首先要买的是保障型的险种，即意外险和健康险；其次可以考虑带分红性质的寿险、养老年金险；最后才是强调投资功能的投资连结险。

在确定需要购买的具体险种后，就可以选择提供这些险种的公司了。目前我国市场上销售的各类险种的条款大同小异。因此如果你选择了一类保险，比如医疗保险，则可以对不同公司的医疗险种进行比较，虽然都是医疗险，但各家公司的侧重点可能不同，可以选择更符合你需要的公司。总之，要仔细阅读条款，比较保费、缴纳期限、承担责任、免责责任等因素，选择适合自己的保险。

6.3.3　保险金额的选择

保险金额也叫保额，是指保险公司承担赔偿或者给付保险金责任的最高限额。财产保险可根据财产的实际价值来确定保险金额。而对于人寿保险而言，由于人身的价值是无法衡量的，保险金额可由保险公司和投保人双方来确定。交费年限、保险金额和保险费这三个因素互相影响。同等保额，交费年限拉长，每年负担的保险费就低；反之则高。但交费期限越长，最终的总保费越高。由于保险金额越大保险费越高，在资金有限的情况下，有些投保人会压缩保额。保额到底多少合适？一般而言，保额为家庭年收入的 5～10 倍最合适，也就是说，不考虑通货膨胀因素，一旦发生风险，家庭生活在未来 5～10 年内不会受到影响。

保额的估算方法分为生命价值法、家庭需求法、养老储备法，三者共同决定保额的高低：（1）生命价值法以一个人的生命价值为依据来考虑应购买多少保险。可以分三步进行：估计被保险人以后的年均收入；确定退休年龄；从年收入中扣除各种税收、保费、生活费等支出，用收入乘以年龄来估算保额。（2）家庭需求法以事故发生时可确保家人生活的准备金总额为依据。计算方式是，在家人所需生活费、教育费、供养金、对外负债和丧葬费等的基础上，扣除既有资产，将所得余额作为保额的粗略估算依据。（3）养老储备法的估算方法是先定需求后算缺口。在确定养老保险保额时要检视自己的养老规划，测算需求，估算收入。先确定实际所需的养老金额，再确定老年资金需求缺口。考虑自己有没有社保养老金、固定资产投资收益（如房租）、股息分红、子女赡养等。建议购买商业养老保险所获得的补充养老金占总养老金的 20%～40%。最后，确定实际的养老保险保额。一般而言，高收入者主要靠商业养老保险；中低收入者主要依靠社会养老保险，以商业养老保险作为补充。

总体说来，保额需求会随着家庭结构、收入以及外部经济形势的变化而变化。应经常对保险合同进行检查，适时增减保额和险种。

总保费支出以家庭年收入的10%左右为宜。如果你的家庭年收入10万元，则总保费支出应不超过1万元，否则支付保费会有些吃力。保险属于安全层面的需求，过低的保费支出无法带来足够的安全保障，过高的保费又会带来较大压力。因此，保费支出大约占年收入的10%是最合适的。

6.3.4 保险对象的选择

大人凡事总要先替子女考虑，买保险首先考虑的是孩子，其实应该先考虑给家庭支柱购买保险，家庭支柱是家庭收入的主要来源，给家庭支柱购买高额保险，意味着家庭经济收入不会因为意外和疾病而中断。遵循“先大人后孩子”的原则，大人也是孩子的“保险”，只要大人能健康地工作和生活，孩子的生存状况就不会差。如果家庭的经济支柱出了问题，那么给孩子投保再多也没有用，因为孩子的保险此时没到期，保险的现金价值低，不能解决家庭面临的困难。当然，如果有足够强的经济实力，那么为家里的每个人都买保险是最好的。

6.3.5 保费支付的选择

缴纳保险费是投保人的义务，保险合同成立后，投保人按照约定交付保险费，保险人按照约定的时间开始承担保险责任。保险费的缴纳有一次性缴纳（趸交）和分期缴纳两种方式。分期缴纳按缴纳的周期又分为年交、季交、月交三种。对于财产险、意外险等一年期内的短期险种，保险公司一般要求一次性缴纳。对于可以选择保费缴纳方式的保险要考虑多种因素。

一是经济情况。在经济条件允许的情况下，不同的人应考虑年龄、险种等因素，慎重选择。年收入差异很大的人在选择分红类保险产品时，建议最好采用趸交的方式，这样可以为充满变数的未来提供起码的保障。

二是年龄因素。对于老年人来说，要考虑自身的健康状况。健康状况良好，经济条件又允许，选择趸交受益更大，能够在较短的时间内享受高质量的保险服务，养老、保险两不误；健康状况一般的老年人，最好选择年交，避免因发生变数而遭受损失。对于年轻人而言，年交无疑是较佳的选择。年轻人一般积蓄不多，最好延长交费期限，20～25年均可，交费期越长，每年支出的费用越少。风险具有不确定性，一旦发生变故，保险公司会依约承担相应的保险责任，年交保费能以较小的额度带来较大的保障。

三是保险产品的类型。一般来说，带有储蓄性质的险种，如教育金、养老险等，可以选择趸交。这样做的好处是：避免资金闲置，免交利息税，实现资金保值，同时还可按年领取红利。对于投资性很强的保险产品，如投资连结险，由于保险公司每年的经营情况会受证券市场、利率等因素影响，相应的账户价值波动很大，一般不建议趸交。此外，对于比较传统的险种，如健康类保险等，最好选择年交的方式。

问题与讨论

1. 说明保险人、投保人、被保险人、受益人的概念。

2. 个人在投保前应了解保险的四个时间节点——投保犹豫期、缴费宽限期、观察期、保单复效期。如何充分利用这四个时间节点使自己在投保、理赔甚至退保等环节受益?

3. 什么是保险的现金价值?保险的现金价值具有哪些功能?

4. 什么是保险的免责责任?请你找一份朋友或亲人的保险单,仔细阅读其中的免责责任条款。

5. 说明保险的分类。

6. 请调查市场上的各类保险公司并说明各保险公司的特点。如果购买保险,你将选择哪一家保险公司?说明原因。

7. 根据家庭状况,为家人选择需要购买的保险种类,计算预计的保费支出和保额。

8. 说明保费缴纳的方式及各自的适用情况。

9. 保险是一门学问,买商业保险要有周密的统筹计划和循序渐进的心理准备,不要幻想一次投入就能满足一生的保障要求。你认为购买保险时应注意哪些问题?

10. 根据人的生命周期阶段,说明每个阶段应买的保险种类和保险金额。

阅读与思考

学会自己看保险合同

10个买过保险的人,有9个人没看过合同,另外一个人虽然看了,但没有看懂。这句调侃非常贴近实际,在我大量的咨询客户中,有很多客户甚至从买保险开始,就没有见过自己的保险合同长什么样子。

我也经常会问客户,为什么不看看保险合同呢?毕竟保险本质就是合同。得到的答案非常统一:看不懂。保险合同看着确实挺费劲,尤其是对于一个对保险没有研究的人。但是无论如何,我们都要学会看懂合同,因为日后赔付的依据就是合同。大部分人买保险基本都是通过亲戚、朋友、同学、同事等熟人的介绍。而所介绍的这个保险保障是否和合同一样,我们可能并不知道。有时候并不是销售人员有意误导我们,而是在沟通和交流的过程中,存在信息的丢失或者理解的歧义。最终导致的问题就是真的发生理赔的时候,我们购买保险时以为有赔付的,结果在合同中是不赔付的。

我一直告诉我的客户,应该学会自己看懂合同,因为理赔是根据合同,而不是别人的介绍。那么应该怎么学会看懂保险合同呢?下面介绍一个“123”看懂合同法:一个核心理念十两个主要框架十三个看点。

1. 一个核心理念：说明书

很多人之所以不愿意看合同或者看不懂合同，就是缺少这样的核心理念，即保险合同并不像书一样，需要从头看到尾，我们应该把它当成一个说明书来看，想知道什么样的内容，直接按照目录找到对应的位置即可。举个例子，比如想知道我的重大疾病保险里面，有没有恶性肿瘤的赔付，我只需要去找重大疾病的清单即可。而至于其他问题，目前我还没有想到，就不需要看。

2. 两个主要框架：个人信息十保险条款

保险合同基本分为两个部分：个人信息部分及保险条款部分。所以我们在看保险合同的时候，先把合同用框架性思维分开，一般合同的最前面和最后面是个人信息部分，主要包括身份信息、保费等，我们购买保险的时候，这些基本上都是知道的。

保险条款部分是大家认为最难的部分。保险条款其实是在买保险之前就可以看到的，因为每一个产品的保险条款都是固定不变的。所以说，保险合同其实就是在保险条款的基础上增加了一些个人信息而已。通过这样的拆解，就能对保险合同有框架性思维了。

3. 三个看点：保障责任十责任免除十专业名词释义

保险条款我们不需要面面俱到地看，主要是按照我们一开始说的说明书理念，看三个部分即可。

第一个看点，保障责任。这个部分讲这份保险能给我们保障什么，内容并不多，我们直接按照目录找到对应的部分即可。

第二个看点，责任免除。这个部分是建议大家一定要看的，买保险时，很少有人和我们讲保险不涵盖的地方，所以有时候我们以为某一些情况可以赔付，结果发现不赔付。合同的责任免除部分写得非常清楚，具体哪些情况不赔付有明确的解释。

第三个看点，专业名词释义。其实保险条款大部分都有专业名词释义，因为保险合同本身就是一个极其严谨的文件，重点词汇都会有专门的解释。比如合同里面会对恶性肿瘤做非常明确的定义，阐明什么样的医院才算合同要求的医院等等。

保险合同其实就是一份说明书，当用这样一个理念去看它时，就会发现它其实并没有想象的那么难。当我们了解了保险的本质思维和保险合同的说明书理念以后，再看保险合同的时候就会游刃有余。

资料来源：张岩．一学就会的家庭保险规划课．北京：机械工业出版社，2023.

【思考题】

1. 保险的本质是什么？
2. 按文中所说的方法阅读一份保险合同，提出你的见解。
3. 结合朋友、亲戚或自己购买保险的经验说明投保需要关注哪些问题。

王大明的保险选择

王大明有一个五口之家，王大明和妻子是上班族，王大明是家里的主要收入贡献者，月薪3万元，王大明的妻子每个月工资3 000元，王大明有个儿子，今年刚满5岁，王大明的爸妈与王大明一家同住，他们的身体比较健康，但是没有退休金。刚过而立之年的王大明准备购买保险，面对林林总总的保险，他不知道该怎么买。

(1) 王大明是家里的支柱，因此准备给自己购买一项重大疾病保险。保险经纪人给了他两个推荐：一种是返还型的重疾保险，每年交3 500元，交20年，10万元的保额，如果60岁时没有发生理赔，则返还所交的保费。另一种是消费型的重疾保险，每年交500元，保额同样是10万元，但是每年都需要交。王大明倾向于前一种保险，因为如果不得病的话，所交的钱还在那，相当于保险公司为你存着。而消费型险种虽然只需交500元，但如果不得病，这500元就不会返还了。

(2) 王大明还准备给自己5岁的孩子买一份少儿险——少儿险A，从现在（5岁）开始交，月交保费50元，交至儿子15周岁。

获得以下保障：

教育金给付：15～17周岁每年领取高中教育金299元；18～21周岁每年领取大学教育金1 494元；也可一次性领取教育金6 213元。

意外伤害身故或全残给付：3 000元。

疾病身故给付：按所交保费给付疾病身故保险金。

(3) 一位保险经纪人向王大明推荐了B保险，该项保险年交146 880元，交费5年，保额10万元，60周岁领取养老金。

保险利益如下：

保单生效即返：17 626元（首期保费的12%）；

31～79岁每年返还15 000元（保额的15%）；

60岁一次性返还734 400元（全额保费）；

80岁一次性返还100 000元（保额的100%）。

以上返还进入万能账户进行二次增值：

65岁时假定中等账户价值：223.5万元；

75岁时假定中等账户价值：369.6万元；

85岁时假定中等账户价值：602.5万元。

王大明虽然知道购买保险的重要性，但现在经济形势不好，很多公司都倒闭了，他担心保险公司有一天也会倒闭。

【思考题】

1. 王大明应该如何选择，是选择返还型的重疾保险还是选择消费型的重疾保险，说明理由。

2. 请将少儿险A与储蓄做比较，说明各自的优缺点。

3. B保险是一种什么保险，适合王大明家庭的实际情况吗？B保险的价值是否一定能实现？

4. 保险公司会倒闭吗？如果倒闭，所购买的保险怎么办？

5. 请查阅相关资料，为王大明一家作出保险规划：该五口之家需要购买哪些险种？每年应拿家庭收入的多少来购买保险？购买保险的先后顺序是什么？应该如何挑选保险公司？

第7章

个人税收规划

素养提升

◆ 纳税是每个公民应尽的义务，树立学生诚信纳税意识以及社会责任感、正确的财经观念和道德观

◆ 强化学生法治观念和法律意识，遵守税收相关法规，杜绝逃税行为

◆ 学生充分理解个人所得税专项附加扣除的实施可以促进教育、养老、住房、职业发展等事业的发展，同时有利于社会整体进步、调节贫富差距和促进社会公平和谐

学习要点

- 了解个人税收的基础知识
- 了解个人所得税的应税对象
- 了解减免个人所得税的个人所得项目
- 了解个人所得税的扣缴与申报时间及注意事项
- 掌握个人所得税的税率及应纳税所得额的计算
- 掌握个人所得税附加扣除项目及对应的金额标准
- 熟练掌握工资薪金个人所得税的计算
- 熟练掌握劳务报酬个人所得税的计算
- 熟练运用个人所得税知识进行个人所得税规划

思维导图

引导案例　税收的道德品质

税收作为一种制度是由人创设的，既然是人的创造，它就跟其他制度一样，也是有生命、情感、爱、自律等因素存在的。它不是制度或者法律、政策能解释的，因为它原本属于道德的范畴。

比如对贫困人群减免税收，就有某种情感因素在里面；再比如将税收用于帮助社会的弱者，通过转移支付建立社会保障，是可以用道德来解释的。西方国家现在有两道社会安全网：第一道，你如果失业了，可以立即领取失业救济金，不需要进行财产的调查，简单办个手续就行，但有一定的时间限定；期限过了还找不到工作，可以申请领取特困补贴，政府官员会对你进行财产调查，如果确认你由于某种原因不适合工作，就可以领取特困补贴，特困补贴就是第二道社会安全网，它的目标是不让一个人“过不下去”。

税收是有道德品质的，这个思想是从哪里来的呢？柏拉图在《理想国》里认为国家政治体制具有某种道德品质，即“国家的品质”。亚里士多德在《政治学》里把国家比作最高的善，回答了为什么要建立国家的问题，认为国家不是用来统治大家、压迫大家的，而是为了完成某种最高的和最广泛的善意，让大家都能过上幸福的生活，是某种善业的需要。

我国《辞海》里“税”的释义是“国家对有纳税义务的组织和个人征收的货币或实物”；在牛津大学出版社出版的《现代高级英语词典》中，对 tax（税）的释义是“公民交给政府用于公共目的的资金”。这两种解释是有明显差异的。一个是国家、政府要征税，征收的是货币或者实物，实际上只是说了一种客观存在的现象；另一个是公民交税给政府，税收只能用于公共目的，我交税是在购买公共产品或者公共服务，不提供产品或服务我是不会交税的，目的非常明确。我们看到，一个解释中道德是存在的；另一个解释中道德是不存在的，这就是区别。

资料来源：李炜光．权力的边界：税、革命与改革．北京：九州出版社，2015.

7.1 个人税收的基础知识

7.1 即测即评

本杰明 · 富兰克林曾说：人在一生中有两件事是不可避免的——死亡和纳税。税收和我们的生活息息相关。目前，我国的大部分税种由税务部门负责征收，关税和船舶吨税由海关征收，进口货物的增值税、消费税由海关部门代征。与个人相关的税种如表 7－1 所示。

表 7-1 我国个人相关税种

税类	税种	类型
一、流转税类	增值税	间接税
	消费税	间接税
	关税	间接税
二、所得税	个人所得税	直接税
三、财产税	房产税	直接税
	契税	直接税
	车船税	直接税
	车辆购置税	直接税
四、行为税	印花税	直接税
	城市维护建设税	间接税

按照税负的实际承担人是否为纳税人，可以分为直接税和间接税。直接税就是纳税人缴纳的这笔税费没有办法转嫁给别人来承担，而是由纳税人直接负担。间接税就像一个小偷，通常在你购买货物付款的同时悄无声息地拿走你的钱。相对于间接税的“不易察觉”，直接税的筹划更有主动性。从发生的频率和金额大小来看，直接税中的税收筹划通常指的是个人所得税的筹划，本章的 7.2 节和 7.3 节将详细介绍个人所得税的相关内容。

7.1.1 增值税

增值税是对销售货物、服务、无形资产、不动产，以及进口货物的单位和个人就其实现的增值额征收的一个税种。增值税已经成为我国最主要的税种之一，增值税的收入占全部税收的30%以上，是我国最大的税种。通俗来说，增值税就是对商品和服务的买卖价差征收的一种税，就是从原材料到商品成品的过程中，对每个增值环节征收的税。2024 年 12 月 25 日第十四届全国人民代表大会常务委员会第十三次会议通过《中华人民共和国增值税法》，自 2026 年 1 月 1 日起施行。增值税的基本税率为 13%、9%、6%三档，部分货物、服务出口适用零税率。

有下列情形之一的，不属于应税交易，不征收增值税：员工为受雇单位或者雇主提供取得工资、薪金的服务；收取行政事业性收费、政府性基金；依照法律规定被征收、征用而取得补偿；取得存款利息收入。《中华人民共和国增值税法》第二十四条规定下列项目免征增值税：农业生产者销售的自产农产品，农业机耕、排灌、病虫害防治、植物保护、农牧保险以及相关技术培训业务，家禽、牲畜、水生动物的配种和疾病防治；医疗机构提供的医疗服务；古旧图书，自然人销售的自己使用过的物品；直接用于科学研究、科学试验和教学的进口仪器、设备；外国政府、国际组织无偿援助的进口物资和设备；由残疾人的组织直接进口供残疾人专用的物品，残疾人个人提供的服务；托儿所、幼儿园、养老机构、残疾人服务机构提供的育养服务，婚姻介绍服务，殡葬服务；学校提供的学历教育服务，学生勤工俭学提供的服务；纪念馆、博物馆、文化馆、文物保护单位管理机构、美术馆、展览馆、书画院、图书馆举办文化活动的门票收入，宗教场所举办文化、宗教活动的门票收入。

增值税是对增值部分征收的税，对于消费者来说，这部分税包含在商品价格里。比如，张立到商场买了 3 000 元的电视，然后又去书店买了 200 元的书，共支付 3 200 元，这 3 200 元中包含以下增值税：电视的增值税税率为 13%，书的增值税税率为 9%（一般纳税人适用的税率有：13%，9%，6%）。

$$增值税=\frac{含税价格}{1+增值税税率}\times 增值税税率=不含税价格\times 增值税税率$$

$$电视的增值税=\frac{3\ 000}{1+13\%}\times 13\%=2\ 654.87\times 13\%=345.13\ (元)$$

$$书的增值税=\frac{200}{1+9\%}\times 9\%=183.49\times 9\%=16.51\ (元)$$

因此，在购买的 3 000 元电视中，包含的增值税为 345.13 元，而购买的 200 元书中包含的增值税为 16.51 元。增值税的缴纳你是感觉不到的，因为它已包含在商品和服务的价格中，虽然由提供商品和服务的商家缴纳，实际上最后由消费者承担。

原本我国有 9 个行业是需要征收营业税的，营业税是对有偿提供应税劳务、转让无形资产和销售不动产的单位和个人征收的一种税。2016 年 3 月，国家税务总局和财政部发布了《关于全面推开营业税改征增值税试点的通知》，自 2016 年 5 月 1 日起，建筑业、房地产业、金融业、生活服务业等全部营业税纳税人，不再缴纳营业税，改为缴纳增值税。自此，营业税退出我国税收舞台，被增值税全面替代。

增值税对个人最直接的影响体现在买卖二手房方面。原有买卖二手房缴纳增值税分地区（北上广深和北上广深以外）实施不同政策，现已取消。根据相关规定，取消普通住宅和非普通住宅标准的城市，纳税人建造普通标准住宅出售，增值额未超过扣除项目金额 20%的，继续免征土地增值税。北京市、上海市、广州市和深圳市，凡取消普通住宅和非普通住宅标准的，取消普通住宅和非普通住宅标准后，与全国其他地区适用统一的个人销售住房增值税政策，对该城市个人将购买 2 年以上（含 2 年）的住房对外销售的，免征增值税。

7.1.2 消费税

消费税是政府向消费品征收的税，是在对货物普遍征收增值税的基础上，选择少数消费品再征收的一个税种，主要是为了调节产品结构，引导消费方向，保证国家财政收入。现行消费税的征收范围主要包括：烟、酒、鞭炮、焰火、高档化妆品、成品油、贵重首饰及珠宝玉石、高尔夫球及球具、高档手表、游艇、木制一次性筷子、实木地板、摩托车、小汽车、电池、涂料等。

消费税是价内税，是价格的组成部分，按不同的产品设计不同的税率，同一产品同等纳税。消费税征税项目具有选择性，以特定产品为征税对象，国家可以根据宏观产业政策和消费政策的要求，有目的、有重点地选择一些消费品征收消费税，而且每一年消费税税率会有所调整。消费税税率最低 1%，最高 56%。

消费税计税方法主要有两种：从价计税和从量计税。

从价计税的应纳税额＝应税消费品销售额×比例税率

从量计税的应纳税额＝应税消费品销售数量×定额税率

还有一种计税方法是从价和从量复合计税，只有卷烟和白酒采用这种复合计税方法：

复合计税的应纳税额＝销售额×比例税率＋销售数量×定额税率

以烟草的消费税为例：烟草消费税有些特殊，其征收包括生产环节和消费环节，生产环节征收的甲类卷烟税率为56％加0.003元/支、乙类卷烟为36％加0.003元/支、雪茄烟36％、烟丝30％，批发环节征收的税率为11％加0.005元/支。所谓甲类卷烟是指调拨价为每条70元（含70元）以上的烟草产品，中华以及一些主流厂家的中高端产品都属于这一范围；乙类卷烟是指调拨价为每条70元以下的烟草产品，其在市场上所占比例大约在70％以上。

比如，每条调拨价70元以上的香烟，税率为56％，还要加收定额税率：150元/标准箱（50 000支），即除按比例税率外，每支香烟还要加收0.003元，以一盒调拨价为7元的香烟为例：

$$\text{应缴纳消费税}=7\times 56\%+\frac{150}{50\ 000}\times 20=3.92+0.06=3.98\ (\text{元})$$

也就是说，一盒调拨价7元的香烟，消费税为3.98元。调拨价即烟草工业企业卖给烟草局或烟草公司的价格，是不含税价格，即这盒香烟的含税价为10.98元，烟草公司再卖给批发商时，还要征收11％加0.005元/支的税。

越来越多的国家选择通过提高烟草税来控烟，发达国家、发展中国家都在利用税收杠杆来实现“市场化控烟”。研究表明，在一些高收入国家，如果把烟草产品的税率提高10％，通常消费就会下降4％。

再比如，化妆品是在生产环节征收消费税，在批发、零售环节不征收消费税。我国对生产高档美容、修饰类化妆品，以及高档护肤类化妆品和成套化妆品的企业征收消费税，消费税的税率为15％。

7.1.3 城市维护建设税

城市维护建设税是我国为了加强城市的维护建设，扩大和稳定城市维护建设资金的来源，而对有经营收入的单位和个人征收的一个税种。城市维护建设税，以纳税人实际缴纳的消费税、增值税税额为计税依据，分别与消费税、增值税同时缴纳。城市维护建设税税率如下：纳税人所在地为城市市区的，税率为7％；纳税人所在地为县城、建制镇的，税率为5％；纳税人所在地不在城市市区、县城或建制镇的，税率为1％。

7.1.4 个人所得税

个人所得税是对个人（自然人）取得的各项应税所得（包括工资、薪金所得、经营所得等项目）征收的一种税。本章的7.2节和7.3节将详细讲解。

7.1.5 车辆购置税

车辆购置税是指对在中华人民共和国境内购置汽车、有轨电车、汽车挂车、排气量超过150毫升的摩托车的单位和个人，按照应税车辆计税价格的一定比率征收的一种税。车辆购置税的税率为10%。车辆购置税的应纳税额按照应税车辆的计税价格乘以税率计算。

车辆购置税的计税价格根据不同情况，按下列规定确定：纳税人购买自用应税车辆的计税价格，为纳税人实际支付给销售者的全部价款，不包括增值税税款；纳税人进口自用应税车辆的计税价格，为关税完税价格加上关税和消费税；纳税人自产自用应税车辆的计税价格，按照纳税人生产的同类应税车辆的销售价格确定，不包括增值税税款；纳税人以受赠、获奖或者其他方式取得自用应税车辆的计税价格，按照购置应税车辆时相关凭证载明的价格确定，不包括增值税税款。购置应税车辆的，应当自购买之日起60日内申报缴纳车辆购置税。

根据2018年12月29日颁布的《中华人民共和国车辆购置税法》，下列车辆免征车辆购置税：依照法律规定应当予以免税的外国驻华使馆、领事馆和国际组织驻华机构及其有关人员自用的车辆；中国人民解放军和中国人民武装警察部队列入装备订货计划的车辆；悬挂应急救援专用号牌的国家综合性消防救援车辆；设有固定装置的非运输专用作业车辆；城市公交企业购置的公共汽电车辆。根据国民经济和社会发展的需要，国务院可以规定减征或者其他免征车辆购置税的情形，报全国人民代表大会常务委员会备案。比如，2023年6月，财政部、国家税务总局、工业和信息化部发布《关于延续和优化新能源汽车车辆购置税减免政策的公告》：对购置日期在2024年1月1日至2025年12月31日期间的新能源汽车免征车辆购置税，其中，每辆新能源乘用车免税额不超过3万元；对购置日期在2026年1月1日至2027年12月31日期间的新能源汽车减半征收车辆购置税，其中，每辆新能源乘用车减税额不超过1.5万元。

车辆购置税实行一次征收制度。购置已征车辆购置税的车辆，不再征收车辆购置税；也就是说，在购买新车时需要缴纳车辆购置税，而二手车的交易则不需要缴纳。

7.1.6 车船税

车船税是指对在我国境内应依法到公安、交通、农业、渔业、军事等管理部门办理登记的车辆、船舶，根据其种类，按照规定的计税依据和年税额标准计算征收的一种财产税。对核定载客人数9人（含）以下乘用车按排量进行7个档次征收：

（1）1.0升（含）以下：60～360元；

（2）1.0升以上至1.6升（含）：300～540元；

（3）1.6升以上至2.0升（含）：360～660元；

（4）2.0升以上至2.5升（含）：660～1 200元；

（5）2.5升以上至3.0升（含）：1 200～2 400元；

（6）3.0升以上至4.0升（含）：2 400～3 600元；

（7）4.0升以上：3 600～5 400元。

从事机动车交通事故责任强制保险业务的保险机构为机动车车船税的扣缴义务人，应当依法代收代缴车船税。家用轿车的车船税与交强险一起收取。

2018年7月10日，财政部、国家税务总局、工业和信息化部、交通运输部联合发布《关于节能 新能源车船享受车船税优惠政策的通知》，对节能汽车减半征收车船税，对新能源车船免征车船税。

7.1.7 印花税

印花税是对经济活动和经济交往中书立、领受具有法律效力的凭证的行为所征收的一种税，因采用在应税凭证上粘贴印花税票作为完税的标志而得名。应纳税凭证包括：购销、加工承揽、建设工程勘察设计、建筑安装工程承包、财产租赁、货物运输、仓储保管、借款、财产保险、技术合同或者具有合同性质的凭证；产权转移书据；营业账簿；权利、许可证照；经财政部确定征税的其他凭证。印花税票应当粘贴在应纳税凭证上，并由纳税人在每枚税票的骑缝处盖戳注销或者划销。比如，产权所有证上会贴有像邮票一样的印花税票。

对于个人而言，常见的印花税纳税环节为房地产买卖和证券交易。《中华人民共和国印花税法》于2022年7月1日开始执行，房地产印花税采用的是比例税率，房地产产权转移书据和房产购销合同的税率为0.05%，房屋租赁合同的税率为0.1%，房产购销合同的税率为0.05%。

我国税法规定，对证券市场上买卖、继承、赠与所确立的股权转让依据，按确立时实际市场价格计算的金额征收印花税。证券交易印花税是从普通印花税发展而来的，属于行为税类，它是专门针对股票交易额征收的一种税。证券交易印花税的税率高低是政府向投资者传递的明确信号——降低印花税税率可刺激证券买卖的成交量，反之则会起到抑制作用。1990—2008年在我国证券市场发展近20年中（历年印花税调整见表7-2），仅两次提高证券交易印花税税率，一次是1997年，一次是2007年。2014年《财政部、国家税务总局关于以上市公司股权出资有关证券（股票）交易印花税政策问题的通知》（财税〔2010〕7号）规定："按照现行印花税政策规定，投资人以其持有的上市公司股权进行出资而发生的股权转让行为，不属于证券（股票）交易印花税的征税范围，不征收证券（股票）交易印花税。上述行为的认定，由投资人按照本通知附件的要求提供相关资料；由证券登记结算公司所在地主管税务机关办理，并通知证券登记结算公司。"2015年12月31日国务院决定，从2016年1月1日起，将证券交易印花税由按中央97%、地方3%比例分享全部调整为中央收入。

表7-2 中国历年证券交易印花税调整情况

时间	印花税调整
1990年6月	深市对卖方开征6‰的印花税
1990年11月	深市对买方开征6‰的印花税
1991年10月	深市调至3‰，沪市开始双边征收3‰
1992年6月	按3‰税率缴纳印花税
1997年5月	从3‰上调至5‰
1998年6月	从5‰下调至4‰
1999年6月	B股交易印花税降低为3‰
2001年11月	从4‰调整为2‰
2005年1月	从2‰调整为1‰
2007年5月	从1‰调整为3‰
2008年4月	从3‰调整为1‰
2008年9月	双边征收改为单边征收，即只对卖方征收，税率1‰
2023年8月	从1‰调整为0.5‰

7.1.8 契税

契税是以在我国境内转移的土地、房屋权属为征税对象，向取得土地使用权、房屋所有权的承受人征收的一种税。转移土地、房屋权属包括：土地使用权出让；土地使用权转让，包括出售、赠与、互换；房屋买卖、赠与、互换。契税税率为3%～5%。契税的具体适用税率，由省、自治区、直辖市人民政府在3%～5%税率幅度内提出，可以对不同主体、不同地区、不同类型的住房的权属转移确定差别税率，需要报同级人民代表大会常务委员会决定，并报全国人民代表大会常务委员会和国务院备案。

契税的计税依据：土地使用权出让、出售，房屋买卖，为土地、房屋权属转移合同确定的成交价格，包括应交付的货币以及实物、其他经济利益对应的价款；土地使用权互换、房屋互换，为所互换的土地使用权、房屋价格的差额；土地使用权赠与、房屋赠与以及其他没有价格的转移土地、房屋权属行为，为税务机关参照土地使用权出售、房屋买卖的市场价格依法核定的价格。纳税人申报的成交价格、互换价格差额明显偏低且无正当理由的，由税务机关依照《中华人民共和国税收征收管理法》的规定核定。

2024年11月12日，财政部、税务总局、住房城乡建设部发布《关于促进房地产市场平稳健康发展有关税收政策的公告》，对个人购买住房实行差别化税率：（1）对个人购买家庭唯一住房（家庭成员范围包括购房人、配偶以及未成年子女，下同），面积为140平方米及以下的，减按1%的税率征收契税；面积为140平方米以上的，减按1.5%的税率征收契税。（2）对个人购买家庭第二套住房，面积为140平方米及以下的，减按1%的税率征收契税；面积为140平方米以上的，减按2%的税率征收契税。家庭第二套住房是指已拥有一套住房的家庭购买的第二套住房。

7.1.9　房产税

房产税是以房屋为征税对象，按房屋的计税余值或租金收入为计税依据，向产权所有人征收的一种财产税。房产税属于财产税中的个别财产税，其征税对象只是房屋。《城市房地产税暂行条例》是1951年原政务院颁布实施的，1986年国务院颁布《房产税暂行条例》后，对内资企业和个人统一征收房产税，城市房地产税仅对外资企业和外籍个人征收。由此，在对房产征税上形成了内外两套税制的格局。随着我国改革开放的不断深入和社会主义市场经济体制的逐步完善，特别是在我国加入世界贸易组织（WTO）以后，这种内外有别的税制结构与市场经济要求的公平、一致的税收环境很不匹配。2008年12月31日，国务院公布了第546号令，宣布自2009年1月1日起废止《城市房地产税暂行条例》，外资企业和外籍个人依照《中华人民共和国房产税暂行条例》缴纳房产税。取消城市房地产税，对外资企业和外籍个人统一征收房产税，是我国税制改革的必然要求，标志着我国房产税制度实现了内外统一，彻底结束了我国对内外资分设税种的历史。

《中华人民共和国房产税暂行条例》从1986年10月1日开始实施。根据规定，房产税依照房产原值一次减除10%～30%后的余值计算缴纳。具体减除幅度由省、自治区、直辖市人民政府规定。没有房产原值作为依据的，由房产所在地税务机关参考同类房产核定。房产出租的，以房产租金收入为房产税的计税依据。房产税的税率，依照房产余值计算缴纳的，税率为1.2%；依照房产租金收入计算缴纳的，税率为12%。在这个暂行条例中，对于个人所有非营业用的房产免征房产税。

房产税一直是业内外热议的焦点，上海市和重庆市自2011年1月28日启动房产税试点改革。上海市对于本市居民家庭新购且属于家庭第二套以上的住房和非本市居民家庭新购的住房征收房产税，计税价格为住房市场交易价格的70%，税率为0.6%，应税住房每平方米市场交易价格低于本市上年度新建商品住房平均销售价格2倍（含2倍）的，税率暂减为0.4%。减免房产税的情形包括：二套住房，免税额为人均60平方米；超过60平方米的，超出部分征收房产税；第二套购入后一年内第一套卖出，退税；子女成年后，因婚姻等需要首次新购住房，且该住房属于成年子女家庭唯一住房，暂免征房产税；高层次人才首次购置唯一住房，免征；持居住证满三年且在上海市工作生活的购房人，新购唯一住房，免征，如果未满三年，可以暂征房产税，待满三年后已征收的税可以退还。

重庆市房产税征收对象为主城九区个人拥有的独栋商品住宅，个人新购的高档住房，在重庆市同时无户籍、无企业、无工作的个人新购的第二套（含）以上的普通住房。应税住房的计税价值为房产交易价，待条件成熟时按房产评估值征税。独栋商品住宅和高档住房建筑面积交易单价达到上两年主城九区新建商品住房成交建筑面积均价3倍以下的住房，税率为0.5%；3倍（含）至4倍的，税率为1%；4倍（含）以上的税率为1.2%。在重庆市同时无户籍、无企业、无工作的个人新购的第二套（含）以上的普通住房，税率为0.5%。纳税人在《重庆市个人住房房产税征收管理实施细则》施行前拥有的独栋商品住宅，免税面积为180平方米；新购的独栋商品住宅、高档住房，免税面积为100平方米。

2021年10月23日，第十三届全国人民代表大会常务委员会第三十一次会议作出决定，授权国务院在部分地区开展房地产税改革试点工作。试点地区的房地产税征税对象为居住用和非居住用等各类房地产，不包括依法拥有的农村宅基地及其上住宅。土地使用权人、房屋所有权人为房地产税的纳税人。授权的试点期限为五年，自国务院试点办法印发之日起算。试点过程中，国务院应当及时总结试点经验，在授权期限届满的六个月以前，向全国人民代表大会常务委员会报告试点情况，需要继续授权的，可以提出相关意见，由全国人民代表大会常务委员会决定。条件成熟时，及时制定法律。

7.1.10 关税

关税是指进出口商品在经过一国关境时，由政府设置的海关向进出口商征收的税。对于个人而言，购买的进口商品中就包含了关税。关税在进入国境时就会征收。进口关税设置最惠国税率、协定税率、特惠税率、普通税率、关税配额税率等税率。不同的进口商品有不同的税率。对于普通人来说，关税的高低会影响对进口品的消费。目前选择通过海淘方式购买进口产品的消费者越来越多，一来商品的选择范围更广，二来价格更加优惠。

原有的跨境平台和个人海淘是按行邮税计征，税负较低，相较而言，同样的进口商品通过海淘渠道购买更便宜。行邮税并不是一个税种，是将进境物品关税和进口环节增值税、消费税三税合并，统一征收的进口税。20世纪60年代，为照顾侨眷、简化进口手续，开始对个人携带进境的行李和邮递物品征收行邮税。传统意义上的邮递物品主要是文件票据、旅客分离行李、亲友馈赠物品等，其非贸易属性较为明显。政策调整前，行邮税共设有4档税率，分别为10%、20%、30%和50%。据测算，行邮税税率普遍低于同类进口货物综合税率。此外，行邮税还享有一定的免税额，即对价值在5 000元人民币以下的随身行李、税额在50元人民币以下的邮递物品予以免征。

2016年3月，财政部、海关总署、国家税务总局印发了《关于跨境电子商务零售进口税收政策的通知》（财关税〔2016〕18号），进一步强调规范了跨境电商关税缴纳工作，对关税征收细节、商品类型、额度限制和优惠政策进行了明确规定。跨境电子商务零售进口商品按照货物征收关税和进口环节增值税、消费税，购买跨境电子商务零售进口商品的个人作为纳税义务人，实际交易价格（包括货物零售价格、运费和保险费）作为完税价格，电子商务企业、电子商务交易平台企业或物流企业可作为代收代缴义务人。跨境电子商务零售进口商品的单次交易限值为人民币2 000元，个人年度交易限值为人民币20 000元。在限值以内进口的跨境电子商务零售进口商品，关税税率暂设为0%；进口环节增值税、消费税取消免征税额，暂按法定应纳税额的70%征收。超过单次限值、累加后超过个人年度限值的单次交易，以及完税价格超过2 000元限值的单个不可分割商品，均按照一般贸易方式全额征税。本次调整后，行邮税税率分别为15%、30%和60%。其中，10%主要为最惠国税率为零的商品，60%主要为征收消费税的高档消费品，其他商品占30%。

政策调整后对跨境电子商务零售进口商品不再按行邮税计征，而是按照货物征收关税和进口环节增值税、消费税。与此同时，不属于跨境电子商务零售进口的个人物品，以及无法提供交易、支付、物流等电子信息的跨境电子商务零售进口商品，按现行规定执行。这意味着，跨境电子商务零售进口正式告别了免税时代，但狭义上的个人海淘行为暂时被网开一面。总体说来，实施新的“一揽子”税收政策后，居民海外购物消费以及跨境电子商务零售进口的总体税负会上升，不同商品的实际税负有升有降。

2018年11月，财政部、海关总署、国家税务总局发布《关于完善跨境电子商务零售进口税收政策的通知》，自2019年1月1日起，将跨境电子商务零售进口商品的单次交易限值由人民币2 000元提高至5 000元，年度交易限值由人民币20 000元提高至26 000元。完税价格超过5 000元单次交易限值但低于26 000元年度交易限值，且订单下仅一件商品时，可以自跨境电商零售渠道进口，按照货物税率全额征收关税和进口环节增值税、消费税，交易额计入年度交易总额，但年度交易总额超过年度交易限值的，应按一般贸易管理。已经购买的电商进口商品属于消费者个人使用的最终商品，不得进入国内市场再次销售；原则上不允许网购保税进口商品在海关特殊监管区域外开展“网购保税＋线下自提”模式。

7.2 个人所得税的相关知识

7.2 即测即评

7.2.1 《个人所得税法》的历次修正

《中华人民共和国个人所得税法》是1980年9月10日第五届全国人民代表大会第三次会议通过的，至今已经过七次修正（1993年、1999年、2005年、2007年两次、2011年、2018年）。

知识拓展

个人所得税国际比较

（1）1993年10月31日第一次修正。首先，扩大了应纳个人所得税的范围，增加了个体工商户生产、经营所得；企业事业单位的承包经营、承租经营所得，稿酬所得，财产转让所得，偶然所得均要缴纳个人所得税。其次，细化了每一项所得应纳税所得额的计算，以及每一项所得税汇算清缴的程序和方式。再次，对扣缴义务按照所扣缴的税款，由原来1%的手续费提高至2%。最后，税率间隔由6级增至9级，工资薪金免征额没变，为800元。

（2）1999年8月30日第二次修正，开征利息税，原本利息属于免税的条款，此次修正后增加一条，即对储蓄存款利息所得征收个人所得税的开征时间和征收办法由国务院规定。

（3）2005年10月27日第三次修正。首先，工资及薪金的免征额由800元提高至1 600元。其次，对于两处以上取得工资薪金所得和没有扣缴义务人的，原有规定是纳税义务人自行申报纳税，而新的修正为“以及具有国务院规定的其他情形的，纳税义务人应当按照国家规定办理纳税申报，扣缴义务人应当按照国家规定办理全员全额扣缴申报”（第八条）。

（4）2007年6月29日第四次修正。第十二条修改为“对储蓄存款利息所得开征、减征、停征个人所得税及其具体办法，由国务院规定”。

（5）2007年12月29日第五次修正。将工资及薪金的免征额由1 600元提高至2 000元。

（6）2011年6月30日第六次修正。将工资及薪金的免征额由2 000元提高至3 500元，工资薪金之间税级由9级减少为7级，税级间距也发生了变化（见表7-3），个体工商户生产、经营所得和对企事业单位承包经营、承租经营所得的个人所得税5%～35%的超额累进税率没变，但各个税级的限额发生了变化，原有最高税率35%是对超过50 000元部分征收，而修正后是对超过100 000元部分征收。第一级由5 000元变为15 000元。

表7-3　个人所得税法历次修正免征额及税率、税级变化

个人所得税法修正	免征额	税率	税级
1980年	800元	超额累进税率	5%～45%（6级）
1993年第一次修正	800元	超额累进税率	5%～45%（9级）
1999年第二次修正	800元	超额累进税率	5%～45%（9级）
2005年第三次修正	1 600元	超额累进税率	5%～45%（9级）
2007年第四次修正	1 600元	超额累进税率	5%～45%（9级）
2007年第五次修正	2 000元	超额累进税率	5%～45%（9级）
2011年第六次修正	3 500元	超额累进税率	3%～45%（7级）
2018年第七次修正	5 000元	超额累进税率	3%～45%（7级）

注：2018年第七次修正，应纳税所得最低最高限额为全年综合所得累计计算，前六次为单月计算。

（7）2018年8月31日第七次修正，免征额由3 500元提高至5 000元，同时拉大了三档低税率（3%、10%、20%）的级距，中等以下收入群体获益较大，三档较高税率的级距（30%、35%、45%）保持不变。同时将原来的分类征收模式改为分类与综合相结合的模式，居民个人取得工资、薪金所得，劳务报酬所得，稿酬所得，特许权使用费所得（称为综合所得），按纳税年度合并计算个人所得税，非居民个人取得上述所得，按月或者按次分项计算个人所得税，纳税人取得经营所得，利息、股息、红利所得，财产租赁所得，财产转让所得，偶然所得则分别计算个人所得税。同时增加了规定子女教育、继续教育、大病医疗、住房贷款利息、住房租金、赡养老人等与百姓生活密切相关的专项附加扣除，充分考虑了个人负担的差异性。

7.2.2　个人所得税的税率

2018 年 8 月，修订《个人所得税法》时，明确引入了居民个人和非居民个人的概念，以在中国境内的居住时间为标准判断居民和非居民，从是否满 1 年调整为是否满 183 天。在中国境内有住所，或者无住所而一个纳税年度内在中国境内居住累计满 183 天的个人，为居民个人。居民个人从中国境内和境外取得的所得，依照规定缴纳个人所得税。在中国境内无住所又不居住，或者无住所而在一个纳税年度内在中国境内居住累计不满 183 天的个人，为非居民个人。非居民个人从中国境内取得的所得，依照规定缴纳个人所得税。

需要缴纳个人所得税的个人所得包括：

（1）工资、薪金所得，指个人因任职或者受雇取得的工资、薪金、奖金、年终加薪、劳动分红、津贴、补贴以及与任职或者受雇有关的其他所得。

（2）劳务报酬所得，指个人从事劳务取得的所得，包括从事设计、装潢、安装、制图、化验、测试、医疗、法律、会计、咨询、讲学、翻译、审稿、书画、雕刻、影视、录音、录像、演出、表演、广告、展览、技术服务、介绍服务、经纪服务、代办服务以及其他劳务取得的所得。

（3）稿酬所得，指个人因其作品以图书、报刊等形式出版、发表而取得的所得。

（4）特许权使用费所得，指个人提供专利权、商标权、著作权、非专利技术以及其他特许权的使用权取得的所得。提供著作权的使用权取得的所得，不包括稿酬所得。

（5）经营所得，包括个体工商户从事生产、经营活动取得的所得，个人独资企业投资人、合伙企业的个人合伙人来源于境内注册的个人独资企业、合伙企业生产、经营的所得；个人依法从事办学、医疗、咨询以及其他有偿服务活动取得的所得；个人对企业、事业单位承包经营、承租经营以及转包、转租取得的所得；个人从事其他生产、经营活动取得的所得。

（6）利息、股息、红利所得，指个人拥有债权、股权等而取得的利息、股息、红利所得。

（7）财产租赁所得，指个人出租不动产、机器设备、车船以及其他财产而取得的所得。

（8）财产转让所得，指个人转让有价证券、股权、合伙企业中的财产份额、不动产、机器设备、车船以及其他财产取得的所得。对股票转让所得征收个人所得税的办法，由国务院另行规定，并报全国人民代表大会常务委员会备案。

（9）偶然所得，指个人得奖、中奖、中彩以及其他偶然性质的所得。

居民个人取得第 1 项至第 4 项所得（称综合所得），按纳税年度合并计算个人所得税；非居民个人取得第 1 项至第 4 项所得，按月或者按次分项计算个人所得税。无论是居民个人还是非居民个人取得第 5 项至第 9 项所得，均依照规定分别计算个人所得税。

综合所得，适用3%～45%的超额累进税率（税率见表7-4）。

表7-4 个人所得税税率表一
（综合所得适用）

级数	全年应纳税所得额	税率（%）
1	不超过36 000元的	3
2	超过36 000元至144 000元的部分	10
3	超过144 000元至300 000元的部分	20
4	超过300 000元至420 000元的部分	25
5	超过420 000元至660 000元的部分	30
6	超过660 000元至960 000元的部分	35
7	超过960 000元的部分	45

注：1. 本表所称全年应纳税所得额是指依照税法的规定，居民个人取得综合所得以每一纳税年度收入额减除费用6万元以及专项扣除、专项附加扣除和依法确定的其他扣除后的余额。

2. 非居民个人取得工资、薪金所得，劳务报酬所得，稿酬所得和特许权使用费所得，依照本表按月换算后计算应纳税额。

经营所得，适用5%～35%的超额累进税率（税率见表7-5）。

表7-5 个人所得税税率表二
（经营所得适用）

级数	全年应纳税所得额	税率（%）
1	不超过30 000元的	5
2	超过30 000元至90 000元的部分	10
3	超过90 000元至300 000元的部分	20
4	超过300 000元至500 000元的部分	30
5	超过500 000元的部分	35

注：本表所称全年应纳税所得额是指以每一纳税年度的收入总额减除成本、费用以及损失后的余额。

利息、股息、红利所得，财产租赁所得，财产转让所得和偶然所得，适用比例税率，税率为20%。

7.2.3 个人所得税的应纳税所得额

居民个人的综合所得，以每一纳税年度的收入额减除费用6万元以及专项扣除、专项附加扣除和依法确定的其他扣除后的余额，为应纳税所得额（见表7-6）。专项扣除，包括居民个人按照国家规定的范围和标准缴纳的基本养老保险、基本医疗保险、失业保险等社会保险费和住房公积金等；专项附加扣除，包括子女教育、继续教育、大病医疗、住房贷款利息或者住房租金、赡养老人等支出；依法确定的其他扣除，包括个人缴付符合国家规定的企业年金、职业年金，个人购买符合国家规定的税优健康险、个人养老金，以及国务院规定可以扣除的其他项目。

非居民个人的工资、薪金所得，以每月收入额减除费用5 000元后的余额为应纳税所得额；劳务报酬所得、稿酬所得、特许权使用费所得，以每次收入额为应纳税所得额。劳务报酬所得、稿酬所得、特许权使用费所得以收入减除 20%的费用后的余额为收入额。稿酬所得的收入额减按 70%计算。劳务报酬所得、稿酬所得、特许权使用费所得，属于一次性收入的，以取得该项收入为一次；属于同一项目连续性收入的，以一个月内取得的收入为一次。

表 7-6　个税项目费用扣除标准及税率

税目	费用扣除标准	税率
居民个人的综合所得（工资、薪金、劳务报酬、稿酬、特许权使用费）	60 000 元＋专项扣除＋专项附加扣除＋其他扣除（纳税年度）	累进税率（见表 7-4）
非居民个人的工资、薪金所得	5 000 元（每月扣除）	累进税率
非居民个人的劳务报酬所得	所得收入×20%	累进税率
非居民个人的特许权使用费所得	所得收入×20%	累进税率
非居民个人的稿酬所得	所得收入×20%（再减按 70%计算应纳税所得额）	累进税率
经营所得	60 000 元＋专项扣除＋专项附加扣除＋其他扣除（纳税年度）	累进税率（见表 7-5）
利息、股息、红利所得和偶然所得	无	20%
财产租赁所得	收入≤4 000 元，减除 800 元 收入＞4 000 元，减除 20%	20%
财产转让所得	减除财产原值和合理费用	20%

注：1. 非居民个人取得工资、薪金所得，劳务报酬所得，稿酬所得和特许权使用费所得，依照表 7-4 按月换算后计算应纳税额。

2. 非居民个人的稿酬所得以收入减除 20%的费用后的余额为收入额，然后收入额减按 70%计算，即稿酬收入×(1−20%)×(1−70%)＝应纳税所得额。

经营所得，以每一纳税年度的收入总额减除成本、费用以及损失后的余额，为应纳税所得额。成本、费用，是指生产、经营活动中发生的各项直接支出和分配计入成本的间接费用以及销售费用、管理费用、财务费用；损失，是指生产、经营活动中发生的固定资产和存货的盘亏、毁损、报废损失，转让财产损失，坏账损失，自然灾害等不可抗力因素造成的损失以及其他损失。取得经营所得的个人没有综合所得的，计算其每一纳税年度的应纳税所得额时，应当减除费用 60 000 元、专项扣除、专项附加扣除以及依法确定的其他扣除。专项附加扣除在办理汇算清缴时减除。从事生产、经营活动，未提供完整、准确的纳税资料，不能正确计算应纳税所得额的，由主管税务机关核定应纳税所得额或者应纳税额。

利息、股息、红利所得和偶然所得，以每次收入额为应纳税所得额。

财产租赁所得，每次收入不超过 4 000 元的，减除费用 800 元；4 000 元以上的，减除 20%的费用，其余额为应纳税所得额。以 1 个月内取得的收入为一次。

财产转让所得，以转让财产的收入额减除财产原值和合理费用后的余额，为应纳税所得额。财产原值按照下列方法确定：有价证券，为买入价以及买入时按照规定缴纳的有关费用；建筑物，为建造费或者购进价格以及其他有关费用；土地使用权，为取得土地使用权所支付的金额、开发土地的费用以及其他有关费用；机器设备、车船，为购进价格、运输费、安装费以及其他有关费用。其他财产，参照上述规定的方法确定财产原值。合理费用，是指卖出财产时按照规定支付的有关税费。纳税人未提供完整、准确的财产原值凭证，不能确定财产原值的，由主管税务机关核定财产原值。

个人将其所得对教育、扶贫、济困等公益慈善事业进行捐赠，捐赠额未超过纳税人申报的应纳税所得额30%的部分，可以从其应纳税所得额中扣除；国务院规定对公益慈善事业捐赠实行全额税前扣除的，按照规定执行。

7.3 个人所得税的附加扣除与减免

7.3 即测即评

7.3.1 个人所得税的附加扣除

个人所得税是目前我国仅次于增值税、企业所得税的第三大税种，在筹集财政收入、调节收入分配方面发挥着重要作用。《个人所得税法》历经七次修正，2018年的第七次修正首次增加子女教育、继续教育、大病医疗、住房贷款利息和住房租金等专项附加扣除。2018年12月，国务院颁布了《个人所得税专项附加扣除暂行办法》（国发〔2018〕41号）、国家税务总局《个人所得税专项附加扣除操作办法（试行）》，对相关内容做了规定，附加扣除的规定从2019年1月1日开始执行。

2022年3月19日，国务院发布《关于设立3岁以下婴幼儿照护个人所得税专项附加扣除的通知》，明确自2022年1月1日起，纳税人照护3岁以下婴幼儿子女的相关支出，按照每个婴幼儿每月1 000元的标准定额扣除。个人所得税的附加扣除从六项变成了七项。

2023年8月28日国务院印发《关于提高个人所得税有关专项附加扣除标准的通知》，提高了赡养老人、子女教育、3岁以下婴幼儿照护三项专项附加扣除的标准。其中，赡养老人专项附加扣除标准，从每月2 000元提高至每月3 000元，子女教育、3岁以下婴幼儿照护专项附加扣除标准从每个子女每月1 000元提高至每月2 000元。调整后的扣除标准自2023年1月1日起实施。

个人所得税附加扣除定额及期限见表7-7。

表7-7 个人所得税附加扣除定额及期限

项目	附加扣除标准定额	时间期限
3岁以下婴幼儿照护	每月2 000元（每个子女）	婴幼儿出生的当月至满3周岁的前一个月
子女教育	每月2 000元（每个子女）	3岁至博士（包括海外教育）
继续教育	学历：4 800元 职业资格：3 600元	学历：≤48个月 资格证书：当年
大病医疗	80 000元（超过15 000元的部分）	当年

续表

项目	附加扣除标准定额	时间期限
住房贷款利息	每月1 000元	≤240个月
住房租金	800元、1 100元、1 500元	当年
赡养老人	每月3 000元（独生子女） 最高1 500元（非独生子女分摊）	当年

1. 3岁以下婴幼儿照护

3岁以下婴幼儿照护专项附加扣除的标准按照每孩每月2 000元的标准定额进行扣除，具体扣除方式上，父母可以选择由其中一方按扣除标准的100%扣除，即一人按照每月2 000元标准扣除；也可以选择由双方分别按扣除标准的50%扣除，即两人各按照每月1 000元扣除。这两种分配方式，父母可以根据情况自行选择。有多个婴幼儿的父母，可以对不同的婴幼儿选择不同的扣除方式。即对婴幼儿甲可以选择由一方按照每月2 000元的标准扣除，对婴幼儿乙可以选择由双方分别按照每月1 000元的标准扣除。从婴幼儿出生的当月至满3周岁的前一个月，纳税人可以享受这项专项附加扣除。比如：2024年5月出生的婴幼儿，一直到2027年4月，其父母都可以按规定享受此项专项附加扣除政策。

婴幼儿子女包括婚生子女、非婚生子女、养子女、继子女等受到本人监护的3岁以下婴幼儿。该项政策的扣除主体是3岁以下婴幼儿的监护人，包括生父母、继父母、养父母，父母之外的其他人担任未成年人的监护人的，可以比照执行。

2. 子女教育

子女教育抵扣的标准定额是每个子女每年24 000元（每月2 000元），这里的教育包括义务教育（小学、初中教育）、高中阶段教育（普通高中、中等职业、技工教育）、高等教育（大学专科、大学本科、硕士研究生、博士研究生教育），还包括年满3岁至小学入学前处于学前教育阶段的子女。如果子女在中国境外接受教育，则纳税人应当留存境外学校录取通知书、留学签证等相关教育的证明资料备查。父母可以选择由其中一方按扣除标准的100%扣除，也可以选择由双方分别按扣除标准的50%扣除，具体扣除方式在一个纳税年度内不能变更。

子女的范围包括婚生子女、非婚生子女、养子女、继子女，也包括未成年但受到本人监护的非子女。

3. 继续教育

很多已经就业的工作者有继续教育的需求，如果存在继续教育，则可以将这部分支出附加扣除。当然，这是有一定额度的，如果接受的是学历（学位）继续教育，则可以每年扣除4 800元，同一学历（学位）继续教育的扣除期限不能超过48个月，纳税人接受技能人员职业资格继续教育、专业技术人员职业资格继续教育的支出，在取得相关证书的当年，按照3 600元定额扣除，同时应当留存相关证书等资料备查。

个人接受本科及以下学历（学位）继续教育，符合规定扣除条件的，可以选择由其父母扣除，也可以选择由本人扣除。

4. 大病医疗

在一个纳税年度内，纳税人发生的与基本医保相关的医药费用支出，扣除医保报销后个人负担（指医保目录范围内的自付部分）累计超过 15 000 元的部分，由纳税人在办理年度汇算清缴时，在 80 000 元限额内据实扣除，同时应当留存医药服务收费及医保报销相关票据原件（或者复印件）等资料备查。

关于医药费用支出的附加扣除，可以选择由本人或者其配偶扣除，如果是未成年子女发生的医药费用支出，则可以选择由其父母一方扣除。

5. 住房贷款利息

贷款买房，无论是普通商业银行贷款还是住房公积金贷款，发放的首套住房贷款利息支出，每年可以附加扣除 12 000 元（每月 1 000 元），扣除期限最长不超过 20 年（240 个月），纳税人只能享受一次首套住房贷款的利息扣除。用房贷来认定“首套房”，也就是说，房贷利率是首套住房贷款利率，即可享受。

夫妻双方婚前分别购买住房发生的首套住房贷款，其贷款利息支出，婚后可以选择其中一套购买的住房，由购买方按扣除标准的 100%扣除，也可以由夫妻双方对各自购买的住房分别按扣除标准的 50%扣除，具体扣除方式在一个纳税年度内不能变更。

6. 住房租金

住房租金定额扣除标准分三大类，每月 1 500 元、1 100 元、800 元。直辖市、省会（首府）城市、计划单列市以及国务院确定的其他城市，扣除标准为每月 1 500 元；除上述城市外，市辖区户籍人口超过 100 万的城市，扣除标准为每月 1 100 元；市辖区户籍人口不超过 100 万的城市，扣除标准为每月 800 元。

纳税人的配偶在纳税人的主要工作城市有自有住房的，视同纳税人在主要工作城市有自有住房。夫妻双方主要工作城市相同的，只能由一方扣除住房租金支出。

需要注意的是，住房贷款利息和住房租金专项附加扣除是互斥的，不能同时享受。

7. 赡养老人

纳税人赡养一位及以上被赡养人的赡养支出，统一按照以下标准定额扣除：

纳税人为独生子女的，按照每月 3 000 元的标准定额扣除。

纳税人为非独生子女的，由其与兄弟姐妹分摊每月 3 000 元的扣除额度，每人分摊的额度不能超过每月 1 500 元。可以由赡养人均摊或者约定分摊，也可以由被赡养人指定分摊。约定或者指定分摊的须签订书面分摊协议，指定分摊优先于约定分摊。具体分摊方式和额度在一个纳税年度内不能变更。如果老人子女已经去世，其孙子女、外孙子女实际承担对老人的赡养义务，则也可获得赡养老人专项附加扣除。

要享受个人所得税附加扣除，应当填写并向汇缴地主管税务机关报送扣除信息表（见表 7-8），不同的专项附加扣除需要填报不同的资料。

表 7-8　个人所得税扣缴申报表

税款所属期：　　年　　月　　日至　　年　　月　　日

扣缴义务人名称：

扣缴义务人纳税人识别号（统一社会信用代码）：□□□□□□□□□□□□□□□□□□□□　　　　金额单位：人民币元（列至角分）

序号	姓名	身份证件类型	身份证件号码	纳税人识别号	是否为非居民个人	所得项目	本月（次）情况														累计情况（工资、薪金）										减按计税比例	准予扣除的捐赠额	税款计算							备注
							收入额计算			减除费用	专项扣除				其他扣除						累计收入额	累计减除费用	累计专项扣除	累计专项附加扣除						累计其他扣除										
							收入	费用	免税收入		基本养老保险费	基本医疗保险费	失业保险费	住房公积金	年金	商业健康保险	税延养老保险	财产原值	允许扣除的税费	其他				3岁以下婴幼儿照护	子女教育	赡养老人	住房贷款利息	住房租金	继续教育				应纳税所得额	税率/预扣率	速算扣除数	应纳税额	减免税额	已缴税额	应补/退税额	
1	2	3	4	5	6	7	8	9	10	11	12	13	14	15	16	17	18	19	20	21	22	23	24	25	26	27	28	29	30	31	32	33	34	35	36	37	38	39	40	41
合计																																								

谨此声明：本扣缴申报表是根据国家税收法律法规及相关规定填报的，是真实的、可靠的、完整的。 扣缴义务人（签章）：　　　　年　　月　　日	
代理机构签章： 代理机构统一社会信用代码： 经办人签字： 经办人身份证件号码：	受理人： 受理税务机关（章）： 受理日期：　　年　　月　　日

（1）享受3岁以下婴幼儿照护专项附加扣除，应当填报婴幼儿子女的姓名、身份证件类型及号码，以及本人与配偶之间扣除分配比例等信息，无须向税务机关报送证明资料。纳税人需要将子女的出生医学证明等资料留存备查。纳税人暂未取得婴幼儿的出生医学证明和居民身份证号，可选择“其他个人证件”，并在备注中如实填写相关情况，不影响纳税人享受扣除。后续纳税人取得婴幼儿的出生医学证明或者居民身份证号的，及时补充更新即可。如果婴幼儿名下是中国护照、外国护照、港澳居民来往内地通行证、台湾居民来往大陆通行证等身份证件信息，也可以作为填报证件。

（2）享受子女教育专项附加扣除，应当填报配偶及子女的姓名、身份证件类型及号码、子女当前受教育阶段及起止时间、子女就读学校以及本人与配偶之间扣除分配比例等信息。需要留存备查资料包括：子女在境外接受教育的，应当留存境外学校录取通知书、留学签证等境外教育佐证资料，境内接受教育不需要留存任何资料。

（3）享受继续教育专项附加扣除，接受学历（学位）继续教育的，应当填报教育起止时间、教育阶段等信息；接受技能人员或者专业技术人员职业资格继续教育的，应当填报证书名称、证书编号、发证机关、发证（批准）时间等信息。需要留存备查资料包括：纳税人接受职业资格继续教育的，应当留存职业资格相关证书等资料。

（4）享受住房贷款利息专项附加扣除，应当填报住房权属信息、住房坐落地址、贷款方式、贷款银行、贷款合同编号、贷款期限、首次还款日期等信息；纳税人有配偶的，填写配偶姓名、身份证件类型及号码。需要留存备查资料包括：住房贷款合同、贷款还款支出凭证等资料。

（5）享受住房租金专项附加扣除，应当填报主要工作城市、租赁住房坐落地址、出租人姓名及身份证件类型和号码或者出租方单位名称及纳税人识别号（统一社会信用代码）、租赁起止时间等信息；纳税人有配偶的，填写配偶姓名、身份证件类型及号码。需要留存备查资料包括：住房租赁合同或协议等资料。

（6）享受赡养老人专项附加扣除，应当填报纳税人是否为独生子女、月扣除金额、被赡养人姓名及身份证件类型和号码、与纳税人关系；有共同赡养人的，需填报分摊方式、共同赡养人姓名及身份证件类型和号码等信息。需要留存备查资料包括：约定或指定分摊的书面分摊协议等资料。

（7）享受大病医疗专项附加扣除，应当填报患者姓名、身份证件类型及号码、与纳税人关系、与基本医保相关的医药费用总金额、医保目录范围内个人负担的自付金额等信息。需要留存备查资料包括：大病患者医药服务收费及医保报销相关票据原件或复印件，或者医疗保障部门出具的纳税年度医药费用清单等资料。

个人所得税的专项附加扣除的申报实施诚信原则，也就是个人申报，但是税务机关将定期对纳税人提供的专项附加扣除信息开展抽查。税务机关核查时，纳税人无法提供留存备查资料，或者留存备查资料不能支持相关情况的，税务机关可以要求纳税人提供其他佐证；不能提供其他佐证材料，或者佐证材料仍不足以支持的，不得享受相关专项附加扣除。

在申报专项附加扣除时，纳税人有不诚信行为，比如报送虚假专项附加扣除信息；重复享受专项附加扣除；超范围或标准享受专项附加扣除；拒不提供留存备查资料等情况，情形严重的，将纳入有关信用信息系统，并按照国家有关规定实施联合惩戒，如果涉及违反税收征管法等法律法规，则由税务机关依法进行处理。

7.3.2 个人所得税其他税前扣除

个人所得税前的扣除项目包括基本扣除、专项扣除、专项附加扣除以及其他相关扣除。目前我国基本扣除费用标准为每月5 000元，即每年6万元。专项扣除包括基本养老保险、基本医疗保险、失业保险等社会保险费和住房公积金。住房公积金允许扣除的最高缴费比例为12%，超过部分不允许进行税前扣除。专项附加扣除有七项：3岁以下婴幼儿照护、子女教育、继续教育、大病医疗、住房贷款利息、住房租金、赡养老人。其他个人所得税前扣除包括：

1. 企业年金和职业年金

企业和事业单位根据国家有关政策规定的办法和标准，为在本单位任职或者受雇的全体职工缴付的企业年金或职业年金单位缴费部分，在计入个人账户时，个人暂不缴纳个人所得税。年金个人缴费部分，在不超过本人缴费工资计税基数的4%标准内的部分，暂从个人当期的应纳税所得额中扣除。超过标准个人缴费部分，应并入个人当期的工资、薪金所得，依法计征个人所得税。

个人达到国家规定的退休年龄，领取的企业年金、职业年金，符合《财政部 人力资源社会保障部 国家税务总局关于企业年金 职业年金个人所得税有关问题的通知》（财税〔2013〕103号）规定的，按月领取的年金，全额按照“工资、薪金所得”项目适用的税率，计征个人所得税；按年或按季领取的年金，平均分摊计入各月，每月领取额全额按照“工资、薪金所得”项目适用的税率，计征个人所得税。

2. 公益捐赠

个人将其所得对教育、扶贫、济困等公益慈善事业进行捐赠，捐赠额未超过纳税人申报的应纳税所得额百分之三十的部分，可以从其应纳税所得额中扣除；国务院规定对公益慈善事业捐赠实行全额税前扣除的，从其规定。

3. 税优健康险

个人购买符合规定的商业健康保险产品的支出，允许在当年（月）计算应纳税所得额时予以税前扣除，扣除限额为2 400元/年（200元/月）。单位统一为员工购买符合规定的商业健康保险产品的支出，应分别计入员工个人工资薪金，视同个人购买，按上述限额予以扣除。这里的商业健康保险产品，是指保险公司参照个人税收优惠型健康保险产品指引框架及示范条款开发的、符合一定条件的健康保险产品。

2023年7月，《国家金融监督管理总局关于适用商业健康保险个人所得税优惠政策产品有关事项的通知》扩大了商业健康保险的主要险种，包括医疗保险、长期护理保险和疾病保险。医疗保险的保险期间或保证续保期间不低于3年；长期护理保险和疾病保险的保险期间不低于5年。适用优惠政策的商业健康保险的被保险人，可以是投保人本人，也可以是其配偶、子女或父母。税优健康险的保单右上角会有税优识别码，这是一串18位的数字，保单持有人可以凭借此税优识别码进行个税抵扣。

4. 个人养老金

在缴费环节，个人向个人养老金资金账户的缴费，按照12 000元/年的限额标准，在综合所得或经营所得中据实扣除；在投资环节，计入个人养老金资金账户的投资收益暂不征收个人所得税；在领取环节，个人领取的个人养老金，不并入综合所得，单独按照3%的税率计算缴纳个人所得税，其缴纳的税款计入“工资、薪金所得”项目。

7.3.3 减免个人所得税的个人所得

个人所得不仅仅局限于现金，还有实物、有价证券和其他形式的经济利益，那么除了现金，其他形式的经济利益如何确定应纳税所得额呢？所得为实物的，按照取得的凭证上所注明的价格计算应纳税所得额，无凭证的实物或者凭证上注明的价格明显偏低的，参照市场价格核定应纳税所得额；所得为有价证券的，根据票面价格和市场价格核定应纳税所得额；所得为其他形式的经济利益的，参照市场价格核定应纳税所得额。

然而并不是所有的收入都需要缴纳个人所得税，有些个人所得是免征所得税的，包括：省级人民政府、国务院部委和中国人民解放军军以上单位，以及外国组织、国际组织颁发的科学、教育、技术、文化、卫生、体育、环境保护等方面的奖金；国债和国家发行的金融债券利息；按照国家统一规定发给的补贴、津贴；福利费、抚恤金、救济金；保险赔款；军人的转业费、复员费、退役金；按照国家统一规定发给干部、职工的安家费、退职费、基本养老金或者退休费、离休费、离休生活补助费；依照有关法律规定应予免税的各国驻华使馆、领事馆的外交代表、领事官员和其他人员的所得；中国政府参加的国际公约、签订的协议中规定免税的所得；国务院规定的其他免税所得。

还有一些情形可以减征个人所得税，包括：残疾、孤老人员和烈属的所得；因自然灾害遭受重大损失的。具体幅度和期限，由省、自治区、直辖市人民政府规定，并报同级人民代表大会常务委员会备案。

7.3.4 个人所得税的扣缴与申报

知识拓展

个人所得税预扣预缴与年终汇算清缴案例

1. 个人所得税扣缴的相关内容

新《个人所得税法》的实施标志着从“月度”扣税制转为“月度预扣”“年度汇缴”制，毕竟每个人的附加扣税的内容在年度内都可能发生变化，这要求熟悉几个关于个税的问题。

（1）纳税人识别号。在扣缴申报时，需要知道自己的纳税人识别号才能进行相关操作。纳税人识别号是办理各类涉税事项的唯一代码标识。有中国公民身份号码的，以中国公民身份号码为纳税人识别号；纳税人没有中国公民身份号码的，由税务机关赋予其纳税人识别号。

（2）纳税人与扣缴义务人。个人所得税以所得人为纳税人，以支付所得的单位或者个人为扣缴义务人。

（3）缴税的几个时点。

1）纳税年度。公历1月1日至12月31日。

2）次月15日内。一般而言，居民个人取得工资、薪金、劳务报酬、稿酬、特许权使用费等综合所得，由扣缴义务人按月或按次预扣预缴税款。如果没有扣缴义务人，则应当在取得所得的次月15日内向税务机关报送纳税申报表，并缴纳税款。非居民个人在中国境内从两处以上取得工资、薪金所得的，同样也是次月15日内申报纳税。取得经营所得，按年计算个人所得税，由纳税人在月度或者季度终了后15日内向税务机关报送纳税申报表，并预缴税款。

3）次年3月1日至6月30日。居民个人取得综合所得，需要办理汇算清缴的，应当在次年3月1日至6月30日内办理汇算清缴。居民个人从中国境外取得所得的，应当在次年3月1日至6月30日内申报纳税。

4）次年3月31日前。纳税人在取得经营所得的次年3月31日前办理汇算清缴。

5）次年6月30日前。如果扣缴义务人未扣缴税款，则纳税人应当在取得所得的次年6月30日前缴纳税款；税务机关通知限期缴纳的，应当按照期限缴纳税款。

（4）需要办理汇算清缴的情况。如果收入来源很单一，而且工作单位按规定扣缴个人所得税，那么次年不需要到税务机关办理汇算清缴。需要办理汇算清缴的情形包括：

1）从两处以上取得综合所得，且综合所得年收入额减除专项扣除的余额超过6万元；

2）取得劳务报酬所得、稿酬所得、特许权使用费所得中一项或者多项所得，且综合所得年收入额减除专项扣除的余额超过6万元；

3）纳税年度内预缴税额低于应纳税额；

4）纳税人申请退税。

纳税人申请退税，应当提供其在中国境内开设的银行账户，并在汇算清缴地就地办理税款退库。

2. 个人所得税的预扣预缴

新《个人所得税法》规定：扣缴义务人应当按月或者按次代扣代缴税款，并办理全员全额扣缴申报；居民纳税人取得综合所得有扣缴义务人的，由扣缴义务人按月或者按次预扣预缴税款。虽然个人所得税最后汇缴是按年度来计算的，但是每个月存在预扣预缴税款，不同的所得形式有不同的扣缴方式。

（1）居民个人工资、薪金所得预扣预缴。单位向居民个人支付工资、薪金时，按照累计预扣法计算预扣税款，并按月办理扣缴申报。累计预扣法，是指扣缴义务人在一个纳税年度内预扣预缴税款时，以纳税人在本单位截至本月取得工资、薪金所得累计收入减除累计免税收入、累计减除费用、累计专项扣除、累计专项附加扣除和累计依法确定的其他扣除后的余额为累计预扣预缴应纳税所得额，适用个人所得税预扣率表一（见表7-9），计算累计应预扣预缴税额，再减除累计减免税额和累计已预扣预缴税额，其余额为本期应预扣预缴税额。具体计算公式如下：

本期应预扣预缴税额＝（累计预扣预缴应纳税所得额×预扣率－速算扣除数）－累计减免税额－累计已预扣预缴税额

累计预扣预缴应纳税所得额＝累计收入－累计免税收入－累计减除费用－累计专项扣除－累计专项附加扣除－累计依法确定的其他扣除

式中，累计减除费用，按照5 000元/月乘以纳税人当年截至本月在本单位的任职受雇月份数计算。

表7－9 个人所得税预扣率表一

（居民个人工资、薪金所得预扣预缴适用）

级数	累计预扣预缴应纳税所得额	预扣率（%）	速算扣除数
1	不超过36 000元的	3	0
2	超过36 000元至144 000元的部分	10	2 520
3	超过144 000元至300 000元的部分	20	16 920
4	超过300 000元至420 000元的部分	25	31 920
5	超过420 000元至660 000元的部分	30	52 920
6	超过660 000元至960 000元的部分	35	85 920
7	超过960 000元的部分	45	181 920

如果出现累计应纳税余额小于累计已预缴税额的情形，则暂不办理退税，在次年3月至6月的汇算清缴期办理退税。对于大多数仅有一处工资薪金所得的纳税人来说，逐月累计计算预扣预缴税款，年底基本不会涉及退补税，可以大大降低个人办理汇算清缴的概率，而且采用年税率表，年初月份少预缴个税，有效解决了当月工资额不足扣除的问题。

【例7－1】

假设2019年1月，吕小布的工资为15 000元，当月专项扣除为2 000元，专项附加扣除合计3 000元。

应纳税所得额＝15 000－5 000－2 000－3 000＝5 000（元）

查表7－9，预扣率为3%。

应纳税额＝5 000×3%＝150（元）

因此，吕小布1月预扣的个人所得税为150元。

【例7－2】

接上例7－1，吕小布2月工资为17 000元，当月专项扣除为2 200元，专项附加扣除合计3 000元。

累计应纳税所得额＝(15 000＋17 000)－(5 000×2)－(2 000＋2 200)
－(3 000＋3 000)＝11 800（元）

查表 7－9，预扣率为 3%。

累计应纳税额＝11 800×3%＝354（元）
2 月份应预扣的个人所得税＝354－150＝204（元）

因此，吕小布 2 月预扣的个人所得税为 204 元。

（2）居民个人劳务报酬所得预扣预缴。劳务报酬所得是按次或者按月预扣缴个人所得税。劳务报酬所得以每次收入减除费用后的余额为收入额，预扣预缴税款时，劳务报酬所得每次收入不超过 4 000 元的，减除费用按 800 元计算；每次收入 4 000 元以上的，减除费用按收入的 20%计算。

公式如下：

收入额＝劳务报酬所得－费用
劳务报酬所得≤4 000 元，费用＝800 元
劳务报酬所得＞4 000 元，费用＝劳务报酬所得×20%

劳务报酬所得以每次收入额为预扣预缴应纳税所得额，计算应预扣预缴税额。劳务报酬所得适用个人所得税预扣率表二（见表 7－10）。

表 7－10　个人所得税预扣率表二
（居民个人劳务报酬所得预扣预缴适用）

级数	预扣预缴应纳税所得额	预扣率（%）	速算扣除数
1	不超过 20 000 元的	20	0
2	超过 20 000 元至 50 000 元的部分	30	2 000
3	超过 50 000 元的部分	40	7 000

【例 7－3】

吕小布 3 月获得达康公司的劳务报酬 35 000 元。

应纳税所得额＝35 000－35 000×20%＝28 000（元）

查表 7－10，预扣率为 30%。

预缴个人所得税＝28 000×30%－2 000＝6 400（元）

因此，吕小布 3 月预扣的劳务报酬个人所得税为 6 400 元，在次年清算汇缴期，吕小布将劳务报酬和工资、薪金，稿酬，特许权使用费所得汇总计算综合所得，计算实际应纳个人所得税，多退少补。

（3）居民个人稿酬所得预扣预缴。稿酬所得是按次或按月预扣缴个人所得税。稿

酬所得以每次收入减除费用后的余额为收入额。稿酬所得的收入额减按70%计算，预扣预缴税款时，稿酬所得每次收入不超过4 000元的，减除费用按800元计算；每次收入4 000元以上的，减除费用按收入的20%计算。

公式如下：

收入额＝（稿酬所得－费用）×70%

稿酬所得≤4 000元，费用＝800元

稿酬所得＞4 000元，费用＝稿酬所得×20%

稿酬所得适用20%的比例预扣率。

【例7-4】

吕小布4月获得长江出版社发放的稿酬20 000元。

应纳税所得额＝（20 000－20 000×20%）×70%＝11 200（元）

预扣率为20%。

预缴个人所得税＝11 200×20%＝2 240（元）

因此，吕小布4月预扣的稿酬个人所得税为2 240元，在次年清算汇缴期，吕小布将稿酬和工资、薪金，劳务报酬、特许权使用费所得汇总计算综合所得，计算实际应纳个人所得税，多退少补。

（4）居民个人特许权使用费所得预扣预缴。特许权使用费所得是按次或按月预扣缴个人所得税。特许权使用费所得以每次收入减除费用后的余额为收入额。预扣预缴税款时，特许权使用费所得每次收入不超过4 000元的，减除费用按800元计算；每次收入4 000元以上的，减除费用按收入的20%计算。

公式如下：

收入额＝特许权使用费所得－费用

特许权使用费所得≤4 000元，费用＝800元

特许权使用费所得＞4 000元，费用＝特许权使用费所得×20%

特许权使用费所得适用20%的比例预扣率。

【例7-5】

吕小布5月获得一项特许权使用费13 000元。

应纳税所得额＝13 000－13 000×20%＝10 400（元）

预扣率为20%。

预缴个人所得税＝10 400×20%＝2 080（元）

因此，吕小布4月预扣的特许权使用费个人所得税为2 080元，在次年清算汇缴期，吕小布将特许权使用费和工资、薪金，劳务报酬，稿酬所得汇总计算综合所得，

计算实际应纳个人所得税，多退少补。

（5）非居民个人工资、薪金所得，劳务报酬所得，稿酬所得和特许权使用费所得代扣代缴。非居民个人工资、薪金所得，劳务报酬所得，稿酬所得和特许权使用费所得按月或者按次代扣代缴税款。

非居民个人工资、薪金所得，以每月收入额减除费用5 000元后的余额为应纳税所得额；劳务报酬所得、稿酬所得、特许权使用费所得，以每次收入额为应纳税所得额，适用个人所得税税率表三（见表7-11）计算应纳税额。劳务报酬所得、稿酬所得、特许权使用费所得以收入减除20%的费用后的余额为收入额。其中，稿酬所得的收入额减按70%计算。

表7-11　个人所得税税率表三

（非居民个人工资、薪金所得，劳务报酬所得，稿酬所得，特许权使用费所得适用）

级数	应纳税所得额	税率（%）	速算扣除数
1	不超过3 000元的	3	0
2	超过3 000元至12 000元的部分	10	210
3	超过12 000元至25 000元的部分	20	1 410
4	超过25 000元至35 000元的部分	25	2 660
5	超过35 000元至55 000元的部分	30	4 410
6	超过55 000元至80 000元的部分	35	7 160
7	超过80 000元的部分	45	15 160

公式如下：

工资、薪金所得应纳税所得额＝工资、薪金所得－5 000

劳务报酬所得应纳税所得额＝劳务报酬所得×(1－20%)

稿酬所得应纳税所得额＝稿酬所得×(1－20%) ×70%

特许权使用费所得应纳税所得额＝特许权使用费所得×(1－20%)

以上四项收入来源适用的税率是一致的（见表7-11）。

非居民个人不适用综合所得，无须按年计税。非居民个人工资、薪金所得，劳务报酬所得，稿酬所得和特许权使用费所得是分开计税的，不采用综合所得的概念，按月或者按次分项计算个人所得税。

非居民个人在计算工资、薪金所得的个人所得税时，只能扣除每月5 000元基本减除费用，不涉及减除专项扣除、专项附加扣除和依法确定的其他扣除。非居民个人工资、薪金所得，劳务报酬所得，稿酬所得，特许权使用费所得仍然需要源泉扣缴，有扣缴义务人的按月按次代扣代缴税款。这部分是代扣代缴，不同于居民个人由扣缴义务人预扣预缴。

非居民个人如果在我国境内两处或者两处以上取得工资薪金所得需要汇总计税，但只能扣除一个5 000元的基本减除费用。两处及两处以上的工资薪金所得需要依法办理纳税申报，但不需要办理汇算清缴。

7.3.5 个人所得税优惠政策衔接问题

《个人所得税法》修改后，原来的税收政策如何更好地与新税法衔接呢？2018年12月27日，财政部和国家税务总局发布《关于个人所得税法修改后有关优惠政策衔接问题的通知》，对其中一些问题进行了说明。

1. 全年一次性奖金的纳税

居民个人取得全年一次性奖金，符合《国家税务总局关于调整个人取得全年一次性奖金等计算征收个人所得税方法问题的通知》（国税发〔2005〕9号）规定的，在2021年12月31日前，不并入当年综合所得，以全年一次性奖金收入除以12个月得到的数额，按照按月换算后的综合所得税率表（见表7-12）确定适用税率和速算扣除数，单独计算纳税。可以看出，过渡时期的奖金征税的税率及级距与表7-11的一样。

表7-12 按月换算后的综合所得税率表

级数	全月应纳税所得额	税率（%）	速算扣除数
1	不超过3 000元的	3	0
2	超过3 000元至12 000元的部分	10	210
3	超过12 000元至25 000元的部分	20	1 410
4	超过25 000元至35 000元的部分	25	2 660
5	超过35 000元至55 000元的部分	30	4 410
6	超过55 000元至80 000元的部分	35	7 160
7	超过80 000元的部分	45	15 160

计算公式为：

应纳税额＝全年一次性奖金收入×适用税率－速算扣除数

2021年12月31日，财政部和国家税务总局发布《关于延续实施全年一次性奖金等个人所得税优惠政策的公告》，将全年一次性奖金单独计税优惠政策，执行期限延长至2023年12月31日。2023年8月18日，财政部和国家税务总局再次发布《关于延续实施全年一次性奖金个人所得税政策的公告》，将执行期限延长至2027年12月31日。因此，一次性奖金单独计税的优惠政策的时效为2019—2027年。也就是说全年一次性奖金可以单独计税，不纳入综合所得，也可以选择将一次性奖金并入当年综合所得计算纳税。这个选择基于两种方式应纳税额的比较。

在2019—2027年过渡期内，每个纳税人在一个纳税年度内只允许采用一次这种计算方法。根据这种计算方法，如果年终奖在3.6万元、14.4万元、30万元、42万元、66万元和96万元这几个临界点上，会出现年终奖多发1元甚至1分钱，须多缴纳个人所得税成百上千元甚至上万元的情况。根据上述方法计算出来各个临界点的个人所得税差额见表7-13，如果年终奖为36 001元，则需要多缴税2 310.1元；发144 001元年终奖比144 000元多缴纳13 200.2元；发300 001元比300 000元多缴纳13 750.25元；发420 001元比420 000元多缴纳19 250.3元；发660 001元比660 000元多缴纳30 250.35元；发960 001元比960 000元多缴纳88 000.45元。年终奖多发导致实际收入减少的六个"盲区"分别为：36 001～38 567元，144 001～160 500元，300 001～318 333元，420 001～447 500元，660 001～706 538元，960 001～1 120 000元。在这几个盲区内，虽然年终奖增加了，但是个人所得税增加得更多。

表7-13 一次性奖金临界点个人所得税差异 单位：元

应发年终奖	应缴纳个人所得税	实发年终奖	个人所得税差异
36 000	1 080	34 920	2 310.1
36 001	3 390.1	32 610.9	
144 000	14 190	129 810	13 200.2
144 001	27 390.2	116 610.8	
300 000	58 590	241 410	13 750.25
300 001	72 340.25	227 660.75	
420 000	102 340	317 660	19 250.3
420 001	121 590.3	298 410.7	
660 000	193 590	466 410	30 250.35
660 001	223 840.35	436 160.65	
960 000	328 840	631 160	88 000.45
960 001	416 840.45	543 160.55	

因此，过渡期内发放年终奖应综合考虑，尽量避免因多发1元而导致实收年终奖减少的情况，另外，企业可以通过分摊方式，降低员工收入的税级，达到降低税率的目的。如果年终奖分两次发放，除了避免陷入盲区，还要考虑因为年终奖计税方法只能使用一次，另一次分摊的年终奖将纳入全年的综合所得，按综合所得个人所得税税率表（表7-4）计算纳税，还可能出现税级升档的情况，因为全年综合所得更难预先估计。

2. 企业年金和职业年金的纳税

个人达到国家规定的退休年龄，领取的企业年金、职业年金符合《关于企业年金职业年金个人所得税有关问题的通知》（财税〔2013〕103号）规定的，不并入综合所得，全额单独计算应纳税款。其中按月领取的，按月度税率表（表7-12）计算纳税；按季领取的，平均分摊计入各月，按每月领取额适用月度税率表（表7-12）计算纳税；按年领取的，按综合所得个人所得税税率表（表7-4）计算纳税。

个人因出境定居而一次性领取的年金个人账户资金，或个人死亡后，其指定的受益人或法定继承人一次性领取的年金个人账户余额，按综合所得个人所得税税率表（表7-4）计算纳税。对个人除上述特殊原因外一次性领取年金个人账户资金或余额的，按月度税率表（表 7－12）计算纳税。

3. 上市公司股权激励的纳税

居民个人取得股票期权、股票增值权、限制性股票、股权奖励等股权激励，符合《关于个人股票期权所得征收个人所得税问题的通知》（财税〔2005〕35 号）、《关于股票增值权所得和限制性股票所得征收个人所得税有关问题的通知》（财税〔2009〕5 号）、《关于将国家自主创新示范区有关税收试点政策推广到全国范围实施的通知》（财税〔2015〕116 号）第四条、《关于完善股权激励和技术入股有关所得税政策的通知》（财税〔2016〕101 号）第四条第（一）项规定的相关条件的，在 2021 年 12 月 31 日前，不并入当年综合所得，全额单独适用综合所得个人所得税税率表（表 7－4）计算纳税，如果一个纳税年度获得两次或以上的股权激励，应合并纳税。

计算公式为：

$$\text{应纳税额}=\text{股权激励收入}\times\text{适用税率}-\text{速算扣除数}$$

4. 解除劳动关系和提前退休的一次性收入的纳税

个人与用人单位解除劳动关系取得一次性补偿收入（包括用人单位发放的经济补偿金、生活补助费和其他补助费），在当地上年职工平均工资 3 倍数额以内的部分，免征个人所得税；超过 3 倍数额的部分，不并入当年综合所得，单独适用综合所得个人所得税税率表（表 7－4）计算纳税。

个人办理提前退休手续而取得的一次性补贴收入，应按照办理提前退休手续至法定退休年龄之间的实际年数平均分摊，确定适用税率和速算扣除数，单独适用综合所得个人所得税税率表（表 7－4）计算纳税。计算公式为：

$$\text{应纳税额}=\left[\left[\left(\text{一次性补贴收入}\div\text{办理提前退休手续至法定退休年龄之间的实际年数}\right)-\text{费用扣除标准}\right]\times\text{适用税率}-\text{速算扣除数}\right]\times\text{办理提前退休手续至法定退休年龄之间的实际年数}$$

问题与讨论

1. 在生活中个人需要缴纳哪些税？哪些是直接税，哪些是间接税？
2. 需要缴纳的个人所得税的个人所得有哪些形式？有哪些免征或减征的个人所得？请具体说明。
3. 在计算个人所得税综合所得时，包括哪几种收入形式？
4. 请说明工资、薪金所得的个人所得税预扣预缴的税率及计算方法。
5. 请说明劳务报酬所得的个人所得税预扣预缴的税率及计算方法。
6. 个人所得税的专项扣除包括哪些内容？专项附加扣除包括哪些内容？

7. 请说明子女教育和赡养老人的专项附加扣除的条件和标准。

8. 住房贷款利息和住房租金的专项附加扣除是否可以同时享有?

9. 请说明继续教育和大病医疗的专项附加扣除的条件和标准。

10. 一般情况下，纳税人识别号是什么?

11. 请说明每年进行汇算清缴的时间，以及哪些情形需要办理汇算清缴。

阅读与思考

张小五的个税人生

张小五，20岁，在北京某重点大学读汽车专业三年级，每年学费8 000元，60岁的父母在老家务农，还有一个9岁的弟弟。张小五活泼开朗，待人友善，学习勤奋，暑假在某汽车制造公司实习一个月。实习过程中，张小五本着认真负责的态度，尽心尽力履行职责，不懂的问题虚心请教，把所学的知识运用到工作中。一个月的实习很快结束了，张小五拿到劳务报酬4 000元，却被扣了640元的税，这让她很纳闷。“个人所得税的免征额不是上调到5 000元了吗，为什么还会扣税?”

通过实习，张小五的业务水平明显提高，大四这一年，张小五更加努力学习，毕业时获得了学校“优秀毕业生”的称号，大四时她设计的专利被一家企业看中，8月收到专利使用费10 000元。当年9月，张小五顺利到北京一大型国有企业开发部任职。9—12月的工资薪金收入分别为8 000元、9 000元、9 500元、9 800元。张小五9—12月每个月寄给父母500元，新《个人所得税法》实施后，张小五了解到赡养老人可以作为个人所得税的专项附加扣除。由于弟弟还未成年，也没有能力赡养父母，张小五想每个月扣除3 000元定额，但由于刚入职，她没有进行个人所得税专项附加扣除的申报。

张小五的好友李娜也来北京找工作，于是张小五从亲戚家搬出来，与李娜合租了一套两室一厅的房子，月租金6 000元。张小五工作勤奋，因为对财务知识比较感兴趣，于是利用周末休息时间准备注册会计师考试。年末，张小五的辛勤工作得到部门老总的认可，次年1月获得年终奖10 000元以及价值5 000元的智能扫地机器人一台。

春节期间，张小五回家过节，陪陪父母，和同学朋友聚会，非常开心。春节假期里，张小五热衷于在微信群里抢红包，她运气不错，共抢到红包2 000元，其中1 000元是她所在企业发的红包，500元是同学和朋友发的红包，还有500元是其他企业促销发的红包。

放完假回到企业，张小五依然朝气蓬勃，充满干劲。张小五很快吸引了同一座大厦在另一家公司工作的李小六，两人交往后，觉得彼此性格相投，同样爱好打羽毛球和旅游，对事物的看法也较一致，于是决定结婚。婚后的生活颇为甜蜜，但是两人的工资渐渐不能支撑婚后的生活，为了更好地生活，张小五开始在外兼职，凭着自己良好的写作能力，5月、8月、12月张小五各获得稿酬1 000元、5 000元、2 300元。李小六也在外兼职上课，为两个人的家庭建设添砖加瓦。

有了奋斗的激情和生活的磨炼，两人的事业越来越成功，张小五觉得把家庭资产全部放在银行里增值太慢，准备趁着股市大热投资股市。她的运气很好，投入的金额翻番。这时，张小五怀孕了，原来的出租房过于局促，于是买房被提到日程上。小两口用自己的积蓄，在双方父母的支持下，贷款在北京买了一套房子，每月需要还房贷15 000元。张小五怀的是双胞胎，考虑到未来高额的教育费用，她决定碰碰运气，在家门口的便利店买了一注双色球彩票，没想到运气爆棚，居然中了头等奖500万元。

生活越来越好，张小五和李小六像童话故事里的主人公一样，过上了幸福的生活。

【思考题】

1. 张小五在大三时的实习收入是否应该交个人所得税？请说明理由。

2. 张小五9月开始工作，9—12月公司预扣预缴的个人所得税分别是多少？

3. 张小五的专利使用费是否应该缴纳个人所得税？如果缴纳，则应该缴纳多少？如果不缴纳，请说明理由。

4. 张小五赡养父母的支出能否在缴纳个人所得税时抵扣？抵扣额度应为多少？

5. 工作后的第二年3—6月，张小五到税务局去汇算清缴，你认为税务局会退还多缴的个人所得税吗？如果退，你认为应该退多少？如果不能退，请说明理由。

6. 张小五与李娜合租房屋的租金可以进行个人所得税抵扣吗？如果可以抵扣，则可抵扣的金额是多少？需要留存什么资料？

7. 张小五准备注册会计师考试可以进行个人所得税抵扣吗？抵扣的标准和条件是什么？

8. 张小五通过年终奖获得的智能扫地机器人需要征收个人所得税吗？

9. 张小五抢到的2 000元微信红包是否应该缴纳个人所得税？请说明理由。

10. 张小五的稿酬应该预扣多少个人所得税？

11. 张小五和李小六的房贷利息能否进行个人所得税抵扣？抵扣的标准和条件是什么？

12. 张小五彩票中奖是否应该缴纳个人所得税？如果缴纳，则应缴纳多少？

偷逃税的法律处理

2018年10月3日，演员范某某发了一封致歉信。

2018年6月，在群众举报范某某“阴阳合同”涉税问题后，国家税务总局对此高度重视，立即责成江苏等地税务机关依法开展调查予以核实。从调查核实情况看，范某某在某电影剧组拍摄过程中实际取得片酬3 000万元，其中1 000万元已经申报纳税，其余2 000万元以拆分合同方式偷逃个人所得税618万元，少缴营业税及附加112万元，合计730万元。此外，还查出范某某及其担任法定代表人的企业少缴税款2.48亿元，其中偷逃税款1.34亿元。

对于上述违法行为，根据国家税务总局指定管辖，江苏省税务局依据《中华人民共和国税收征收管理法》第三十二条、五十二条的规定，对范某某及其担任法定代表人的企业追缴税款2.55亿元，加收滞纳金0.33亿元；依据《中华人民共和国税收征收管理法》第六十三条的规定，对范某某采取拆分合同手段隐瞒真实收入偷逃税款处4倍罚款计2.4亿元，对其利用工作室账户隐匿个人报酬的真实性质偷逃税款处3倍罚款计2.39亿元，对其担任法定代表人的企业少计收入偷逃税款处1倍罚款计94.6万元。依据《中华人民共和国税收征收管理法》第六十九条和《中华人民共和国税收征收管理法实施细则》第九十三条的规定，对其担任法定代表人的两家企业未代扣代缴个人所得税和非法提供便利协助少缴税款各处0.5倍罚款，分别计0.51亿元、0.65亿元。

依据《中华人民共和国行政处罚法》第四十二条以及《江苏省行政处罚听证程序规则》相关规定，9月26日，江苏省税务局依法向范某某下达《税务行政处罚事项告知书》，对此范某某未提出听证申请。9月30日，江苏省税务局依法向范某某正式下达《税务处理决定书》和《税务行政处罚决定书》，要求其在收到上述处理处罚决定后在规定期限内将追缴的税款、滞纳金、罚款缴清。

依据《中华人民共和国刑法》第二百零一条的规定，由于范某某属于首次被税务机关按偷税予以行政处罚且此前未因逃避缴纳税款受过刑事处罚，上述定性为偷税的税款、滞纳金、罚款在税务机关下达追缴通知后在规定期限内缴纳的，依法不予追究刑事责任。超过规定期限不缴纳税款和滞纳金、不接受行政处罚的，税务机关将依法移送公安机关处理。

2023年，重庆市税务部门通过分析发现演员袁某某存在涉税风险，经提示提醒、督促整改、约谈警示后，袁某某仍整改不彻底，加之其关联企业存在偷逃税嫌疑，依法对其开展了税务检查。

经查，袁某某取得的部分劳务报酬未依法办理纳税申报，少缴个人所得税；将部分用于个人的消费性支出在其控股关联企业违规列支，少缴个人所得税。其关联企业存在将用于个人的消费性支出在企业违规列支，少缴增值税、企业所得税，以及未代扣代缴个人所得税等涉税问题。

在税务检查过程中，袁某某积极配合税务机关如实提供资料，并主动报告税务机关尚未掌握的涉税违法行为。综合考虑上述情况，重庆市税务局第七稽查局依据《中华人民共和国个人所得税法》《中华人民共和国企业所得税法》《中华人民共和国税收征收管理法》《中华人民共和国行政处罚法》等相关法律法规规定，对袁某某追缴税款、加收滞纳金并处罚款，共计297.38万元；对其关联企业追缴税款、加收滞纳金并处罚款，共计132.98万元。重庆市税务局第七稽查局已依法向袁某某及其关联企业送达《税务处理决定书》《税务行政处罚决定书》，袁某某及其关联企业已按规定缴清税款罚款及滞纳金。

重庆市税务局第七稽查局有关负责人表示，税务部门将持续加强文娱领域税收监管工作，依法严肃查处涉税违法行为，不断提升文娱领域从业人员及企业的税法遵从度，进一步营造法治公平的税收环境。

资料来源：国家税务总局网站.

【思考题】

1. 如何理解偷税和逃税？

2. 你平时会接触到哪些需要缴纳的税？请分别说明。

3. 哪些个人所得需要缴纳个人所得税？不同类型的个人所得的税率不同，如何做好个人所得税规划？

第 8 章

婚姻家庭的理财规划

素养提升

◆ 弘扬中华优秀传统文化，厚植家国情怀，理解制度优势，引导学生在尊重中国婚姻家庭传统文化精华的基础上，重视人伦本质与人文关怀，树立平等、互爱、友善、诚信、和谐、法治的婚姻家庭理念

◆ 引导学生重视家庭家教家风建设，领会个人和家庭的前途命运是同国家和民族的前途命运紧密结合在一起的，鼓励学生心怀家国，攀登事业高峰

学习要点

- 了解婚姻关系与同居关系的区别
- 了解婚姻关系的权利和义务
- 了解婚前财产和彩礼的归属
- 了解离婚时对共同财产的分割原则
- 掌握婚姻关系中不同来源房产的归属认定
- 熟悉并掌握个人财产和共同财产
- 熟悉并掌握个人债务和共同债务
- 熟悉并掌握婚前和婚后各类财产的归属与确认

思维导图

引导案例　我们能把握自己命运的两家企业

每个人的一生，都有四家企业，这四家企业分别是什么呢？第一，你出生的家庭；第二，你所在的国家；第三，你工作的公司；第四，你选择的婚姻。原生家庭和我们出生的国家，这两家企业是被动的，没法选，但是我们工作的公司和我们选择的婚姻，是自己能选的。所以，一个人一生当中，最大的主动性改变机会只有两家企业：你工作的公司和你选择的婚姻。

过去，没有人会把家庭当作一家企业，没有人会把爱人当作家庭合伙人，当作事业共同体。但是，结了婚的人会知道，你选的这个人就是你余生最大的合伙人，他要分享你的时间、你的财富、你的一切生活，如果选错了，可以换，但是如果你没有成长、没有沉淀，到头来虚耗的还是自己的人生。所以工作从来不是为你的老板拼命、为你的公司拼命，而是为了自己的人生。

很多人说，工作是工作，生活是生活，这其实很难做到。在一个人的一生中，工作占了50%以上的时间，如果否认工作是生活，那么我们的人生难道50%的时间都在浪费生命吗？按照这个观点，家庭生活反而更像工作，因为你要考虑这个家庭的运转、爱人的情绪、孩子的教育、生活的开支……

所以，我们能把握自己命运的两家企业就是我们经营的家庭和工作的公司。你选择什么样的伴侣，就是选择什么样的合伙人；你选择什么样的工作，就是选择什么样的生活。婚姻是每个人一生当中最重要的一项投资，而家庭是我们每个人最了不起的一次创业，它需要经营、需要呵护。工作也是一样，你每一次的选择就是一场投资，也是你个人的一次创业。

好好对待自己的婚姻、工作吧，这是我们对自己最大的责任。

资料来源：子皮．价值生长．北京：民主与法制出版社，2023.

不止一位投资大师说过，人生中最重要的决定是跟什么人结婚，而不是任何一笔投资。选择伴侣不仅是选择一个人，更是选择一种生活方式。夫妻能和和美美、白头到老当然最好，但万一婚姻不小心触礁搁浅，感情被琐碎家事消耗殆尽，两人之间只剩下赤裸裸的财产关系时，如何更好地保护好自己的尊严和保障自己的利益呢？本章并不是谈论夫妻间的性格磨合、星座匹配以及如何经营感情，而是从法律的视角来谈论结婚前、婚姻家庭中、婚姻结束后的财产确认、归属、分配及规划问题。弄清楚与婚姻相关的财产问题并不一定是为离婚做准备，而是为了获得一种安全感，有了这种安全感，婚姻才会更加牢固。

8.1　结婚前的财产确认

8.1.1　婚姻关系的确定

我国实行婚姻自由、一夫一妻、男女平等的婚姻制度，结婚是男女双方自愿的结合。2020 年 5 月 28 日，第十三届全国人民代表大会第三次会议表决通过了《中华人民共和国民法典》，自 2021 年 1 月 1 日起施行。《民法典》中禁止结婚的情形仅一种：直系血亲和三代以内的旁系血亲。有三种类型的婚姻可以认为是无效婚姻：重婚；有禁止结婚的亲属关系；未到法定婚龄，我国规定的结婚年龄，男性不得早于 22 周岁，女性不得早于 20 周岁。《民法典》不再将患有医学上认为不应当结婚的疾病作为禁止结婚的情形，增加了以下内容：一方患有重大疾病，应当在结婚登记前如实告知另一方；不如实告知的，另一方可以向人民法院请求撤销婚姻。请求撤销婚姻的，应当自知道或者应当知道撤销事由之日起一年内提出。

8.1　即测即评

无效或被撤销的婚姻，自始无效，当事人不具有夫妻的权利和义务。同居期间所得的财产，由当事人协议处理；协议不成，由人民法院根据照顾无过错方的原则判决。因胁迫结婚的，受胁迫的一方可以向人民法院请求撤销婚姻。请求撤销婚姻的，应当自胁迫行为终止之日起一年内提出。被非法限制人身自由的当事人请求撤销婚姻的，应当自恢复人身自由之日起一年内提出。

婚姻中各种财产的确认有一个前提，即建立婚姻关系。那么，何为建立婚姻关系？是发请帖大摆宴席广而告之，还是领取结婚证书？我国对婚姻关系的确认基于结婚证书的领取。2020 年 12 月 25 日最高人民法院审判委员会第 1825 次会议通过的《最高人民法院关于适用〈中华人民共和国民法典〉婚姻家庭编的解释（一）》（以下简称《〈民法典〉婚姻家庭编解释（一）》）第七条规定：1994 年 2 月 1 日民政部《婚姻登记管理条例》公布实施以前，男女双方已经符合结婚实质要件的，按事实婚姻处理。1994 年 2 月 1 日民政部《婚姻登记管理条例》公布实施以后，男女双方符合结婚实质要件的，人民法院应当告知其补办结婚登记。未补办结婚登记的，依据本解释第三条规定处理。第三条规定：当事人提起诉讼请求解除同居关系的，人民法院不予受理；已经受理的，裁定驳回起诉。当事人因同居期间财产分割或者子女抚养纠纷提起诉讼的，人民法院应当受理。这说明，以 1994 年 2 月 1 日为标志，这个时间点以后没有进行结婚登记的婚姻不存在事实婚姻一说，仅是同居关系。

《现代汉语词典》中将"同居"解释为：同在一处居住；夫妻共同生活。一些法学专家这样定义现代的同居：为了一定时期快乐的行为；试婚；不履行法律形式的事实婚姻。同居关系的法律性质可分为两种：

（1）非婚同居。这是一种《民法典》等法律法规不鼓励但也不禁止的行为，此类同居关系存在乃至解除与否，是当事人自己对生活状态的选择，法律对此既不支持也不干涉。该同居关系并不在当事人之间产生身份上的权利、义务关系。因此，要求解除此类同居关系时，人民法院不予受理。

（2）婚外同居。此类行为违反了我国《民法典》规定的"一夫一妻"的基本原则，也违反了夫妻双方之间的忠诚义务，这是《民法典》明令禁止的行为。"有配偶与他人同居"的情形，是指有配偶者与婚外异性不以夫妻名义持续、稳定地共同居住。《〈民法典〉婚姻家庭编解释（一）》第三条规定：当事人提起诉讼仅请求解除同居关系的，人民法院不予受理；已经受理的，裁定驳回起诉。当事人因同居期间财产分割或子女抚养纠纷提起诉讼的，人民法院应当受理。

8.1.2 婚姻的权利和义务

夫妻双方地位平等、独立，属于自由的独立个体。进行结婚登记是婚姻合法有效的形式要件，登记后取得结婚证，即确立夫妻关系，具有夫妻的权利和义务。夫妻双方对子女有平等的抚育权利；夫妻双方有互相继承遗产的权利；夫妻双方对夫妻共同财产有平等的处理权。这种平等的处理权，一方面是指夫或妻在处理夫妻共同财产上的权利是平等的。因日常生活需要而处理夫妻共同财产的，任何一方均有权决定。另一方面是夫或妻非因日常生活需要对夫妻共同财产做重要处理的决定，夫妻双方应平等协商，取得一致意见。他人有理由相信其为夫妻双方共同意思表示的，另一方不得以不同意或不知道为由对抗善意第三人。《民法典》规定登记结婚后，按照男女双方约定，女方可以成为男方家庭的成员，男方可以成为女方家庭的成员。无论采取何种组成家庭的方式，都应当由男女双方平等协商，双方享有共同约定的权利，任何一方不得将自己的意志强加给对方，第三人也不得对此加以干涉。

婚姻生活与同居生活对共同收入和财产的处理是完全不同的，如果没有特别协议，夫妻双方婚后的财产属于共有财产，而且这种共有并不以对家庭收入贡献的多少来决定；也就是说，女方在家当家庭主妇，男方工作，并不会因为女方没有收入而减少其对共有财产的处分权。夫妻双方也有互相扶养的义务，一方不履行扶养义务时，需要扶养的一方有要求对方付给扶养费的权利。

非婚同居生活期间，双方当事人共同所得收入和购置的财产，按照一般共有财产处理，但当事人另有约定或能够证明为一方当事人所有的除外。同居生活期间，双方各自继承或受赠取得的财产，一般按照归属个人所有的原则对待处理。如果一方当事人死亡，另一方要求继承死者遗产的，若认定双方为事实婚姻关系，则可以以配偶身份按照《民法典》的相关规定处理遗产继承事宜。如果认定双方为同居关系的，则双方并无相互继承权利，这是因为未婚同居不具备“夫妻的名分”。但是如果去世的一方在生前以遗嘱的形式将遗产的全部或部分留给另一方，则生存的一方完全有权利继承这份遗产。

8.1.3 婚前财产的认定

最高人民法院在 1993 年的司法解释中规定：“一方婚前个人所有的财产，婚后由双方共同使用、经营、管理的，房屋和其他价值较大的生产资料经过 8 年，贵重的生活资料经过 4 年，可视为夫妻共同财产。”修正后的《婚姻法》对此未予采纳，《关于适用〈中华人民共和国婚姻法〉若干问题的解释（一）》第十九条指出：“婚姻法第十八条规定为夫妻一方所有的财产，不因婚姻关系的延续而转化为夫妻共同财产。但当事人另有约定的除外。”《〈民法典〉婚姻家庭编解释（一）》第三十一条延续了此规定。也就是说，婚前财产你的是你的，我的是我的，婚前财产并不因为婚姻关系变为共有财产。婚前财产的界定时间为双方结婚登记之日，结婚登记前双方分别拥有的财产归一方所有，结婚登记日后一方单独获得或双方共同所有的财产（除法律另有规定或当事人特别约定外），作为婚后夫妻共同财产。这样规定的目的在于简化财产关系，便于离婚时分割夫妻共同财产。婚前财产包括婚前个人所有的财产，如工资、奖金，从事生产、经营取得的收益，知识产权的收益，因继承或赠与所得的财产、资本收益以及其他合法收入等，还包括一方婚前已经取得的财产权利，即财产权的取得是在婚前，但婚后才实际占有该项财产，这也属于婚前个人财产。比如婚前夫妻一方接受继承，遗产在婚后才分割，该遗产虽然是婚后才得到的，但其所有权在婚前就已经取得，所以应认定为一方婚前财产。如果婚前个人财产在婚后共同生活中自然毁损、消耗、灭失，离婚时一方要求以夫妻共同财产抵偿的，不予支持。

除了一方婚前的财产属于个人财产，还有些财产即使是在婚后获得也属于个人财产：一方因身体受到伤害获得的医疗费、残疾人生活补助费等费用；遗嘱或赠与合同中确定只归夫或妻一方的财产；一方专用的生活用品；其他应当归一方的财产。其他一般包括：一方从事自身职业所必需的财产，但价值较大的除外；夫妻某一方获得的奖品；具有人身性质的医疗保健费、保险赔偿金等；复员、转业军人所得的复员费、转业费，复员军人带回的医药补助费和回乡生产补助费；国家资助优秀科学工作者的科研津贴；一方创作的文稿、手稿、艺术品的设计图、草图等；劳动关系的补偿金、用人单位发放的再就业补贴、提前退休补贴费、吸收劳动力安置费等。

我国自古以来就有男方在婚姻约定初步达成时向女方赠送聘金、聘礼的习俗，这种聘金、聘礼俗称“彩礼”，在现代一般指婚恋中男方给女方的聘礼或礼金。“彩礼”并非一个专业的法律术语，人民法院在受理有关彩礼纠纷的案件时一般将其认定为婚约财产纠纷，婚前给付彩礼在我国已经成为一种约定俗成的惯例。给付彩礼是以婚约为前提的，这种基于婚约发生的财产流转关系，其法律效力应当依附于婚约的效力。彩礼给付后，婚约有效，或依约结婚、共同生活，不存在彩礼的返还问题；婚约失效，或婚后短时间内离婚，彩礼的取得就失去合理性和合法性。那么彩礼是否可以要求归还，《〈民法典〉婚姻家庭编解释（一）》第五条对此作出了规定，属于以下三种情形的，当事人可以请求返还按照习俗给付的彩礼：一是双方未办理结婚登记手续；二是双方办理结婚登记手续但确未共同生活；三是婚前给付并导致给付人生活困难。适用前款第二项、第三项的规定，应当以双方离婚为条件。

知识拓展

陕西高院联合省妇联发布五起涉彩礼纠纷典型案例

很多人认为，婚前财产协议需要公证，如果不公证，协议就不能成立或生效，其实这个观点是错误的。我国的任何一部法律都没有规定婚前财产协议以“公证”作为生效的前提条件。也就是说，只要当事人的意思表示一致，协议的内容并未违反法律规定，那么，只要双方就婚前财产的归属基于自愿的原则达成书面协议，该书面协议无论是否做了公证，均具有法律效力，只是经过公证的婚前财产协议证明力更强一些。实际生活中，两人结婚并不是所有财产都需要婚前财产公证，一般来说，比较容易举证的财产就不需要婚前财产公证，比较难举证的财产需要婚前财产公证。像不动产，如房子、汽车等，因为实行登记制度，产权明确，就不需要婚前财产公证。而产权随时处于变动的动产，像存款、股票、字画、玉器、金银首饰等贵重物品，为避免离婚时举证困难，需要婚前财产公证。比如，某人的一处住房是婚前财产，但是结婚后又将其卖掉，当作为不动产的住房变成现金时，最好去做公证，否则一旦产生纠纷，很难认定财产归属。

订立婚前财产协议，首先，双方必须出于自愿，不能隐瞒、欺诈、胁迫，也不能乘人之危。基于不真实的意思表示所订立的协议是无效的。其次，协议的对象必须是夫妻财产（包括婚前财产和婚后财产），不属于夫妻所有的财产不能成为协议的客体。最后，协议的内容必须合法，不能规避法律。为了使财产协议有效且不遗漏关键条款，最好请律师或其他专业人士来起草或者审核财产协议，以避免因起草时的不慎给将来造成巨大损失，达不到签订婚前财产协议的目的。

8.2 婚姻家庭中的财产归属与规划

8.2 即测即评

8.2.1 婚姻家庭财产所有制的形式

《民法典》第一千零六十五条规定："男女双方可以约定婚姻关系存续期间所得的财产以及婚前财产归各自所有、共同所有或者部分各自所有、部分共同所有。"

共同所有制，即你中有我，我中有你，两人共同拥有财产。

部分共有制，即一部分财产共有，共有范围之外的财产归夫妻各自所有。

各自所有制，即 AA 制，你的就是你的，我的就是我的。

也就是说，如果没有任何约定，那么夫妻婚姻关系存续期间的财产属于共同所有，如果有约定，则必须以书面的约定为准。夫妻对婚姻关系存续期间所得的财产以及婚前财产的约定，对双方具有法律约束力。

8.2.2 共有财产

夫妻在婚姻关系存续期间所得的下列财产，为夫妻的共同财产，归夫妻共同所有：

（1）工资、奖金、劳务报酬；

（2）生产、经营、投资的收益；

（3）知识产权的收益；

（4）继承或者受赠的财产，但遗嘱或者赠与合同中确定只归夫或妻一方的财产除外；

（5）其他应当归共同所有的财产。

工资、奖金、劳务报酬均为劳动所得，是指夫或妻一方或双方从事一切劳动包括脑力劳动、体力劳动所获得的工资报酬和奖金报酬。

生产、经营、投资的收益，凡属于夫妻关系存续期间一方或双方从事生产、经营、投资等所获收益，均为夫妻共同财产。

知识产权的收益，指婚姻关系存续期间，实际取得或者已经明确可以取得的财产性收益。包括作品出版发行或允许他人使用而获得的报酬；专利权许可他人使用其专利或者转让专利权所取得的收入；商标所有人许可他人使用其注册商标或转让商标权所取得的收入等。

继承或者受赠的财产，为夫妻共有财产。

其他应当归共同所有的财产，包括：

(1) 一方以个人财产投资取得的收益；

(2) 男女双方实际取得或者应当取得的住房补贴、住房公积金；

(3) 男女双方实际取得或者应当取得的基本养老金、破产安置费。

下列财产为夫妻一方的个人财产：

(1) 一方的婚前财产；

(2) 一方因受到人身损害获得的赔偿或者补偿；

(3) 遗嘱或者赠与合同中确定只归一方的财产；

(4) 一方专用的生活用品；

(5) 其他应当归一方的财产。

军人的伤亡保险金、伤残补助金、医药生活补助费属于个人财产。规定为夫妻一方的个人财产，不因婚姻关系的延续而转化为夫妻共同财产，除非当事人另有约定。

婚前财产属于个人财产，那么婚前个人财产婚后的收益属于个人还是共有？《〈民法典〉婚姻家庭编解释（一）》第二十六条规定："夫妻一方个人财产在婚后产生的收益，除孳息和自然增值外，应认定为夫妻共同财产。"以此界定了财产收益的三种形式：投资经营收益、孳息及自然增值。投资经营收益属于夫妻共同财产，孳息及自然增值仍属于个人财产。那么，孳息和自然增值是什么呢？孳息指从原物中产生的收益，简单来说，在婚姻中，一般指的是存款利息、有价证券收益、股权分红等收入。随着物价的上涨，房屋的市场价值也在上涨，这部分增值就是自然增值。比如，婚前一方买的房子属于个人财产，但是假设婚后拿来出租，那么获得的租金属于收益的部分是夫妻共同财产。如果婚前购买的房子因为房价上涨而增值了，那么这个增值部分是个人财产，归购房者所有。如果变卖房子，拿卖得的钱去投资，那么投资的收益是共同财产。

另外，夫妻之间订立借款协议，以夫妻共同财产出借给一方从事个人经营活动或用于其他事务的，应视为双方约定处分夫妻共同财产的行为，离婚时可按照借款协议的约定处理。

8.2.3　共同债务

在婚姻存续期间，夫妻双方或一方为共同生活所产生的负债为共同债务。共同生活，指夫妻双方以衣食住行医等方面为内容的生活。为此所负的债务包括：夫妻一方或双方为购买日常生活用品所负的债务；夫妻一方或双方因医疗所负的债务；夫妻建造或购买房屋及装修所负的债务；符合道义和礼仪上的惯例赠与所负的债务；夫妻一方或双方为履行法定扶养、赡养、抚养义务所负的债务；夫妻一方或双方因继承遗产所负的债务；夫妻共同从事生产、经营活动所负的债务，或者一方从事生产经营活动，经营收入用于家庭生活或配偶分享所负的债务；为支付正当必要的社会交往费用所负的债务等。总之，夫妻共同债务的认定应当以"是否发生在夫妻关系存续期间"和"是否用于家庭共同生活"为依据，如果以夫妻双方名义共同借款，则不管该借款是一方个人使用，还是双方共同使用，均应认定为夫妻共同债务；以夫妻一方个人名义借款，但所借款项确系用于共同生活或共同经营，只要对方承认或债权人能够证明即应认定为夫妻共同债务。《民法典》第一千零八十九条规定："离婚时，夫妻共同债务应当共同偿还。共同财产不足清偿或者财产归各自所有的，由双方协议清偿；协议不成的，由人民法院判决。"夫妻"共同偿还"的责任是无限的、连带的清偿责任，债权人有权要求夫妻任何一方清偿全部债务，夫妻一方不得以债务对半分担等理由加以拒绝。

离婚时，原为夫妻共同生活所负的债务，应当共同偿还。共同财产不足清偿的，或财产归各自所有的，由双方协议清偿；协议不成时，由人民法院判决。夫或妻一方死亡的，生存一方应当对婚姻关系存续期间的共同债务承担连带清偿责任。

除了共同债务，还有属于夫妻某一方的个人债务，夫妻个人债务是指夫妻双方约定由个人负担的债务；一方未经对方同意，擅自资助与其没有抚养义务的亲朋所负的债务；一方未经对方同意，独自筹资从事经营活动，其收入又未用于共同生活所负的债务。债务偿还遵循以下原则：共同债务共同偿还，个人债务个人偿还。

8.2.4 房屋财产

1. 房产归属

在婚姻关系中，房屋财产是家庭财产的重要组成部分，其权属界定比较麻烦，一是因为房屋的价值高，二是因为房屋的出资者复杂。有可能是婚前购买，婚后一起还贷；或父母出首付，婚后共同还贷；或婚后全额购买；或婚后贷款买房。

确定房屋财产的权属问题，其本质就是确定房屋到底是个人财产还是两个人的共同财产，这里有两个关键的法律证书：一个是房产证；一个是结婚证。房产证证明房屋所有权权属，结婚证证明两人的夫妻关系。确定房产究竟归谁所有，关键看购房时间（A点）是在结婚前还是结婚后，其中结婚时间（M点）以结婚证上的时间为准，我国法律规定只有经过结婚登记才被视为合法婚姻，其他诸如订婚或举行婚礼的时间都不具备法律意义。

对于购房时间（A点）争议较多。在购房的一系列过程中到底哪个才是购房时间？一般情况下，考虑到购房的目的性以及购房整个过程的关联性，应当以签订购房合同的时间为购房时间。如果A点在M点之前，那么房产属于个人的婚前私人财产。若夫妻一方婚前支付了部分房款，签订了购房合同并取得了房产证，那么即使是婚后双方共同还贷，房产仍属于一方的婚前财产。

婚前购房则存在多种情况：

（1）婚前一方出资，并且是以自己的名字购房，而另一方未出资。

在这种情况下，此房应属于出资一方婚前个人财产。

（2）婚前双方出资，但以一方名义购买房屋。

如果出资的一方无法举证证明出资是因双方达成婚后共同居住的目的，那么法院一般会认定为一方婚前个人财产。

（3）婚前一方全额出资，但以另一方名义购买。

如果全额出资的一方没有证据能证明是以婚后共同生活为目的而出资的，那么该房屋在很大程度上会被认定为登记方的婚前财产。

（4）婚前以双方名义购房，但只是一方出资。

如果双方没有另行约定，而将产权登记在一方名下，则另一方的出资会被认为是对未出资方的赠与；如果产权登记在双方名下，又无按份共有的规定，则该房会被认定为共同共有。

个人婚前买房，婚后两个人一起还贷是很普遍的情况。《〈民法典〉婚姻家庭编解释（一）》第七十八条规定，夫妻一方婚前签订不动产买卖合同，以个人财产支付首付款并在银行贷款，婚后用夫妻共同财产还贷，不动产登记于首付款支付方名下的，离婚时该不动产由双方协议处理。依前款规定不能达成协议的，人民法院可以判决该不动产归产权登记一方，尚未归还的贷款为产权登记一方的个人债务。双方婚后共同还贷支付的款项及其相对应财产增值部分，离婚时应根据《民法典》第一千零六十七条规定的原则。由产权登记一方对另一方进行补偿。

如果 A 点在 M 点之后，即婚后买房，要根据出资情况进行区分：

（1）以夫妻一方婚前个人财产购房，产权登记有两种情况：1）房屋登记在出资方名下，那么房屋是出资方个人婚前财产在婚后的转化，应认定为个人财产；若出资方只支付了首付款，则房款尚未偿还部分及房屋增值部分应认定为夫妻共同财产。2）房屋登记在夫妻双方名下或非出资方名下，应认定为夫妻共同财产。

（2）以夫妻共同财产购房，房屋产权登记无论是写夫妻双方名字，还是一方名字，均被认定为夫妻共同财产。若房屋登记在未成年子女名下，则夫妻离婚时不能简单地完全按照登记情况将房屋认定为未成年子女的财产。法院重点审查夫妻双方在购买房屋时的意思表示，如果真实意思确实是将购买的房屋赠与未成年子女，则离婚时应将该房屋认定为未成年子女的财产，由直接抚养未成年子女的一方暂时管理；如果真实意思并非将房屋赠与未成年子女，则离婚时将该房屋作为夫妻共同财产处理。

另外，由一方婚前承租、婚后用共同财产购买的房屋，登记在一方名下的，也属于夫妻共同财产。

2. 父母为子女买房

在中国父母为子女买房的情况很普遍，那么这房该归谁所有呢？父母出资为子女购买结婚用房，可能不会考虑到子女婚姻解体的情形，一般也不会与子女签署书面协议，如果子女离婚时一概将房屋认定为夫妻共同财产，那么既违背了父母为子女购房的初衷和意愿，也侵害了出资父母的利益。

这个归属权在法律认定上有很大变化，2004年的《关于适用〈中华人民共和国婚姻法〉若干问题的解释（二）》第二十二条规定："当事人结婚前，父母为双方购置房屋出资的，该出资应当认定为对自己子女的个人赠与，但父母明确表示赠与双方的除外。当事人结婚后，父母为双方购置房屋出资的，该出资应当认定为对夫妻双方的赠与，但父母明确表示赠与一方的除外。"但是2011年《关于适用〈中华人民共和国婚姻法〉若干问题的解释（三）》也有一条专门针对父母出资购房的规定："婚后由一方父母出资为子女购买的不动产，产权登记在出资人子女名下的，可按照婚姻法第十八条第（三）项的规定，视为只对自己子女一方的赠与，该不动产应认定为夫妻一方的个人财产。由双方父母出资购买的不动产，产权登记在一方子女名下的，该不动产可认定为双方按照各自父母的出资份额按份共有，但当事人另有约定的除外。"

《〈民法典〉婚姻家庭编解释（一）》中关于父母给子女买房的房屋产权归属有了很大变化："当事人结婚前，父母为双方购置房屋出资的，该出资应当认定为对自己子女个人的赠与，但父母明确表示赠与双方的除外。当事人结婚后，父母为双方购置房屋出资的，依照约定处理；没有约定或者约定不明确的，按照民法典第一千零六十二条第一款第四项规定的原则处理。"而《民法典》第一千零六十二条规定在没有特别约定的情况下，当事人继承或者受赠的财产，为夫妻共同财产。

《民法典》实施后，对父母出资买房做了非常明确的规定，即有以下两种情形：

（1）婚前，父母出资购买的房屋，即使产权登记在男女双方名下的，也是父母对自己子女一方的赠与，这种情况下，房屋为夫妻一方的个人财产。

（2）婚后买房，父母出资的，没有约定或约定不明确的，无论是全额出资还是部分出资，无论是登记在一方名下还是双方名下，都优先推定为夫妻共同财产，归夫妻共有。

3. 子女为父母购买房改房

婚姻关系存续期间，双方用夫妻共同财产出资购买以一方父母名义参加房改的房屋，因房屋原来属于一方父母承租的公房，购买房改房的价格一般会参考工龄、职务、级别等因素，具有比较显著的福利色彩，其购买价格往往与市场价格相差甚远，如果认定为夫妻共同财产，则显然会损害一方父母的财产权益。

婚姻关系存续期间，双方用夫妻共同财产出资购买以一方父母名义参加房改的房屋，产权登记在一方父母名下，离婚时另一方主张按照夫妻共同财产对该房屋进行分割的，人民法院不予支持。购买该房屋时的出资，可以作为债权处理。也就是说如果具备两个条件：一是以一方父母名义参加房改；二是产权登记在一方父母名下，那么即使是有子女参与的房改房的购买，产权仍属于父母，出资额作为债权处理。如果夫妻双方出资时对于利息与一方父母有约定的，遵从约定；如果没有约定，应根据具体情况作出处理。如果夫妻双方一直居住在房改房中，则从公平的角度出发，对请求支付利息的主张不予支持。

4. 房产的出售与赠与

夫妻共有的房屋只登记在一方名下，当夫或妻一方与第三人发生不动产物权交易时，如果第三人尽到了必要的审查与注意义务，支付合理的房屋价款且已经办理变更登记手续，为了保护交易安全，根据善意取得制度，第三人可以取得不动产物权。夫妻一方擅自处分共同共有房屋造成另一方损失，离婚时另一方请求赔偿损失的，人民法院应予以支持。

婚前或者婚姻关系存续期间，当事人约定将一方所有的房产赠与另一方或者共有，赠与方在赠与房产变更登记之前撤销赠与，另一方请求判令继续履行的，人民法院可以按照《民法典》第六百五十八条的规定处理。《民法典》第六百五十八条规定，赠与人在赠与财产的权利转移之前可以撤销赠与。经过公证的赠与合同或者依法不得撤销的具有救灾、扶贫、助残等公益、道德义务性质的赠与合同，不适用前款规定。也就是说，夫妻双方之间的房屋赠与，如果还没有办理所有权转移登记手续，赠与人是可以反悔并撤销赠与的。

赠与行为不仅仅局限于房屋的赠与，赠与有两种情况，一种是婚姻外的人对夫妻双方的赠与，另一种是夫妻间的赠与。外人对夫妻的赠与，如果明确说明是归夫或妻一方所有，那么这就属于个人财产；如果没有明确说明，则认为是赠与整个家庭的，属于共有财产。

除了救灾、扶贫等公益、道德义务性质的赠与，赠与行为是可以随时撤销的。赠与的财产需要办理所有权转移登记手续的，赠与物的所有权自登记手续办理完毕之后转移；如果赠与财产不需要办理所有权转移登记手续，则直接交付赠与物就转移了所有权。因此，对于房屋、汽车的赠与，以完成产权登记为限；对于其他诸如包、首饰、电子产品等的赠与，只要交付对方，赠与行为就完成了，不能再撤销。

8.3 婚姻结束时的财产分配与规划

8.3.1 婚姻关系的结束

8.3 即测即评

婚姻关系开始于结婚登记，结束于离婚或者一方死亡。男女双方自愿离婚的，必须到婚姻登记机关申请离婚。婚姻登记机关查明双方确实是自愿并对子女和财产问题已经有适当处理时，发给离婚证。离婚证证明这段婚姻关系的解除。《民法典》第一千零七十七条规定，自婚姻登记机关收到离婚登记申请之日起30日内，任何一方不愿意离婚的，可以向婚姻登记机关撤回离婚登记申请，前款规定期限届满后30日内，双方应当亲自到婚姻登记机关申请发给离婚证；未申请的，视为撤回离婚登记申请。

男女一方要求离婚的，可由有关部门进行调解或直接向人民法院提出离婚诉讼。有下列情形之一，调解无效的，人民法院应准予离婚：重婚或有配偶者与他人同居的；实施家庭暴力或虐待、遗弃家庭成员的；有赌博、吸毒等恶习屡教不改的；因感情不和分居满两年的；其他导致夫妻感情破裂的情形。一方被宣告失踪，另一方提出离婚诉讼的，应准予离婚。现役军人的配偶要求离婚，须得军人同意，但军人一方有重大过错的除外。女方在怀孕期间、分娩后一年内或终止妊娠后六个月内，男方不得提出离婚。女方提出离婚的，或人民法院认为确有必要受理男方离婚请求的，不在此限。

如果有下列情形导致离婚的，无过错方有权请求损害赔偿：重婚的；有配偶者与他人同居的；实施家庭暴力的；虐待、遗弃家庭成员的。

8.3.2 离婚的财产分配

知识拓展

离婚时，一方转移财产，能够对转移财产的一方不分或少分财产吗？

离婚时需要分配的是夫妻双方的共同财产，而个人财产不属于共同财产，不纳入分配的范围，一般有协议的按协议处理；如果没有协议，则按个人财产属于个人，共同财产一分为二，人民法院根据财产的具体情况，照顾子女和女方的权益的原则判决。即使夫妻双方约定AA制，但一方因抚育子女、照料老人、协助另一方工作等履行较多义务的，离婚时有权向另一方请求补偿，另一方应当予以补偿。

夫妻双方分割共同财产中的股票、债券、投资基金份额等有价证券以及未上市股份有限公司股份时，协商不成或者按市价分配有困难的，可以根据数量按比例分配。军人的伤亡保险金、伤残补助金、医药生活补助费属于个人财产。人民法院审理离婚案件，涉及分割发放到军人名下的复员费、自主择业费等一次性费用的，以夫妻婚姻关系存续年限乘以年平均值，所得数额为夫妻共同财产。年平均值是指将发放到军人名下的上述费用总额按具体年限均分得出的数额。具体年限为人均寿命70岁与军人入伍时实际年龄的差额。

双方对夫妻共同财产中的房屋价值及归属无法达成协议时，人民法院按以下情形分别处理：

（1）双方均主张房屋所有权并且同意竞价取得的，应当准许；

（2）一方主张房屋所有权的，由评估机构按市场价格对房屋作出评估，取得房屋所有权的一方应当给予另一方相应的补偿；

（3）双方均不主张房屋所有权的，根据当事人的申请拍卖、变卖房屋，就所得价款进行分割。

需要说明的是，共同财产为夫妻双方共同所有，一般在婚姻存续期间不予分割，在婚姻关系结束时才能分割，但是法律规定了两种例外情形：一方有隐藏、转移、变卖、毁损、挥霍夫妻共同财产或者伪造夫妻共同债务等严重损害夫妻共同财产利益行为的；一方负有法定扶养义务的人患重大疾病需要医治，另一方不同意支付相关医疗费用的。出现这两种例外情形时，可以在婚姻存续期间要求分割共同财产。

然而有些财产并不像现金那样容易一分为二，有时还会涉及其他人，比如夫妻双方的财产中有设立企业的，就要根据企业的形式，分情况进行处理。

1. 有限责任公司

夫妻共同财产中以一方名义在有限责任公司的出资额，另一方不是该公司股东的，按以下情形分别处理：

（1）夫妻双方协商一致将出资额部分或者全部转让给该股东的配偶，过半数股东同意、其他股东明确表示放弃优先购买权的，该股东的配偶可以成为该公司股东；

（2）夫妻双方就出资额转让份额和转让价格等事项协商一致后，过半数股东不同意转让，但愿意以同等价格购买该出资额的，人民法院可以对转让出资所得财产进行分割；

（3）过半数股东不同意转让，也不愿意以同等价格购买该出资额的，视为其同意转让，该股东的配偶可以成为该公司股东。

用于证明上述规定的过半数股东同意的证据，可以是股东会决议，也可以是当事人通过其他合法途径取得的股东的书面声明材料。

2. 合伙企业

夫妻共同财产中以一方名义在合伙企业中的出资，另一方不是该企业合伙人的，当夫妻双方协商一致，将其合伙企业中的财产份额全部或者部分转让给对方时，按以下情形分别处理：

（1）其他合伙人一致同意的，该配偶依法取得合伙人地位；

（2）其他合伙人不同意转让，在同等条件下行使优先受让权的，可以对转让所得的财产进行分割；

（3）其他合伙人不同意转让，也不行使优先受让权，但同意该合伙人退伙或者退还部分财产份额的，可以对退还的财产进行分割；

（4）其他合伙人既不同意转让，也不行使优先受让权，又不同意该合伙人退伙或者退还部分财产份额的，视为全体合伙人同意转让，该配偶依法取得合伙人地位。

3. 独资企业

夫妻以一方名义投资设立独资企业的，人民法院分割夫妻在该独资企业中的共同财产时，应当按照以下情形分别处理：

（1）一方主张经营该企业的，对企业资产进行评估后，由取得企业一方给予另一方相应的补偿；

（2）双方均主张经营该企业的，在双方竞价基础上，由取得企业的一方给予另一方相应的补偿；

（3）双方均不愿意经营该企业的，按照《中华人民共和国个人独资企业法》等有关规定办理。

离婚时尚未取得的养老保险金，属于婚姻的预期利益。从婚姻关系存续期间积累养老利益的财产来源看，一般源于工资收入的一部分，而工资收入显然属于夫妻共同财产。关于养老保险金的分割，我国《〈民法典〉婚姻家庭编解释（一）》第八十条规定，离婚时夫妻一方尚未退休、不符合领取基本养老金条件，另一方请求按照夫妻共同财产分割基本养老金的，人民法院不予支持；婚后以夫妻共同财产缴纳基本养老保险费，离婚时一方主张将养老金账户中婚姻关系存续期间个人实际缴纳部分及利息作为夫妻共同财产分割的，人民法院应予支持。

离婚时，一方隐藏、转移、变卖、毁损夫妻共同财产，或伪造债务企图侵占另一方财产的，分割夫妻共同财产时，对隐藏、转移、变卖、毁损夫妻共同财产或伪造债务的一方，可以少分或不分。离婚后，另一方发现有上述行为的，可以向人民法院提起诉讼，请求再次分割夫妻共同财产。但请求再次分割共同财产的诉讼时效为两年，从当事人发现之次日起计算。

男女双方协议离婚后一年内就财产分配问题反悔，请求变更或撤销财产分割协议的，人民法院应当受理，人民法院审理后，未发现订立财产分割协议存在欺诈、胁迫等情形的，应当依法驳回当事人的诉讼请求。

有下列情形之一，导致离婚的，无过错方有权请求损害赔偿：

（1）重婚；

（2）与他人同居；

（3）实施家庭暴力；

（4）虐待、遗弃家庭成员；

（5）有其他重大过错。

参考阅读

最“不情愿”的诺奖得主

罗伯特・卢卡斯（Robert E. Lucas, Jr.），美国著名经济学家、芝加哥经济学派代表人物之一、芝加哥大学教授、理性预期学派的创始人，其经济理论的基本前提是人们可以作出理性的、正确的预期。然而有趣的是，在现实生活中，理性预期大师卢卡斯并不是总能作出正确的预期，反而败在前妻的手下。

卢卡斯的婚姻生活并不美满，他与丽塔・科恩（Rita Cohen）因感情不和决定离婚，科恩是一个非常聪明的女人，她非常清楚卢卡斯在经济学领域的地位和所取得的巨大成就。1989 年在正式办理离婚手续时，科恩提出了一个有意思的离婚条件，如果卢卡斯在 1995 年 10 月 31 日前获得诺贝尔经济学奖，她就要分走其一半的奖金；如果在此后获奖，她一分钱都不要。

卢卡斯对自己获奖的可能性进行了全面的分析，他很清楚自己的成就，但是拥有相同成就的同行不在少数，此外，诺贝尔奖委员会更倾向于让年龄稍大的作出同样巨大贡献的人得奖。综合分析之后，他觉得自己在 1995 年 10 月 31 日前获得诺贝尔经济学奖的可能性不大，于是他同意妻子的要求，签署了离婚协议。就这样相安无事地过了五年多，“不幸”的事情发生了，1995 年 10 月 10 日，卢卡斯获得诺贝尔经济学奖，距离婚协议上的期限只差了 20 天。卢卡斯不得不按离婚协议将 100 万美元的奖金分给前妻一半。为此，卢卡斯后悔不迭，认为前妻才是理性预期的大师，自己甘拜下风。

8.3.3 离婚时的债务

前面已经讨论过婚姻债务的法律规定：共同债务共同偿还，个人债务个人偿还。实际生活中，对夫妻一方以自己名义所负的债务，债权人往往无从知道举债人是否将所举之债用于夫妻共同生活，就算债权人明知举债方将该债务用于夫妻共同生活，也难以证明。2003 年 12 月 4 日，最高人民法院审判委员会第 1299 次会议讨论通过了《最高人民法院关于适用〈中华人民共和国婚姻法〉若干问题的解释（二）》，该解释的第二十四条（以下简称第二十四条）明确了夫妻共同债务认定的裁量标准："债权人就婚姻关系存续期间夫妻一方以个人名义所负债务主张权利的，应当按夫妻共同债务处理。但夫妻一方能够证明债权人与债务人明确约定为个人债务，或者能够证明属于婚姻法第十九条第三款规定情形的除外。"这实际上就是确立了一个原则：在婚姻关系存续期间夫妻一方以个人名义所负债务的，不论是否为夫妻共同生活所负债务，均应认定为夫妻共同债务。也就是说，为一方生活所负的债务也是夫妻共同债务，除非该债务存在规定的两种例外情形，即夫妻一方能够证明债权人与债务人明确约定为个人债务；《婚姻法》第十九条第三款："夫妻对婚姻关系存续期间所得的财产约定归各自所有的，夫或妻一方对外所负的债务，第三人知道该约定的，以夫或妻一方所有的财产清偿。"

制定第二十四条的初衷是为了防止"假离婚、真逃债"的情况，然而实际操作中存在一个很大的漏洞，就是如果负债一方出现失踪、死亡等情况，不论是何种原因拖欠的个人债务，都需要另一方予以偿还，这样虽然保证了债权人的利益，却忽视了婚姻关系中另一方的利益，可能导致因结婚"被负债"的情况，也有可能出现夫妻一方与债权人恶意串通损害夫妻另一方权益的情况。因第二十四条规定，未举债配偶需要共同承担跟自己无关的虚假债务、非法债务。

2017 年 2 月，最高人民法院审判委员会第 1710 次会议通过了《最高人民法院关于适用〈中华人民共和国婚姻法〉若干问题的解释（二）的补充规定》，自 2017 年 3 月 1 日起施行。在 2003 年版本的第二十四条的基础上增加了两款，分别作为该条第二款和第三款：夫妻一方与第三人串通，虚构债务，第三人主张权利的，人民法院不予支持。夫妻一方在从事赌博、吸毒等违法犯罪活动中所负债务，第三人主张权利的，人民法院不予支持。

最高人民法院同时下发了《最高人民法院关于依法妥善审理涉及夫妻债务案件有关问题的通知》，明确提出，未经审判程序，不得要求未举债的夫妻一方承担民事责任。在审理以夫妻一方名义举债的案件中，按照民诉法司法解释的相关规定，原则上应当传唤夫妻双方本人和案件其他当事人本人到庭，庭审中应当要求有关当事人和证人签署保证书。未具名举债一方不能提供证据，但能够提供证据线索的，人民法院应当根据当事人的申请进行调查取证。对伪造、隐藏、毁灭证据的要依法予以惩处。

2018 年 1 月 8 日，最高人民法院审判委员会第 1731 次会议通过了《最高人民法院关于审理涉及夫妻债务纠纷案件适用法律有关问题的解释》，自 2018 年 1 月 18 日起施行。要求：(1) 夫妻双方共同签字或者夫妻一方事后追认等共同意思表示所负的债务，应当认定为夫妻共同债务。(2) 夫妻一方在婚姻关系存续期间以个人名义为家庭日常生活需要所负的债务，债权人以属于夫妻共同债务为由主张权利的，人民法院应予支持。(3) 夫妻一方在婚姻关系存续期间以个人名义超出家庭日常生活需要所负的债务，债权人以属于夫妻共同债务为由主张权利的，人民法院不予支持，但债权人能够证明该债务用于夫妻共同生活、共同生产经营或者基于夫妻双方共同意思表示的除外。

《民法典》进一步明确了认定夫妻共同债务的标准：

夫妻双方共同签名或者夫妻一方事后追认等共同意思表示所负的债务，以及夫妻一方在婚姻关系存续期间以个人名义为家庭日常生活需要所负的债务，属于夫妻共同债务。

夫妻一方在婚姻关系存续期间以个人名义超出家庭日常生活需要所负的债务，不属于夫妻共同债务；但是，债权人能够证明该债务用于夫妻共同生活、共同生产经营或者基于夫妻双方共同意思表示的除外。司法实践中以这种情况最为常见，尤其是“超出家庭日常生活需要”的标准应当如何认定，《民法典》中并没有进一步明确。

《〈民法典〉婚姻家庭编解释（一）》第三十四条明确两类债务不被认定为共同债务：

(1) 夫妻一方与第三人串通，虚构债务，第三人主张该债务为夫妻共同债务的，人民法院不予支持。

(2) 夫妻一方在从事赌博、吸毒等违法犯罪活动中所负债务，第三人主张该债务为夫妻共同债务的，人民法院不予支持。

关于婚前个人债务，债权人就一方婚前所负个人债务向债务人的配偶主张权利的，人民法院不予支持。但债权人能够证明所负债务用于婚后家庭共同生活的除外。

婚姻关系已经结束并不能说明共同债务消亡，仍存在共同债务的偿还问题：

(1) 当事人的离婚协议或者人民法院生效判决、裁定、调解书已经对夫妻财产分割问题作出处理的，债权人仍有权就夫妻共同债务向男女双方主张权利。一方就夫妻共同债务承担清偿责任后，主张由另一方按照离婚协议或者人民法院的法律文书承担相应债务的，人民法院应予支持。

(2) 夫或妻一方死亡的，生存一方仍然应当对婚姻关系存续期间的夫妻共同债务承担清偿责任。

8.3.4 父母与子女

婚姻解体，金钱财产关系比较好处理，而最难割舍的是父母子女之间的亲情。父母与子女之间的关系不因父母离婚而消除。离婚后，子女无论由父或母直接抚养，仍是父母双方的子女，血缘关系是断不了的。离婚后，父母对子女仍有抚养和教育的义务。

离婚后，一方抚养子女，另一方应负担必要的生活费和教育费的一部分或全部，负担费用的多少和期限的长短，由双方协议；协议不成时，由人民法院判决。抚养费的数额，可以根据子女的实际需要、父母双方的负担能力和当地的实际生活水平确定。有固定收入的，抚养费一般可以按其月总收入的20%～30%给付。负担两个以上子女抚养，比例可以适当提高，但一般不得超过月总收入的50%。无固定收入的，抚养费数额可以依据当年总收入或者同行业平均收入，参照上述比例确定。有特殊情况的，可以适当提高或者降低上述比例。抚养费应当定期给付，有条件的可以一次性给付。抚养费的给付期限，一般至子女18周岁为止。16周岁以上不满18周岁，以其劳动收入为主要生活来源，并能维持当地一般生活水平的，父母可以停止给付抚养费。具有下列情形之一，子女要求有负担能力的父或母增加抚养费的，人民法院应予支持：原定抚养费数额不足以维持当地实际生活水平；因子女患病、上学，实际需要已超过原定数额；有其他正当理由应当增加。父母不得因子女变更姓氏而拒付子女抚养费。

除了离婚，婚姻关系结束的另一种形式是夫妻一方先于另一方死亡。这里涉及遗产继承问题，我国法律规定遗产的第一顺序继承人是父母、配偶、子女，其中的“配偶”指的是结婚证上登记的妻子/丈夫，我国法律规定的“子女”，包括婚生子女、非婚生子女、养子女和有抚养关系的继子女。婚姻存续期间，夫妻双方一致同意进行人工授精，所生子女应视为婚生子女。“非婚生子女”指不具有合法婚姻关系的男女所生育的子女，包括未婚男女所生的子女、已婚男女与第三人所生的子女、无效婚姻和被撤销婚姻当事人所生的子女。我国婚生子女与非婚生子女法律地位完全相同。不直接抚养非婚生子女的生父或生母，应当负担子女的生活费和教育费，直至子女能独立生活。

问题与讨论

1. 婚姻家庭中有哪些财产所有制形式？请分别说明。

2. 婚姻家庭中的共同财产有哪些？

3. 婚姻家庭中的个人财产有哪些？

4. 在法律上对婚姻关系和同居关系下财产的处理有什么不同？

5. 婚姻家庭中的债务如何处理？如何区分共同债务和个人债务？

6. 父母在子女婚前或婚后为子女买房，房产归属有区别吗？

7. 个人婚前买房，婚后两人一起还贷，该房屋是个人婚前财产还是共同财产？界定房屋财产的归属时应注意哪些问题？

8. 夫妻双方用共同财产出资购买以一方父母名义参加房改的房屋，该房屋属于夫妻共同财产吗？请说明原因。

9. 夫妻离婚时，对其在有限责任公司、合伙企业、独资企业的份额应如何分割？

10. 男女双方协议离婚后一年内可以对财产分配问题反悔吗？可以请求法院重新变

更或撤销财产分割协议吗？

阅读与思考

彩礼的门道

请问以下五种情形哪些财产属于财礼？

(1) 恋爱期间，男方给女方买了钻戒、金条。

(2) 恋爱期间，男方多次微信转账5 200元、13 140元等吉利数字的款项给女方。

(3) 结婚前，男方转账20万元给女方购买房屋。

(4) 结婚前，男方转账88 888元给女方。

(5) 摆喜酒期间，男女双方收到了亲戚朋友的礼金共计10万元。

恐怕读者们很难直接下定论吧？实务中的彩礼，往往也是如此复杂，难以区分。法院每年都会审理大量的婚约财产纠纷。彩礼绝对称得上是重大的婚姻安全问题。搞懂彩礼的门道，可以减少婚姻里不必要的纷争。

那么，什么才是彩礼呢？

我国地域广阔，全国各地的婚姻习俗差异很大。订婚时一般是男方给女方及其父母一定数额的货币或实物财产。给付这些财物时，有时是包括各项在内的土豪式“大包干”；有时则是有明确分项的，如彩礼多少钱、衣服款多少钱、金银首饰款多少钱、行李款多少钱、父母奶水钱、认门钱等。

那么这些形形色色、名目众多的财物，即“彩礼”，是否都是法律上认定的彩礼呢？

法院在审理案件时，主要参考以下四个核心要素：

(1) 地方风俗。地方风俗是认定彩礼的关键性因素。地方越小，彩礼风俗越明显；地方越大，彩礼风俗越不明显，尤其在北上广深等一线城市，婚前给付的财物是不是彩礼，往往极具争议。

(2) 是否以结婚为目的。在认定彩礼时，要看赠与财产的前后，双方是否已经表达过结婚的意愿、是否已经谈婚论嫁。比起彩礼，更大的概念是“以结婚为条件的赠与”或“以结婚为目的的赠与”。

在恋爱期间，男方为了追求女方，在节日期间发5 200元、13 140等特殊数字的红包，一般视为联络感情的普通赠与，在分手或结婚不成时，无权要求女方返还。

(3) 财产的价值。一般而言，财产价值越大，越容易认定是以结婚为条件的赠与。财产价值的大小判断，不看绝对值，而看相对值。富豪送女方一辆法拉利，跟普通人买豪车送给女方，完全不是一回事。前者很可能被视为追求女性的礼物，后者即使没有证据反映出结婚意愿，也有可能被视为以结婚为条件。

(4) 赠与的时间。赠与的时间越靠近悔婚时间或提出结婚时间，越容易被认定为彩礼或以结婚为条件的赠与。如果在悔婚前两年送出钻戒、金条，没有其他证据，则很难被视为彩礼。如果在悔婚前两个月送出钻戒、金条，则容易被推定为彩礼。如果离悔婚时间较近，转账 88 888 元这样的吉利数字，也较容易被推定为彩礼。

关于彩礼返还的问题，《婚姻法司法解释（二）》里只列举了三种男方可以请求女方返还彩礼的情形：

（1）双方未办理结婚登记手续的；

（2）双方办理结婚登记手续但确未共同生活的；

（3）婚前给付并导致给付人生活困难的。

值得注意的是：

第一，男女双方没有领结婚证、曾共同生活，可以要求返还彩礼，但可能会打折。因为双方共同生活过一段时间，在此期间彩礼既有可能用于结婚摆喜酒，也有可能用生育孩子或堕胎，会产生实际支出。如果有证据表明彩礼已用于上述共同生活中，则应予扣除。根据 2011 年最高人民法院的《全国民事审判工作会议纪要》的说法，法院可以根据双方共同生活的时间、彩礼数额并结合当地农村的风俗习惯等因素，确定是否返还及返还数额。

第二，男女双方已结婚，但共同生活时间较短，也有可能酌情返还彩礼。例如，女方收到了 48 000 元彩礼，双方结婚后均到外地打工，长期分居，共同生活时间较短，又无生育子女，法院判决女方酌情返还 24 000 元彩礼。

第三，怎么界定“生活困难”?

所谓的“生活困难”不是指男方给付彩礼前后生活水平相差悬殊的情况，而是指男方给付彩礼后靠自己的能力已经无法维持当地的基本生活水平。或者可以理解为：男方给女方彩礼后自己变成了“乞丐”。

《〈民法典〉婚姻家庭编的解释（一）》第五条规定了彩礼返还条件，但没有进一步给出“生活困难”的标准，也没有明确在“双方虽未领证但共同生活”“双方虽领证但共同生活时间较短”的情况下如何处理。

资料来源：吴杰臻．好的婚姻，要守护财产和爱：升级增订版．北京：北京联合出版公司，2021.

【思考题】

1. 我国夫妻约定婚姻关系存续期所得的财产以及婚前财产的归属有哪几种形式?

2. 家庭财产中哪些属于夫妻共同财产？哪些属于个人财产？彩礼属于共同财产还是个人财产?

3. 彩礼能否退还？退还的条件是什么?

4. 女方自己有存款 100 万元，其中有 30 万元是男方家给的彩礼，那这 30 万元究竟是女方的个人财产还是共同财产?

赵欢欢与钱多多的离婚困惑

赵欢欢，某知名出版社编辑，比较内向，因与妻子感情不和，于 2020 年年底离婚。他拥有一套价值 90 万元的小两居的房子，现金 30 万元，还有冰箱、彩电等家用电器若干。赵欢欢的父亲 2021 年 3 月因病去世，留有遗产：128 平方米的商品房一套，存款 50 万元。2023 年 1 月，赵欢欢在公司的联谊会上遇到了钱多多，两人一见钟情，迅速坠入爱河，在次月的情人节闪婚。婚后，赵欢欢旅居美国的小姨寄来 1 万美元作为赵欢欢的结婚贺礼。2023 年 3 月，经过对父亲的遗产分割，赵欢欢获得了 128 平方米的住房的产权。2023 年 6 月，钱多多母亲得到单位房改房的购买名额，赵欢欢与钱多多决定以共同财产 10 万元出资购买钱多多母亲单位的房改房，该房屋产权登记在钱多多母亲名下。

赵欢欢工作之余喜欢在网络上发表文章，他花几年时间创作的一部小说在网络上发表后反响不错。2022 年 2 月，他与一家出版社签订了该小说的出版合同，根据该合同，出版社要支付给赵欢欢稿费 10 万元，但是直到 2023 年 7 月出版社才将这笔钱汇到赵欢欢的账户上。

2024 年 2 月，在两个人的结婚纪念日，赵欢欢将一枚价值 2 万元的钻戒和自己开的宝马 Q5 送给妻子，但是由于工作繁忙，宝马 Q5 一直没有办理过户手续。新婚后的激情逐渐消退，两个人在生活中出现太多不协调因素，而且不愿意忍让或宽容对方。2024 年 7 月，赵欢欢与钱多多感情破裂，决定协议离婚。两人面临财产究竟该如何分割的困惑。

【思考题】

赵欢欢和钱多多在拟订离婚协议时为了避免利益受损，聘请了一位理财规划师对夫妻二人的财产进行分析，并协助拟订离婚协议。你认为赵欢欢和钱多多的财产应如何进行分割?

第9章

教育规划

素养提升

◆ 通过教育规划必要性的学习，培养学生科学的价值观和人生观，强化社会主义核心价值观的教育引领作用

◆ 培养学生求真务实、积极探索、勇于创新的精神，能够根据个体的环境和特点选择合适的教育规划工具

◆ 强调全局观念和长远观念，帮助学生更好地理解事物的发展规律和趋势，培养学生的综合思维能力和战略眼光，以及设计合理的教育规划方案的能力

学习要点

- 理解教育规划的必要性
- 了解教育规划的特点
- 了解教育规划的原则
- 熟悉并掌握教育规划的方法
- 熟悉并掌握教育理财规划的工具
- 熟练运用教育规划的知识为不同家庭进行教育规划设计

思维导图

引导案例　人力资本是一项资产

人力资本是家庭经济决策的推动力之一，这一概念是由芝加哥大学的加里·贝克尔（Gary Becker）教授提出的，他获得了1992年的诺贝尔经济学奖。1994年，贝克尔教授出版了《人力资本》一书，讨论了教育在促进经济发展中的重要性。他用美国人口普查数据证明了教育投资的回报是巨大的。他的分析表明，投入时间和金钱提升个人的受教育程度是值得的，这也是决定国家经济发展水平的关键因素。

贝克尔教授首次将人力资本看作一项资产。当时，很多人视高等教育为奢侈品，只有富人才负担得起。贝克尔教授认为，花钱接受教育是一种与消费和回报相对应的投资。

例如，如果你想成为一名脑科医生，那么你需要投入15年左右的时间，同时放弃那段时间的工资，来储备进入医疗行业所需的人力资本。作为一名刚入行的医生，你几乎没有金融资产，而且很可能为了完成学业欠下一大笔债务，但是你的人力资本价值将会达到数百万美元。再例如，如果你选择参加只有六个月的汽车维修培训课程，那么你在人力资本方面的投资相对而言是较少的。尽管这项投资能很快为你带来现金流，但是它不会产生大量、稳定、持续的收入。“便宜”的人力资本意味着你在发展人力资本这项资产上没有投入太多的时间和精力，回报率相应地也就比较低了。

即使你只有非常少的金融资产，你也比你认为的富有，因为你很可能拥有一项价值百万美元的资产，那就是人力资本。人力资本这棵小树苗最终会长成参天大树。随着年龄的增长，人力资本会转变为金融资产。你的总资产，也就是两种资产之和，会随着时间的流逝而增加。

资料来源：摩西·米列夫斯基．投资与养老：最有价值的理财规划实践指南．北京：人民邮电出版社，2015.

9.1 概　　述

9.1.1 教育规划的必要性

9.1 即测即评

从理财的角度来说，个人教育规划是指对教育费用的安排和筹划。教育规划的必要性在于教育本身是一种投资，可以提高人力资本的价值。第1章详细讲述了家庭资产负债表的编制，家庭资产负债表中的资产以实际资产为主。其实对于个人而言，还有一项资本容易被忽视，那就是人力资本。新资产负债表见表9-1。

表9-1　新资产负债表

资产	负债
现金及现金等价物	长期负债
金融资产	短期负债
实物资产	**权益**
＋人力资本	净资产

个人资产负债表上最珍贵的资产不是存款账户，不是投资组合，也不是房子、黄金珠宝，而是个人在职业生涯中将会赚到的全部薪水和收入的贴现价值——人力资本。你的财务状况取决于你将有限的人力资本转化为资产的能力，人力资本的贴现价值的高低很大程度上取决于你在教育上投资了多少。

在绝大多数工业化国家，一个人的文化水平往往影响或在某种程度上决定其收入的高低，文化水平较高的人往往收入较高，文化水平较低的人往往收入较低。正因为如此，人们才愿意支付高昂的学费以获得较高的学历，并期望在获取较高的学历之后能找到收入较高的工作，获得较高的教育收益率。

教育收益率是对一个人或一个社会因增加受教育程度而得到的未来净经济报酬的一种测量。教育收益率指标（L），是教育的收益净现值除以教育投资的成本现值再乘以100%所得的数值。L越大，高等职业教育的经济收益就越高。根据获得教育收益的对象的不同，教育收益率又分为个人教育收益率和社会教育收益率。个人教育收益率是指个人因接受高等职业教育而增加的个人收入扣除所得税后（指增加的个人纯收入）除以贴现后的教育成本再乘以100%所得的值。社会教育收益率是指社会教育总收益净现值除以贴现后的社会教育总成本再乘以100%所得的值。

尽管不同国家的教育收益率各不相同，但毫无争议的是，提高文化水平对于增加个人收入作用明显，这是市场经济和工业化社会的普遍规律，布鲁金斯学会（Brookings Institution）选取了1950—2010年的数据，计算出不同投资标的的真实年收益率。结果表明，金融资产和非金融资产的年收益率仅为0.4%～6.8%，而人力资本的年收益率超过了15%，是资产负债表上最具投资价值的资产。该项研究还表明，获得本科学历的人一生的收入比只有高中学历的人平均高出570 000美元。这表明尽早构筑人力资本非常重要，这样就能在更长的时间内获得更高的年收益率（见表9-2）。

表9-2 不同投资标的的年收益率

投资标的	真实年收益率（%）
本科学历	15.2
股票市场	6.8
AAA公司债券	2.9
黄金	2.3
长期国库券	2.2
房产	0.4

资料来源：摩西·米列夫斯基．投资与养老：最有价值的理财规划实践指南．北京：人民邮电出版社，2015.

2000年诺贝尔经济学奖得主詹姆斯·赫克曼（James Heckman）认为，在中国，如果考虑对社会产出的贡献而不仅仅是个人收入，那么教育投资潜在的收益率高达30%～40%，高于物质资本投资的收益率（20%），也高于美国等发达国家的教育投资收益率（15%～20%）。

1992年诺贝尔经济学奖得主加里·贝克尔通过对家庭经济状况的研究认为，孩子是家庭最重要的产品，他们既是一种“耐用消费品”，又是一种“耐用生产品”。父母都希望自己的孩子是最有价值的“耐用生产品”，而不仅仅是“耐用消费品”。用于子女教育规划的支出并非一种简单的消费性支出，而是一种生产性投资，即教育投资，它将增加子女的知识和技能，并让子女获得更多教育投资收益，比如较高的职业适应性、较多的就业机会、较高的收入等。

教育规划的必要性，一方面在于受教育者的受惠和回报程度，即个体教育收益率或教育投资收益率的吸引；另一方面在于由于教育费用的高涨，需要对未来的教育投入作出安排。父母受“不能让孩子输在起跑线上”这句话的影响，不吝金钱培养孩子。2018年，法国公布了一项在世界15个发达国家或地区所做的调查的报告。这份报告显示，15个国家或地区中，从小学到大学本科，家长平均在子女教育上的总投资为4.4万美元。《2020家庭教育投入分析报告》显示，教育投入占家庭年收入的比重集中在30%～40%以及50%以上，随着国民经济水平不断提升，家长愿意在孩子教育上投资更多。《中国生育成本报告2024版》显示，全国各地区平均养育0～17岁孩子成本为53.8万元；0岁至大学本科毕业的养育成本平均约为68万元。

对于绝大多数家庭来说，孩子的教育费用是一笔刚性支出，子女教育每年支出的金额虽然不是最多，但持续时间长，将近20年，总金额较高。随着教育经费的逐年上涨，家庭的负担也逐年加重，如何储备、筹集教育资金成为很多家庭迫在眉睫的大事，所以应未雨绸缪，提前对教育金进行全面整体的规划。

9.1.2 教育规划的对象

教育规划是指针对实现预期教育目标所需要的费用进行的一系列资金管理活动。根据教育对象的不同，教育规划可分为对个人教育的规划和对子女教育的规划两种。

个人教育是个人自我完善和终身学习的重要形式，是提高个人素质、提高个人生活质量的重要途径。个人的教育规划通常发生在成年以后或大学毕业后，在这个阶段，随着对人生目标的认知不断加深，个人会追求更高层次的学历教育或更专业的技术教育。这部分的个人教育不会持续很长时间，具有阶段性。另外，由于已成年，教育金主要来源于自己的工作收入或贷款。

子女教育又可分为基础教育和大学教育，如今，无论是基础教育还是大学教育，费用普遍较高，因此进行教育规划很有必要。近年来，随着人们对教育重视程度的提高和教育成本的上涨，教育金已经成为很多家庭的主要支出之一。个人教育规划在时间、金额等方面具有较大不确定性，子女教育规划通常是个人家庭理财规划的核心。本章主要讨论的就是子女教育规划。

教育金是用来支持孩子从幼儿园到大学教育所需要的全部资金，具有费用高、持续时间长、阶段性支出很高且支出周期短的特点，因此，应尽量提前规划。父母在规划时需要考虑到子女的兴趣爱好转换很快、以后的发展未定型等情况，使准备的教育金可以支持子女未来不同的选择。

子女教育规划和其他理财规划不同，有自身的特点，可以从以下三个方面来认识。

1. 时间弹性

从时间弹性来看，一般子女到 18 岁就要步入大学，届时父母应该准备好至少一年的高等教育金。对于购房规划、退休养老规划，如果财务状况不允许，则可以推迟，如推迟购房时间、延后退休等，而教育规划则没有这样的时间弹性。

2. 费用弹性

做退休规划时，若财力不足，则可以降低退休后生活水平；做购房规划时，若财力不足，则可以选择偏远一点的房子或者租房。但是子女学费相对固定，虽然学校有奖学金和助学贷款，但名额有限，并不是每个学生都可以争取到，因此，教育规划缺乏费用弹性，家长需要准备充足的资金。

3. 规划弹性

从子女出生到其独立，总共要花费多少教育金，是无法估算清楚的，花费多少资金与子女的资质和学习能力有关。

9.1.3　教育规划的原则

知识拓展

子女教育规划常见的误区

教育费用与届时收入之间的比例叫作子女教育金负担比。因为学费的增长率可能高于收入增长率，所以届时的子女教育金负担比可能比现在的负担比还要大。如果不提前做准备，则大额的教育支出足以拖垮一个双薪家庭。若还有让子女出国留学的计划，则花费更多。在规划子女教育金时一般应遵循以下原则。

1. 教育目标灵活化

父母的期望与子女的实际情况可能会有差距，子女在人生的不同阶段，其兴趣爱好也会发生变化。因此，应该充分考虑孩子自身的特点，并结合家庭经济情况、风险承受能力设定理财目标。家庭在教育目标的选择上应创造较大的空间，给子女更多的选择余地，而不应刻意塑造子女的兴趣爱好。当子女表现出明显的兴趣爱好时，家长可以多引导、培养孩子在这方面的发展。子女教育金不像其他资产有时间弹性和费用弹性，加之每个孩子的资质不同，其兴趣爱好可能发生转变，因此，在制订子女教育规划方案时应采用相对灵活的教育金积累方式，以适应子女在未来的不同选择。

2. 规划时间提早化

子女教育金并非仅包括学费，还包括子女的饮食、交通、服装、娱乐和医疗费用等，若考虑通货膨胀因素，则子女教育费用对一个家庭来说是仅次于购房的一项重要支出，所以应该认识到子女教育规划的重要性，尽早规划子女的教育金。在教育经费筹措方面，应留有充分余地，避免因经费短缺妨碍子女教育目标的实现。

3. 投资渠道多样化

不同的子女需要不同的教育和培养方法，不同的教育和培养方法所花费用相差很多。应充分利用各种教育经费筹措渠道，比如，奖助学金、国家和商业银行的教育贷款、教育保险、基金等。

4. 投资过程稳健化

由于缺乏时间弹性和费用弹性，教育规划要保证在确定时间有确定的资金来源，投资失败、额外支出、挪作他用、意外或疾病等都可能让储备教育金的目标无法达成。所以保证教育金安全性，同时坚持稳健性原则，就显得尤为重要。

9.2 教育规划的方法

9.2 即测即评

教育规划方案的确定建立在评估家庭财务状况、收入能力、承受风险能力以及明确子女教育目标的基础上。具体教育规划的流程见图 9－1。

第一步，分析家庭成员收入结构、财务状况以及未来可能发生的变化。

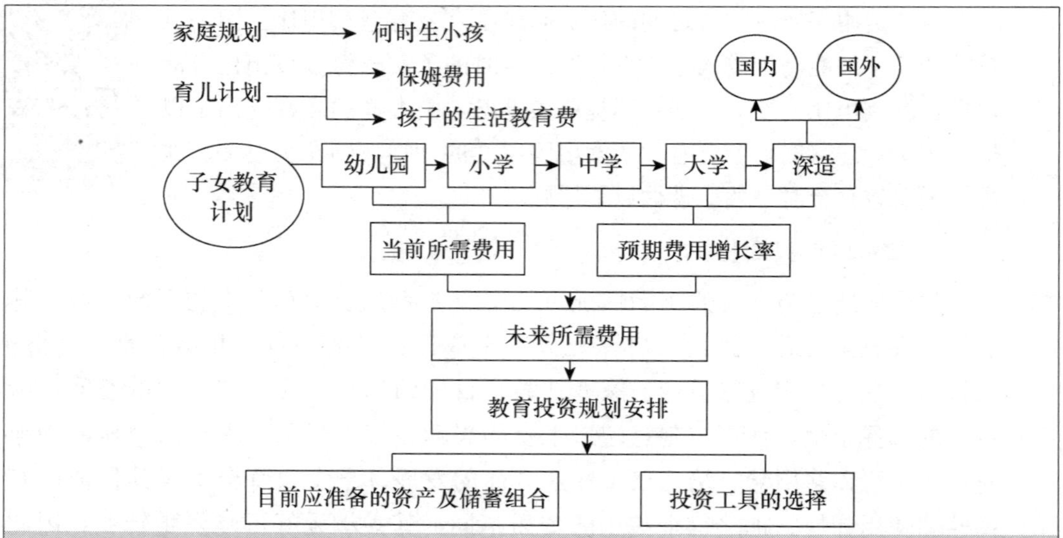

图 9－1 教育规划流程

首先应对整个家庭的成员有所了解，包括其收入水平和财务状况。可以根据家庭的收入状况，自己编制或让理财规划师代为编制家庭资产负债表、现金流量表，并且判断自己的风险承受能力和风险偏好。一方面充分了解现阶段的家庭状况；另一方面预测家庭未来可能的变化，比如何时生孩子、生几个孩子，以此作出教育计划。

第二步，确定子女的教育目标。

可以通过预估子女将来会上什么类型的大学，并结合子女现在的年龄来综合考虑。我国不同类型的大学收费不同，不同国家大学的收费更是存在巨大差异，即使是同一所大学，不同专业的收费也存在较大的差异。除了考虑学费，还必须考虑学校所处的地理位置、消费水平以及子女的兴趣爱好与学习能力等。首先对子女的教育目标进行分析，然后利用理财工具试算，得出子女未来的教育费用预估金额，针对目标金额挑选适合的理财工具。

第三步，估算教育费用。

应当根据家庭情况确定子女接受教育的时间和大学类型。如果家庭经济实力比较强，还应当考虑将来送子女出国接受教育所需的费用。教育费用是全阶段的，时间跨度大，应包括从幼儿园至大学的所有费用，应静态和动态综合考虑，除了根据现实状况确定所需费用，还应当根据预期费用增长率和通货膨胀率确定未来所需的教育费用。

第四步，根据风险承受能力及投资期限选择适当的教育规划工具并制订合理的投资规划方案。

前面已计算出整体的教育费用，还应将现有资产与达成教育目标所需要的资金进行比较，计算出教育金的缺口，然后根据风险承受能力及投资期限选择合适的教育规划工具。随着年龄的增长，人们的风险承受能力呈现降低的趋势，在投资时，应根据年龄调低激进型理财工具的投资比例，调高稳健型理财工具的投资比例。比如年龄在30岁左右，孩子上小学，财务规划首先应考虑买房或准备子女教育金，如果负担较轻，则可选择“成长组合”（即风险较大的投资资产占比较大）；如果负担较重，风险承受能力就要低一些，建议首先留出安全保障金，再做长期投资，应大比例投资于固定收益类投资产品，千万不可孤注一掷投资高风险产品。其次应考虑投资期限，设定投资期间，也就是积累资金的时间，这取决于两个因素，一是开始进行教育投资的时间，二是未来支出教育费用的时间，这两个时点之间即投资时间。根据计算出来所需的资金缺口，以及可以利用的投资期间，计算出应达到的期望报酬率。如果不能达到期望报酬率，届时就不能积累足够的教育资金，教育目标就难以实现。

第五步，定期和及时调整规划方案。

教育规划实施的时间较长，通常为10年以上，在社会发展日新月异的今天，动态的跟踪和阶段性的优化十分必要。收入状况、利率、汇率、家庭结构以及宏观经济等因素的变化都将导致理财计划目标的改变，进而要求调整整个理财计划。总之，教育规划的制定和实施不可能一蹴而就、一劳永逸，应与时俱进，进行动态调整。

9.3　教育理财规划工具的选择

教育规划，实质上就是筹备教育金，这是一个积累投资的过程。子女从出生到接受高等教育，教育投入的时间跨度大、数额高，父母需要在名目繁多的可选项目中，结合自身情况，挑选最适合自己的方案。教育金的来源有两个：首先是被动性教育金来源，包括助学贷款、奖学金和助学金或勤工俭学等，这部分资金往往是在教育金不足

9.3　即测即评

的情况下，由受教育者本人付出努力而获得的；其次是主动性教育金来源，即父母通过投资或储蓄获得教育金的积累，比如储蓄、股票、基金、债券等。

9.3.1 被动性教育金来源

奖学金与学习成绩挂钩，助学金是面向贫困学生的，这两种教育金往往有名额限制。勤工俭学是学生一边求学一边工作，往往会受工作机会以及学生个人工作能力的影响。助学贷款则是常见的一种教育金补充。之所以称这几种获得教育金的方式为被动性教育金来源，是因为在父母给子女制定的教育理财规划中，这些资金来源具有不确定性，其获得有一定的限制，因此在制定教育规划时，大多数家庭不应将其作为教育金的主要来源，而是作为当期教育金不充分情况下的一种补充。

助学贷款一般有四种形式：国家助学贷款；生源地信用助学贷款；高校利用国家财政资金对学生办理的无息借款；一般性商业助学贷款。其中，国家助学贷款资助力度和规模最大，是助学贷款的主力。2014 年 7 月 18 日，财政部、教育部、中国人民银行、银监会联合发布《关于调整完善国家助学贷款相关政策措施的通知》（财教〔2014〕180 号），决定调整国家助学贷款（包括校园地国家助学贷款和生源地信用助学贷款，下同）资助标准，进一步细化资助比例。全日制普通本专科学生每人每年申请贷款额度不超过 8 000 元；年度学费和住宿费标准总和低于 8 000 元的，贷款额度可按照学费和住宿费标准总和确定。全日制研究生每人每年申请贷款额度不超过 12 000 元；年度学费和住宿费标准总和低于 12 000 元的，贷款额度可按照学费和住宿费标准总和确定。

全日制普通本专科学生国家助学贷款全国平均资助比例应与当年国家助学金资助比例相当，各地区、各高校资助比例应与本地区、本高校当年国家助学金资助比例相当。全日制研究生国家助学贷款资助比例根据国家奖学金、学业奖学金等奖助政策覆盖范围和家庭经济困难学生情况确定。全日制普通本专科学生在同一学年内不得重复申请获得校园地国家助学贷款和生源地信用助学贷款，只能选择申请办理其中一种贷款。全日制研究生原则上只能申请办理校园地国家助学贷款。

2015 年 7 月 13 日，教育部等部门联合发布了《关于完善国家助学贷款政策的若干意见》。该规定为切实减轻借款学生的经济负担，将贷款最长期限从 14 年延长至 20 年，原校园地国家助学贷款期限为学制加 6 年、最长不超过 10 年，生源地信用助学贷款期限为学制加 10 年、最长不超过 14 年，现统一调整为学制加 13 年、最长不超过 20 年。

2020 年 7 月，教育部、财政部、中国人民银行、银保监会联合印发《关于调整完善国家助学贷款有关政策的通知》，从三个方面对助学贷款有关政策作出调整：

（1）助学贷款还本宽限期从 3 年延长至 5 年。

（2）助学贷款期限从学制加 13 年、最长不超过 20 年调整为学制加 15 年、最长不超过 22 年。

（3）2020 年 1 月 1 日起，新签订合同的助学贷款利率按照同期同档次贷款市场报价利率（LPR）减 30 个基点执行。

2023 年 9 月，教育部、财政部、中国人民银行、国家金融监督管理总局四部门印发《关于调整完善助学贷款有关政策的通知》，将国家助学贷款每生每年最高贷款额度提高 4 000 元，利率调减 30 个基点。

此次助学贷款政策调整完善主要涉及三个方面：一是全日制普通本专科生每人每年申请贷款额度由不超过 1.2 万元提高至不超过 1.6 万元，全日制研究生由不超过 1.6 万元提高至不超过 2 万元。同时，相应提高服兵役高等学校学生学费补偿、用于学费的国家助学贷款代偿和学费减免标准以及基层就业学费补偿、用于学费的国家助学贷款代偿标准。二是将国家助学贷款利率由同期同档次贷款市场报价利率减 30 个基点，调整为减 60 个基点。三是开展研究生商业性助学贷款工作，鼓励银行业金融机构有针对性地开发完善手续便捷、风险可控的研究生信用助学贷款产品，并在贷款额度、利率、期限、还款方式等方面给予一定优惠。

2024 年 10 月，财政部等四部门发布《关于调整完善国家助学贷款有关政策的通知》，提高国家助学贷款额度和调整助学贷款利率。自 2024 年秋季学期起，全日制普通本专科学生每人每年申请贷款额度由不超过 16 000 元提高至不超过 20 000 元；全日制研究生每人每年申请贷款额度由不超过 20 000 元提高至不超过 25 000 元。国家助学贷款利率由同期同档次 LPR 减 60 个基点，调整为同期同档次 LPR 减 70 个基点。对此前已签订的参考 LPR 的浮动利率国家助学贷款合同，承办银行可与贷款学生协商，将原合同利率调整为同期同档次 LPR 减 70 个基点。

借款学生在读期间的贷款利息由财政全额补贴。借款学生毕业后，在还款期内继续攻读学位的，可申请继续贴息，但应及时向经办机构提供书面证明，经审核后，报经办银行确认，继续攻读学位期间发生的贷款利息，由原贴息财政部门继续全额贴息。学生在读期间贷款利息由财政全额补贴。

借款学生毕业后，由于毕业收入不高，不必马上归还贷款，可以与银行商定还款计划，同时选择还本宽限期，还本宽限期最长为 5 年。还本宽限期内借款学生只需偿还利息，无须偿还贷款本金。由于对政策的理解不到位，很多学生误认为宽限期就是不用还款也不需要支付利息，因而出现了逾期还款的现象。

国家助学贷款的借款学生如未按照与银行签订的还款协议中约定的期限、数额偿还贷款，银行将对其违约还款金额计收罚息。经办银行会将违约情况录入中国人民银行的个人信用信息基础数据库，供全国各地金融机构依法查询。因此，欠贷不还将影响个人的征信记录，并直接影响住房贷款、汽车贷款等金融服务。按还款协议进入还款期后，对于连续拖欠还款行为严重的借款人，有关行政管理部门和银行可能会通过新闻媒体和网络等信息渠道公布其姓名、公民身份号码、毕业学校及具体违约行为等信息。情况严重的违约人还将承担相应法律责任。

9.3.2 主动性教育金来源

1. 储蓄存款

知识拓展

购买教育保险的多重考虑因素

储蓄存款是教育金的最原始积累，风险低，收益相应也低，依靠储蓄存款来积累教育金将享受不到投资增值的复利效应。储蓄存款中有一个特殊的类别——教育储蓄，指按国家有关规定在指定银行开户、存入规定数额资金、用于教育目的的专项储蓄。教育储蓄存期分为一年、三年、六年。教育储蓄50元起存，每户本金最高限额为2万元。一年期、三年期教育储蓄按开户日同期同档次整存整取定期储蓄存款利率计息；六年期按开户日五年期整存整取定期储蓄存款利率计息。教育储蓄免利息税，因现阶段其他的储蓄方式也免利息税，所以教育储蓄的优势并不明显。由于储蓄金额有限、收益没有吸引力、手续复杂，教育储蓄逐渐淡出人们的视野。

2. 教育保险

教育保险相当于将短时间急需的大笔资金分散逐年储蓄，投资年限通常最长为18年，所以越早投保，家庭的缴费压力越小，领取的教育金越多。目前，市面上的少儿教育保险主要有三种：一是纯粹的教育保险，可以提供高中和大学期间的教育金，有的还可提供初中教育金；二是专门针对某个阶段教育金的保险，通常是针对初中、高中或者大学的某个阶段，主要以附加险的形式出现；三是不仅能提供一定的教育金，还可以提供以后创业、婚嫁、养老等生存金的保险。因此，家长在选择教育保险时要从实际的教育费用需求出发。通过购买教育保险，按期缴纳相应的保费，就可以在孩子成长的不同阶段领取教育金，解决孩子未来上学的学费问题。

但是购买教育保险有两点需要注意：第一，给孩子买保险时，首先应考虑孩子的基本保障，即意外、住院医疗、重大疾病保障，然后才是给孩子储蓄教育金。建议做好大人的保障后，再去考虑孩子的教育金问题。第二，保费可豁免的问题。以购买保险的形式来为子女筹措教育费用，每月按时缴费，可以达到强制储备的目的。如果购买了保费可豁免的保险产品，一旦父母发生意外，则孩子不仅免交保费，而且保险合同继续有效，让父母对孩子的爱得以延续，一直守护孩子成长。

3. 证券投资

证券投资工具有很多，常见的有股票、债券和基金。其中国债的安全性最高，二级市场相对发达，流通和转让方便，收益高于储蓄。国债因其收益的安全性和稳定性成为教育规划可供选择的主要投资工具。股票和公司债券收益高，风险也较大。由于子女教育时间弹性很小，基于稳健性原则，对股票和债券不熟悉的家庭应尽量避免使用此种方式。如果教育规划时间长（一般在7年以上），客户承受风险能力强，且对这两种投资工具有很好的驾驭能力，则可以适当选用。但是，在整个投资组合中，这种类型的投资所占比重不应过大。可以让专业机构为自己制定投资规划，选择证券投资基金或银行理财产品。

作为长期规划，基金可以采用定投的方式，以降低风险，这样无论市场价格如何变化总能获得比较低的平均成本，但对基金的选择要慎重，最好能获得一个相对平均的收益。此外，教育金规划应该配置不同类型的基金产品，以分散风险。比如，选择股票型基金、债券型基金和货币型基金进行搭配组合，并按照个人的风险承受能力确定不同的资金比例。随着子女入学时间的临近，应该及时调整资金的配比，逐渐将资金从高风险的股票型基金转入低风险的货币型基金，以确保收益。还有一种基金是生命周期基金，它一般有一个目标期限，随着设定目标时间的临近，基金会不断调整其投资组合，以降低风险，在投资者的风险承受范围内实现资本的最大增值。比如，汇丰晋信 2026 生命周期证券投资基金，随着投资人生命周期的延续和投资目标期限的临近，基金的投资风格相应地从“进取”转变为“稳健”，再转变为“保守”，股票类资产比例逐步下降，非股票类资产比例逐步上升。这种自动转变的风格很适合教育规划。

4. 子女教育信托

收入较高的家庭可以将其财产所有权委托给受托人（如信托机构），让受托人按照信托协议的约定为受益人（如孩子）的利益或特定目的，管理或处分信托财产。子女教育信托就是由父母委托一家专业信托机构管理自己的一笔钱，并通过合同约定这笔钱的用途，即用于将来孩子教育和生活。有整笔资金，想送子女出国念书的父母可以设立子女教育信托，找一个境外受托人管理此笔资金，指定投资的标的范围与收益率，以子女为受益人。夫妻离婚时，为确保未成年子女的教育金，可以找一个独立专业的受托人，利用离婚前的共同财产或子女抚养金成立一个子女教育信托，以子女为受益人。高资产或高收入人群为了同时实现多个理财目标，可以找合适的专业受托人，针对每个理财目标设立一个信托，并根据不同的目标达成期限与目标弹性，确认不同的信托账户可承受的风险与预期收益率。

9.4　教育规划的案例分析

教育规划要提早进行，如果子女教育金负担比（教育费用/届时收入）高于 30%，则应提早规划储蓄投资。另外，如果子女高等教育金支付期与退休金准备期高度重叠，则可能因为供子女上大学而牺牲退休生活质量。教育规划的最终目标是提供对子女教育的支持，从幼儿园至小学、初中、高中、大学和研究生阶段或出国深造，教育费用的支出会持续很长时间。教育规划的主要目的在于缩小准备的教育金与届时教育费用的差距，如果教育金资产大于教育金负债，则子女教育目标可实现。

9.4　即测即评

教育规划实际上是根据实际投资年限，对未来教育费用按一定增长率进行预估后，确定现在需要投入的金额。教育规划在实施过程中，需要根据投资工具报酬率的变化或是教育目标的改变适时进行调整。

【例 9-1】

假设张先生的儿子 2024 年刚出生，他的子女教育规划目标是在儿子 18 岁上大学时能攒够大学本科教育费用，张先生投资的平均收益率约为 4%。

经调查，现阶段平均每位大学生四年花费 8 万元，而硕士研究生需要花费 5 万元。综合考虑通货膨胀率和大学收费增长等诸多因素，预计教育费用的平均增长率为 5%。

首先计算投资年限：$Y=18$

届时应准备的大学费用为：

$$80\ 000\times(F/P，5\%，18)=192\ 530\ (元)$$

假设每年投入 A 元：

$$A\times(F/A，4\%，18)=192\ 530\ (元)$$
$$A=192\ 530\div25.645\ 4=7\ 507\ (元)$$

也就是说，仅准备大学本科教育费用这一项，假设现阶段没有教育积累，从出生开始，需要每年投入 7 507 元而且投资收益率为 4%，才能满足要求。

【例 9-2】

例 9-1 中张先生为子女做教育规划，假设其他条件不变，总的教育费用也没有变化。如果张先生在孩子出生、上小学和上中学不同时点做教育规划，那么每年投入额会有什么差别？

在这三个时点所做的教育规划，只是投资年限不同。出生时做教育规划，投资年限为 18 年；上小学时做教育规划，投资年限为 12 年；中学时的投资年限为 6 年。计算结果如表 9-3 所示。

表 9-3　教育规划的起始时间对教育规划的影响

	孩子刚出生时进行教育规划	孩子上小学时进行教育规划	孩子上中学时进行教育规划
投资年限	18 年	12 年	6 年
教育费用估算	192 530 元	192 530 元	192 530 元
投资收益率	4%	4%	4%
每年投资额	7 507 元	12 813 元	29 026 元

从表 9-3 中可以看出，越早制定教育规划，每年的投资额越少，越能享受复利效应。

【例 9-3】

接例 9-1，假设张先生已有 5 万元的教育准备金，那么从孩子上小学时开始准备教育金，每月需要投入多少钱？

已准备的教育金至大学时的投资终值为：

$$50\,000\times(F/P,4\%,18)=50\,000\times2.025\,8=101\,290\text{（元）}$$

实际教育金缺口：

$$192\,530-101\,290=91\,240\text{（元）}$$

假设每年投入 A 元：

$$A\times(F/A,\ 4\%,\ 18)=91\,240\text{（元）}$$
$$A=91\,240\div25.645\,4=3\,558\text{（元）}$$

因此，如果已有一次性教育准备金 5 万元，那么每年投入 3 558 元就可以满足要求。

【例 9－4】

不同的投资工具收益率也不一样，预期收益与风险成正比，假设不同的投资工具收益率分别为 4%、6%、10%，那么每年的教育金投入额有什么不同？

查年金终值系数表，$(F/A,\ 4\%,\ 18)$ 的值为 25.645 4，投资收益率为 6%，年金终值系数为 30.905 7，当投资收益率为 10%时，年金终值系数为 45.599 2。从表 9－4 的计算结果可以看出，投资收益率越高的投资工具，收益积累速度越快，每年投资额越少。

表 9－4　不同收益率对教育规划的影响

	收益率 4%	收益率 6%	收益率 10%
投资年限	18 年	18 年	18 年
教育费用估算	192 530 元	192 530 元	192 530 元
每年投资额	7 507 元	6 230 元	4 222 元

总之，教育金的筹备实质上是一个投资积累的过程。父母需要结合自身情况，在名目繁多的可选项目中选出最适合自己的方案，教育规划最重要的一点是综合考虑风险收益以及时间跨度。投资的收益和风险成正比，高收益而无风险的工具是不存在的，一般情况下，投资工具的收益率越高，初期投资的金额就越少，与之相对应的风险就越高。假如没有足够的本金进行投资，可能就要降低教育目标或选择高风险高收益的投资产品，在风险管理上投入更多的时间和精力。投资的时间跨度长意味着更能容忍预期收益的偏离，并且随着时间的推移不断修正。如果到孩子上中学时才意识到教育金准备得不充分，那么后期的规划将很紧张且局促。因此，教育规划应提早进行，让资本有时间增值，克服短期的波动。假如初期没有足够的单笔投资资金，那么利用定期定额计划来实现子女教育金的积累也是一种比较科学的方式。对父母而言，选择定期定额业务的好处是：分散风险、减轻压力、强制储蓄。即在不加重经济负担的情况下，做小额、长期、有目的的投资，以应付未来对大额资金的需求，从而达到轻松储备子女教育金的目标。

另外，要根据实际情况，及时做调整。在教育周期的起步阶段，父母的风险承受能力较强，可充分利用时间优势，作出积极灵活的理财规划，较高风险及较高收益的进取型投资产品可占较高比重，保守型投资产品所占比重应较低。到了教育周期的中后期，则应调整进取型投资产品与保守型投资产品的比重，使其与所处的阶段相适应，以获取稳定的收益。市场上的各种投资工具各具特色，优劣势并存，需要逐一审视，形成组合，实现互补，以达成理财目标。

问题与讨论

1. 什么是教育收益率？
2. 讨论家庭进行教育规划的必要性。
3. 简述教育规划的原则。
4. 简述教育规划的对象。
5. 教育理财规划有哪些投资工具可以选择？
6. 简述教育理财规划应遵循的步骤和方法。
7. 什么是被动性教育金来源？
8. 什么是主动性教育金来源？
9. 请选择目前市场上出售的任意三种针对教育金储备的保险，比较各自的优缺点，说明你会选择哪一种及选择它的原因。
10. 请为你自己、邻居或朋友做一份适合各自家庭的教育规划。

阅读与思考

教育金储备的“四看”

什么是教育金储备需求？

教育金储备是我们专门准备一笔钱，在孩子不同的求学阶段分期提取使用。它有四个需求特点和两个需求分层。

(1) 教育金储备的四个需求特点：确定的领取时间，不能等，不能拖；确定的额度，不能少，不能没有，越多越好；现金需求，可以是人民币，当然也可以是美元；可以应对家庭突然变故的保障需求，比如父母突然离世、重疾等，依然要保障孩子教育金的如期足额支取。

(2) 教育金储备的两个需求分层：

第一层：基础教育金。这是我们储备教育金的底线，是安心目标，金额要足够满足孩子的基础教育需求，比如国内普通本科和研究生阶段的学费及生活费。这笔钱必须要安全，到了时间必须要有，属于强制储蓄，可以牺牲一点流动性和收益性。要尽量降低风险，最好选择固收类投资产品。我们日常最容易接触到的，且起存金额门槛较低的理财产品包括：银行储蓄存款、高等级债券、高预定利率的储蓄保险。

第二层：愿望教育金。这是我们的开心目标，越多越好，金额可以支持孩子的各种自由意志选择。比如出国留学，就读昂贵的艺术院校，等等。到了时间，这笔钱有是最好，实在没有也是可以接受的。愿望教育金的规划工具很多，可以是房产、股票、基金、银行理财产品，也可以是万能险、香港储蓄分红险……要博得更高收益，当然也得承受一定风险。

因此我们应该优先规划基础教育金，再规划愿望教育金；安排妥当安心目标，再去争取开心目标。

选择什么投资工具来进行基础教育金储备？

首先比较一下上述几种固收类投资产品：银行储蓄存款和高等级债券的强制封闭期短，需要复投操作，且均为单利增值，收益偏低。

高预定利率（复利增值）的储蓄保险则包括增额终身寿险，以及固定返还型年金保险。从兼顾安全和收益的角度，推荐固定返还型年金保险，其四大特性完美契合基础教育金规划需求：保本保收益，刚性兑付，有法律兜底；前期流动性低，强制储蓄，专款专用；在确定时间，提供确定金额的稳定现金流。具有保障功能，部分产品可附加投保人豁免。

这里纠正一个大众对教育金储备保险常有的认知误区：大家总认为只有产品名称上含“教育”两字的才是教育金储备，其实不是。只要在16～24岁这个阶段可以持续领钱的产品，都可以用作教育金储备，不管领的是固定返还的生存金，还是减保取现得到的保单现金价值。

如何规划教育金储备？（“四看”原则）

（1）看需求金额，即估算未来需要多少基础教育金。每个家庭对孩子的教育规划是不同的。是上公立学校、国内发展，还是念私立学校、出国留学？规划不同，需求金额自然也不相同。

（2）看缴费金额和缴费期，现在每年能投入多少钱，准备缴费几年。缴费金额：要看当下每年能拿出来的钱，每个家庭的缴费能力是不同的。缴费期：不同产品有不同的固定选择，1年、3年、5年、7年、10年、15年、20年等。

根据自家当前缴费能力，以及未来的目标领取金额，可以推算出最适合自己的缴费期。

从未来领取的教育金推算出现在存多少钱、存多少年。假设目前每年最多可以为孩子的教育金储备存下5万元，预算支持5年缴费计划，则选择5年缴费期最适合，没有5年缴费计划的产品自然被淘汰；反之，如果我的预算只能选择10年缴费计划，则最长只有5年缴费计划的教育金产品就不能选。

（3）看教育金计划领取时间。15～17岁领的是高中教育金；18～21岁领的是大学教育金；22岁一次性领的，或22～24岁分三年领的都是深造教育金；30岁领的是创业金或婚嫁金。不同的教育金，领取方式不同。

(4) 看产品能否附加投保人豁免功能。什么叫投保人豁免？即父母一方作为投保人，孩子作为被保险人，如果作投保人的父母在缴费期间发生轻症/重疾/身故/全残，则可以豁免后续未缴保费，视同已交，未来孩子的教育金将如期兑付。作为父母，当然希望孩子的教育不受任何家庭变故的影响，所以这项功能非常重要。这也是我们作孩子基础教育金规划时，首推保险的重要原因。那么没有“附加投保人豁免”的教育金产品，就可以直接被淘汰了吗？也不是。如果你选择一次性交足保费，则可以无视此功能。如果选择分期缴费，则应尽量选有投保人豁免的产品。

选基础教育金储备工具，首推固定返还型年金保险。其保本保收益的法律属性，以及专款专用、定向传承、投保人豁免等保障功能，都是其他理财产品所不具备的。

选教育金产品要看收益率，但也不能只看收益率，还有“四看”。

购买储蓄型保险之前，请先把全家保障型保险配齐；买好之后，不要在现金价值回本前退保减保。否则，退保有亏本风险；减保则会延长回本时间，降低收益。

资料来源：赖丽娜．存钱方式那么多，孩子的教育金到底应该怎么选．汤圆话险，2022-11-11.

【思考题】

1. 教育规划有哪些投资工具可以选择？
2. 教育保险相对于其他几种工具，有什么优势？
3. 选择几款固定返还型保险来作教育金储备，比较各自的特点，选择一款最适合自己家庭的，并说明理由。

三个家庭的教育理财规划

家庭A：张刚29岁，李娜25岁，刚刚生了一个孩子。夫妻双方父母健在，夫妻有一套三室两厅的住房，价值135万元，房子由双方共同出资购买，无贷款，也无其他负债。张刚在一家电信企业做管理工作，每月收入10 000元，年终奖10万元。李娜在一家民营企业做出纳，每月收入5 000元，年底双薪，年终奖10 000元。张刚和李娜结婚至今三年多，家中有现金3万元，定期存款10万元，国债10万元，理财产品20万元，孩子出生时双方长辈亲友送的礼金3万元，预计未来每月生活费用增加到6 000元。

家庭B：樊小美做保险营销工作，今年35岁，她的丈夫是某工厂的技术工人，38岁，其家庭月收入为10 000元，月结余5 000元，有两室一厅的住房，市值90万元，贷款已还清，有存款20万元，孩子上初中一年级。

家庭C：王大于今年48岁，在某生产型企业担任高管，年收入40万元。其太太43岁，工作较稳定，年收入8万元。夫妇现有一套104平方米的住房，房屋贷款已经还完，还有一套80平方米的住房出租，每年可收取4万元房租。两套房屋市值分别约为220万元和180万元。在老家投资一间商铺，市值140万元，每年收取租金10万元。另有银行存款30万元，用30万元购买1年期银行理财产品，收益率为5.7%。孩子今年读大学，就读国内某名校，王大于夫妇准备在孩子读完大学后将其送到国外攻读硕士和博士学位。

【思考题】

1. 制定教育理财规划的原则是什么？

2. 分析上述三个家庭的财务状况及其教育规划需求。

3. 教育理财规划可以选择哪些投资工具？各种投资工具有什么优缺点，适合什么样的家庭？你对上述三个家庭的教育理财规划工具的选择有什么建议？

第 10 章

养老规划

素养提升

◆ 引导学生思考人生的目标和意义，强调个人价值与社会价值的统一，提高学生对人生规划、养老规划的认识，能运用科学的思维方式认识事物、解决问题、指导行为

◆ 培养学生不畏困难、坚持不懈的探索精神，能对问题进行多角度的思考和分析，培养学生的批判性思维和创新精神，能够充分利用合适的工具进行养老规划

◆ 培养学生的战略思维和全局观念，能够设计合理且切实可行的养老规划方案

学习要点

- 了解制定养老规划的原则
- 熟悉养老规划的方法
- 了解社会基本养老保险制度
- 了解企业年金制度
- 了解商业养老保险
- 熟悉养老规划的路径选择
- 熟悉运用相关知识对不同人群进行养老规划设计

思维导图

引导案例 通往养老道路上的四只“拦路虎”

在我们通往养老的道路上，会受到四只“拦路虎”的阻挠，这四只“拦路虎”分别是通货膨胀、健康状况、战略开支以及过度消费。从能否主观控制的角度看，通货膨胀和健康状况属于客观因素，是超出个人控制能力的；战略开支和过度消费属于主观因素，是我们可以主观控制的。从社会和个人因素的角度看，通货膨胀和战略开支属于社会因素，是大多数社会成员共同面临的问题。而健康状况和过度消费属于个人因素，与每个人自身的情况有关。

通货膨胀

花同样的钱，在超市能买到的生活用品数量相比5年前变少了，很可能是因为出现了通货膨胀。通货膨胀就是发行的货币量超过了市场上实际需要的货币量，导致商品价格上涨。通货膨胀对于退休老人来说不太友好。一方面，通货膨胀虽然伴随着企业职工工资上涨，但退休人员很难享受到这份福利，即便养老金会随着平均工资上涨而有所上调，可其上调幅度远远不及在职人员的工资上涨幅度。另一方面，除了养老金，大多数退休老人还是会有一些存款积蓄，通货膨胀会直接提升物价，降低货币购买力，也就相当于稀释了老人手中的存款。在经济学上，用居民消费价格指数（CPI）来衡量通货膨胀的程度。如果人们的养老金或存款的收益率小于CPI，就相当于自己的资产被通货膨胀“抽成”了。所以，通货膨胀是我们养老路上的一只可怕的“拦路虎”，它可能在不知不觉中稀释我们辛苦积攒的养老金。

健康状况

随着年龄的增长，尤其是到了老年，身体各项机能会下降，健康成为一种奢侈品。如果身体出现问题，就免不了要到医院看病。虽然大多数基本的医疗开销是纳入基本医疗保险报销范围的，但要想选择更好的医疗服务和医疗环境，很多项目并不在基本医疗保险报销范围内。特需号、进口药、独立病房、外科手术动辄需要成千上万元的花销。这些开销大多数是在基本医疗保险报销范围之外的，或者只能报销其中较小的比例。以医院的重症加强护理病房（ICU）为例，每天使用费用为几千元到上万元不等，在里边住上1～2周，就是几万元到十几万元的开支，而基本医疗保险对于ICU的报销比例只有40%左右。对于老人而言，一场大病很可能快速消耗自己的养老金。对于需要长期护理的失能老人，其不仅生活质量大打折扣，所需的医药费和护理费开销更像是拧不上的水龙头。所以健康状况也是我们养老路上的“拦路虎”。如果疾病缠身，那么在遭受病痛折磨的同时，养老金也会或快或慢地被医疗费用吸干。

战略开支

不少年薪几十万元甚至上百万元的人，却存不下什么钱，很可能是因为大额战略开支太多。在大城市里工作生活，买房换房、买车换车、结婚生育、子女教育，哪个都开支不菲。人生之中的一个又一个战略规划，犹如一座又一座高峰，等待我们不断攀登。攀登这些高峰消耗的是我们的钱袋子，而我们养老的钱，也出自这个钱袋子。这些战略规划都是既重要又急迫的目标，而养老虽然重要，却似乎显得不那么紧急。

所以，战略开支也是我们养老路上的一只“拦路虎”，而且很可能是最凶猛的一只，因为一旦管理不好战略开支，不仅存不下养老钱，甚至可能没到退休，就已经连应对突发事件或疾病的应急救命钱都没有了。一些人因为战略开支过度，退休后不仅没有存款，还得继续还贷。

过度消费

“人生苦短，要对自己好一点。”很多人在购买昂贵的东西时，都拿这句话来安慰自己。这句话本身没有错，但如果养成了过度消费的习惯，那么买单的其实是老年的自己——对现在的自己好一点，可能就会对老年的自己苛刻一点。人的需求是合理的，但欲望是无止境的。在消费的时候，我们很难分辨出哪些花销是我们真正需要的，哪些花销会让我们后悔。过度消费行为会破坏我们的财务健康，让我们形成不好的消费习惯，这也是我们养老道路上的一只“拦路虎”。

在养老的道路上，有这么多只“拦路虎”盯着我们的钱袋子，难免令人焦虑不安。但不用慌，这四只“拦路虎”其实都是纸老虎。只要掌握了应对方法，就能逐一击破。合理的养老金投资可以跑赢通货膨胀；正确运用保险等工具可以对冲健康状况的不确定性；做好大额资金提前规划，并进行养老金分账管理，可以从容应对战略开支；调整消费理念，养成健康消费习惯，就可以避免过度消费。

资料来源：方铭辉．轻松攒够养老金．北京：中信出版社，2023.

10.1 概　述

10.1 即测即评

10.1.1 养老规划的必要性

养老规划是个人理财规划的重要组成部分，是为自己在将来有一个自立、有尊严、高品质的退休生活提前做的财务规划和安排。从财务的角度审视，我们的一生中有两大财务缺口：一是18岁之前的财务缺口；二是退休之后的财务缺口。毫无疑问，18岁之前的财务缺口由我们的父母来弥补，而退休之后的缺口则需要我们用自己积累的财富来填补。在漫长的一生中，人的消费呈持续的线形，而收入为点状。在人生的各个阶段收入与支出并不匹配：中青年阶段，一般收入大于支出；老年阶段，一般支出大于收入。如果不在青年时期做好退休养老安排，在老年阶段就可能过得比较拮据。

中国人有养儿防老的观念，但是养儿防老基于三个要素：子女经济状况，与子女、孙子女的感情状况以及子女配偶的配合程度。有些人的子女收入有限，只能养儿而无法养老，有些人甚至还需要分担孙子女的养育负担，有些人要为子女买房，不能养老反而被啃老，这将严重影响老年人退休生活的品质。

养老规划就是协调即期与远期的收支关系，20～60岁是收入积累期，60岁以后收入下降，支出远远大于收入，需要用前期收入弥补，这也是养老规划的意义所在。因此，我们可以从收入和支出两个角度来分析养老规划的必要性。

从收入角度来看，退休后个体的劳动收入来源减少，主要靠养老金，而养老金替代率不充分。个人养老金替代率是衡量劳动者退休前后生活保障水平差异的一项基本指标，它通过计算劳动者退休时养老金领取水平与退休前工资收入水平之比得出。根据世界银行的建议，要维持退休前的生活水平，养老金替代率不得低于 70%，国际劳工组织建议养老金替代率最低标准为 55%。我国养老金替代率不高，要维持退休前的生活水平，需要其他收入来源做补充。

从支出的角度来看：

第一，人的预期寿命延长，对养老金的需求增加。随着社会的进步、经济的发展、人民生活水平的提高以及医疗卫生保障体系的完善，国民整体健康水平有了较大幅度的提升。2023 年 5 月，世界卫生组织发布《2023 世界卫生统计报告》，报告显示，近年来，世界人口的存活率有所提高，全球出生预期寿命不断增加，从 1950 年的 46.5 岁增加到 2019 年的约 73 岁，预计到 2080 年世界卫生组织成立 100 周年时，将达到 77 岁。中国人出生预期寿命为 77.4 岁，男性为 74.7 岁，女性为 80.5 岁。寿命的延长说明生活水平的提高、社会的进步，也意味着人们需要在退休之前有更多的储蓄和更好的规划。而且随着寿命的延长，不确定性也在增加，这使养老规划更具复杂性：你如何知道你的储蓄能够存续足够长时间以维持你的退休生活？你每年应该拿出多少钱以供消费？如何规避寿命的不确定性等问题？

第二，养老规划要避免货币幻觉。货币幻觉这个概念最早由美国经济学家欧文·费雪提出，它是人们只对货币名义价值作出反应，却忽视其实际购买力变化的一种心理错觉。养老规划涉及的时间较长，确定养老金数量时，很多人可能会忽略通货膨胀的影响，产生货币幻觉。在消费物价指数为 3%的情况下，现在的 100 万元，10 年后只相当于 74.41 万元，20 年后约等于现值的一半 55.37 万元，30 年后为 41.20 万元，40 年后为 30.66 万元。由于通货膨胀的侵蚀，已有的资本会逐渐缩水，应采取各种工具和方法尽量使其保值增值。

第三，其他不确定的因素也会影响支出。比如，市场利率的变动、个人和家庭成员的健康状况、医疗保险制度、教育规划与退休规划时间重叠产生的冲突等。

总之，养老规划是通过一套科学、系统的程序来保障退休资金的充分积累，方案制订合理并且得到顺利执行，未来的退休生活才有可能得到保障乃至获得丰厚的回报。

10.1.2　养老规划的对象

养老规划能够保证你在职业生涯结束后，仍然可以过上高质量的生活。退休后能够享受自立、有尊严、高品质的退休生活是一个人一生中最重要的财务目标之一，合理的养老规划不但可以满足退休后漫长生活的支出需要，而且能够保证生活品质，减少通货膨胀的影响，保障金融安全。养老规划需要考虑长期的收支平衡，每个人大致有 40 年的积累期，即从 20 岁开始工作到 60 岁退休为止。假设退休后的平均寿命为 20 年，则退休规划需要统筹考虑以 40 年的收入支持 20 年的支出。

养老规划的内容分为退休前和退休后。退休前是资金投入的有序安排，包括时间安排、投入金额安排以及投资工具和方式的安排；退休后是支出的安排，指如何安排消费才不会使前期投入的养老金出现短缺。

根据客户对象划分，养老规划可以分为个人退休规划、家庭退休规划。家庭退休规划是针对所有家庭成员的退休规划，一般而言，退休规划都是以家庭为整体来进行的。家庭成员如果年龄差距较大，退休时间间隔就会相差较大，做规划时需要考虑年龄差距的影响。特别是在作为家庭收入主要贡献者的家庭成员先退休的情况下，更应做好退休资金投入与使用安排。总之，人们应该依据自身经济状况，综合考虑家庭收入和支出，对自己退休后的生活方式和生活质量进行恰当的评估和合理的安排。一方面要尽量维持较高的生活水平；另一方面还要考虑到自己的实际情况，不能盲目追求超标准生活。

参考阅读

预期寿命

平均预期寿命不是解释问题的最好方法。一个关于统计学家的笑话是，他将一只手浸在滚烫的热水中，另一只手浸在刺骨的冰水中，然后声称“平均”温度正好。

我认为考虑长寿风险和不确定性较好的方法是参考保险统计学中的概率表，如表10-1所示。

表10-1　65岁的生存可能性

活到以下年龄（岁）	女性（%）	男性（%）	夫妻中至少一人（%）
70	93.9	92.2	99.5
75	85.0	81.3	97.2
80	72.3	65.9	90.6
85	55.8	45.5	75.9
90	34.8	23.7	50.3
95	15.6	7.7	22.1
100	5.0	1.4	6.3

资料来源：PR2000死亡率表格，由IFID中心计算。

如表10-1所示，如果你是65岁的男性，那么根据生存可能性假设，你活到85岁的概率高于45%。如果你决定在65岁退休，那么就需要20年的退休收入。而一个65岁的男性有23.7%的概率活到90岁，那他就需要25年的收入。对于女性而言，长寿的概率更高。一位65岁的女性大概有35%的机会活到90岁。换句话说，如果有一群65岁的男性，那么他们中间不到1/4的人会活到90岁。当然，我们不能预知谁是这幸运的1/4，所以他们都应该为以后25年的退休收入做规划。而夫妻中至少一人活到90岁的概率高达50.3%。

资料来源：摩西·米列夫斯基．投资与养老：最有价值的理财规划实践指南．北京：人民邮电出版社，2015.

10.1.3 养老规划的原则

富达国际发布了一项针对亚太地区投资者的调研，报告显示尽管中国投资者在退休规划上的行动力还有所欠缺，但他们对于开始进行养老储备表现出积极意愿，并且表示将会根据市场环境变化调整自己的养老投资规划或投资策略。亚太地区受访者的平均预期退休年龄为 62 岁，其中，中国受访者希望在 58 岁退休，早于其他调研市场，这意味着中国投资者的养老储备时间相对紧迫，因此做好养老规划和投资的重要性不言而喻。然而只有不到 1/4（24%）的中国受访者表示他们已开始为退休做规划和准备，与其他调研市场相比处在偏低水平。仍有 32%的中国受访者表示，其虽尚未行动但认真思考了退休规划问题，这一比例在所有调研市场中最高（亚太地区平均为 24%），这说明中国受访者对于着手养老规划和储备有着十分强烈的意愿。如何缓解退休的财务压力，尽早实现理想的退休生活？这就需要做好养老规划，养老规划的原则如下。

1. 及早规划原则

养老规划越早开始越好。养老规划开始得早，可以在一个较长的时期内进行定投和其他方式的资金运作，具有比较高的成功率，每期投入的资金也会相对少一些。

及早确定退休年龄、财务目标等内容，可以帮助个人更顺利地执行养老规划。确定自己的退休年龄很重要，因为退休后收入一般都会大幅削减，这会影响个人的生活水平和质量。无论以何种形式储备养老金，都应未雨绸缪，提前做好规划和安排，越早开始积累越轻松，持之以恒才能有美好的明天。

2. 弹性化原则

养老规划的制定要留有充足的余地，应当视个人的需求及实践能力而定，若发现拟定的目标偏高，则可以适当调整。对退休后的生活，不同的人有不同的期望，所需要的费用也不尽相同，既取决于制订的退休计划，又受到人们职业特点和生活方式的限制。人们的生活方式和生活质量应当建立在对收入和支出进行合理规划的基础上，不切实际的高标准只能让退休生活更加困难。为此，我们需要树立正确的消费观，一方面要尽力维持较高的生活水平，不降低生活质量；另一方面要考虑到自己的实际情况，不盲目追求高端生活。

知识拓展

弹性退休

总之，养老规划应具有弹性或缓冲性，确保能根据环境的改变作出相应调整，以增强适应性。

3. 谨慎性原则

总会有一些人对自己退休后的经济状况过于乐观，他们往往会高估退休之后的收入，而低估退休之后的开支。应充分考虑各种情况，再确定自己的养老目标，避免对退休后的经济状况的估计过于乐观或过于保守。应本着谨慎性原则，多估计支出，少估计收入，使退休后的生活有更多的财务资源。谨慎性原则并不是说要放弃高风险的投资，而是应根据预计投资年限和退休金使用情况，对高低风险收益的投资工具进行合理搭配。年龄越大的投资者投资高风险的理财产品的比例越低，因为需要较长的时间才能够获得较大的收益。年龄较大的投资者对于资金需求更大，所以不建议即将退休的投资者投资风险较高的理财产品。

4. 动态化原则

养老规划制定好以后并不是一成不变的，而是要不断修订与更新的。养老规划的时间跨度比较大，计划赶不上变化，最初制定养老规划时的条件可能发生改变，比如，随着通货膨胀率的提高，个人所需养老金的数额也要相应提高，此外，个人生活水平、不同投资工具收益率和社会保障体系完善程度等多种因素的改变，都将直接影响到养老规划的合理安排。由于养老金的积累时间很长，因此不断对投资组合方案进行修正，对养老规划进行动态的管理是必不可少的重要环节。

10.2 养老规划的方法

10.2 即测即评

10.2.1 确定目标

随着医疗水平及人们生活水平的不断提高，人均寿命的不断延长，我们需要面对漫长的退休生活：收入下降，身体素质下降导致医疗投入增加，有大量的时间可以支配，这一切都需要退休前制定完善的养老规划来支撑。对退休后的生活，不同的人会有不同的期待。根据对退休生活不同方面（衣食住行等）的不同要求，将退休生活分为四个需求层次：第一层次是退休后过基本生活，第二层次是退休后维持与退休前同水准的生活，第三层次是退休后过高于退休前水准的生活，第四层次是给子女留下较丰厚的遗产。要满足不同的需求，需要的投资工具有所不同。例如，第一层次可以通过基本社保或年金保险来满足，而最高层次则需要投资风险高收益高的工具来满足。

退休生活的基本目标可以以收入或消费为标准：退休收入替代率目标（从收入角度），即退休前收入的一定比例，一般认为应在60%～70%；退休生活消费目标（从消费角度），即退休前消费的一定比例，一般认为应在80%左右。以上收入和消费目标与职业、生活方式相关，可进行期望调整，最高不超过根据未来收入确定的持久消费水平。此外还有特殊退休目标，例如旅游、补充医疗、社会活动、迁居、抚育第三代、长期护理、购房、购车等。

总之，对退休后的生活，不同的人会有不同的期望，所需要的费用也不尽相同。目标的确定决定了你的投资年限和投资工具的选择。

10.2.2 估算收支

确定目标之后，就要估算退休生活的收支情况，毕竟消费支出以收入为最大来源。

对于多数退休养老的人来说，收入分为以下几类：第一类是稳定的经常性收入，如养老金、企业年金以及人寿保险等。第二类是劳务收入，某些具有特殊专业技能和知识的人可能退休后并没有停止工作，还有劳务收入，比如返聘、自营收入，这部分收入是主动性收入，并非永久性的，随着年纪的增大，这部分收入会逐步减少或没有。第三类是投资性收入，包括储蓄、债券、基金、股票、房租等，投资性收入的多少和稳定与否取决于投资工具的风险及个人投资操作水平，除了房租和储蓄有相对的稳定性，其余类型的投资工具的收益受市场行情以及经济大环境的影响较大。此外还有其他类收入，比如子女、亲属的赡养费。总之，退休后收入不是一成不变的，应不断地根据实际情况进行调整。

退休后的支出，首先是基本的衣食住行的生活费用，然后是参与各种社会活动的费用、旅游费用，以及随着年纪的增长逐步增加的医疗费用等。每个人应依据自身的经济状况，在综合考虑家庭收入和支出的情况下，对自己退休后的生活方式和生活质量进行恰当的评估和合理的安排。然后制订一个切合实际的个人退休计划，在制订个人退休计划时，对退休生活的期望应尽可能详细，根据各个条目列出大概所需的费用，同时应考虑通货膨胀的因素，据此来估算个人退休后的生活成本。在对退休生活有了清晰的认识之后，再考虑自己已经准备了多少养老金，这些养老金能否让自己过上设想的退休生活。

10.2.3 制订计划

养老规划就是计算出退休生活的开支和收入之间的差额，具体步骤如下：

（1）计算当前每月日常支出 A（年度支出分摊到每个月）：

$$A=\frac{\text{年度预计总支出}}{12}$$

（2）考虑通货膨胀率以及生活费增长率等因素，计算退休时当年每月需要的费用 B：

$$B=A\times(1+\text{通货膨胀率}+\text{生活费增长率})^n$$

式中，n 为现在距离退休的年数。

（3）退休后，考虑到通货膨胀因素，实际上每年的生活费用都是递增的，但为了计算简便，我们假设退休后的投资收益率能够基本抵消每年通货膨胀的影响，则退休后生活总费用为 C：

$$C=B\times 12\times\text{退休年限}$$

再加上一笔大病医疗费用 M，就大约是退休后所需的费用总和 E 了。

$$E=C+M$$

（4）如果已经有保险、存款等养老投资，则可以从 E 中减去这部分，得到养老金缺口 F：

$F=E-$已准备养老金

退休生活总需求－已累计之净额－退休时可领退休金＝需自筹的退休金

从上面的公式可以看出，养老规划的设计主要是明确养老金缺口，也就是需自筹的退休金。根据退休生活设计确定退休生活总需求，工作生涯设计决定已累计之净额和退休时可领退休金，剩余部分即需自筹的退休金，这部分应考虑投资收益率、通货膨胀率、薪资增长率以及剩余工作年限等。

（5）根据个人的投资收益率、投资时间以及养老金缺口 F，确定每月投资额 G。只要能按计划每个月投资 G，并达到预定投资收益率，就能过上安心的退休生活。

10.2.4 筛选工具

根据养老金缺口选择不同的投资工具，来达到预定的投资目的。积累养老金的渠道主要有四个：一是基本养老保险，每月由企业和个人缴纳一定比例的养老保养费，退休后就可以领取一定的养老金；二是企业年金，个人与企业定期支付一笔钱用来投资累计养老金，退休后按规定方式支付；三是商业保险，商业养老保险在设计上比较个性化，领取时间完全因人而异，可以在有实力的保险公司购买；四是自筹退休金，自筹退休金主要是积蓄投资，使有限资金发挥更大效用，可以选择市场上合适的投资工具。

由于基本养老保险和企业年金属于被动的养老规划，当事人无法自主进行调节，因此制定养老规划的重点应放在商业保险、证券投资基金和股票投资等方面。同时也可以利用以下途径来实现对养老规划的调整：提高储蓄比例；延长工作年限并推迟退休；减少退休后的花销；进行收益率高的投资等。在养老规划的工具选择上，每个人根据资金使用情况和风险承受能力的不同会有多种资产配置组合，可以按照一定的比例进行合理搭配，并获得一定的收益。对性格保守、安全需求高的投资者来说，可以选择低风险的投资工具；有一定风险承受能力的投资者可以在理财师的指导下进行高风险的投资工具的配置，以满足高品质退休生活的要求。

10.2.5 动态调整

养老规划确定以后，应密切监督、定期评价规划实施的效果，根据实际情况对规划做出相应调整。在对原来规划做调整时，既不能因金融市场波动而频繁调整金融工具的配置，增加相应的成本，也不能为节约成本而错失调整的最佳时机。养老规划的时间跨度比较大，最好每隔三五年对收支进行重新估算，并且审视资产配置，看能否达到当初的理想目标。这是一个动态执行并调整的过程，制定养老规划不可能一劳永逸。

10.3　养老规划的工具选择

10.3.1　社会基本养老保险制度

社会养老保险制度是国家根据人民的体质和劳动力资源情况，规定一个年龄界限，当劳动者达到这个年龄界限时因为年老丧失劳动能力，可解除劳动义务，由国家和社会提供物质帮助，以保障其晚年基本生活的一种社会保障制度。

10.3　即测即评

我国原有的社会基本养老保险依照人群的不同分为四大模块，即城镇职工基本养老保险（职保）、新型农村社会养老保险（新农保）、城镇居民养老保险（城居保）和机关事业单位退休制度。原来公务员或事业单位的人员实行退休养老制度，即费用由国家或者单位负担，个人不缴费，养老金以本人工资为基数，按照工龄长短计发。后实行退休养老制度的并轨改革，现有三类基本养老保险制度：机关事业单位养老保险、城乡居民基本养老保险（将新农保与城居保合并），以及城镇职工基本养老保险。

知识拓展

第三支柱法则：黄金三角理论

1. 机关事业单位养老保险

2015 年 1 月，国务院印发《关于机关事业单位工作人员养老保险制度改革的决定》，确定从 2014 年 10 月 1 日起对机关事业单位工作人员养老保险制度进行改革，公务员和事业单位人员不再是脱离基本养老保险的特殊群体。事业单位工作人员实行社会统筹与个人账户相结合的基本养老保险制度。基本养老保险费由单位和个人共同负担。单位缴纳基本养老保险费的比例为本单位工资总额的 20%，个人缴纳基本养老保险费的比例为本人缴费工资的 8%，由单位代扣。按本人缴费工资 8%的数额建立基本养老保险个人账户，全部由个人缴费形成。个人工资超过当地上年度在岗职工平均工资 300%以上的部分，不计入个人缴费工资基数；低于当地上年度在岗职工平均工资 60%的，按当地在岗职工平均工资的 60%计算个人缴费工资基数。

个人账户储存额只用于工作人员养老，不得提前支取，每年按照国家统一公布的记账利率计算利息，免征利息税。参保人员死亡的，个人账户余额可以依法继承。上述决定实施后参加工作、个人缴费年限累计满 15 年的人员，退休后按月发给基本养老金。基本养老金由基础养老金和个人账户养老金组成。退休时的基础养老金月标准以当地上年度在岗职工月平均工资和本人指数化月平均缴费工资的平均值为基数，缴费每满 1 年发给 1%。个人账户养老金月标准为个人账户储存额除以计发月数，计发月数根据本人退休时城镇人口平均预期寿命、本人退休年龄、利息等因素确定。

上述决定实施前参加工作、实施后退休且缴费年限（含视同缴费年限，下同）累计满 15 年的人员，按照合理衔接、平稳过渡的原则，在发给基础养老金和个人账户养老金的基础上，再依据视同缴费年限长短发给过渡性养老金。具体办法由人力资源社会保障部会同有关部门制定并指导实施。

上述决定实施后达到退休年龄但个人缴费年限累计不满15年的人员，其基本养老保险关系处理和基本养老金计发比照《实施〈中华人民共和国社会保险法〉若干规定》（人力资源社会保障部令第13号）执行。

2. 城乡居民基本养老保险

2014年2月，国务院颁布了《关于建立统一的城乡居民基本养老保险制度的意见》，将原来的新农保和城居保两项制度合并实施，在全国范围内建立统一的城乡居民基本养老保险制度。

城乡居民养老保险基金由个人缴费、集体补助、政府补贴构成。个人缴费标准目前设为每年100元、200元、300元、400元、500元、600元、700元、800元、900元、1 000元、1 500元、2 000元12个档次，省（区、市）人民政府可以根据实际情况增设缴费档次，最高缴费档次标准原则上不超过当地灵活就业人员参加职工基本养老保险的年缴费额，并报人力资源社会保障部备案。人力资源社会保障部会同财政部依据城乡居民收入增长等情况适时调整缴费档次标准。参保人自主选择档次缴费，多缴多得。

有条件的村集体经济组织应当对参保人缴费给予补助，补助标准由村民委员会召开村民会议民主确定。政府对符合领取城乡居民养老保险待遇条件的参保人全额支付基础养老金，其中，中央财政对中西部地区按中央确定的基础养老金标准给予全额补助，对东部地区给予50%的补助。

地方人民政府应当对参保人缴费给予补贴，对选择最低档次标准缴费的，补贴标准不低于每人每年30元；对选择较高档次标准缴费的，适当增加补贴金额；对选择500元及以上档次标准缴费的，补贴标准不低于每人每年60元，具体标准和办法由省（区、市）人民政府确定。

城乡居民养老保险待遇由基础养老金和个人账户养老金构成，支付终身。中央确定基础养老金最低标准，建立基础养老金最低标准正常调整机制，根据经济发展和物价变动等情况，适时调整全国基础养老金最低标准。地方人民政府可以根据实际情况适当提高基础养老金标准。个人账户养老金的月计发标准，目前为个人账户全部储存额除以139（与现行职工基本养老保险个人账户养老金计发系数相同）。参保人死亡，个人账户资金余额可以依法继承。参加城乡居民养老保险的个人，年满60周岁、累计缴费满15年，且未领取国家规定的基本养老保障待遇的，可以按月领取城乡居民养老保险待遇。

3. 城镇职工基本养老保险

根据《中华人民共和国社会保险法》的规定，企业职工应当参加基本养老保险，由用人单位和职工共同缴纳基本养老保险费。基本养老保险实行社会统筹与个人账户相结合。基本养老保险基金由用人单位和个人缴费以及政府补贴等组成。用人单位的缴费基数有的地方以企业工资总额为准，如辽宁、吉林、河南、浙江等多数省市；有的地方以全部职工缴费工资之和为基数，如北京、天津、深圳等部分省市。用人单位缴纳基本养老保险费的比例一般不超过企业工资总额的20%，具体比例由省、自治区、直辖市人民政府确定。职工个人按照本人缴费工资的8%缴费，计入个人账户，缴费工资为本人上一年度月平均工资。月平均工资超过当地职工平均工资300%以上的部分，不计入个人缴费工资基数；低于当地职工平均工资60%的，按60%计算缴费工资基数。职工个人缴纳的养老保险费全部计入个人账户，形成个人账户基金，用于退休后个人账户养老金的发放。

基本养老金根据个人累计缴费年限、缴费工资、当地职工平均工资、个人账户金额、城镇人口平均预期寿命等因素确定。参加基本养老保险的个人，达到法定退休年龄时累计缴费满15年的，按月领取基本养老金。参加基本养老保险的个人，达到法定退休年龄时累计缴费不足15年的，可以缴费至满15年，按月领取基本养老金；也可以转入新型农村社会养老保险或者城镇居民社会养老保险，按照国务院规定享受相应的养老保险待遇。

2016年4月，人力资源社会保障部、财政部印发了《关于阶段性降低社会保险费率的通知》，明确从2016年5月1日起，企业职工基本养老保险单位缴费比例超过20%的省（区、市），将单位缴费比例降至20%。通知指出，单位缴费比例为20%且2015年底企业职工基本养老保险基金累计结余可支付月数高于9个月的省（区、市），可以阶段性将单位缴费比例降低至19%，降低费率的期限暂按两年执行。具体方案由各省（区、市）确定。

2019年4月，国务院办公厅印发了《降低社会保险费率综合方案》，明确自2019年5月1日起，降低城镇职工基本养老保险（包括企业和机关事业单位基本养老保险）单位缴费比例。各省、自治区、直辖市及新疆生产建设兵团养老保险单位缴费比例高于16%的，可降至16%；目前低于16%的，要研究提出过渡办法。具体调整或过渡方案于2019年4月15日前报人力资源社会保障部、财政部备案。

10.3.2 企业年金

作为我国正在建立的劳动者养老保障的三大支柱——社会基本保险、企业补充保险和个人商业养老保险中的重要一环，企业年金是指企业及其职工在依法参加基本养老保险的基础上，自愿建立的补充养老保险。企业年金不能代替职工的基本养老保险，更不是企业年底给职工发的奖金。它是国家为建立多层次的养老保险制度、更好地保障职工退休后的生活而建立的补充养老保险。作为企业为职工购买的一项福利保障，它弥补了高覆盖、低保障的社会基本养老保险的不足。

1. 企业年金与职业年金

为建立多层次养老保险体系，保障机关事业单位工作人员退休后的生活水平，促进人力资源的合理流动，根据《国务院关于机关事业单位工作人员养老保险制度改革的决定》（国发〔2015〕2号）等相关规定，国务院于2015年3月颁布了《机关事业单位职业年金办法》。人力资源社会保障部、财政部于2016年9月制定了《职业年金基金管理暂行办法》。2017年12月，人力资源社会保障部及财政部联合颁布了《企业年金办法》，于2018年2月开始执行。

企业年金与职业年金都是养老保险的补充，均须在参加基本养老保险的基础上建立，但是这两种年金针对的对象、缴费比例、领取方式、参保条件都有所不同。

(1) 对象不同。企业年金是指企业及其职工在依法参加基本养老保险的基础上自愿建立的补充养老保险。职业年金是指机关事业单位及其工作人员在参加机关事业单位基本养老保险的基础上建立的补充养老保险。

(2) 缴费比例不同。职业年金所需费用由单位和工作人员个人共同承担。单位缴纳职业年金费用的比例为本单位工资总额的8%，个人缴费比例为本人缴费工资的4%，由单位代扣。单位和个人缴费基数与机关事业单位工作人员基本养老保险缴费基数一致。单位缴费按照个人缴费基数的8%计入本人职业年金个人账户；个人缴费直接计入本人职业年金个人账户。职业年金基金投资运营收益，按规定计入职业年金个人账户。我国企业年金所需费用由企业和职工共同缴纳。企业缴费每年不超过本企业职工工资总额的8%。企业和职工个人缴费合计不超过本企业职工工资总额的12%。具体所需费用由企业和职工一方协商确定。企业应当合理确定本单位当期缴费计入职工企业年金个人账户的最高额与平均额的差距。企业当期缴费计入职工企业年金个人账户的最高额与平均额不得超过5倍。

(3) 领取方式不同。职业年金：工作人员退休后，按月领取职业年金待遇。企业年金：工作人员退休后，可一次性领取也可分期领取企业年金待遇。

(4) 参保条件不同。职业年金：具有强制性。机关事业单位在参加基本养老保险的基础上，应当为其工作人员建立职业年金。企业年金：自愿参保。企业依法参加基本养老保险并履行缴费义务，同时具有相应的经济负担能力，并已建立集体协商机制。

企业年金可划分为强制性和自愿性两类。自愿性指国家通过立法，制定基本规则和基本政策，企业自愿参加。企业一旦决定实行企业年金，就必须按照既定的规则运作；具体实施方案、待遇水平、基金模式由企业制定或选择。2007—2022年企业年金数据见表10-2。

表10-2 我国企业年金历年基本情况

年份	企业数（百家）	职工数（万人）	积累基金（亿元）
2007	320	929	1 519
2008	331	1 038	1 911
2009	335	1 179	2 533
2010	371	1 335	2 809
2011	449	1 577	3 570
2012	547	1 847	4 821
2013	661	2 056	6 035

续表

年份	企业数（百家）	职工数（万人）	积累基金（亿元）
2014	733	2 293	7 689
2015	755	2 316	9 526
2016	763	2 325	11 075
2017	804	2 331	12 880
2018	874	2 388	14 770
2019	960	2 548	17 985
2020	1 052	2 718	22 497
2021	1 175	2 875	26 406
2022	1 280	3 010	28 718
2023	1 417	3 144	31 874

资料来源：人力资源社会保障部社会保险基金监管局．全国企业年金基金业务数据摘要．

2. 企业年金的运行方式

企业年金基金实行完全积累，采用个人账户方式进行管理。企业年金基金可以按照国家规定投资运营，企业年金基金投资运营收益并入企业年金基金。因此企业年金基金包括企业缴费、职工个人缴费、企业年金基金投资运营收益。企业缴费应当按照企业年金方案规定比例计算的数额计入职工企业年金个人账户，职工个人缴费额计入本人企业年金个人账户。企业年金基金投资运营收益，按净收益率计入企业年金个人账户。职工在达到国家规定的退休年龄时，可以从本人企业年金个人账户中一次或定期领取企业年金。职工未达到国家规定的退休年龄的，不得从个人账户中提前提取资金。出境定居人员的企业年金个人账户资金，可根据本人要求一次性支付给本人。职工变动工作单位时，企业年金个人账户资金可以随同转移。职工升学、参军、失业期间或新就业单位没有实行企业年金制度的，其企业年金个人账户可由原管理机构继续管理。职工或退休人员死亡后，其企业年金个人账户余额由其指定的受益人或法定继承人一次性领取。

由此可知，我国的企业年金为确定缴费型，即企业年金计划不向职工承诺未来年金数额或替代率，职工退休后年金的多少完全取决于职工个人的缴费金额以及投资收益。另外，执行年金计划的企业不能自行确定企业年金的领取年龄，而是参照国家统一规定的法定退休年龄。

建立企业年金的企业，应当确定企业年金受托人，受托管理企业年金。受托人可以是企业成立的企业年金理事会，也可以是符合国家规定的法人受托机构。

确定受托人应当签订书面合同，合同一方为企业，另一方为受托人。受托人可以委托具有资格的企业年金账户管理机构作为账户管理人，负责管理企业年金账户。可以委托具有资格的投资运营机构作为投资管理人，负责企业年金基金的投资运营。受托人应当选择具有资格的商业银行或专业托管机构作为托管人，负责托管企业年金基金。受托人与账户管理人、投资管理人和托管人确定委托关系，应当签订书面合同。企业年金基金必须与受托人、账户管理人、投资管理人和托管人的自有资产或其他资产分开管理，不得挪作他用。企业年金中各个主体之间的关系如图10-1所示。受托人与企业年金基金账户管理人、企业年金基金托管人和企业年金基金投资管理人分别签订委托管理合同。一个企业年金计划应当仅有一个受托人、一个账户管理人和一个托管人，可以根据资产规模大小选择适量的投资管理人。

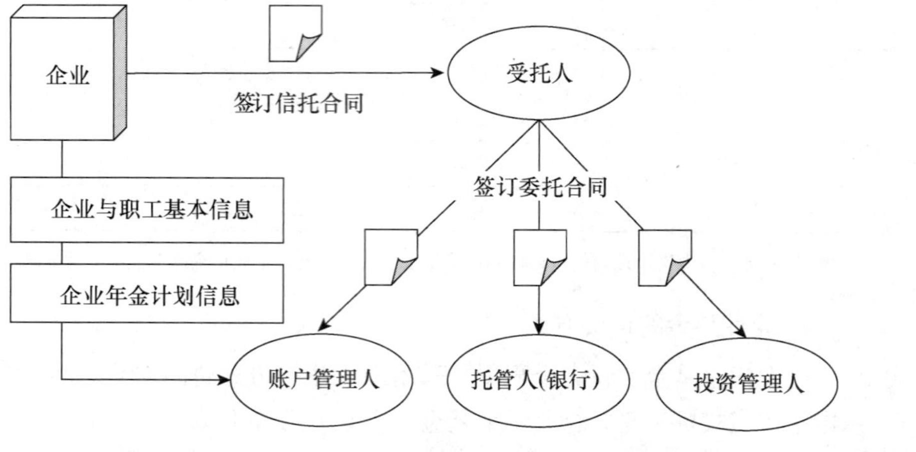

图10-1 企业年金关系图

同一企业年金计划中，受托人与托管人、托管人与投资管理人不得为同一人；建立企业年金计划的企业成立企业年金理事会作为受托人的，该企业与托管人不得为同一人；受托人与托管人、托管人与投资管理人、投资管理人与其他投资管理人的总经理和企业年金从业人员，不得相互兼任。同一企业年金计划中，法人受托机构具备账户管理或者投资管理业务资格的，可以兼任账户管理人或者投资管理人。

3. 企业年金的参与主体

受托人是指受托管理企业年金基金的符合国家规定的养老金管理公司等法人受托机构或者企业年金理事会（2023年企业年金基金法人受托管理情况如表10-3所示）。建立企业年金计划的企业，应当通过职工大会或者职工代表大会讨论确定，选择法人受托机构作为受托人，或者成立企业年金理事会作为受托人。企业年金理事会由企业和职工代表组成，也可以聘请企业以外的专业人员参加，其中职工代表应不少于1/3。企业年金理事会除管理本企业的企业年金事务之外，不得从事其他任何形式的营业性活动。法人受托机构应当具备下列条件：经国家金融监管部门批准，在中国境内注册的独立法人；具有完善的法人治理结构；取得企业年金基金从业资格的专职人员达到规定人数；具有符合要求的营业场所、安全防范设施和与企业年金基金受托管理业务有关的其他设施；具有完善的内部稽核监控制度和风险控制制度；近3年没有重大违法违规行为；国家规定的其他条件。

表 10-3 2023 年企业年金基金法人受托管理情况

企业年金基金管理机构	企业数（个）	职工数（人）	受托管理资产金额（万元）
中信信托有限责任公司	195	190 896	3 772 154.50
平安养老保险股份有限公司	27 750	5 206 885	47 445 932.42
太平养老保险股份有限公司	13 164	1 939 869	16 785 616.53
建信养老金管理有限责任公司	5 719	1 522 635	14 928 569.79
中国工商银行股份有限公司	9 843	3 019 289	27 948 598.46
招商银行股份有限公司	956	230 922	1 655 947.23
长江养老保险股份有限公司	9 623	1 727 411	15 446 284.76
中国人寿养老保险股份有限公司	35 941	7 738 127	70 374 917.32
泰康养老保险股份有限公司	10 303	2 138 524	19 213 923.54
中国银行股份有限公司	1 328	458 555	5 631 113.52
中国农业银行股份有限公司	6 948	908 228	9 471 469.84
中国人民养老保险有限责任公司	949	312 757	2 180 855.73
合计	122 719	25 394 098	234 855 383.64

资料来源：人力资源社会保障部基金监管局 . 2023 年度全国企业年金基金业务数据摘要 .

受托人应当履行下列职责：

（1）选择、监督、更换账户管理人、托管人、投资管理人。

（2）制定企业年金基金战略资产配置策略。

（3）根据合同对企业年金基金管理进行监督。

（4）根据合同收取企业和职工缴费，向受益人支付企业年金待遇，并在合同中约定具体的履行方式。

（5）接受委托人查询，定期向委托人提交企业年金基金管理和财务会计报告；发生重大事件时，及时向委托人和有关监管部门报告；定期向有关监管部门提交开展企业年金基金受托管理业务情况的报告。

（6）按照国家规定保存与企业年金基金管理有关的记录自合同终止之日起至少 15 年。

（7）国家规定和合同约定的其他职责。

账户管理人是指接受受托人委托管理企业年金基金账户的专业机构。账户管理人应当具备下列条件：经国家有关部门批准，在中国境内注册的独立法人；具有完善的法人治理结构；取得企业年金基金从业资格的专职人员达到规定人数；具有相应的企业年金基金账户信息管理系统；具有符合要求的营业场所、安全防范设施和与企业年金基金账户管理业务有关的其他设施；具有完善的内部稽核监控制度和风险控制制度；近 3 年没有重大违法违规行为；国家规定的其他条件。

账户管理人应当履行下列职责：

（1）建立企业年金基金企业账户和个人账户；

（2）记录企业、职工缴费以及企业年金基金投资收益；

（3）定期与托管人核对缴费数据以及企业年金基金账户财产变化状况，及时将核对结果提交受托人；

（4）计算企业年金待遇；

（5）向企业和受益人提供企业年金基金企业账户和个人账户信息查询服务，向受益人提供年度权益报告；

（6）定期向受托人提交账户管理数据等信息以及企业年金基金账户管理报告，定期向有关监管部门提交开展企业年金基金账户管理业务情况的报告；

（7）按照国家规定保存企业年金基金账户管理档案自合同终止之日起至少15年；

（8）国家规定和合同约定的其他职责。

托管人是指接受受托人委托保管企业年金基金财产的商业银行。成为托管人应当具备下列条件：经国家金融监管部门批准，在中国境内注册的独立法人；具有完善的法人治理结构；设有专门的资产托管部门；取得企业年金基金从业资格的专职人员达到规定人数；具有保管企业年金基金财产的条件；具有安全高效的清算、交割系统；具有符合要求的营业场所、安全防范设施和与企业年金基金托管业务有关的其他设施；具有完善的内部稽核监控制度和风险控制制度；近3年没有重大违法违规行为；国家规定的其他条件。

托管人应当履行下列职责：

（1）安全保管企业年金基金财产；

（2）以企业年金基金名义开设基金财产的资金账户和证券账户等；

（3）对所托管的不同企业年金基金财产分别设置账户，确保基金财产的完整和独立；

（4）根据受托人指令，向投资管理人分配企业年金基金财产；

（5）及时办理清算、交割事宜；

（6）负责企业年金基金会计核算和估值，复核、审查和确认投资管理人计算的基金财产净值；

（7）根据受托人指令，向受益人发放企业年金待遇；

（8）定期与账户管理人、投资管理人核对有关数据；

（9）按照规定监督投资管理人的投资运作，并定期向受托人报告投资监督情况；

（10）定期向受托人提交企业年金基金托管和财务会计报告，定期向有关监管部门提交开展企业年金基金托管业务情况的报告；

（11）按照国家规定保存企业年金基金托管业务活动记录、账册、报表和其他相关资料自合同终止之日起至少15年；

（12）国家规定和合同约定的其他职责。

托管人在管理资产时，不能将托管的企业年金基金财产与其固有财产混合管理；不能将托管的企业年金基金财产与托管的其他财产混合管理；不能将托管的不同企业年金计划、不同企业年金投资组合的企业年金基金财产混合管理；禁止侵占、挪用托管的企业年金基金财产等。

基金投资管理人是指接受受托人委托投资管理企业年金基金财产的专业机构。投资管理人应当具备下列条件：经国家金融监管部门批准，在中国境内注册，具有受托投资管理、基金管理或者资产管理资格的独立法人；具有完善的法人治理结构；取得企业年金基金从业资格的专职人员达到规定人数；具有符合要求的营业场所、安全防范设施和与企业年金基金投资管理业务有关的其他设施；具有完善的内部稽核监控制度和风险控制制度；近 3 年没有重大违法违规行为；国家规定的其他条件。

投资管理人不能将其固有财产或者他人财产混同于企业年金基金财产；禁止不公平对待企业年金基金财产与其管理的其他财产；禁止不公平对待其管理的不同企业年金基金财产；禁止侵占、挪用企业年金基金财产；禁止承诺、变相承诺保本或者保证收益；禁止利用所管理的其他资产为企业年金计划委托人、受益人或者相关管理人谋取不正当利益等行为。2007—2023 年我国企业年金基金投资管理情况见表 10-4。

表 10-4　2007—2023 年我国企业年金基金投资管理情况

年份	投资组合数（个）	资产金额（亿元）	当年加权平均收益率（%）
2007	212	154.63	41.00
2008	588	974.90	−1.83
2009	1 049	1 591.02	7.78
2010	1 504	2 452.98	3.41
2011	1 882	3 325.48	−0.78
2012	2 210	4 451.62	5.68
2013	2 519	5 783.60	3.67
2014	2 740	7 402.86	9.30
2015	2 993	9 260.30	9.88
2016	3 207	10 756.22	3.03
2017	3 568	12 537.57	5.00
2018	3 929	14 502.21	3.01
2019	4 327	17 689.96	8.30
2020	4 633	22 149.57	10.31
2021	4 965	26 077.44	5.33
2022	5 387	28 323.18	−1.83
2023	5 590	31 480.14	1.21
年平均			6.26

资料来源：人力资源社会保障部社会保险基金监管局．全国企业年金基金业务数据摘要．

投资管理人应当履行下列职责：

（1）对企业年金基金财产进行投资；

（2）及时与托管人核对企业年金基金会计核算和估值结果；

（3）建立企业年金基金投资管理风险准备金；

（4）定期向受托人提交企业年金基金投资管理报告，定期向有关监管部门提交开展企业年金基金投资管理业务情况的报告；

（5）根据国家规定保存企业年金基金财产会计凭证、会计账簿、年度财务会计报告和投资记录自合同终止之日起至少15年；

（6）国家规定和合同约定的其他职责。

法人受托机构、账户管理人、托管人、投资管理人开展企业年金基金管理相关业务，应当向人力资源社会保障部提出申请。法人受托机构、账户管理人、投资管理人向人力资源社会保障部提出申请前应当先经其业务监管部门同意，托管人向人力资源社会保障部提出申请前应当先向其业务监管部门备案。人力资源社会保障部收到法人受托机构、账户管理人、托管人、投资管理人的申请后，应当组织专家评审委员会，按照规定进行审慎评审。经评审符合条件的，由人力资源社会保障部会同有关部门确认公告；经评审不符合条件的，应当书面通知申请人。法人受托机构、账户管理人、托管人、投资管理人开展企业年金基金管理相关业务，应当接受人力资源社会保障行政部门的监管。法人受托机构、账户管理人、托管人和投资管理人的业务监管部门按照各自职责对其经营活动进行监督。

10.3.3 商业养老保险

社会养老保障体系有三大支柱，分别是社会基本保险、企业补充保险与个人商业养老保险。在美国的养老保险体系中，40%由社会保险负担，40%依靠企业年金，20%依靠个人购买商业保险。目前我国大多数人仍以社会养老保险为主，购买商业养老保险的人极其有限。2014年8月，国务院发布《关于加快发展现代保险服务业的若干意见》，提出要构筑保险民生保障网，完善多层次社会保障体系，致力于推动中国从保险大国走向保险强国，要把商业保险建成社会保障体系的重要支柱，商业保险要逐步成为个人和家庭商业保障计划的主要承担者、企业发起的养老健康保障计划的重要提供者、社会保险市场化运作的积极参与者。意见明确提出，保险要成为政府、企业、居民风险管理和财富管理的基本手段，成为提高保障水平和保障质量的重要渠道，成为政府改进公共服务、加强社会管理的有效工具。到2020年，保险深度（保费收入/国内生产总值）要达到5%，保险密度（保费收入/总人口）达到3 500元/人。

2020年1月，银保监会、国家发展改革委、人力资源社会保障部等共计13个部门共同发布《关于促进社会服务领域商业保险发展的意见》，提出要大力发展商业养老年金保险，推动商业保险机构加快开发投保简便、交费灵活、收益稳健的个人账户式商业养老保险产品。鼓励商业保险机构发展有助于实现养老金融产品年金化领取的保险产品，满足消费者终身领取、长期领取需求。支持商业保险机构发展与养老服务相衔接的保险产品。充分发挥商业养老保险作用，支持养老保险第三支柱发展。积极探索运用多种激励措施，鼓励公众参与养老保险第三支柱。结合建立养老保险第三支柱制度，完善个人税收递延型商业养老保险试点政策。在安全审慎基础上，拓宽商业养老保险资金投资范围和运用方式，实现长期保值增值。力争到2025年，商业保险为参保人积累不低于6万亿元养老保险责任准备金。

商业养老保险是以获得养老金为主要目的的长期人身险，它是年金保险的一种特殊形式，又称退休金保险，是社会养老保险的补充。

商业养老保险的被保险人在缴纳一定的保险费以后，就可以从一定的年龄开始领取养老金。商业养老保险通常有定额、定时或一次性趸领三种方式。趸领是在约定的领取时间，把所有的养老金一次性全部提走。定额领取的方式和社保养老金相同，即在单位时间确定领取额度，直至将保险金全部领完。社保养老金是以月为单位时间，而商业养老保险多以年为单位。定时，就是约定一个领取时间，根据养老保险金的总量确定领取的额度，例如，确定要 15 年领完养老金，那么保险公司将根据养老金总额，确定每年可以领取的具体额度。有些养老年金保险合同中有约定的时间，有些可以自由选择领取的方式，中间可以更改。

商业养老保险丰富了社会养老保险的种类。社保养老金只能按月领取固定数额，缺乏弹性，而商业养老保险提供了更多的选择，可以按月领、按年领，还可以一次性领取，或者在按月领取的同时到一定年龄再领取一部分养老金，如年金保险中给付的祝寿金、满期生存金等。

关于保险公司的选择和相应的条款，在保险一章已经讲述过，这里就不再重复了。

10.3.4 个人养老金

个人养老金是指政府政策支持、个人自愿参加、市场化运营的补充养老保险制度，是多层次、多支柱养老保险体系的重要组成部分。

2022 年 4 月，国务院办公厅发布《关于推动个人养老金发展的意见》，明确要求，推动发展适合中国国情、政府政策支持、个人自愿参加、市场化运营的个人养老金，与基本养老保险、企业（职业）年金相衔接，实现养老保险补充功能，协调发展其他个人商业养老金融业务，健全多层次、多支柱养老保险体系。第一支柱是基本养老保险，包括城镇职工基本养老保险和城乡居民基本养老保险。第一支柱主要是立足于保基本，采取社会统筹与个人账户相结合的模式，它主要体现社会共济，目前这个制度发展相对比较完善，已经具备相对完备的制度体系，覆盖范围也在持续扩大。第二支柱是企业年金和职业年金，主要发挥补充作用，由用人单位及其职工建立，已经有良好的发展基础。个人养老金是国家关于第三支柱的制度性安排，第三支柱除了个人养老金，还有其他个人商业养老金融业务。

个人养老金制度和基本养老保险不同，基本养老保险由国家强制实施，个人养老金由个人自愿参加。与企业年金、职业年金由用人单位及其职工建立、共同缴费不同，个人养老金只由个人缴费。

2022 年 10 月 26 日，人力资源社会保障部、财政部、国家税务总局、银保监会、证监会联合发布《个人养老金实施办法》，对个人养老金参加流程、资金账户管理、机构与产品管理、信息披露、监督管理等作出具体规定。2022 年 11 月 3 日，财政部、国家税务总局发布了《关于个人养老金有关个人所得税政策的公告》，2022 年 11 月 4 日银保监会就《商业银行和理财公司个人养老金业务管理暂行办法（征求意见稿）》征求意见，证监会发布《个人养老金投资公开募集证券投资基金业务管理暂行规定》。这四大政策文件齐出，标志着我国个人养老金制度正式落地。2022年11月25日，个人养老金制度在北京、上海、广州、西安、成都等36个城市或地区先行落地。两年来，先行工作取得积极成效，制度总体运行平稳。截至2024年11月末，已吸引了7 279万人开户参加。2024年12月10日，人力资源社会保障部、财政部、国家税务总局、金融监管总局、中国证监会发布文件，自2024年12月15日起，将个人养老金制度从36个先行城市（地区）推开至全国。

1. 参加对象

在职人员不论是什么样的就业形态，即不论是单位就业人员还是灵活就业人员，不受就业地域、户籍限制，只要个人自愿都可以公平参加这个制度，跨省跨地域流动时，个人的权益都不受影响。

2. 账户设置

参加个人养老金需要开设两个账户：一个是在信息平台建立个人养老金账户，用于信息记录、查询和服务等；另一个是在银行开立或者指定的个人养老金资金账户，用于缴费、购买产品、归集收益等。这两个账户是相互唯一对应的，参加人可以分别在国家社会保险公共服务平台、全国人社政务服务平台、电子社保卡、“掌上12333”、商业银行等多个渠道开设。其中，通过商业银行渠道，可以同时开立这两个账户。参加人每年可以两次变更个人养老金资金账户开户银行。

3. 投资方式

个人养老金实行个人账户制，缴费完全由参加人个人承担。参加人可以根据不同偏好，自主选择购买符合规定的储蓄存款、理财产品、商业养老保险、公募基金、国债、特定养老储蓄、指数基金等金融产品，还可以购买短期中期长期的组合，这些操作都可以在资金账户中完成，不需要跑多个部门和机构。

个人自主决定是全程参加还是部分年度参加，可以自主决定缴多少，本年度内既可以一次性缴也可以分次缴。也就是说买什么、什么时候买，都由参加人自主选择、自主决定。

参加人每年缴纳个人养老金额度上限为12 000元，每年缴费不得超过该缴费额度上限。人力资源社会保障部、财政部根据经济社会发展水平、多层次养老保险体系发展情况等因素适时调整缴费额度上限。

4. 税收优惠

自2022年1月1日起，对个人养老金实施递延纳税优惠政策。在缴费环节，个人向个人养老金资金账户的缴费，按照12 000元/年的限额标准，在综合所得或经营所得中据实扣除；在投资环节，计入个人养老金资金账户的投资收益暂不征收个人所得税；在领取环节，个人领取的个人养老金，不并入综合所得，单独按照3%的税率计算缴纳个人所得税，其缴纳的税款计入“工资、薪金所得”项目。个人缴费享受税前扣除优惠时，以个人养老金信息管理服务平台出具的扣除凭证为扣税凭据。

5. 领取条件

个人养老金资金账户封闭运行，参加人达到以下任一条件的，可以按月、分次或者一次性领取个人养老金：（1）达到领取基本养老金年龄；（2）完全丧失劳动能力；（3）出国定居；（4）国家规定的其他情形。《关于全面实施个人养老金制度的通知》还增加了提前领取的情形。除了现有达到领取基本养老金年龄、完全丧失劳动能力、出国定居等领取条件的情形外，参加人患重大疾病、领取失业保险金达到一定条件、正在领取最低生活保障金，也可以申请提前领取个人养老金。

参加人达到领取条件时，可以向商业银行提出领取个人养老金。商业银行受理后，应通过信息平台核验参加人的领取资格，获取参加人本人社会保障卡银行账户，按照参加人选定的领取方式，完成个人所得税代扣后，将资金划转至参加人本人社会保障卡银行账户。

参加人按月领取时，可以按照基本养老保险确定的计发月数逐月领取，也可以按照自己选定的领取月数逐月领取，或者按照自己确定的固定额度逐月领取，领完为止。

参加人选取分次领取的，应选定领取期限，明确领取次数或方式。当个人养老金账户内的资金领取完毕，商业银行将注销该资金账户。

个人参加个人养老金制度有很多好处：

首先，最直接的好处就是可以享受税收优惠（见表 10－5）。个人养老金属于个人所得税其他扣除项目，不属于个人所得税专项附加扣除项目。个人所得税 App 在“办税”频道设置了“个人养老金扣除信息管理”功能，可通过“扫码录入”功能扫描本人个人养老金缴费凭证上的二维码或通过“手动录入”功能录入凭证编码，完成信息确认后导入本人的个人养老金扣除信息，可在个人所得税预扣预缴或者汇算清缴阶段进行税前扣除。

表 10－5　个人养老金实施递延纳税优惠政策

缴纳环节	扣除限额为 12 000 元/年，允许在综合所得或经营所得中据实扣除
投资环节	计入个人养老金资金账户的投资收益暂不征收个人所得税
领取环节	个人领取的个人养老金，不并入综合所得，单独按照 3%的税率计算缴纳个人所得税，其缴纳的税款计入“工资、薪金所得”项目

其次，个人养老金制度拓宽了补充养老的渠道。第一支柱基本养老保险是保障基本生活的，第二支柱企业年金和职业年金是单位建立的，起补充养老作用。个人养老金，不仅为参加第二支柱的人员再增加了一条补充养老的渠道，对没有参加第二支柱的人员而言，也增加了一条补充养老的渠道。

最后，可以帮助个人理性规划养老资金。在缴费阶段只进不出，个人缴费和投资收益都在账户里滚存，到达领取基本养老金年龄等条件时就可以领取，也就是说从制度上帮助参加人把牢个人养老金的“出口”，有助于个人理性规划养老资金，合理选择投资产品和投资期限，避免提前支取，从而切实起到补充养老的作用。

10.3.5 其他类

除了以上所说的社会基本养老保险、企业年金以及商业养老保险，个人还可以通过基金定投、股票、债券等工具来构筑自己的养老金蓄水池。养老对于每个人来说都是一项重要的人生规划。从目前的情况来看，个人拟订养老规划在很大程度上依赖于人生各阶段所做的储蓄、投资及保险计划。

进入老龄化时代，“有房无钱”的现状使一种新兴的养老模式在中国受到人们的关注——以房养老，这是在国外普遍采用的一种金融产品，是指房屋产权的拥有者把房子抵押给银行、保险公司等金融机构，这些金融机构在综合评估房主年龄、健康状况、预期寿命以及房产价值等诸多因素后，在特定的年限范围内，每月付给房主一笔固定的资金，而房主在生存期间仍拥有居住权。其房产出售所得将用于偿还贷款本利和评估费用，升值及超出部分归抵押权人及其继承人。以房养老也称为住房反向抵押贷款或者倒按揭，指老年人将自己的产权房抵押或者出租出去，以定期取得一定数额养老金或者接受老年公寓服务的一种养老方式。

采取住房反向抵押贷款养老的老人应当具备一定条件：（1）自有住房并拥有完全产权。养老家庭必须对其居住的房屋拥有完全的产权，才有权也有可能对该房屋做出售、出租或转让的处置。（2）独立住房。在以房养老模式中，只有老年父母与子女分开居住，该模式才有可能运作，否则老人亡故后，子女便无处可居。（3）经济状况适中。若老年人的经济物质基础甚为雄厚，自然不必考虑用房产养老；若老人的经济物质条件较差，或者没有自己独立的房屋，或者房屋的价值过低，则很难指望将其作为自己养老的资本。（4）地处城市或城郊。老人身居城市或城郊，尤其是经济快速增长的城市或城郊，住房的价值很高，且在不断增值之中，住房的变现转让也较为容易，适合住房反向抵押贷款养老。如果住房地处农村或经济发展缓慢、增值幅度不大的地区，受价值低、不易变现等因素影响，将很难适用这一模式。需要强调的是，住房反向抵押贷款养老方式尤其适合有独立产权房的、没有直接继承人的、中低收入水平的城市老人。

为完善我国养老保障体系、丰富养老保障方式，2014年6月，保监会发布《关于开展老年人住房反向抵押养老保险试点的指导意见》，试点城市为北京、上海、广州以及武汉。试点期间，投保人群为60岁以上拥有房屋完全独立产权的老年人，单个保险公司业务规模不得超过总资产的一定比例。反向抵押养老保险是一种将住房抵押与终身养老年金保险相结合的创新型商业养老保险业务，即拥有房屋完全产权的老年人将其房产抵押给保险公司，继续拥有房屋占有、使用、收益和经抵押权人同意的处置权，并按照约定条件领取养老金直至身故。老年人身故后，保险公司获得抵押房产处置权，处置所得将优先用于偿付养老保险相关费用。2018年7月，银保监会发布《关于扩大老年人住房反向抵押养老保险开展范围的通知》，决定自文件发布之日起，将老年人住房反向抵押养老保险的范围扩大到全国。要求保险机构做好对金融市场、房地产市场等的综合研判，加强老年人住房反向抵押养老保险业务的风险防范与管控；积极创新产品，丰富保障内容，拓展保障形式，有效满足社会养老需求，增加老年人养老选择。

参考阅读

反向按揭不同模式

美国模式

美国住房反向抵押贷款产品主要有三种：联邦住房管理局的房产转换抵押贷款，联邦国民抵押贷款协会提供的住房保留计划和财务自由老年基金公司提供的财务独立计划，这三种产品几乎占据了美国住房反向抵押贷款市场的所有份额。

1. 房产转换抵押贷款。房产转换抵押贷款由美国联邦住房管理局开发，于 1989 年进入市场。房产转换抵押贷款有终身年金支付、固定期限年金支付、信用额度、终身年金支付和信用额度组合、固定期限年金支付及信用额度组合五种支付方式。在终身年金或固定期限年金支付方式下，每月年金支付额根据支付方式、借款人年龄、贷款利率和住房价值确定。信用额度是房产转换抵押贷款的一大特色，贷款额度可以随着时间提高，因此非常受借款人的欢迎。

2. 住房保留计划。住房保留计划于 1995 年由联邦国民抵押贷款协会推出。这种产品与房产转换抵押贷款非常相似，不同之处是贷款可选的支付方式较少，借款人只能选择按月领取年金、一定限额内自由支取贷款额度或者两者组合的支付方式。

住房保留计划的贷款利率比房产转换抵押贷款高，但借款人往往可以获得更高的贷款最高额度。没有对贷款最高额度设限也是住房保留计划的特点之一。

3. 财务独立计划。财务独立计划由财务自由老年基金公司提供，没有政府担保。借款人可以取得的贷款最高额度和所需承担的贷款成本都比房产转换抵押贷款和住房保留计划高得多。所以，通常房产价值高并希望取得较高贷款额度的借款人会来申请这一计划。财务独立计划的最大特色是贷款额和还款额为房产价值的同一比例。1999 年财务独立计划实现了证券化，由标准普尔对其资产组合进行评级。财务自由老年基金公司在 2001 年和 2003 年又分别设计了标准现金账户和零点现金账户两种住房反向抵押贷款产品，其中零点现金账户是第一个借款人无须支付贷款费用的住房反向抵押贷款产品。

英国模式

英国的养老金体系主要由三部分构成：一是按比例缴纳的国家基本养老金，所有人退休后所获养老金数额一致；二是雇主为雇员提供的职业养老金，这部分目前不是强制性缴纳；三是个人购买的养老储蓄或保险等，但英国 35%的在职者没有建立私人养老金。这就意味着他们退休后依靠国家养老金，而这部分钱在 2010 年是每人每周 97.65 英镑，只相当于以最低工资水平工作两天的收入，显然不够维持一种相对舒适的晚年生活，因此多数英国人通过以房养老的方式来解决这个问题。

英国的住房反向抵押贷款项目称为资产释放计划，产生于 20 世纪 60 年代中期。在早期的资产释放计划中，借款人获得的是一些债券和股票。早期资产释放计划的设计原理是，将债券收益与资产释放计划产品利息之间的差额作为老年人的养老费用。但英国在 20 世纪 80 年代末期陷入经济衰退，全球又遭遇股灾，利率上升，股票、债券价格普遍下降，早期的资产释放计划以失败告终。2001 年 4 月，新的资产释放计划推出，老年房主可以把部分或者全部住房价值转换成现金，并居住在抵押住房内直至生命终结。

不同公司提供的资产释放计划贷款条件不同，对贷款人的年龄、住房类型、住房价值等的规定也有所不同。

英国的资产释放计划有两大品种，即生命周期贷款和住房转换计划。

生命周期贷款建立在住房价值基础上，可以分为滚动利息贷款、单纯利息贷款、住房收入计划和住房改进计划四种。

住房转换计划则建立在出售的全部或者部分住房价值基础上，老年人可以通过出售全部或者部分自己的住房产权获得一次性总额支付或者每月年金。在这一计划下，借款人虽然已经不完全拥有住房产权，但可以作为租房者以免费或者象征性地缴纳租金的方式继续居住。借款人去世后，开办机构可拥有抵押产权比例的住房处置权，同比例住房价值的增值收益也归开办机构所有。

生命周期贷款由于比住房转换计划更易操作，所以发展迅猛，业务量已经超过住房转换计划，在资产释放计划中占主导地位。在英国，金融服务管理局负责监管资产释放贷款，认证贷款机构和提供咨询。通常提供资产释放计划的机构都签订了安全承诺条款，认证的会员机构会保证提供公平、安全和完全有保障的资产释放计划。

日本模式

日本从1981年开始引进以房养老的概念，2002年正式设立这一制度，主要包括各地方政府参与的直接融资方式和银行等金融机构参与的间接融资方式。一些金融机构还将这种制度作为金融产品来推销，房地产公司也利用“倒按揭”的形式来推销商品房。

日本以房养老制度主要针对一些退休后想继续住在自己的老房子里的低收入老人。他们可以用自己的住房作为抵押来预支贷款。不过，这个制度对申请人的条件要求比较苛刻。以东京为例，申请人的年龄必须在65岁以上，要居住在自己持有产权的住宅中，且不能有子女同住。申请人家庭的人均收入要在当地的低收入标准之下，已经申请低保等福利政策的家庭不能享受这个制度。此外，申请人持有产权的房屋必须是土地价值在1 500万日元以上的独门独户建筑，集体住宅不可以申请。

审核通过后，申请人每月可以领到30万日元以下的生活费，但总额度不能超过抵押房屋土地价值的70%，贷款额度以达到总额度上限为止。生活费每三个月发放一次，贷款的利率比较低，每年3%左右。贷款的偿还期限是申请人去世后三个月内，由担保人一次性偿还。

资料来源：金辉．国外“以房养老”是怎么运作的．经济参考报，2013-09-26.

10.4 养老规划的路径选择

养老规划的实质是，通过设定退休养老目标，根据已有退休资金的储备情况以及社保、年金等固定退休金的获得情况，来确定退休养老的资金缺口，继而选择投资工具弥补缺口。

10.4 即测即评

10.4.1 收益顺序路径

退休资金实际收益率受投资工具以及市场环境的影响。那么市场上涨或下跌的收益路径是否会对养老规划的资金总额产生影响?

假设你现在有 100 000 元人民币，准备投资某一基金，第一年，你赚了 9%，即你的投资在第一年年底的价值为 109 000 元。现在假设你继续持有这个基金，既不减持也不增持。第二年，这只基金价值增长了 32%，即第二年年底你的投资价值为 143 880 元。第三年，基金业绩不好，你损失了 17%，即你的投资价值是前一年的 83%，也就是 119 420 元。出于对投资的失望和担心，你决定退出这只基金，当初的 100 000 元现在增值为 119 420 元，你至少获得了 19.42%的总收益率。

如果将你的投资收益的顺序调换一下，也就是第一年损失 17%，第二年赚 9%，第三年赚 32%，则会发生什么呢？你最终得到的收益比 119 420 元多还是少？相对于你的退休资金，+9%（第一年）、+32%（第二年）、-17%（第三年）这种先牛后熊的市场是否比先熊后牛的市场（-17%、+9%、+32%）要好些？

从图 10-2 中可以看出，如果你一直坚守买入并持有的策略，那么收益顺序对你的最终投资价值并没有影响。

$$100\,000\times1.09\times1.32\times0.83=100\,000\times0.83\times1.09\times1.32$$

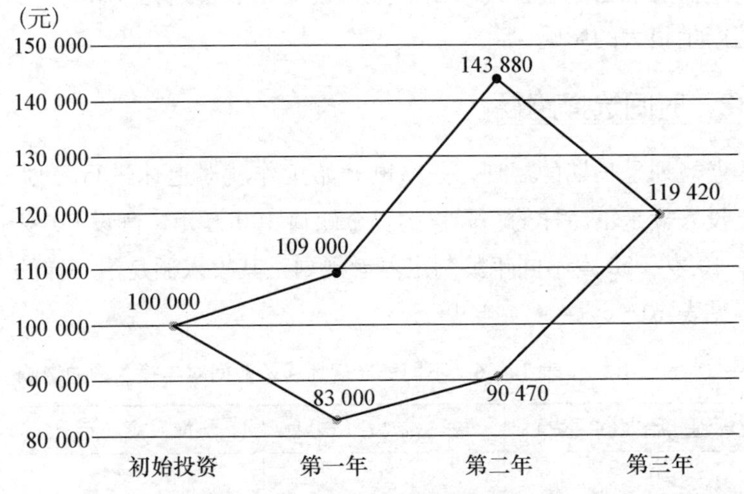

图 10-2 投资收益顺序对投资终值的影响

但如果你每年从投资里取出一些钱，那么顺序就会变得重要。假设在第一年、第二年年底各取出 10 000 元，那么最后结果有差异吗?

如图 10-3 所示，在第一种情况下，如果第一年取出 10 000 元，那么第一年年底的投资资金为 109 000-10 000=99 000 元；第二年赚 32%，那么第二年年底的投资资金为 130 680 元，又取出 10 000 元，余下 120 680 元；第三年亏损 17%，那么第三年年底的投资资金为100 164元。

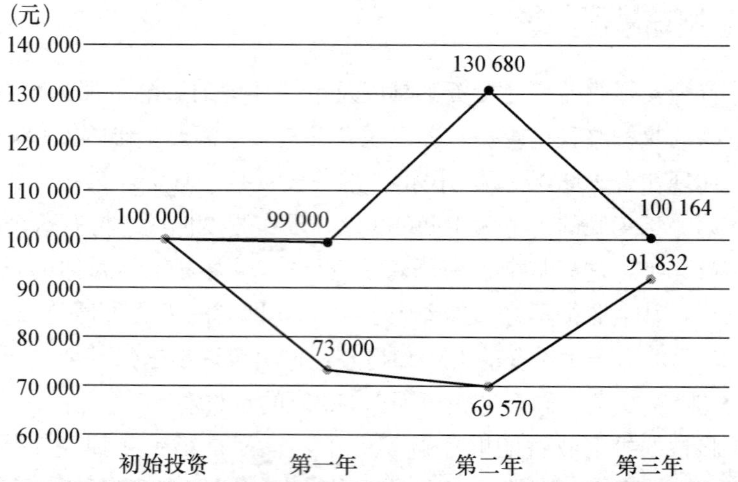

图10-3　投资收益顺序对投资终值的影响（中途有取出的情况）

在第二种情况下，如果第一年取出10 000元，那么第一年年底的投资资金为83 000－10 000＝73 000元，第二年赚9%，那么第二年年底的投资资金为79 570元，又取出10 000元，余下69 570元，第三年赚32%，那么第三年年底的投资资金为91 832元。

因此，如果准备一直持有，那么市场的涨跌顺序对最终的资金价值没有影响，但如果中途需要取出资金，则取出资金时是处于熊市还是牛市，将对你的最终退休资金的价值产生很大的影响。

10.4.2　时间选择路径

养老规划是长期的规划，是从刚开始工作就对退休进行筹划，还是临近退休才考虑，年投入额是不一样的。同样的资金缺口100万元，假设60岁退休，那么在20岁、30岁、40岁、50岁不同年龄制定养老规划，其投入额是不一样的（假设投资收益率为5%）（见表10-6）。

表10-6　不同养老规划起始时间对年投入额的影响

养老规划起始时间（岁）	投资年限（年）	年投入额（元）	目标缺口（元）
20	40	8 278	1 000 000
30	30	15 051	1 000 000
40	20	30 243	1 000 000
50	10	79 505	1 000 000

养老规划开始得越早，每年的投入额就越少，并可以充分享受复利效应，时间可以熨平资本市场的波动，更有可能取得较高的收益。若临近退休才进行规划，则要投入较高的金额才能达到理想目标。要减少投入额就必须提高投资收益率，承担更大的风险。

10.4.3　工具选择路径

社会养老保险和年金对于个人而言没有主动选择性，退休养老金缺口以不同的投资工具的收益来填补，而投资工具的选择决定了不同的收益率，比如货币市场基金与高科技股票的收益率和风险均不同。养老规划在于每年提现率与投资工具收益率之间的均衡。

投资工具的收益不同，意味着可供你支配的钱的数额也不同。假设你在银行有 30 万元的本金，并且年利率保持在 4%，那么一年下来你可以拿到 12 000 元（30 万元×4%）的利息，即每月可得到 1 000 元的利息收入。如果你每个月都从银行取出 1 000 元，那么你的 30 万元本金会始终在那，不会变多也不会变少。如果你每个月不是只取 1 000 元，而是 1 250 元（一年下来就是 15 000 元），会出现什么情况呢？你账户上每年能获得的利息还是 12 000 元，但是你一年取出了 15 000 元，不够的 3 000 元就是由 30 万元的本金补出来的。这是不是意味着辛苦赚来的钱会越来越少？让我们再仔细分析一下，15 000 元相当于 30 万元的 5%。你可以从表 10－7 左侧竖栏中找到 5%，在上方的横栏中找到 4%（也就是年利率），横竖栏交叉处的数字就是以目前的取钱速度，你账户所能够支撑的年数。显而易见，每年取本金 5%，你可以取 41 年，也就是说，如果你从 60 岁退休起每月取 1 250 元，那你可以一直取到 101 岁。从表 10－7 中可以看出，在年利率一定的情况下，年提现率越高，你的钱可供支取的时间越短；年提现率一定，年利率越高，你的钱可供支取的时间越长。如果 30 万元有 8%的年利率，那么你每年取 27 000 元（年提现率 9%）可以持续取 28 年。如果你的存款拥有这么高的收益率，你就可以相应地提高每月的消费金额，或可以延长使用这笔钱的时间。用不同的投资工具养老意味着不同的收益率，也意味着退休后不同的生活水平。

表 10－7　你的钱能花多少年

年提现率	年利率							
	4%	5%	6%	7%	8%	9%	10%	11%
5%	41							
6%	28	36						
7%	21	25	33					
8%	17	20	23	30				
9%	15	16	18	22	28			
10%	13	14	15	17	20	26		
11%	11	12	13	15	16	19	24	
12%	10	11	12	13	14	16	18	23

资料来源：朱莉·斯塔夫．理财连连看．海口：南海出版公司，2011.

投资工具的选择受投资年限、投资者风险偏好以及年龄、个人财务状况的影响，应适时地进行调整。退休养老工具分流动性投资工具、安全性投资工具、风险性投资工具三种。流动性投资工具具有随时可以变现、不会损失本金、投资效益低的特点，主要包括活期储蓄、短期定期储蓄、通知存款、短期国债等。安全性投资工具具有不会亏本、投资收益适中、投资收益有保障、流动性稍差的特点，主要包括中期储蓄、中长期国债、债券型基金、储蓄型商业养老保险、社会养老保险等。风险性投资工具的特点是可能亏本，但也可能带来很高的投资收益，主要包括股票，房地产，黄金，外汇，银行、券商、信托理财产品及收藏品等。流动性、安全性、风险性的配比，应根据时间阶段的不同进行调整。随着剩余投资年限的减少和个人年龄的增长，应增加流动性和安全性投资工具的比例，降低风险性投资工具的比例。

问题与讨论

1. 你认为有必要制定养老规划吗？
2. 简述制定养老规划的原则。
3. 我国基本社会养老保险包括哪些内容？
4. 简述企业年金与职业年金的区别。
5. 简述企业年金的基本运行模式。
6. 个人养老金制度与基本养老保险、企业年金和职业年金有什么不同？参加个人养老金有什么税收优惠政策？
7. 收益顺序对退休养老金是否有影响？
8. 简述养老规划的开始时间对退休养老金的影响。
9. 选择养老规划的投资工具时应注意哪些问题？
10. 根据确定目标、估算收支以及制订计划、筛选工具的步骤，为你或你的朋友、家人制定一个养老规划。

阅读与思考

养老规划，提前 7 年领先一辈子

关于自己未来的养老方式，我做过很多次调查，主要有以下几种方式。

(1) 我还很年轻，有钱就好好过，没钱就凑合过。

(2) 一切靠政府，不是还有养老保险吗？

(3) 只要干得动，谁也阻挠不了我继续打工，靠自己养老。

(4) 当然靠自己，提前 20～30 年开始规划，稳健投资。

(5) 反正我有房，大不了把房子卖了养老。

(6) 养儿防老，靠孩子的接济过日子。

你选择哪种方式？有意思的是，中国人最传统的养儿防老几乎没有人选择。有人解释，不想给孩子压力太大。也有人直言，孩子管好自己就不容易，根本靠不住。

你认真想过，养老离你有多远吗？

好消息是你应该会长寿。因为根据联合国预测数据，到2050年中国人的平均寿命预测达到92岁。不用怀疑，科技和医疗的进步，会使人更长寿。坏消息是孩子们有点少，可能养不了这么多老年人。《中国统计年鉴2021》显示，相比于10年前，中国20～34岁的青年人减少了3 463万，相当于少了两个荷兰的人口。2018年中国净增530万人，2019年净增467万人，2020年净增204万人，2021年净增只有48万人，逐年急剧下降。同时，大幅减少的中青年人口导致抚养比急剧下降。2010年，7.1个劳动力养一个老人；2019年，6.5个劳动力养一个老人；2020年，4.7个劳动力养一个老人；2028年，预计2.8个劳动力养一个老人。从整个社会角度来看，等我们这一代人老了的时候，还真靠不住年轻人来养了。

根据《中国养老金精算报告2019—2050》的调查研究，养老保险支付压力不断提升。全国城镇企业职工基本养老保险基金累计结余在2027年达到峰值6.99万亿元，然后开始迅速下降，到2035年耗尽。

当然，已经在你个人养老账户的钱不会受影响。想了解自己养老账户里有多少钱，可以在当地社会保险权益查询服务网站具体查询。你也可以在支付宝查询，具体路径是“支付宝—市民中心—社保—社保查询—个人对账单”。看完之后，你有动力好好攒钱了吗？未雨绸缪，方能安枕无忧。

养老金规划不同于普通投资，有两个显著特点：

第一，养老金规划是确定时间、确定金额的投资。如果没有准备好足够的养老金，要么延期退休，要么就只能降低生活标准。可是无论从体力还是创富能力来说，人到老年再想办法赚钱怎么看都是无奈之举。

第二，养老金规划很容易受意外影响。从四笔钱的管理来看，活钱、命钱很容易占用养老准备资金。如果没有专项计划，则很容易受意外影响。养老金规划是到了年龄就要用，属于专项规划。如果能按照四笔钱管理的顺序，依次建立活钱、命钱、稳钱和长钱管理，就能有效保证多数情况下生活和财富不受意外打扰。

养老金规划不能只寄托于高风险产品，一旦需要用钱却赶上市场低迷，本金就有亏损风险。但同时也要注意，养老金规划是长周期目标，对通货膨胀极为敏感，只注重安全不考虑跑赢通货膨胀，结果也是亏。所以，科学的养老金规划是个多元、动态的规划，可以参照下面这个养老金规划公式的思路进行打理。

靠谱的养老金规划＝养老年金险＋基金定投

也就是说，用养老年金险的确定性现金流打底，确保养老金有稳定扎实的底层资产，守住生活水准底线。用指数基金长期定投来博取高收益，力争长期保持两位数持续增长。这样，有养老年金险打底，就可以抹平指数基金短期高波动的影响还能绑定人身属性的专项投资，是一举多得的靠谱养老金规划。长寿是幸运，别让它成为你的烦恼。

在具体投资的时候，还要注意一点。

比如，你大学毕业开始工作，23岁开始投资，每个月存下3 000元。存到30岁以后就不再继续存钱了。假设每年收益率10%，按照复利进行计算，等你60岁退休的时候，账上会有79万元。

你的同事小白，等到30岁突然开窍，也像你一样每个月存3 000元，连着存了30年，等他60岁的时候，账上有65万元。

有没有发现就因为小白比你晚投资了7年，他整整追了你30年，还是追不上你。

我要提醒你的这一点就是：养老要趁早。投资要趁早，才能享受到时间的复利，才来得及跑出复利增长曲线。因为提前7年，你就能领先一辈子。

在投资的问题上，先发优势总是很明显。而且，只要你开始得早，就根本无须过度看重收益率。这样，你就不容易陷入不顾风险盲目追高的窘境，也不必为了短期波动而心态失衡。自己投资要坚持贯彻长期稳健的逻辑。

资料来源：王朝薇．财富增长：从0到1 000万的财富自由手册．北京：电子工业出版社，2022.

【思考题】

1. 养老规划和其他理财规划相比有什么特点？
2. 养老规划开始的时间对养老金有何影响？
3. 选择合适的投资工具，构建你自己的养老规划组合。

唐提式养老金法

五位95岁身体健康的女性恰好在同一天庆祝她们的生日。为了给聚会增添气氛，她们决定玩一个游戏。每个人拿出100美元放到基金里，并将这个基金冻结一年。游戏规则是，活过年底的人可以平分这500美元，反之将失去这笔钱。这就是唐提式养老金法，是以意大利银行家洛伦佐·唐提（Lorenzo Tonti）的名字命名的。1650年，他首次将这个概念提给法国的国王路易十四。

这五个人决定将这笔钱放在当地银行，每年可获得5%的利息。存款一年后到期，也就是她们96岁生日时，价值为525美元。

下一年到底发生了什么？谁还活着？她们将得到多少钱？根据美国社会保障机构的精算师编制的统计年鉴，任何95岁的女性在下一年去世的可能性大概为20%。这表明，她们中任何一个人都有80%的概率活下来。因此，我们预测五个人中有四个人会活下来，在她们96岁生日时平分525美元。

每一位幸存者都将得到131.25美元，这是其100美元初始投资的总收益。31.25%的收益包括5%的银行存款收益以及26.25%的“死亡率信用”，这一信用代表死者“损失”的资本和利息由活着的人“获得”了。

虽然非幸存者的受益人对这个结果很沮丧，但幸存者获得了超高的投资收益。我认为没有其他的金融产品可以保证如此高的收益率，条件是人还活着。

更重要的是，她们都开始提前管理自己的终身收入风险，不必担心未来会发生什么。实际上，这个故事可以进一步展开。如果这些人决定下一年将500美元投资股市或者纳斯达克的高科技基金，那么又会发生什么呢？如果这个股票或基金的价值在下一年暴跌20%，价值只有400美元，又会怎么样？活着的成员损失了多少？如果你认为没有损失，这完全是正确答案。活着的四个人平分400美元，拿回自己最初的100美元。

这就是死亡率信用的魔力。它补贴下行的损失，提高上行的收益，实际上，若你用真正的长寿保险武装多元化投资组合，则年金受益者可以承担和容忍更多的金融风险。当然，现实中的年金合同并不是按照前述方式运作的。这个群体的"唐提式养老金"合同每年更新，幸存下来的96岁成员可以选择拿着她们的死亡率信用回家。现实中，年金合同是终身的，这些信用被分散在很多年的退休生涯中，需要分期偿还。

资料来源：摩西·米列夫斯基．投资与养老：最有价值的理财规划实践指南．北京：人民邮电出版社，2015.

【思考题】

1. 唐提式养老金法的实质是什么？
2. 我国现阶段个人养老金的来源渠道有哪些？
3. 养老规划要面临哪些风险？如何化解这些风险？
4. 如何做好养老规划？

附录 A

中华人民共和国个人所得税法

（根据2018年8月31日第十三届全国人民代表大会常务委员会第五次会议《关于修改〈中华人民共和国个人所得税法〉的决定》第七次修正）

第一条　在中国境内有住所，或者无住所而一个纳税年度内在中国境内居住累计满一百八十三天的个人，为居民个人。居民个人从中国境内和境外取得的所得，依照本法规定缴纳个人所得税。

在中国境内无住所又不居住，或者无住所而一个纳税年度内在中国境内居住累计不满一百八十三天的个人，为非居民个人。非居民个人从中国境内取得的所得，依照本法规定缴纳个人所得税。

纳税年度，自公历一月一日起至十二月三十一日止。

第二条　下列各项个人所得，应当缴纳个人所得税：

（一）工资、薪金所得；

（二）劳务报酬所得；

（三）稿酬所得；

（四）特许权使用费所得；

（五）经营所得；

（六）利息、股息、红利所得；

（七）财产租赁所得；

（八）财产转让所得；

（九）偶然所得。

居民个人取得前款第一项至第四项所得（以下称综合所得），按纳税年度合并计算个人所得税；非居民个人取得前款第一项至第四项所得，按月或者按次分项计算个人所得税。纳税人取得前款第五项至第九项所得，依照本法规定分别计算个人所得税。

第三条　个人所得税的税率：

（一）综合所得，适用百分之三至百分之四十五的超额累进税率（税率表附后）；

（二）经营所得，适用百分之五至百分之三十五的超额累进税率（税率表附后）；

（三）利息、股息、红利所得，财产租赁所得，财产转让所得和偶然所得，适用比例税率，税率为百分之二十。

第四条　下列各项个人所得，免征个人所得税：

（一）省级人民政府、国务院部委和中国人民解放军军以上单位，以及外国组织、国际组织颁发的科学、教育、技术、文化、卫生、体育、环境保护等方面的奖金；

（二）国债和国家发行的金融债券利息；

（三）按照国家统一规定发给的补贴、津贴；

（四）福利费、抚恤金、救济金；

（五）保险赔款；

（六）军人的转业费、复员费、退役金；

（七）按照国家统一规定发给干部、职工的安家费、退职费、基本养老金或者退休费、离休费、离休生活补助费；

（八）依照有关法律规定应予免税的各国驻华使馆、领事馆的外交代表、领事官员和其他人员的所得；

（九）中国政府参加的国际公约、签订的协议中规定免税的所得；

（十）国务院规定的其他免税所得。

前款第十项免税规定，由国务院报全国人民代表大会常务委员会备案。

第五条　有下列情形之一的，可以减征个人所得税，具体幅度和期限，由省、自治区、直辖市人民政府规定，并报同级人民代表大会常务委员会备案：

（一）残疾、孤老人员和烈属的所得；

（二）因自然灾害遭受重大损失的。

国务院可以规定其他减税情形，报全国人民代表大会常务委员会备案。

第六条　应纳税所得额的计算：

（一）居民个人的综合所得，以每一纳税年度的收入额减除费用六万元以及专项扣除、专项附加扣除和依法确定的其他扣除后的余额，为应纳税所得额。

（二）非居民个人的工资、薪金所得，以每月收入额减除费用五千元后的余额为应纳税所得额；劳务报酬所得、稿酬所得、特许权使用费所得，以每次收入额为应纳税所得额。

（三）经营所得，以每一纳税年度的收入总额减除成本、费用以及损失后的余额，为应纳税所得额。

（四）财产租赁所得，每次收入不超过四千元的，减除费用八百元；四千元以上的，减除百分之二十的费用，其余额为应纳税所得额。

（五）财产转让所得，以转让财产的收入额减除财产原值和合理费用后的余额，为应纳税所得额。

（六）利息、股息、红利所得和偶然所得，以每次收入额为应纳税所得额。

劳务报酬所得、稿酬所得、特许权使用费所得以收入减除百分之二十的费用后的余额为收入额。稿酬所得的收入额减按百分之七十计算。

个人将其所得对教育、扶贫、济困等公益慈善事业进行捐赠，捐赠额未超过纳税人申报的应纳税所得额百分之三十的部分，可以从其应纳税所得额中扣除；国务院规定对公益慈善事业捐赠实行全额税前扣除的，从其规定。

本条第一款第一项规定的专项扣除，包括居民个人按照国家规定的范围和标准缴纳的基本养老保险、基本医疗保险、失业保险等社会保险费和住房公积金等；专项附加扣除，包括子女教育、继续教育、大病医疗、住房贷款利息或者住房租金、赡养老人等支出，具体范围、标准和实施步骤由国务院确定，并报全国人民代表大会常务委员会备案。

第七条　居民个人从中国境外取得的所得，可以从其应纳税额中抵免已在境外缴纳的个人所得税税额，但抵免额不得超过该纳税人境外所得依照本法规定计算的应纳税额。

第八条　有下列情形之一的，税务机关有权按照合理方法进行纳税调整：

（一）个人与其关联方之间的业务往来不符合独立交易原则而减少本人或者其关联方应纳税额，且无正当理由；

（二）居民个人控制的，或者居民个人和居民企业共同控制的设立在实际税负明显偏低的国家（地区）的企业，无合理经营需要，对应当归属于居民个人的利润不作分配或者减少分配；

（三）个人实施其他不具有合理商业目的的安排而获取不当税收利益。

税务机关依照前款规定作出纳税调整，需要补征税款的，应当补征税款，并依法加收利息。

第九条　个人所得税以所得人为纳税人，以支付所得的单位或者个人为扣缴义务人。

纳税人有中国公民身份号码的，以中国公民身份号码为纳税人识别号；纳税人没有中国公民身份号码的，由税务机关赋予其纳税人识别号。扣缴义务人扣缴税款时，纳税人应当向扣缴义务人提供纳税人识别号。

第十条　有下列情形之一的，纳税人应当依法办理纳税申报：

（一）取得综合所得需要办理汇算清缴；

（二）取得应税所得没有扣缴义务人；

（三）取得应税所得，扣缴义务人未扣缴税款；

（四）取得境外所得；

（五）因移居境外注销中国户籍；

（六）非居民个人在中国境内从两处以上取得工资、薪金所得；

（七）国务院规定的其他情形。

扣缴义务人应当按照国家规定办理全员全额扣缴申报，并向纳税人提供其个人所得和已扣缴税款等信息。

第十一条　居民个人取得综合所得，按年计算个人所得税；有扣缴义务人的，由扣缴义务人按月或者按次预扣预缴税款；需要办理汇算清缴的，应当在取得所得的次年三月一日至六月三十日内办理汇算清缴。预扣预缴办法由国务院税务主管部门制定。

居民个人向扣缴义务人提供专项附加扣除信息的，扣缴义务人按月预扣预缴税款时应当按照规定予以扣除，不得拒绝。

非居民个人取得工资、薪金所得，劳务报酬所得，稿酬所得和特许权使用费所得，有扣缴义务人的，由扣缴义务人按月或者按次代扣代缴税款，不办理汇算清缴。

第十二条　纳税人取得经营所得，按年计算个人所得税，由纳税人在月度或者季度终了后十五日内向税务机关报送纳税申报表，并预缴税款；在取得所得的次年三月三十一日前办理汇算清缴。

纳税人取得利息、股息、红利所得，财产租赁所得，财产转让所得和偶然所得，按月或者按次计算个人所得税，有扣缴义务人的，由扣缴义务人按月或者按次代扣代缴税款。

第十三条　纳税人取得应税所得没有扣缴义务人的，应当在取得所得的次月十五日内向税务机关报送纳税申报表，并缴纳税款。

纳税人取得应税所得，扣缴义务人未扣缴税款的，纳税人应当在取得所得的次年六月三十日前，缴纳税款；税务机关通知限期缴纳的，纳税人应当按照期限缴纳税款。

居民个人从中国境外取得所得的，应当在取得所得的次年三月一日至六月三十日内申报纳税。

非居民个人在中国境内从两处以上取得工资、薪金所得的，应当在取得所得的次月十五日内申报纳税。

纳税人因移居境外注销中国户籍的，应当在注销中国户籍前办理税款清算。

第十四条　扣缴义务人每月或者每次预扣、代扣的税款，应当在次月十五日内缴入国库，并向税务机关报送扣缴个人所得税申报表。

纳税人办理汇算清缴退税或者扣缴义务人为纳税人办理汇算清缴退税的，税务机关审核后，按照国库管理的有关规定办理退税。

第十五条　公安、人民银行、金融监督管理等相关部门应当协助税务机关确认纳税人的身份、金融账户信息。教育、卫生、医疗保障、民政、人力资源社会保障、住房城乡建设、公安、人民银行、金融监督管理等相关部门应当向税务机关提供纳税人子女教育、继续教育、大病医疗、住房贷款利息、住房租金、赡养老人等专项附加扣除信息。

个人转让不动产的，税务机关应当根据不动产登记等相关信息核验应缴的个人所得税，登记机构办理转移登记时，应当查验与该不动产转让相关的个人所得税的完税凭证。个人转让股权办理变更登记的，市场主体登记机关应当查验与该股权交易相关的个人所得税的完税凭证。

有关部门依法将纳税人、扣缴义务人遵守本法的情况纳入信用信息系统，并实施联合激励或者惩戒。

第十六条　各项所得的计算，以人民币为单位。所得为人民币以外的货币的，按照人民币汇率中间价折合成人民币缴纳税款。

第十七条　对扣缴义务人按照所扣缴的税款，付给百分之二的手续费。

第十八条　对储蓄存款利息所得开征、减征、停征个人所得税及其具体办法，由国务院规定，并报全国人民代表大会常务委员会备案。

第十九条　纳税人、扣缴义务人和税务机关及其工作人员违反本法规定的，依照《中华人民共和国税收征收管理法》和有关法律法规的规定追究法律责任。

第二十条 个人所得税的征收管理，依照本法和《中华人民共和国税收征收管理法》的规定执行。

第二十一条 国务院根据本法制定实施条例。

第二十二条 本法自公布之日起施行。

个人所得税税率表一

（综合所得适用）

级数	应纳税所得额	税率（%）
1	不超过 36 000 元	3
2	超过 36 000 元至 144 000 元的部分	10
3	超过 144 000 元至 300 000 元的部分	20
4	超过 300 000 元至 420 000 元的部分	25
5	超过 420 000 元至 660 000 元的部分	30
6	超过 660 000 元至 960 000 元的部分	35
7	超过 960 000 元的部分	45

注 1：本表所称全年应纳税所得额是指依照本法第六条的规定，居民个人取得综合所得以每一纳税年度收入额减除费用六万元以及专项扣除、专项附加扣除和依法确定的其他扣除后的余额。

注 2：非居民个人取得工资、薪金所得，劳务报酬所得，稿酬所得和特许权使用费所得，依照本表按月换算后计算应纳税额。

个人所得税率表二

（经营所得适用）

级数	全年应纳税所得额	税率（%）
1	不超过 30 000 元的	5
2	超过 30 000 元至 90 000 元的部分	10
3	超过 90 000 元至 300 000 元的部分	20
4	超过 300 000 元至 500 000 元的部分	30
5	超过 500 000 元的部分	35

注：本表所称全年应纳税所得额是指依照本法第六条的规定，以每一纳税年度的收入总额减除成本、费用以及损失后的余额。

附录 B

中华人民共和国民法典

（2020 年 5 月 28 日第十三届全国人民代表大会第三次会议通过）

（部分）

第五编　婚姻家庭

第一章　一般规定

第一千零四十条　本编调整因婚姻家庭产生的民事关系。

第一千零四十一条　婚姻家庭受国家保护。

实行婚姻自由、一夫一妻、男女平等的婚姻制度。

保护妇女、未成年人、老年人、残疾人的合法权益。

第一千零四十二条　禁止包办、买卖婚姻和其他干涉婚姻自由的行为。禁止借婚姻索取财物。

禁止重婚。禁止有配偶者与他人同居。

禁止家庭暴力。禁止家庭成员间的虐待和遗弃。

第一千零四十三条　家庭应当树立优良家风，弘扬家庭美德，重视家庭文明建设。

夫妻应当互相忠实，互相尊重，互相关爱；家庭成员应当敬老爱幼，互相帮助，维护平等、和睦、文明的婚姻家庭关系。

第一千零四十四条　收养应当遵循最有利于被收养人的原则，保障被收养人和收养人的合法权益。

禁止借收养名义买卖未成年人。

第一千零四十五条　亲属包括配偶、血亲和姻亲。

配偶、父母、子女、兄弟姐妹、祖父母、外祖父母、孙子女、外孙子女为近亲属。

配偶、父母、子女和其他共同生活的近亲属为家庭成员。

第二章　结婚

第一千零四十六条　结婚应当男女双方完全自愿，禁止任何一方对另一方加以强迫，禁止任何组织或者个人加以干涉。

第一千零四十七条　结婚年龄，男不得早于二十二周岁，女不得早于二十周岁。

第一千零四十八条　直系血亲或者三代以内的旁系血亲禁止结婚。

第一千零四十九条　要求结婚的男女双方应当亲自到婚姻登记机关申请结婚登记。符合本法规定的，予以登记，发给结婚证。完成结婚登记，即确立婚姻关系。未办理结婚登记的，应当补办登记。

第一千零五十条　登记结婚后，按照男女双方约定，女方可以成为男方家庭的成员，男方可以成为女方家庭的成员。

第一千零五十一条　有下列情形之一的，婚姻无效：

（一）重婚；

（二）有禁止结婚的亲属关系；

（三）未到法定婚龄。

第一千零五十二条　因胁迫结婚的，受胁迫的一方可以向人民法院请求撤销婚姻。

请求撤销婚姻的，应当自胁迫行为终止之日起一年内提出。

被非法限制人身自由的当事人请求撤销婚姻的，应当自恢复人身自由之日起一年内提出。

第一千零五十三条　一方患有重大疾病的，应当在结婚登记前如实告知另一方；不如实告知的，另一方可以向人民法院请求撤销婚姻。

请求撤销婚姻的，应当自知道或者应当知道撤销事由之日起一年内提出。

第一千零五十四条　无效的或者被撤销的婚姻自始没有法律约束力，当事人不具有夫妻的权利和义务。同居期间所得的财产，由当事人协议处理；协议不成的，由人民法院根据照顾无过错方的原则判决。对重婚导致的无效婚姻的财产处理，不得侵害合法婚姻当事人的财产权益。当事人所生的子女，适用本法关于父母子女的规定。

婚姻无效或者被撤销的，无过错方有权请求损害赔偿。

第三章　家庭关系

第一节　夫妻关系

第一千零五十五条　夫妻在婚姻家庭中地位平等。

第一千零五十六条　夫妻双方都有各自使用自己姓名的权利。

第一千零五十七条　夫妻双方都有参加生产、工作、学习和社会活动的自由，一方不得对另一方加以限制或者干涉。

第一千零五十八条　夫妻双方平等享有对未成年子女抚养、教育和保护的权利，共同承担对未成年子女抚养、教育和保护的义务。

第一千零五十九条　夫妻有相互扶养的义务。

需要扶养的一方，在另一方不履行扶养义务时，有要求其给付扶养费的权利。

第一千零六十条　夫妻一方因家庭日常生活需要而实施的民事法律行为，对夫妻双方发生效力，但是夫妻一方与相对人另有约定的除外。

夫妻之间对一方可以实施的民事法律行为范围的限制，不得对抗善意相对人。

第一千零六十一条　夫妻有相互继承遗产的权利。

第一千零六十二条　夫妻在婚姻关系存续期间所得的下列财产，为夫妻的共同财产，归夫妻共同所有：

（一）工资、奖金、劳务报酬；

（二）生产、经营、投资的收益；

（三）知识产权的收益；

（四）继承或者受赠的财产，但是本法第一千零六十三条第三项规定的除外；

（五）其他应当归共同所有的财产。

夫妻对共同财产，有平等的处理权。

第一千零六十三条　下列财产为夫妻一方的个人财产：

（一）一方的婚前财产；

（二）一方因受到人身损害获得的赔偿或者补偿；

（三）遗嘱或者赠与合同中确定只归一方的财产；

（四）一方专用的生活用品；

（五）其他应当归一方的财产。

第一千零六十四条　夫妻双方共同签名或者夫妻一方事后追认等共同意思表示所负的债务，以及夫妻一方在婚姻关系存续期间以个人名义为家庭日常生活需要所负的债务，属于夫妻共同债务。

夫妻一方在婚姻关系存续期间以个人名义超出家庭日常生活需要所负的债务，不属于夫妻共同债务；但是，债权人能够证明该债务用于夫妻共同生活、共同生产经营或者基于夫妻双方共同意思表示的除外。

第一千零六十五条　男女双方可以约定婚姻关系存续期间所得的财产以及婚前财产归各自所有、共同所有或者部分各自所有、部分共同所有。约定应当采用书面形式。没有约定或者约定不明确的，适用本法第一千零六十二条、第一千零六十三条的规定。

夫妻对婚姻关系存续期间所得的财产以及婚前财产的约定，对双方具有法律约束力。

夫妻对婚姻关系存续期间所得的财产约定归各自所有，夫或者妻一方对外所负的债务，相对人知道该约定的，以夫或者妻一方的个人财产清偿。

第一千零六十六条　婚姻关系存续期间，有下列情形之一的，夫妻一方可以向人民法院请求分割共同财产：

（一）一方有隐藏、转移、变卖、毁损、挥霍夫妻共同财产或者伪造夫妻共同债务等严重损害夫妻共同财产利益的行为；

（二）一方负有法定扶养义务的人患重大疾病需要医治，另一方不同意支付相关医疗费用。

第二节　父母子女关系和其他近亲属关系

第一千零六十七条　父母不履行抚养义务的，未成年子女或者不能独立生活的成年子女，有要求父母给付抚养费的权利。

成年子女不履行赡养义务的，缺乏劳动能力或者生活困难的父母，有要求成年子女给付赡养费的权利。

第一千零六十八条　父母有教育、保护未成年子女的权利和义务。未成年子女造成他人损害的，父母应当依法承担民事责任。

第一千零六十九条　子女应当尊重父母的婚姻权利，不得干涉父母离婚、再婚以及婚后的生活。子女对父母的赡养义务，不因父母的婚姻关系变化而终止。

第一千零七十条　父母和子女有相互继承遗产的权利。

第一千零七十一条　非婚生子女享有与婚生子女同等的权利，任何组织或者个人不得加以危害和歧视。

不直接抚养非婚生子女的生父或者生母，应当负担未成年子女或者不能独立生活的成年子女的抚养费。

第一千零七十二条　继父母与继子女间，不得虐待或者歧视。

继父或者继母和受其抚养教育的继子女间的权利义务关系，适用本法关于父母子女关系的规定。

第一千零七十三条　对亲子关系有异议且有正当理由的，父或者母可以向人民法院提起诉讼，请求确认或者否认亲子关系。

对亲子关系有异议且有正当理由的，成年子女可以向人民法院提起诉讼，请求确认亲子关系。

第一千零七十四条　有负担能力的祖父母、外祖父母，对于父母已经死亡或者父母无力抚养的未成年孙子女、外孙子女，有抚养的义务。

有负担能力的孙子女、外孙子女，对于子女已经死亡或者子女无力赡养的祖父母、外祖父母，有赡养的义务。

第一千零七十五条　有负担能力的兄、姐，对于父母已经死亡或者父母无力抚养的未成年弟、妹，有扶养的义务。

由兄、姐扶养长大的有负担能力的弟、妹，对于缺乏劳动能力又缺乏生活来源的兄、姐，有扶养的义务。

第四章　离婚

第一千零七十六条　夫妻双方自愿离婚的，应当签订书面离婚协议，并亲自到婚姻登记机关申请离婚登记。

离婚协议应当载明双方自愿离婚的意思表示和对子女抚养、财产以及债务处理等事项协商一致的意见。

第一千零七十七条　自婚姻登记机关收到离婚登记申请之日起三十日内，任何一方不愿意离婚的，可以向婚姻登记机关撤回离婚登记申请。

前款规定期限届满后三十日内，双方应当亲自到婚姻登记机关申请发给离婚证；未申请的，视为撤回离婚登记申请。

第一千零七十八条　婚姻登记机关查明双方确实是自愿离婚，并已经对子女抚养、财产以及债务处理等事项协商一致的，予以登记，发给离婚证。

第一千零七十九条　夫妻一方要求离婚的，可以由有关组织进行调解或者直接向人民法院提起离婚诉讼。

人民法院审理离婚案件，应当进行调解；如果感情确已破裂，调解无效的，应当准予离婚。

有下列情形之一，调解无效的，应当准予离婚：

（一）重婚或者与他人同居；

（二）实施家庭暴力或者虐待、遗弃家庭成员；

（三）有赌博、吸毒等恶习屡教不改；

（四）因感情不和分居满二年；

（五）其他导致夫妻感情破裂的情形。

一方被宣告失踪，另一方提起离婚诉讼的，应当准予离婚。

经人民法院判决不准离婚后，双方又分居满一年，一方再次提起离婚诉讼的，应当准予离婚。

第一千零八十条　完成离婚登记，或者离婚判决书、调解书生效，即解除婚姻关系。

第一千零八十一条　现役军人的配偶要求离婚，应当征得军人同意，但是军人一方有重大过错的除外。

第一千零八十二条　女方在怀孕期间、分娩后一年内或者终止妊娠后六个月内，男方不得提出离婚；但是，女方提出离婚或者人民法院认为确有必要受理男方离婚请求的除外。

第一千零八十三条　离婚后，男女双方自愿恢复婚姻关系的，应当到婚姻登记机关重新进行结婚登记。

第一千零八十四条　父母与子女间的关系，不因父母离婚而消除。离婚后，子女无论由父或者母直接抚养，仍是父母双方的子女。

离婚后，父母对于子女仍有抚养、教育、保护的权利和义务。

离婚后，不满两周岁的子女，以由母亲直接抚养为原则。已满两周岁的子女，父母双方对抚养问题协议不成的，由人民法院根据双方的具体情况，按照最有利于未成年子女的原则判决。子女已满八周岁的，应当尊重其真实意愿。

第一千零八十五条　离婚后，子女由一方直接抚养的，另一方应当负担部分或者全部抚养费。负担费用的多少和期限的长短，由双方协议；协议不成的，由人民法院判决。

前款规定的协议或者判决，不妨碍子女在必要时向父母任何一方提出超过协议或者判决原定数额的合理要求。

第一千零八十六条　离婚后，不直接抚养子女的父或者母，有探望子女的权利，另一方有协助的义务。

行使探望权利的方式、时间由当事人协议；协议不成的，由人民法院判决。

父或者母探望子女，不利于子女身心健康的，由人民法院依法中止探望；中止的事由消失后，应当恢复探望。

第一千零八十七条　离婚时，夫妻的共同财产由双方协议处理；协议不成的，由人民法院根据财产的具体情况，按照照顾子女、女方和无过错方权益的原则判决。

对夫或者妻在家庭土地承包经营中享有的权益等，应当依法予以保护。

第一千零八十八条　夫妻一方因抚育子女、照料老年人、协助另一方工作等负担较多义务的，离婚时有权向另一方请求补偿，另一方应当给予补偿。具体办法由双方协议；协议不成的，由人民法院判决。

第一千零八十九条　离婚时，夫妻共同债务应当共同偿还。共同财产不足清偿或者财产归各自所有的，由双方协议清偿；协议不成的，由人民法院判决。

第一千零九十条　离婚时，如果一方生活困难，有负担能力的另一方应当给予适当帮助。具体办法由双方协议；协议不成的，由人民法院判决。

第一千零九十一条　有下列情形之一，导致离婚的，无过错方有权请求损害赔偿：

（一）重婚；

（二）与他人同居；

（三）实施家庭暴力；

（四）虐待、遗弃家庭成员；

（五）有其他重大过错。

第一千零九十二条　夫妻一方隐藏、转移、变卖、毁损、挥霍夫妻共同财产，或者伪造夫妻共同债务企图侵占另一方财产的，在离婚分割夫妻共同财产时，对该方可以少分或者不分。离婚后，另一方发现有上述行为的，可以向人民法院提起诉讼，请求再次分割夫妻共同财产。

第五章　收养

第一节　收养关系的成立

第一千零九十三条　下列未成年人，可以被收养：

（一）丧失父母的孤儿；

（二）查找不到生父母的未成年人；

（三）生父母有特殊困难无力抚养的子女。

第一千零九十四条　下列个人、组织可以作送养人：

（一）孤儿的监护人；

（二）儿童福利机构；

（三）有特殊困难无力抚养子女的生父母。

第一千零九十五条　未成年人的父母均不具备完全民事行为能力且可能严重危害该未成年人的，该未成年人的监护人可以将其送养。

第一千零九十六条　监护人送养孤儿的，应当征得有抚养义务的人同意。有抚养义务的人不同意送养、监护人不愿意继续履行监护职责的，应当依照本法第一编的规定另行确定监护人。

第一千零九十七条　生父母送养子女，应当双方共同送养。生父母一方不明或者查找不到的，可以单方送养。

第一千零九十八条　收养人应当同时具备下列条件：

（一）无子女或者只有一名子女；

（二）有抚养、教育和保护被收养人的能力；

（三）未患有在医学上认为不应当收养子女的疾病；

（四）无不利于被收养人健康成长的违法犯罪记录；

（五）年满三十周岁。

第一千零九十九条　收养三代以内旁系同辈血亲的子女，可以不受本法第一千零九十三条第三项、第一千零九十四条第三项和第一千一百零二条规定的限制。

华侨收养三代以内旁系同辈血亲的子女，还可以不受本法第一千零九十八条第一项规定的限制。

第一千一百条　无子女的收养人可以收养两名子女；有子女的收养人只能收养一名子女。

收养孤儿、残疾未成年人或者儿童福利机构抚养的查找不到生父母的未成年人，可以不受前款和本法第一千零九十八条第一项规定的限制。

第一千一百零一条　有配偶者收养子女，应当夫妻共同收养。

第一千一百零二条　无配偶者收养异性子女的，收养人与被收养人的年龄应当相差四十周岁以上。

第一千一百零三条　继父或者继母经继子女的生父母同意，可以收养继子女，并可以不受本法第一千零九十三条第三项、第一千零九十四条第三项、第一千零九十八条和第一千一百条第一款规定的限制。

第一千一百零四条　收养人收养与送养人送养，应当双方自愿。收养八周岁以上未成年人的，应当征得被收养人的同意。

第一千一百零五条　收养应当向县级以上人民政府民政部门登记。收养关系自登记之日起成立。

收养查找不到生父母的未成年人的，办理登记的民政部门应当在登记前予以公告。

收养关系当事人愿意签订收养协议的，可以签订收养协议。

收养关系当事人各方或者一方要求办理收养公证的，应当办理收养公证。

县级以上人民政府民政部门应当依法进行收养评估。

第一千一百零六条　收养关系成立后，公安机关应当按照国家有关规定为被收养人办理户口登记。

第一千一百零七条　孤儿或者生父母无力抚养的子女，可以由生父母的亲属、朋友抚养；抚养人与被抚养人的关系不适用本章规定。

第一千一百零八条　配偶一方死亡，另一方送养未成年子女的，死亡一方的父母有优先抚养的权利。

第一千一百零九条　外国人依法可以在中华人民共和国收养子女。

外国人在中华人民共和国收养子女，应当经其所在国主管机关依照该国法律审查同意。收养人应当提供由其所在国有权机构出具的有关其年龄、婚姻、职业、财产、健康、有无受过刑事处罚等状况的证明材料，并与送养人签订书面协议，亲自向省、自治区、直辖市人民政府民政部门登记。

前款规定的证明材料应当经收养人所在国外交机关或者外交机关授权的机构认证，并经中华人民共和国驻该国使领馆认证，但是国家另有规定的除外。

第一千一百一十条　收养人、送养人要求保守收养秘密的，其他人应当尊重其意愿，不得泄露。

第二节　收养的效力

第一千一百一十一条　自收养关系成立之日起，养父母与养子女间的权利义务关系，适用本法关于父母子女关系的规定；养子女与养父母的近亲属间的权利义务关系，适用本法关于子女与父母的近亲属关系的规定。

养子女与生父母以及其他近亲属间的权利义务关系，因收养关系的成立而消除。

第一千一百一十二条　养子女可以随养父或者养母的姓氏，经当事人协商一致，也可以保留原姓氏。

第一千一百一十三条　有本法第一编关于民事法律行为无效规定情形或者违反本编规定的收养行为无效。

无效的收养行为自始没有法律约束力。

第三节　收养关系的解除

第一千一百一十四条　收养人在被收养人成年以前，不得解除收养关系，但是收养人、送养人双方协议解除的除外。养子女八周岁以上的，应当征得本人同意。

收养人不履行抚养义务，有虐待、遗弃等侵害未成年养子女合法权益行为的，送养人有权要求解除养父母与养子女间的收养关系。送养人、收养人不能达成解除收养关系协议的，可以向人民法院提起诉讼。

第一千一百一十五条　养父母与成年养子女关系恶化、无法共同生活的，可以协议解除收养关系。不能达成协议的，可以向人民法院提起诉讼。

第一千一百一十六条　当事人协议解除收养关系的，应当到民政部门办理解除收养关系登记。

第一千一百一十七条　收养关系解除后，养子女与养父母以及其他近亲属间的权利义务关系即行消除，与生父母以及其他近亲属间的权利义务关系自行恢复。但是，成年养子女与生父母以及其他近亲属间的权利义务关系是否恢复，可以协商确定。

第一千一百一十八条　收养关系解除后，经养父母抚养的成年养子女，对缺乏劳动能力又缺乏生活来源的养父母，应当给付生活费。因养子女成年后虐待、遗弃养父母而解除收养关系的，养父母可以要求养子女补偿收养期间支出的抚养费。

生父母要求解除收养关系的，养父母可以要求生父母适当补偿收养期间支出的抚养费；但是，因养父母虐待、遗弃养子女而解除收养关系的除外。

附录 C

最高人民法院关于适用《中华人民共和国民法典》婚姻家庭编的解释（一）

（2020 年 12 月 25 日最高人民法院审判委员会第 1825 次会议通过，自 2021 年 1 月 1 日起施行）

一、一般规定

第一条　持续性、经常性的家庭暴力，可以认定为民法典第一千零四十二条、第一千零七十九条、第一千零九十一条所称的“虐待”。

第二条　民法典第一千零四十二条、第一千零七十九条、第一千零九十一条规定的“与他人同居”的情形，是指有配偶者与婚外异性，不以夫妻名义，持续、稳定地共同居住。

第三条　当事人提起诉讼仅请求解除同居关系的，人民法院不予受理；已经受理的，裁定驳回起诉。

当事人因同居期间财产分割或者子女抚养纠纷提起诉讼的，人民法院应当受理。

第四条　当事人仅以民法典第一千零四十三条为依据提起诉讼的，人民法院不予受理；已经受理的，裁定驳回起诉。

第五条　当事人请求返还按照习俗给付的彩礼的，如果查明属于以下情形，人民法院应当予以支持：

（一）双方未办理结婚登记手续；

（二）双方办理结婚登记手续但确未共同生活；

（三）婚前给付并导致给付人生活困难。

适用前款第二项、第三项的规定，应当以双方离婚为条件。

二、结婚

第六条　男女双方依据民法典第一千零四十九条规定补办结婚登记的，婚姻关系的效力从双方均符合民法典所规定的结婚的实质要件时起算。

第七条　未依据民法典第一千零四十九条规定办理结婚登记而以夫妻名义共同生活的

男女，提起诉讼要求离婚的，应当区别对待：

（一）1994年2月1日民政部《婚姻登记管理条例》公布实施以前，男女双方已经符合结婚实质要件的，按事实婚姻处理。

（二）1994年2月1日民政部《婚姻登记管理条例》公布实施以后，男女双方符合结婚实质要件的，人民法院应当告知其补办结婚登记。未补办结婚登记的，依据本解释第三条规定处理。

第八条　未依据民法典第一千零四十九条规定办理结婚登记而以夫妻名义共同生活的男女，一方死亡，另一方以配偶身份主张享有继承权的，依据本解释第七条的原则处理。

第九条　有权依据民法典第一千零五十一条规定向人民法院就已办理结婚登记的婚姻请求确认婚姻无效的主体，包括婚姻当事人及利害关系人。其中，利害关系人包括：

（一）以重婚为由的，为当事人的近亲属及基层组织；

（二）以未到法定婚龄为由的，为未到法定婚龄者的近亲属；

（三）以有禁止结婚的亲属关系为由的，为当事人的近亲属。

第十条　当事人依据民法典第一千零五十一条规定向人民法院请求确认婚姻无效，法定的无效婚姻情形在提起诉讼时已经消失的，人民法院不予支持。

第十一条　人民法院受理请求确认婚姻无效案件后，原告申请撤诉的，不予准许。

对婚姻效力的审理不适用调解，应当依法作出判决。

涉及财产分割和子女抚养的，可以调解。调解达成协议的，另行制作调解书；未达成调解协议的，应当一并作出判决。

第十二条　人民法院受理离婚案件后，经审理确属无效婚姻的，应当将婚姻无效的情形告知当事人，并依法作出确认婚姻无效的判决。

第十三条　人民法院就同一婚姻关系分别受理了离婚和请求确认婚姻无效案件的，对于离婚案件的审理，应当待请求确认婚姻无效案件作出判决后进行。

第十四条　夫妻一方或者双方死亡后，生存一方或者利害关系人依据民法典第一千零五十一条的规定请求确认婚姻无效的，人民法院应当受理。

第十五条　利害关系人依据民法典第一千零五十一条的规定，请求人民法院确认婚姻无效的，利害关系人为原告，婚姻关系当事人双方为被告。

夫妻一方死亡的，生存一方为被告。

第十六条　人民法院审理重婚导致的无效婚姻案件时，涉及财产处理的，应当准许合法婚姻当事人作为有独立请求权的第三人参加诉讼。

第十七条　当事人以民法典第一千零五十一条规定的三种无效婚姻以外的情形请求确认婚姻无效的，人民法院应当判决驳回当事人的诉讼请求。

当事人以结婚登记程序存在瑕疵为由提起民事诉讼，主张撤销结婚登记的，告知其可以依法申请行政复议或者提起行政诉讼。

第十八条　行为人以给另一方当事人或者其近亲属的生命、身体、健康、名誉、财产等方面造成损害为要挟，迫使另一方当事人违背真实意愿结婚的，可以认定为民法典第一千零五十二条所称的“胁迫”。

因受胁迫而请求撤销婚姻的，只能是受胁迫一方的婚姻关系当事人本人。

第十九条　民法典第一千零五十二条规定的“一年”，不适用诉讼时效中止、中断或者延长的规定。

受胁迫或者被非法限制人身自由的当事人请求撤销婚姻的，不适用民法典第一百五十二条第二款的规定。

第二十条　民法典第一千零五十四条所规定的“自始没有法律约束力”，是指无效婚姻或者可撤销婚姻在依法被确认无效或者被撤销时，才确定该婚姻自始不受法律保护。

第二十一条　人民法院根据当事人的请求，依法确认婚姻无效或者撤销婚姻的，应当收缴双方的结婚证书并将生效的判决书寄送当地婚姻登记管理机关。

第二十二条　被确认无效或者被撤销的婚姻，当事人同居期间所得的财产，除有证据证明为当事人一方所有的以外，按共同共有处理。

三、夫妻关系

第二十三条　夫以妻擅自中止妊娠侵犯其生育权为由请求损害赔偿的，人民法院不予支持；夫妻双方因是否生育发生纠纷，致使感情确已破裂，一方请求离婚的，人民法院经调解无效，应依照民法典第一千零七十九条第三款第五项的规定处理。

第二十四条　民法典第一千零六十二条第一款第三项规定的“知识产权的收益”，是指婚姻关系存续期间，实际取得或者已经明确可以取得的财产性收益。

第二十五条　婚姻关系存续期间，下列财产属于民法典第一千零六十二条规定的“其他应当归共同所有的财产”：

（一）一方以个人财产投资取得的收益；

（二）男女双方实际取得或者应当取得的住房补贴、住房公积金；

（三）男女双方实际取得或者应当取得的基本养老金、破产安置补偿费。

第二十六条　夫妻一方个人财产在婚后产生的收益，除孳息和自然增值外，应认定为夫妻共同财产。

第二十七条　由一方婚前承租、婚后用共同财产购买的房屋，登记在一方名下的，应当认定为夫妻共同财产。

第二十八条　一方未经另一方同意出售夫妻共同所有的房屋，第三人善意购买、支付合理对价并已办理不动产登记，另一方主张追回该房屋的，人民法院不予支持。

夫妻一方擅自处分共同所有的房屋造成另一方损失，离婚时另一方请求赔偿损失的，人民法院应予支持。

第二十九条　当事人结婚前，父母为双方购置房屋出资的，该出资应当认定为对自己子女个人的赠与，但父母明确表示赠与双方的除外。

当事人结婚后，父母为双方购置房屋出资的，依照约定处理；没有约定或者约定不明确的，按照民法典第一千零六十二条第一款第四项规定的原则处理。

第三十条　军人的伤亡保险金、伤残补助金、医药生活补助费属于个人财产。

第三十一条　民法典第一千零六十三条规定为夫妻一方的个人财产，不因婚姻关系的延续而转化为夫妻共同财产。但当事人另有约定的除外。

第三十二条　婚前或者婚姻关系存续期间，当事人约定将一方所有的房产赠与另一方或者共有，赠与方在赠与房产变更登记之前撤销赠与，另一方请求判令继续履行的，人民法院可以按照民法典第六百五十八条的规定处理。

第三十三条　债权人就一方婚前所负个人债务向债务人的配偶主张权利的，人民法院不予支持。但债权人能够证明所负债务用于婚后家庭共同生活的除外。

第三十四条　夫妻一方与第三人串通，虚构债务，第三人主张该债务为夫妻共同债务的，人民法院不予支持。

夫妻一方在从事赌博、吸毒等违法犯罪活动中所负债务，第三人主张该债务为夫妻共同债务的，人民法院不予支持。

第三十五条　当事人的离婚协议或者人民法院生效判决、裁定、调解书已经对夫妻财产分割问题作出处理的，债权人仍有权就夫妻共同债务向男女双方主张权利。

一方就夫妻共同债务承担清偿责任后，主张由另一方按照离婚协议或者人民法院的法律文书承担相应债务的，人民法院应予支持。

第三十六条　夫或者妻一方死亡的，生存一方应当对婚姻关系存续期间的夫妻共同债务承担清偿责任。

第三十七条　民法典第一千零六十五条第三款所称“相对人知道该约定的”，夫妻一方对此负有举证责任。

第三十八条　婚姻关系存续期间，除民法典第一千零六十六条规定情形以外，夫妻一方请求分割共同财产的，人民法院不予支持。

四、父母子女关系

第三十九条　父或者母向人民法院起诉请求否认亲子关系，并已提供必要证据予以证明，另一方没有相反证据又拒绝做亲子鉴定的，人民法院可以认定否认亲子关系一方的主张成立。

父或者母以及成年子女起诉请求确认亲子关系，并提供必要证据予以证明，另一方没有相反证据又拒绝做亲子鉴定的，人民法院可以认定确认亲子关系一方的主张成立。

第四十条　婚姻关系存续期间，夫妻双方一致同意进行人工授精，所生子女应视为婚生子女，父母子女间的权利义务关系适用民法典的有关规定。

第四十一条　尚在校接受高中及其以下学历教育，或者丧失、部分丧失劳动能力等非因主观原因而无法维持正常生活的成年子女，可以认定为民法典第一千零六十七条规定的“不能独立生活的成年子女”。

第四十二条　民法典第一千零六十七条所称“抚养费”，包括子女生活费、教育费、医疗费等费用。

第四十三条　婚姻关系存续期间，父母双方或者一方拒不履行抚养子女义务，未成年子女或者不能独立生活的成年子女请求支付抚养费的，人民法院应予支持。

第四十四条　离婚案件涉及未成年子女抚养的，对不满两周岁的子女，按照民法典第一千零八十四条第三款规定的原则处理。母亲有下列情形之一，父亲请求直接抚养的，人民法院应予支持：

（一）患有久治不愈的传染性疾病或者其他严重疾病，子女不宜与其共同生活；

（二）有抚养条件不尽抚养义务，而父亲要求子女随其生活；

（三）因其他原因，子女确不宜随母亲生活。

第四十五条　父母双方协议不满两周岁子女由父亲直接抚养，并对子女健康成长无不利影响的，人民法院应予支持。

第四十六条　对已满两周岁的未成年子女，父母均要求直接抚养，一方有下列情形之一的，可予优先考虑：

（一）已做绝育手术或者因其他原因丧失生育能力；

（二）子女随其生活时间较长，改变生活环境对子女健康成长明显不利；

（三）无其他子女，而另一方有其他子女；

（四）子女随其生活，对子女成长有利，而另一方患有久治不愈的传染性疾病或者其他严重疾病，或者有其他不利于子女身心健康的情形，不宜与子女共同生活。

第四十七条　父母抚养子女的条件基本相同，双方均要求直接抚养子女，但子女单独随祖父母或者外祖父母共同生活多年，且祖父母或者外祖父母要求并且有能力帮助子女照顾孙子女或者外孙子女的，可以作为父或者母直接抚养子女的优先条件予以考虑。

第四十八条　在有利于保护子女利益的前提下，父母双方协议轮流直接抚养子女的，人民法院应予支持。

第四十九条　抚养费的数额，可以根据子女的实际需要、父母双方的负担能力和当地的实际生活水平确定。

有固定收入的，抚养费一般可以按其月总收入的百分之二十至三十的比例给付。负担两个以上子女抚养费的，比例可以适当提高，但一般不得超过月总收入的百分之五十。

无固定收入的，抚养费的数额可以依据当年总收入或者同行业平均收入，参照上述比例确定。

有特殊情况的，可以适当提高或者降低上述比例。

第五十条　抚养费应当定期给付，有条件的可以一次性给付。

第五十一条　父母一方无经济收入或者下落不明的，可以用其财物折抵抚养费。

第五十二条　父母双方可以协议由一方直接抚养子女并由直接抚养方负担子女全部抚养费。但是，直接抚养方的抚养能力明显不能保障子女所需费用，影响子女健康成长的，人民法院不予支持。

第五十三条　抚养费的给付期限，一般至子女十八周岁为止。

十六周岁以上不满十八周岁，以其劳动收入为主要生活来源，并能维持当地一般生活水平的，父母可以停止给付抚养费。

第五十四条　生父与继母离婚或者生母与继父离婚时，对曾受其抚养教育的继子女，继父或者继母不同意继续抚养的，仍应由生父或者生母抚养。

第五十五条　离婚后，父母一方要求变更子女抚养关系的，或者子女要求增加抚养费的，应当另行提起诉讼。

第五十六条　具有下列情形之一，父母一方要求变更子女抚养关系的，人民法院应予支持：

（一）与子女共同生活的一方因患严重疾病或者因伤残无力继续抚养子女；

（二）与子女共同生活的一方不尽抚养义务或有虐待子女行为，或者其与子女共同生活对子女身心健康确有不利影响；

（三）已满八周岁的子女，愿随另一方生活，该方又有抚养能力；

（四）有其他正当理由需要变更。

第五十七条　父母双方协议变更子女抚养关系的，人民法院应予支持。

第五十八条　具有下列情形之一，子女要求有负担能力的父或者母增加抚养费的，人民法院应予支持：

（一）原定抚养费数额不足以维持当地实际生活水平；

（二）因子女患病、上学，实际需要已超过原定数额；

（三）有其他正当理由应当增加。

第五十九条　父母不得因子女变更姓氏而拒付子女抚养费。父或者母擅自将子女姓氏改为继母或继父姓氏而引起纠纷的，应当责令恢复原姓氏。

第六十条　在离婚诉讼期间，双方均拒绝抚养子女的，可以先行裁定暂由一方抚养。

第六十一条　对拒不履行或者妨害他人履行生效判决、裁定、调解书中有关子女抚养义务的当事人或者其他人，人民法院可依照民事诉讼法第一百一十一条的规定采取强制措施。

五、离婚

第六十二条　无民事行为能力人的配偶有民法典第三十六条第一款规定行为，其他有监护资格的人可以要求撤销其监护资格，并依法指定新的监护人；变更后的监护人代理无民事行为能力一方提起离婚诉讼的，人民法院应予受理。

第六十三条　人民法院审理离婚案件，符合民法典第一千零七十九条第三款规定“应当准予离婚”情形的，不应当因当事人有过错而判决不准离婚。

第六十四条　民法典第一千零八十一条所称的“军人一方有重大过错”，可以依据民法典第一千零七十九条第三款前三项规定及军人有其他重大过错导致夫妻感情破裂的情形予以判断。

第六十五条　人民法院作出的生效的离婚判决中未涉及探望权，当事人就探望权问题单独提起诉讼的，人民法院应予受理。

第六十六条　当事人在履行生效判决、裁定或者调解书的过程中，一方请求中止探望的，人民法院在征询双方当事人意见后，认为需要中止探望的，依法作出裁定；中止探望的情形消失后，人民法院应当根据当事人的请求书面通知其恢复探望。

第六十七条　未成年子女、直接抚养子女的父或者母以及其他对未成年子女负担抚养、教育、保护义务的法定监护人，有权向人民法院提出中止探望的请求。

第六十八条　对于拒不协助另一方行使探望权的有关个人或者组织，可以由人民法院依法采取拘留、罚款等强制措施，但是不能对子女的人身、探望行为进行强制执行。

第六十九条　当事人达成的以协议离婚或者到人民法院调解离婚为条件的财产以及债务处理协议，如果双方离婚未成，一方在离婚诉讼中反悔的，人民法院应当认定该财产以及债务处理协议没有生效，并根据实际情况依照民法典第一千零八十七条和第一千零八十九条的规定判决。

当事人依照民法典第一千零七十六条签订的离婚协议中关于财产以及债务处理的条款，对男女双方具有法律约束力。登记离婚后当事人因履行上述协议发生纠纷提起诉讼的，人民法院应当受理。

第七十条　夫妻双方协议离婚后就财产分割问题反悔，请求撤销财产分割协议的，人民法院应当受理。

人民法院审理后，未发现订立财产分割协议时存在欺诈、胁迫等情形的，应当依法驳回当事人的诉讼请求。

第七十一条　人民法院审理离婚案件，涉及分割发放到军人名下的复员费、自主择业费等一次性费用的，以夫妻婚姻关系存续年限乘以年平均值，所得数额为夫妻共同财产。

前款所称年平均值，是指将发放到军人名下的上述费用总额按具体年限均分得出的数额。其具体年限为人均寿命七十岁与军人入伍时实际年龄的差额。

第七十二条　夫妻双方分割共同财产中的股票、债券、投资基金份额等有价证券以及未上市股份有限公司股份时，协商不成或者按市价分配有困难的，人民法院可以根据数量按比例分配。

第七十三条　人民法院审理离婚案件，涉及分割夫妻共同财产中以一方名义在有限责任公司的出资额，另一方不是该公司股东的，按以下情形分别处理：

（一）夫妻双方协商一致将出资额部分或者全部转让给该股东的配偶，其他股东过半数同意，并且其他股东均明确表示放弃优先购买权的，该股东的配偶可以成为该公司股东；

（二）夫妻双方就出资额转让份额和转让价格等事项协商一致后，其他股东半数以上不同意转让，但愿意以同等条件购买该出资额的，人民法院可以对转让出资所得财产进行分割。其他股东半数以上不同意转让，也不愿意以同等条件购买该出资额的，视为其同意转让，该股东的配偶可以成为该公司股东。

用于证明前款规定的股东同意的证据，可以是股东会议材料，也可以是当事人通过其他合法途径取得的股东的书面声明材料。

第七十四条　人民法院审理离婚案件，涉及分割夫妻共同财产中以一方名义在合伙企业中的出资，另一方不是该企业合伙人的，当夫妻双方协商一致，将其合伙企业中的财产份额全部或者部分转让给对方时，按以下情形分别处理：

（一）其他合伙人一致同意的，该配偶依法取得合伙人地位；

（二）其他合伙人不同意转让，在同等条件下行使优先购买权的，可以对转让所得的财产进行分割；

（三）其他合伙人不同意转让，也不行使优先购买权，但同意该合伙人退伙或者削减部分财产份额的，可以对结算后的财产进行分割；

（四）其他合伙人既不同意转让，也不行使优先购买权，又不同意该合伙人退伙或者削减部分财产份额的，视为全体合伙人同意转让，该配偶依法取得合伙人地位。

第七十五条　夫妻以一方名义投资设立个人独资企业的，人民法院分割夫妻在该个人独资企业中的共同财产时，应当按照以下情形分别处理：

（一）一方主张经营该企业的，对企业资产进行评估后，由取得企业资产所有权一方给予另一方相应的补偿；

（二）双方均主张经营该企业的，在双方竞价基础上，由取得企业资产所有权的一方给予另一方相应的补偿；

（三）双方均不愿意经营该企业的，按照《中华人民共和国个人独资企业法》等有关规定办理。

第七十六条　双方对夫妻共同财产中的房屋价值及归属无法达成协议时，人民法院按以下情形分别处理：

（一）双方均主张房屋所有权并且同意竞价取得的，应当准许；

（二）一方主张房屋所有权的，由评估机构按市场价格对房屋作出评估，取得房屋所有权的一方应当给予另一方相应的补偿；

（三）双方均不主张房屋所有权的，根据当事人的申请拍卖、变卖房屋，就所得价款进行分割。

第七十七条　离婚时双方对尚未取得所有权或者尚未取得完全所有权的房屋有争议且协商不成的，人民法院不宜判决房屋所有权的归属，应当根据实际情况判决由当事人使用。

当事人就前款规定的房屋取得完全所有权后，有争议的，可以另行向人民法院提起诉讼。

第七十八条　夫妻一方婚前签订不动产买卖合同，以个人财产支付首付款并在银行贷款，婚后用夫妻共同财产还贷，不动产登记于首付款支付方名下的，离婚时该不动产由双方协议处理。

依前款规定不能达成协议的，人民法院可以判决该不动产归登记一方，尚未归还的贷款为不动产登记一方的个人债务。双方婚后共同还贷支付的款项及其相对应财产增值部分，离婚时应根据民法典第一千零八十七条第一款规定的原则，由不动产登记一方对另一方进行补偿。

第七十九条　婚姻关系存续期间，双方用夫妻共同财产出资购买以一方父母名义参加房改的房屋，登记在一方父母名下，离婚时另一方主张按照夫妻共同财产对该房屋进行分割的，人民法院不予支持。购买该房屋时的出资，可以作为债权处理。

第八十条　离婚时夫妻一方尚未退休、不符合领取基本养老金条件，另一方请求按照夫妻共同财产分割基本养老金的，人民法院不予支持；婚后以夫妻共同财产缴纳基本养老保险费，离婚时一方主张将养老金账户中婚姻关系存续期间个人实际缴纳部分及利息作为夫妻共同财产分割的，人民法院应予支持。

第八十一条　婚姻关系存续期间，夫妻一方作为继承人依法可以继承的遗产，在继承人之间尚未实际分割，起诉离婚时另一方请求分割的，人民法院应当告知当事人在继承人之间实际分割遗产后另行起诉。

第八十二条　夫妻之间订立借款协议，以夫妻共同财产出借给一方从事个人经营活动或者用于其他个人事务的，应视为双方约定处分夫妻共同财产的行为，离婚时可以按照借款协议的约定处理。

第八十三条　离婚后，一方以尚有夫妻共同财产未处理为由向人民法院起诉请求分割的，经审查该财产确属离婚时未涉及的夫妻共同财产，人民法院应当依法予以分割。

第八十四条　当事人依据民法典第一千零九十二条的规定向人民法院提起诉讼，请求再次分割夫妻共同财产的诉讼时效期间为三年，从当事人发现之日起计算。

第八十五条　夫妻一方申请对配偶的个人财产或者夫妻共同财产采取保全措施的，人民法院可以在采取保全措施可能造成损失的范围内，根据实际情况，确定合理的财产担保数额。

第八十六条　民法典第一千零九十一条规定的“损害赔偿”，包括物质损害赔偿和精神损害赔偿。涉及精神损害赔偿的，适用《最高人民法院关于确定民事侵权精神损害赔偿责任若干问题的解释》的有关规定。

第八十七条　承担民法典第一千零九十一条规定的损害赔偿责任的主体，为离婚诉讼当事人中无过错方的配偶。

人民法院判决不准离婚的案件，对于当事人基于民法典第一千零九十一条提出的损害赔偿请求，不予支持。

在婚姻关系存续期间，当事人不起诉离婚而单独依据民法典第一千零九十一条提起损害赔偿请求的，人民法院不予受理。

第八十八条　人民法院受理离婚案件时，应当将民法典第一千零九十一条等规定中当事人的有关权利义务，书面告知当事人。在适用民法典第一千零九十一条时，应当区分以下不同情况：

（一）符合民法典第一千零九十一条规定的无过错方作为原告基于该条规定向人民法院提起损害赔偿请求的，必须在离婚诉讼的同时提出。

（二）符合民法典第一千零九十一条规定的无过错方作为被告的离婚诉讼案件，如果被告不同意离婚也不基于该条规定提起损害赔偿请求的，可以就此单独提起诉讼。

（三）无过错方作为被告的离婚诉讼案件，一审时被告未基于民法典第一千零九十一条规定提出损害赔偿请求，二审期间提出的，人民法院应当进行调解；调解不成的，告知当事人另行起诉。双方当事人同意由第二审人民法院一并审理的，第二审人民法院可以一并裁判。

第八十九条　当事人在婚姻登记机关办理离婚登记手续后，以民法典第一千零九十一条规定为由向人民法院提出损害赔偿请求的，人民法院应当受理。但当事人在协议离婚时已经明确表示放弃该项请求的，人民法院不予支持。

第九十条　夫妻双方均有民法典第一千零九十一条规定的过错情形，一方或者双方向对方提出离婚损害赔偿请求的，人民法院不予支持。

六、附则

第九十一条　本解释自 2021 年 1 月 1 日起施行。

参考文献

［1］阿瑟·基文．个人理财：怎样把钱变成财富．北京：经济科学出版社，2005.

［2］阿什文·查布拉．通向财富自由之路．杭州：浙江教育出版社，2021.

［3］彼得·伯恩斯坦．与天为敌：风险探索传奇．北京：机械工业出版社，2010.

［4］彼得·考夫曼．穷查理宝典：查理·芒格的智慧箴言录：全新增订本．北京：中信出版社，2021.

［5］伯顿·马尔基尔．漫步华尔街．北京：机械工业出版社，2015.

［6］查尔斯·惠伦．赤裸裸的统计学．北京：中信出版社，2013.

［7］查尔斯·麦基．大癫狂：非同寻常的大众幻想与群众性癫狂．北京：电子工业出版社，2013.

［8］大卫·韦尔奇．为什么选错的总是我．北京：中国人民大学出版社，2009.

［9］蒂芙妮·艾莉希．重复做对的事．北京：中信出版社，2023.

［10］范·撒普．通向财务自由之路．北京：机械工业出版社，2016.

［11］方铭辉．轻松攒够养老金．北京：中信出版社，2023.

［12］李爱梅，凌文辁，刘丽虹．不同的优惠策略对价格感知的影响研究．心理科学，2008（2）.

［13］李炜光．权力的边界：税、革命与改革．北京：九州出版社，2015.

［14］李晓鹏．后悔规避的相关研究综述．经营与管理，2015（1）.

［15］刘诚．投资要义．北京：中信出版社，2020.

［16］吕晓彤．财富池．北京：民主与建设出版社，2023

［17］摩西·米列夫斯基．投资与养老：最有价值的理财规划实践指南．北京：人民邮电出版社，2015.

［18］纳特·西尔弗．信号与噪声．北京：中信出版社，2013.

［19］纳西姆·尼古拉斯·塔勒布．黑天鹅：如何应对不可预知的未来．北京：中信出版社，2011.

［20］塞德希尔·穆来纳森，埃尔德·沙菲尔．稀缺：我们是如何陷入贫穷与忙碌的．杭州：浙江人民出版社，2014.

[21] 斯坦利・克罗．克罗谈投资策略：神奇的墨菲法则．北京：中国经济出版社，2004.

[22] 宋蔚蔚．个人理财规划．北京：清华大学出版社，2013.

[23] 孙惟微．赌客信条：你不可不知的行为经济学．北京：电子工业出版社，2010.

[24] 孙惟微．怪诞行为心理学：学会驾驭你的非理性．北京：中国华侨出版社，2013.

[25] 孙自通．把民间借贷知识浓缩为 60 个问题．法律博客，2016.

[26] 王朝薇．财富增长：从 0 到 1 000 万的财富自由手册．北京：电子工业出版社，2022.

[27] 网贷之家．2015—2017 中国网络借贷行业年报．2017.

[28] 网贷之家．2019 年中国网贷行业年报，2019.

[29] 网贷之家．P2P 网贷行业 2018 年年报．2018.

[30] 吴杰臻．好的婚姻要守护财产和爱：升级增订版．北京：北京联合出版公司，2021.

[31] 奚恺元．别做正常的傻瓜．北京：机械工业出版社，2006.

[32] 新浪教育．2017 年中国家庭教育消费白皮书．2017.

[33] 言谭．一本书读懂中国税．杭州：浙江大学出版社，2013.

[34] 尹娟．年终奖合理避税实战兵法：尽量避开 5 个临界点．理财周刊，2011（48）.

[35] 游植龙．论夫妻共同债务的认定与处理．广州律师，2008（2）.

[36] 渔阳．乱世华尔街．北京：中国人民大学出版社，2015.

[37] 约翰・诺夫辛格．投资中的心理学．北京：中国人民大学出版社，2008.

[38] 云莉雅．财富在金钱之外：升级版．北京：中国财富出版社有限公司，2021.

[39] 张磊．价值．杭州：浙江教育出版社，2020.

[40] 张岩．一学就会的家庭保险规划课．北京：机械工业出版社，2023.

[41] 朱莉・斯塔夫．五型人格理财术．海口：南海出版公司，2013.

[42] 子皮．价值生长．北京：民主与法制出版社．2023.

中国人民大学出版社　管理分社

教师教学服务说明

中国人民大学出版社管理分社以出版工商管理和公共管理类精品图书为宗旨。为更好地服务一线教师，我们着力建设了一批数字化、立体化的网络教学资源。教师可以通过以下方式获得免费下载教学资源的权限：

★ 在中国人民大学出版社网站 www.crup.com.cn 进行注册，注册后进入“会员中心”，在左侧点击“我的教师认证”，填写相关信息，提交后等待审核。我们将在一个工作日内为您开通相关资源的下载权限。

★ 如您急需教学资源或需要其他帮助，请加入教师 QQ 群或在工作时间与我们联络。

中国人民大学出版社　管理分社

教师 QQ 群： 648333426(工商管理)　114970332(财会)　648117133(公共管理)
教师群仅限教师加入，入群请备注（学校+姓名）

联系电话： 010-62515782，82501868，82501048，62514760

电子邮箱： glcbfs@crup.com.cn

通讯地址： 北京市海淀区中关村大街甲 59 号文化大厦 1501 室（100872）

管理书社　　人大社财会　　公共管理与政治学悦读坊